■2025年度高等学校受験用

青山学院高等部

収録内容一覧

★この問題集は以下の収録内容となっています。また、編集の都合上、解説、解答用紙を省略させていただいている場合もございますのでご了承ください。

（○印は収録、一印は未収録）

入試問題と解説・解答の収録内容		解答用紙
2024年度	英語・数学・国語	○
2023年度	英語・数学・国語	○
2022年度	英語・数学・国語	○
2021年度	英語・数学・国語	○
2020年度	英語・数学・国語	○
2019年度	英語・数学・国語	○
2018年度	英語・数学・国語	○

★当問題集のバックナンバーは在庫がございません。あらかじめご了承ください。

リスニングテストの音声は、下記のIDとアクセスコードにより当社ホームページ
https://www.koenokyoikusha.co.jp/pages/cddata/listening で聴くことができます。
（当社による録音です）
ユーザー名：koe　アクセスコード（パスワード）：27114　使用期限：2025年3月末日

※ユーザー名・アクセスコードの使用期限以降は音声が予告なく削除される場合がございます。あらかじめご了承ください。

●凡例●

【英語】

≪解答≫

〔　〕 ①別解
②置き換え可能な語句（なお下線は置き換える箇所が２語以上の場合）
(例) I am〔I'm〕glad〔happy〕to～

(　) 省略可能な言葉

≪解説≫

1, 2… 本文の段落（ただし本文が会話文の場合は話者の１つの発言）

〔　〕 置き換え可能な語句（なお〔　〕の前の下線は置き換える箇所が２語以上の場合）

(　) ①省略が可能な言葉
(例)「(数が) いくつかの」
②単語・代名詞の意味
(例)「彼（＝警察官）が叫んだ」
③言い換え可能な言葉
(例)「いやなにおいがするなべにはふたをするべきだ（＝くさいものにはふたをしろ)」

// 訳文と解説の区切り

cf. 比較・参照

≒ ほぼ同じ意味

【数学】

≪解答≫

〔　〕 別解

≪解説≫

(　) 補足的指示
(例)（右図１参照）など

〔　〕 ①公式の文字部分
(例)〔長方形の面積〕＝〔縦〕×〔横〕
②面積・体積を表す場合
(例)〔立方体 ABCDEFGH〕

∴ ゆえに

≒ 約、およそ

【社会】

≪解答≫

〔　〕 別解

(　) 省略可能な語

＿＿ 使用を指示された語句

≪解説≫

〔　〕 別称・略称
(例) 政府開発援助〔ODA〕

(　) ①年号
(例) 壬申の乱が起きた（672年)。
②意味・補足的説明
(例) 資本収支（海外への投資など)

【理科】

≪解答≫

〔　〕 別解

(　) 省略可能な語

＿＿ 使用を指示された語句

≪解説≫

〔　〕 公式の文字部分

(　) ①単位
②補足的説明
③同義・言い換え可能な言葉
(例) カエルの子（オタマジャクシ)

≒ 約、およそ

【国語】

≪解答≫

〔　〕 別解

(　) 省略してもよい言葉

＿＿ 使用を指示された語句

≪解説≫

〈　〉 課題文中の空所部分（現代語訳・通釈・書き下し文)

(　) ①引用文の指示語の内容
(例)「それ（＝過去の経験）が ～」
②選択肢の正誤を示す場合
(例)（ア，ウ…×)
③現代語訳で主語などを補った部分
(例)（女は）出てきた。

／ 漢詩の書き下し文・現代語訳の改行部分

青山学院高等部

所在地	〒150-8366 東京都渋谷区渋谷4-4-25
電　話	03-3409-3880
ホームページ	https://www.agh.aoyama.ed.jp/
交通案内	JR山手線・東急線・京王井の頭線 渋谷駅より徒歩12分 東京メトロ各線 表参道駅より徒歩10分

普通科

男女共学

くわしい情報は
ホームページへ

▌応募状況

年度	募集数	受験数	合格数	倍率
2024	推薦　65名	201名	67名	3.0倍
	帰国　25名	152名	53名	2.9倍
	一般　70名	802名	196名	4.1倍
2023	推薦　70名	218名	70名	3.1倍
	帰国　30名	165名	68名	2.4倍
	一般　80名	812名	176名	4.6倍
2022	推薦　70名	245名	71名	3.5倍
	帰国　30名	181名	71名	2.5倍
	一般　80名	890名	203名	4.4倍

▌試験科目　(参考用：2024年度入試)

推薦・帰国：適性検査，面接
一般：国語・数学・英語(リスニング含む)

▌教育の特色

＜キリスト教教育＞

キリスト教教育は，米国メソジスト教会の宣教師によって建てられた本校の教育の根幹を成すものである。高等部では次の３つを柱とした教育を行っている。

・毎日の礼拝　・聖書の時間　・キリスト教行事

＜国際交流＞

国際交流を通して価値観の多様性の共有を図り，他者を理解し支援することのできるサーバントリーダーの育成を目指している。以下のような取り組みを行っている。

・帰国生の受け入れ　・短期留学やホームステイ
・長期海外留学　・長期留学生受け入れ

＜高大連携＞

本校では，総合学園としての一貫教育の利点を生かし，高大連携の取り組みとして青山学院大学と「３年生による大学授業の履修」「学問入門講座」「国際理解・留学準備プログラム」を実施している。

＜平和・共生学習＞

本校では，「平和」や「共生」をテーマとした校外学習や岩手県の高校との交流，フィリピン訪問プログラムなどを実施しており，常に隣人として寄り添うことができる人格を育み，他者と共に生きる未来を創造する力を養っている。

＜教育課程＞

週５日制を実施し，１日６時限(週１回７時限)で50分授業となっている。２年次から選択科目が置かれ，３年次ではカリキュラムの半分を選択科目が占める。教科横断型の自由選択科目も設けられ，各自の関心に合わせて深く学ぶことができる。

▌進路

高等部を卒業する生徒の約85％は，青山学院大学へ進学し，専攻分野の関係で約15％の生徒が他大学を受験している。

この内部進学は，高等部３年間の学業成績，３年次に行われる２回の学力テストの結果その他を総合的に判断して推薦が行われ，大学側の決定を経て，入学が認められている。

◎青山学院大学進学者数　(2024年３月卒業生)

教育人間科学部	25	総合文化政策学部	47
文学部	38	理工学部	24
経済学部	34	社会情報学部	5
法学部	24	地球社会共生学部	3
経営学部	85	コミュニティ人間科学部	0
国際政治経済学部	60		

編集部注一本書の内容は2024年5月現在のものであり，変更されている場合があります。正確な情報は，学校のホームページ等で必ずご確認ください。

出題傾向と今後への対策　英語

出題内容

	2024	2023	2022
大問数	6	6	5
小問数	50	45	45
リスニング	○	○	○

◎大問５～６題，小問数は45～50問である。出題構成は放送問題１～２題，長文読解問題２～３題，文法・語彙問題０～２題である。

2024年度の出題状況

Ⅰ・Ⅱ放送問題

Ⅲ長文読解―適語(句)選択―エッセー

Ⅳ整序結合

Ⅴ長文読解総合―説明文

Ⅵ長文読解総合(英問英答形式)―説明文

解答形式

2024年度	記　述／マーク／併　用

出題傾向

英文が長く難度も高い。制限時間内に問題をこなすには慣れが必要だろう。長文読解は，長文と呼ぶにふさわしい分量。設問は英問英答が頻出であるが，さまざまな問題が出題される。文法・作文問題は年度によって異なるが，整序結合は毎年出題されている。放送問題は会話の聞き取りで，英問英答形式が出題される。

今後への対策

長文の分量が多いので，読解力，特に速読力を養うことが不可欠だ。長文読解問題集を１冊決め，繰り返し読み込もう。同じ英文でも読み込むことで長文に慣れてくる。文法問題は文法用の問題集を１冊決め，繰り返し解いていこう。放送問題はラジオ講座などを活用し，毎日英文を聞こう。最後に過去問題集で形式や時間配分を確認。

◆◆◆◆◆ 英語出題分野一覧表 ◆◆◆◆◆

分野		年度	2022	2023	2024	2025予想※
音声	放送問題		★	★	★	◎
	単語の発音・アクセント					
	文の区切り・強勢・抑揚					
語彙・文法	単語の意味・綴り・関連知識				●	△
	適語(句)選択・補充					
	書き換え・同意文完成					
	語形変化					
	用法選択					
	正誤問題・誤文訂正					
	その他					
作文	整序結合		●	●	●	◎
	日本語英訳	適語(句)・適文選択				
		部分・完全記述				
	条件作文					
	テーマ作文					
会話文	適文選択					
	適語(句)選択・補充					
	その他					
長文読解	内容把握	主題・表題	●	●		◎
		内容真偽	●	●	●	◎
		内容一致・要約文完成				
		文脈・要旨把握	●	■	●	◎
		英問英答	■	■	■	◎
	適語(句)選択・補充		■	■	★	◎
	適文選択・補充		●	●	●	◎
	文(章)整序					
	英文・語句解釈(指示語など)		●	●	●	◎
	その他(適所選択)		●			△

●印：１～５問出題，■印：６～10問出題，★印：11問以上出題。
※予想欄　◎印：出題されると思われるもの。　△印：出題されるかもしれないもの。

出題傾向と今後への対策　数学

出題内容

2024年度　作 証 グ

大問８題，18問の出題。①は数の計算と方程式の応用。②は数の性質に関する問題。③は０，１，２，３，４の５つの数字でつくられる数について問うもの。④は平面図形で，半円を利用した問題。⑤は関数で，放物線と直線に関するもの。座標平面上に円もある。⑥は数の性質に関する問題。⑦は関数の利用で，速さと，空走距離，制動距離の関係について問うもの。⑧は空間図形で，直方体の中にできる八面体や，その八面体の中にできる直方体の体積や表面積を問うもの。

2023年度　作 証 グ

大問７題，21問の出題。①は数の計算と数の性質に関する問題。②は場合の数に関する問題で，正方形の辺上の点を３点選んだときにできる三角形の個数を求めるもの。③は数の性質に関する問題。連立方程式を利用するものも見られた。④は直線と放物線に関する問題。⑤は平面図形から，円周率の求め方に関する穴埋め式の問題。⑥は平面図形から，円と三角形を用いた計量題４問。円周角の定理や三平方の定理，相似などについて問われた。⑦は空間図形の計量題３問と切り口の形に関する問題。

作…作図問題　証…証明問題　グ…グラフ作成問題

解答形式

2024年度　記　述／マーク／併　用

出題傾向

大問７～９題，総設問数16～23問。前半は各分野の基礎基本を問うもの中心，後半はややレベルの高い問題が並び，どの分野からもまんべんなく出題されている。全体的には，関数，図形に比重が置かれているものの，偏りのない学習が求められている。空間図形ではイメージしにくいものが扱われることがある。

今後への対策

基本問題集で基礎基本を定着させ，標準レベルの問題集で問題に慣れていくようにしよう。併せて，いろいろな考え方や解法を身につけていこう。解けなかった問題は解説を読み，改めて解き直すこと。特に，関数，図形は重点的に演習を積むようにしよう。

◆◆◆◆◆ 数学出題分野一覧表 ◆◆◆◆◆

分野	年度	2022	2023	2024	2025 予想※
数と式	計算，因数分解	●	●	●	◎
	数の性質，数の表し方	■	■	★	◎
	文字式の利用，等式変形				
	方程式の解法，解の利用				
	方程式の応用	■	●	●	◎
関　数	比例・反比例，一次関数				
	関数 $y=ax^2$ とその他の関数	★	★	★	◎
	関数の利用，図形の移動と関数				
図　形	(平面) 計　量	★	★	★	◎
	(平面) 証明，作図				
	(平面) その他		●		
	(空間) 計　量	★	★	●	◎
	(空間) 頂点・辺・面，展開図				
	(空間) その他		●		
データの活用	場合の数，確率	★	★	■	◎
	データの分析・活用，標本調査				
その他	不 等 式				
	特殊・新傾向問題など	★			
	融合問題				

●印：１問出題，■印：２問出題，★印：３問以上出題。
※予想欄　◎印：出題されると思われるもの。　△印：出題されるかもしれないもの。

出題傾向と今後への対策　国語

出題内容

2024年度

一 論説文　二 随筆
三 古文　四 漢字

課題文

一池上高志・石黒　浩
『人間と機械のあいだ』
二下重暁子『人生という作文』
三『唐物語』

2023年度

一 論説文　二 随筆
三 古文　四 随筆

課題文

一中村桂子
『科学者が人間であること』
二白洲正子『私の百人一首』
三『うつほ物語』
四向田邦子
『霊長類ヒト科動物図鑑』

2022年度

一 論説文　二 論説文
三 古文

課題文

一佐伯啓思編著『高校生のための人物に学ぶ日本の思想史』
二岩田慶治『アニミズム時代』
三浅井了意『伽婢子』

解答形式

2024年度	**記述**／マーク／併用

出題傾向

近年，大問の構成に変化が見られるものの，基本的に論説文の読解問題，随筆の読解問題，古文の読解問題が出題される。課題文は，いずれも標準よりやや多めの分量で，現代文は，比較的新しい作品からの出題が多く，古文は，平安・鎌倉時代の作品が選ばれることが多いようである。

今後への対策

読解問題については，論理的な文章を正確に読む力が必要である。こうした力を養うには，問題集をできるだけ数多くこなすことと，日頃からの読書が効果的である。国語の知識については，四字熟語・慣用句など語句関連を中心に，参考書などを使って知識を整理し，問題集で確認しておくこと。

国語出題分野一覧表

分野		年度	2022	2023	2024	2025予想※
現代文	論説文 説明文	主題・要旨		●	●	◎
		文脈・接続語・指示語・段落関係	●	●	●	◎
		文章内容	●	●	●	◎
		表現	●			△
	随筆 日記 手紙	主題・要旨			●	△
		文脈・接続語・指示語・段落関係			●	△
		文章内容		●	●	◎
		表現				
		心情		●		△
	小説	主題・要旨				
		文脈・接続語・指示語・段落関係				
		文章内容				
		表現				
		心情				
		状況・情景				
韻文	詩	内容理解				
		形式・技法				
	俳句 和歌 短歌	内容理解	●		●	◎
		技法				
古典	古文	古語・内容理解・現代語訳	●	●	●	◎
		古典の知識・古典文法				
	漢文	(漢詩を含む)				
国語の知識	漢字 語句	漢字	●	●	●	◎
		語句・四字熟語	●	●	●	◎
		慣用句・ことわざ・故事成語	●	●		◎
		熟語の構成・漢字の知識				
	文法	品詞				
		ことばの単位・文の組み立て				
		敬語・表現技法		●	●	◎
	文学史		●	●	●	◎
作文・文章の構成						
その他						

※予想欄　◎印：出題されると思われるもの。　△印：出題されるかもしれないもの。

合格を勝ち取るための

本書の使い方

本書に掲載されている過去問をご覧になって，「難しそう」と感じたかもしれません。でも，大丈夫。ほとんどの受験生が同じように感じるのです。高校入試の出題範囲は中学校の定期テストに比べて広いですし，残りの中学校生活で学ぶはずの，まだ習っていない内容からも出題されているかもしれません。

ですから，初めて本書に取り組む際には，点数を気にする必要はありません。点数は本番で取れればいいのです。

過去問で重要なのは「間違えること」です。自分の弱点を知るために，過去問に取り組むのです。当然，間違った問題をそのままにしておいては意味がありません。

本書には，長年にわたって高校受験に関わってきたベテランスタッフによる詳細な解説がついています。間違えた問題は重点的に解説を読み，何度も解きなおしてください。時にはもう一度，教科書で復習するのもよいでしょう。

別冊として，抜き取って使える解答用紙を収録しました。表示してあるように拡大コピーをとれば，実際の入試と同じ条件で，何度でも過去問に取り組むことができます。特に記述問題では解答欄の大きさがヒントになる場合があります。そうした，本番で使える受験テクニックの練習ができるのも，本書の強みです。

前のページにある「出題傾向と今後への対策」もよく読んで，本校の出題傾向に慣れておきましょう。

2025年度 高校受験用

青山学院高等部　7年間スーパー過去問

をご購入の皆様へ

お詫び

本書、青山学院高等部の入試問題につきまして、誠に申し訳ございませんが、以下の問題文は著作権上の問題により掲載することができません。よろしくお願い申し上げます。

記

2021年度 英語 Ⅱ の問題文

以上

株式会社　声の教育社　編集部

2024年度 青山学院高等部

【英　語】（50分）〈満点：100点〉

リスニングテストは試験開始約10分後に開始します。それまでは別の問題を解いていてください。

■リスニングテストの音声は，当社ホームページで聴くことができます。(当社による録音です)

再生に必要なユーザー名とアクセスコードは「収録内容一覧」のページに掲載しています。

Ⅰ　これから放送される英語を聞き，それぞれの内容に関する問いの答えとして最も適切なものを1～4の中からひとつ選び，その番号をマークしなさい。英語は1回しか流れません。

Listening One

1．What did the man buy recently ?

1．A jacket.
2．A jacket and some shoes.
3．A jacket and some jeans.
4．A jacket, some shoes, and some jeans.

2．How much did the man pay for the jacket ?

1．$15.　2．$35.　3．$50.　4．$85.

3．What will the woman probably do ?

1．Visit a website.　2．Save money.　3．Go to a store.　4．Buy some shoes.

Listening Two

4．What is the speaker's surname ?

1．Glober.　2．Grover.　3．Grober.　4．Glover.

5．He is calling to . . .

1．Change the meeting time.　2．Change the meeting day.
3．Check the meeting time.　4．Check the meeting day.

6．What is his phone number ?

1．824-3244.　2．820-3244.　3．824-3224.　4．820-3224.

Listening Three

7．What is probably true about the group presentations ?

1．Students must work in groups of three.
2．The teacher has decided who will work together.
3．Students will work with the person sitting next to them.
4．The students can work with anyone they want.

8．Which group presentation topic should students NOT choose ?

1．Being environmentally friendly.
2．Important books.
3．Athletes that changed the world.
4．Inventions that made a difference.

9．When will the group presentations be held ?

1．October 7th.　2．October 9th.
3．October 3rd and 7th.　4．October 7th and 9th.

II　英語のインタビューが放送されます。その内容に関する問いの答えとして最も適切なものを1～4の中からひとつ選び，その番号をマークしなさい。英語は1回しか流れません。

10．Alan wanted to become a pilot . . .
 1．because his father did the same job.
 2．when he was in elementary school.
 3．after starting his first job.
 4．after seeing some photos in a magazine.

11．Who helped Alan the most to become a pilot ?
 1．His friends.　2．His parents.　3．His wife.　4．His classmates.

12．The first place Alan went to as a pilot was . . .
 1．London.　2．Paris.　3．Los Angeles.　4．New York.

13．When he first became a pilot, Alan mostly felt . . .
 1．proud.　2．nervous.　3．excited.　4．lucky.

14．Which is NOT mentioned as a difficult part of Alan's job ?
 1．Working for a long time.　2．Being away from his family.
 3．Being uncomfortable.　4．Feeling stress.

15．What does Alan like most about being a pilot ?
 1．Meeting new people.　2．The money is good.
 3．Visiting new places.　4．Flying different kinds of planes.

※＜**リスニングテスト放送原稿**＞は英語の問題の終わりに付けてあります。

III　次の英文はお気に入りの映画の紹介文である。空欄(16)～(25)に入れるのに最も適切な語(句)を1～4の中からひとつ選び，その番号をマークしなさい。

"Hello everyone.

(　16　) ever wanted to go on an adventure ?　Where do you think you would like to go ?　Most importantly, if you (　17　) on an adventure to space, who would you go with ?

Today, I'd like to introduce my favorite movie, "Charlie and Me".　It's an adventure story, but it's also a kind of comedy, because it really makes people (　18　).

It's about two friends (　19　) Charlie and Jordan.　One day, they meet a strange man (　20　) them about a secret spaceship that landed in the forest.　At first, they don't believe him, but when they go into the forest, they find out he (　21　) the truth.　The spaceship looks amazing.　Charlie and Jordan want to look inside, but they don't know how to open the door.　Suddenly, the door opens. There is an alien (　22　) back at them.　The alien invites them (　23　) inside.　This is the start of the greatest adventure of their lives.　What happens next ?　You will have to watch to find out.

There are many reasons I love this movie.　The characters are likable, the story (　24　), and there are many funny jokes.　Most of all, it really makes me happy.　When I watched it, I realized (　25　).　If you watch it, I'm sure you will feel the same.

Thank you for listening."

16．1．Did you　2．Did we　3．Have you　4．Have we
17．1．go　2．went　3．have been　4．are going
18．1．laugh　2．laughed　3．laughing　4．to laugh
19．1．be called　2．calling　3．called　4．call

20. 1. that he tells 2. who tells
3. whose tells 4. whom he tells
21. 1. was telling 2. would tell 3. tells 4. will tell
22. 1. looks 2. looked 3. has looked 4. looking
23. 1. come 2. to come 3. coming 4. came
24. 1. is excited 2. has been excited
3. is exciting 4. has been exciting
25. 1. how important is friendship 2. how friendship important is
3. how is friendship important 4. how important friendship is

IV　それぞれの【　】内の全ての語(句)を最も適切な語順に並べ，４番目に来るものを選び，その番号をマークしなさい。なお文頭に来る語も小文字で記してある。

26. Ken【1. interested 2. is 3. as 4. not 5. science 6. as 7. in】Jane. Actually, he cares more about foreign languages than science.
27. Doing exercises【1. is 2. that 3. for 4. are 5. your 6. suitable 7. age】important. Don't push yourself too hard.
28. I got on a bus in Kyoto. It was my first time there. So I asked【1. get off 2. tell 3. to 4. the bus driver 5. when 6. me 7. to】.
29.【1. daughter's 2. meet 3. is 4. my 5. to 6. wish 7. Santa Claus】on Christmas Eve. She really hopes it will happen this year.
30. Could you please help【1. this 2. make 3. me 4. move 5. desk 6. space 7. to】? It's too heavy for me.

V　次の英文に関する問いの答えとして最も適切なものを１～４の中からひとつ選び，その番号をマークしなさい。

The Rio Carnival is an amazing festival in Brazil. It is a lively celebration full of happiness that takes place in February or March every year and lasts five days. It has become very famous and is said to be the biggest festival in the world, with about two million people celebrating on each day.

The carnival started in 1723, and it has an interesting history. It began as a fun water fight tradition that was brought to Brazil by Portuguese ①**immigrants** who traveled from Europe to live there. However, as years passed it ②**evolved** from small neighborhood parties into a bigger, more organized festival. Both African and Indigenous (the people who originally lived in Brazil) customs were used to create a mix of bright colorful costumes and fast-paced music and dancing.

Samba is a unique type of fun and lively music and dance that has become very popular because of the Rio Carnival. It is the heart of the festival, and is a symbol of Brazilian people's energy, culture, and togetherness as a community. Samba schools are groups of dancers, musicians, and performers who come from different neighborhoods in Rio de Janeiro and take part in the event every year. These schools spend months preparing bright costumes and dances for the carnival. Each samba school has its own parade float. A float is like a big truck which has many bright and beautiful decorations on it, making it great for everyone to watch. The energetic samba school performers travel on colorful floats while the crowds cheer, wave, and support ③**them**. This creates a spectacular atmosphere.

By 1984, the carnival was so big that the government decided to build a special stadium for it, called ④**the Sambadrome**. Now, people can buy tickets to go and see the parades in the carnival in one place. These sell out quickly, but (ア). Therefore, even if you can't get a ticket, you can still enjoy the festival.

Although many people start celebrating earlier, the carnival actually ⑤**kicks off** on a Friday. At that time, a big parade starts, and for two days the samba schools show off their amazing performance skills. The music and dances aren't only for fun though ; they tell stories about important events in Brazil's history and its culture. There are also street parties called 'blocos'. Everyone, young and old, can enjoy these parties. Both local people and tourists join in, wear bright and colorful clothes, sing and dance, and enjoy the party with each other.

The carnival is not only enjoyable, it also helps Brazil in many ways. Many tourists travel from all over the world just to join this party, and they also (イ). This helps local businesses, creates a lot of jobs, and is great for the Brazilian economy. The carnival also shows Brazil's unique culture to the world, and makes more people want to visit and learn about it.

(ウ). People from many different cultures in Brazilian society celebrate as one big family. The festival gives people the chance to learn about and enjoy each other's customs and traditions. At the carnival, everyone shares the joy and happiness of music, dancing, making new friends, and creating unforgettable memories.

31．下線部① **immigrants** の意味として最も適切なものを選びなさい。

1．people who travel to a country for fun and leisure
2．people who move to another country to start a new life
3．people who like to visit festivals
4．people who love going on adventures

32．下線部② **evolved** の意味として最も近いものを選びなさい。

1．invented　2．stopped　3．happened　4．changed

33．下線部③ **them** の指しているものを選びなさい。

1．crowds　2．performers　3．floats　4．flags

34．下線部④ **the Sambadrome** の説明として最も適切なものを選びなさい。

1．It is a neighborhood that is known for lively street parties.
2．It is a place that was created especially for the festival.
3．It is a large samba school that is used for rehearsals before the carnival.
4．It is a special traditional dance that is performed during the event.

35．(ア)に入る最も適切な文を選びなさい。

1．there are other celebrations all over the city
2．there are enough tickets for everyone
3．celebrations only happen in the stadium
4．the stadium is not visited by many people

36．下線部⑤ **kicks off** の意味として最も適切なものを選びなさい。

1．dances　2．begins　3．ends　4．continues

37．(イ)に入る最も適切なフレーズを選びなさい。

1．dance a lot　2．create big crowds
3．spend a lot of money　4．bring their own culture

38．(ウ)に入る最も適切な文を選びなさい。

1．The carnival is also famous for its variety of sporting activities
2．People especially enjoy eating delicious food at the carnival
3．The Rio Carnival is a special time for people to come together
4．Dancing is the most important part of the event

39．文章の内容と合っているものをひとつ選びなさい。

1．Samba is a slow and relaxing activity.
2．You need to be a dance school member to join the parties.
3．Dancers teach dance to children in Brazilian schools.
4．Dance schools spend a long time getting ready for the event.

40．文章の内容と**合わないもの**をひとつ選びなさい。

1．The Rio Carnival is one of the most popular festivals in the world.
2．The tradition of water fights is still an important part of the festival.
3．The festival has a long history of bringing different cultures together.
4．The festival is an opportunity to spend time with friends and community.

VI　次の英文に関する問いの答えとして最も適切なものを1～4の中からひとつ選び，その番号をマークしなさい。

In 2006, a *court in Boston, Massachusetts, USA, had to make an important decision. A Mexican restaurant that sold tacos and burritos wanted to open a new shop in a shopping mall. A sandwich shop in the mall didn't want a new place to open because it might affect their business. They actually had an agreement with the mall that no new sandwich shops could open in the mall. The Mexican restaurant said that tacos and burritos were not sandwiches, so there should be no problem with them also opening a store in the mall. Both shops asked the court to decide.

Before we learn the court's decision, let's learn some history about the sandwich. First, why is a sandwich even called a sandwich? Some people believe the name is connected to the town of Sandwich, a small town about 120 kilometers south-east of London. Although only 5,000 people live there today, it was once one of the most important towns in the country. Like most English towns that have "wich" in their name, the town of Sandwich is near (ア). That is why the navy had its headquarters and its most important ships in the town. The leader of the navy was called the Earl of Sandwich.

There are stories that, in his free time, the Earl loved to play cards, and he often played for many hours. He didn't want to stop playing cards even when he was hungry, so one day he asked his cook to bring him a snack while he played. He wanted meat and bread, but he wanted the meat between the bread so that his fingers did not get oil on them from the meat. At first, his friends didn't like the idea because they thought that a real gentleman should eat with a knife and a fork. After some time, however, they saw how convenient it was, and some of them began to (イ).

In 1762, the English historian Edward Gibbon wrote that he saw men eating "a bit of cold meat, or a Sandwich". The capital letter 'S' shows that this came from someone's name. Then, in 1770, a French travel writer named Pierre-Jean Grosley wrote about a card game he saw in England, and wrote that the players were eating bread with meat during the game. In the mid-1800s, the name 'Sandwich' **caught on**. When you ate two pieces of bread with something in the middle, it was a

'Sandwich'. The name **was now official**. English-speaking people even used it as a verb to explain the action of placing something in between two other things.

However, even if we know the reason it's probably called a sandwich, the truth is that we don't know who actually invented it, and different versions of sandwiches have been around for thousands of years. There are records from *1000 BC of people in the northern part of China eating *Rou jia mo* ("meat on bread" in Chinese). There are also records from 100 BC from the Middle East of people eating cooked meat with herbs between pieces of bread. One thousand years later, farmers in Europe ate meat between pieces of bread. <u>This is interesting because the Earl of Sandwich often traveled to the Middle East and to other places in Europe before he became the leader of the navy.</u>

Much later, in the 1920s, an American man named Gustav Papendick invented a machine that sliced and packaged bread, and sandwiches became even easier to make. The sandwich became a common sight in American school lunches and offices, and today, American people eat over 300 million sandwiches every day. It is hard to imagine a world without sandwiches, and every region has its own favorites. In South America and Europe it is common to have meat and cheese ; North Americans put meat or peanut butter in them ; Japanese convenience stores sell sandwiches with egg salad, meat, fruit, or even cream.

In 2004, the Earl of Sandwich's *descendant, Orlando Montagu, opened a chain of sandwich restaurants called, unsurprisingly, Earl of Sandwich. The most popular sandwich on the menu is called 'The Original'. According to Montagu, it is the same recipe as the Earl's first sandwich. It includes hot roast beef, cheese, and a creamy sauce between two pieces of bread. The Earl's name lives on in other ways ; there is a group of islands in Hawaii called The Sandwich Islands. The British explorer James Cook visited the islands in 1775, and he named them after the Earl.

Now, finally, let's go back to the start of this passage. What was the court's decision in 2006 ? They decided that the meaning of 'Sandwich' "does not include burritos and tacos because they are made with only a single tortilla (a kind of bread popular in Mexico)". (　ウ　).

*court 裁判所　*1000 BC 紀元前1000年　*descendant 子孫

41. What is said in the first paragraph ?
 1. Two shops asked the court to make a decision.
 2. A Mexican restaurant wanted to open a sandwich shop.
 3. There were two shops selling tacos and burritos.
 4. A shop already had an agreement with the court.

42. Which of the following most likely goes in (ア) ?
 1. the city　2. the sea　3. London　4. mountains

43. Which of the following is the best choice to complete the missing (イ) ?
 1. play cards with the Earl more often
 2. ask their cooks to serve them the same thing
 3. play cards when the Earl wasn't there
 4. ask the Earl to act more like a gentleman

44. In the text, who first used 'Sandwich' to talk about the food ?
 1. Pierre-Jean Grosley　2. The Earl of Sandwich
 3. People in the 1900s　4. Edward Gibbon

45. In the text, what do the terms **caught on** and **was now official** show ?

1 . That the name 'Sandwich' was not popular yet.
2 . That English-speaking people liked making new words.
3 . That the name 'Sandwich' was now common.
4 . That many words in English have a similar history.

46. Why is this sentence included in the text ? This is interesting because the Earl of Sandwich often traveled to the Middle East and to other places in Europe before he became the leader of the navy.
1 . To show that there are many types of sandwiches in the world.
2 . To show that farmers ate sandwiches for thousands of years.
3 . To show that the Earl probably invented the sandwich.
4 . To show that other countries probably had an influence on the Earl.

47. What was most likely in the Earl of Sandwich's sandwiches ?
1 . A creamy sauce on cold roast beef and cheese.
2 . A creamy sauce on hot roast beef and cheese.
3 . Cold meat with herbs and oil.
4 . Warm meat with herbs and oil.

48. Choose the best sentence to complete the text (ウ).
1 . The Mexican restaurant Qdoba opened in the same mall as the Panera sandwich shop, and both are still there today
2 . Because of this, the Mexican restaurant Qdoba started selling rice dishes, and were able to open a store in the mall
3 . In conclusion, even if we don't know who invented the sandwich, it's still delicious
4 . Therefore, the Mexican restaurant opened in a different mall, and became very popular

49. Which is the correct order of events ?
1 . Sandwiches became common in America → Gustav Papendick invented a slicing machine → The Earl asked his cook for a snack → James Cook visited a group of islands near Hawaii
2 . James Cook visited a group of islands near Hawaii → The Earl asked his cook for a snack → Gustav Papendick invented a slicing machine → Sandwiches became common in America
3 . The Earl asked his cook for a snack → James Cook visited a group of islands near Hawaii → Gustav Papendick invented a slicing machine → Sandwiches became common in America
4 . The Earl asked his cook for a snack → James Cook visited a group of islands near Hawaii → Sandwiches became common in America → Gustav Papendick invented a slicing machine

50. Which of the following is said in the text ?
1 . The earliest record of people eating bread with meat is from China.
2 . Some people who work in London live in the town of Sandwich.
3 . Records show the Middle East first introduced 'Sandwiches'.
4 . North American and South American sandwiches are very similar.

＜リスニングテスト放送原稿＞

I

Listening One

Female : Hey, Mark. I like your shoes. Are they new ?

Male : These shoes ? No, I've had them for a long time. This jacket is new, though. I just bought it at the new department store downtown.

Female : Nice. It looks really good. It goes well with those jeans. Is the new store good ? I read about it online, but I heard it is quite expensive.

Male : It's pretty good, actually. And they have an opening sale in the store right now. This jacket usually costs $85, but in the sale it was only 50.

Female : That's a good price. I'll check it out.

Listening Two

Hi, my name is Marshall Grover. That's M-A-R-S-H-A-L-L G-R-O-V-E-R. Marshall Grover. I'm calling as I'd like to move my appointment with Dr. Williams tomorrow from 2pm to 2:15pm. Could you let me know if that's OK ? Please call me back at 820-3244(eight two oh-three two double four). Thanks.

Listening Three

Good morning, class. Today I'm going to tell you about your group presentation. Please look at the paper I just gave you. You can find out who your group members are. You can also see that you have a choice of three topics — "how to protect the environment", "books that changed the world", or "the most important inventions". You cannot present on any other topics like your favorite sports player, your favorite manga, or whatever. Just one of those three topics. OK ? Now, I'd like you to sit together with your group members and start to plan your presentation. Oh, and the date for the presentations. Half the groups will present on October 7th and the other half on the 9th. That means you have about three weeks to prepare.

II

Female : Today, I'm talking with Alan, who is a pilot. Alan, what made you want to become a pilot ?

Male : Well, when I was a child I wanted to be an athlete and then a photographer. But after university, I started working for a camera company as a salesperson. I had to travel to New York and Los Angeles a lot, and I liked that, but I didn't like sales, so finally I decided to study to become a pilot !

Female : Was it hard to change jobs ?

Male : Yeah, of course. My parents thought I was crazy giving up a good job to go back to studying. And you know, all my friends were making money, doing whatever they wanted, and having fun, and I was staying at home every night studying. It was a hard few years. But the other students were great and we all really supported each other, and finally we made it !

Female : Great. So, how did you feel when you finally got your first job and you first flew a plane ? Were you nervous ? Scared ? . . . Tired ?

Male : Haha. I wasn't so nervous, actually. It was just a short flight from London to Paris. I felt excitement, but what I remember most of all is the feeling of pride. It took a long time and a lot of work to make my dream come true, and finally I was doing it.

Female : Can you tell us about some of the difficult things about your job ?

Male : Well, it can be tiring ; we work long hours, and you know, it can be stressful making sure everybody is safe and comfortable.　But the biggest one, of course, is being away from my family.　But, I can't complain, really.　It's a great job.　I love traveling, and now I get paid money to do it！　But more than that, I've been able to get to know new people all over the world.　It's wonderful.

【数　学】 (50分) 〈満点：100点〉

◎答の分母は有理化すること。

1　次の問に答えよ。

(1)　$\sqrt{54}\times\sqrt{8}-\sqrt{50}\div\sqrt{6}$ を計算せよ。

(2)　次の表は12月１日から12月４日までの最高気温と最低気温を表している。ただし，12月２日から12月４日までの最高気温と最低気温は，それぞれ前日との気温差を表している。このとき，表の x の値を求めよ。

日付	12/1	12/2	12/3	12/4	平均
最高気温	x	±0	＋1	−4	
最低気温	8	−1	＋2	＋1	
(最高気温)−(最低気温)					10

(単位：℃)

2　分子と分母の和が100である既約分数がある。これを小数で表して小数第２位を四捨五入すると0.2になるという。このとき，次の問に答えよ。

(1)　次の文中にある□に入る小数を答えよ。

この分数を X とするとき，X を小数で表して小数第２位を四捨五入すると0.2になることから，

$\boxed{\text{ア}}\leqq X<\boxed{\text{イ}}$　…①

が成り立つ。また，分数 X の分母を x とすると，式①から，

$\boxed{\text{ウ}}\leqq\dfrac{100}{x}<\boxed{\text{エ}}$

が成り立つ。

(2)　分数 X のうち，最も大きいものを求めよ。

3　0，1，2，3，4の５種類の数字を用いて作られる正の整数を考える。ただし，同じ数字を繰り返し用いてよいこととする。

これらを小さい方から順に並べると，

1，2，3，4，10，11，12，…

となる。このとき，次の問に答えよ。

(1)　小さい方から数えて24番目の数を求めよ。

(2)　2024は小さい方から数えて何番目の数か答えよ。

4　ABを直径とする半円Oがあり，弧AB上に $\overset{\frown}{\mathrm{AC}}:\overset{\frown}{\mathrm{BC}}=1:1$ となる点Cをとる。また，$\overset{\frown}{\mathrm{BC}}$ 上に点Dをとり，∠DABの二等分線と線分BCの交点をEとする。AB＝6cm，BD＝3cmのとき，次の問に答えよ。

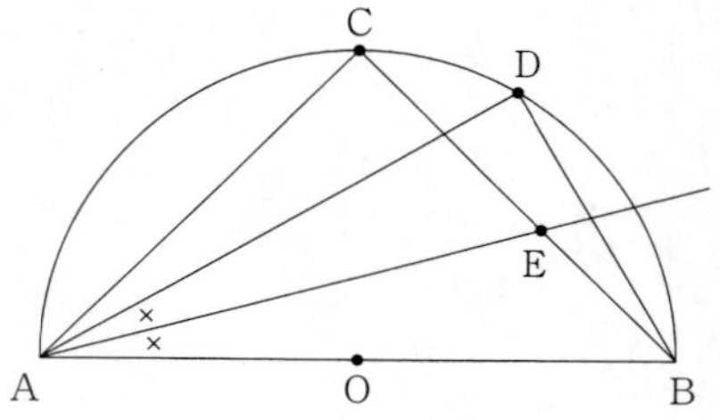

(1)　線分AEの長さを求めよ。

(2)　線分BEの長さを求めよ。

(3)　線分CDの長さを求めよ。

5 図のように，y 軸上の点Cを中心とする原点Oを通る円Cと，関数 $y=kx^2$ のグラフがある。円Cとグラフの交点で x 座標が正の点をA，円Cと y 軸との交点をBとすると，点A，Bの y 座標はそれぞれ $3a$，$4a$ であった。このとき，次の問に答えよ。

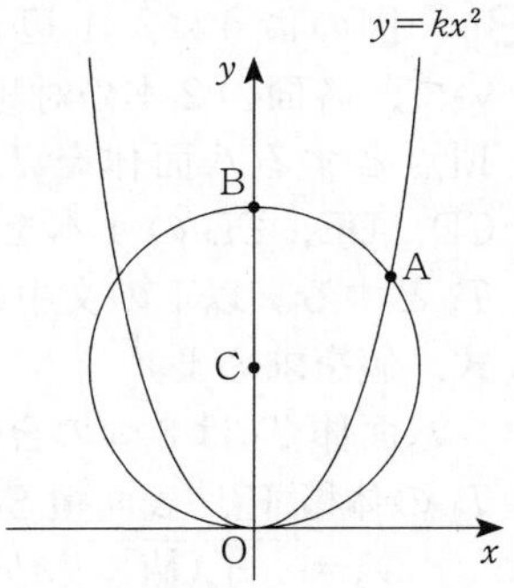

(1) 点Aの x 座標と k の値をそれぞれ a を用いて表せ。∠OBA の二等分線と直線 OA の交点をMとする。

(2) 点Mの座標を a を用いて表せ。

(3) △OCM：△OBA を求めよ。

6 次の図のように，A，B，Cの３つのモニターとそれらのモニターにつながれているボタンがある。最初モニターには０が映し出されていて，ボタンを１回押すごとにAは１から６までの自然数が小さい順に映し出され，７回目には１に戻り，８回目には２，…，13回目には１と繰り返される。BやCもAと同様にボタンを押すごとに自然数が小さい順に映し出され，Bは１から15，Cは１から25が繰り返される。以下の文中にある□に入る最も適切な数を求めよ。

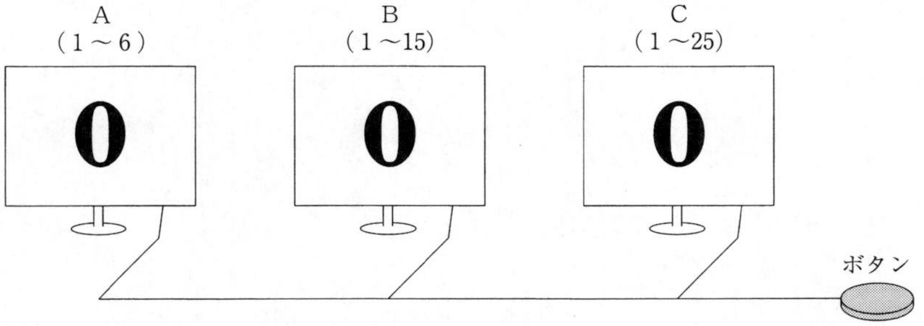

ボタンを押す回数が２回目以降のときに，A，Bの２つのモニターがともに１を初めて映し出すのは［ア］回目にボタンを押したときであり，A，B，Cの３つのモニターがすべて１を初めて映し出すのは［イ］回目のときである。また，［イ］回目までにA，B，Cの３つのモニターに映し出されている数字がすべて異なることは［ウ］回ある。

7 運転手が障害物を認識してから車が停止するまでの距離を停止距離という。停止距離は次の２つの距離の和から求めることができる。

空走距離(m)：運転手が障害物を認識してから，ブレーキをかけるまでの間に，車が進んだ距離

制動距離(m)：ブレーキがかかってから，車が完全に停止するまでの距離

晴れの日に時速 x km で走行しているとき，空走距離は x に比例し，制動距離は x の２乗に比例する。また，晴れの日に時速 40km で走行した場合，空走距離，制動距離はともに 12m であった。このとき，次の問に答えよ。

(1) 晴れの日に時速 50km で走行する車の空走距離を求めよ。

(2) 晴れの日に時速 x km で走行する車の制動距離を y m とするとき，y を x の式で表せ。

(3) 晴れの日に時速 60km で走行する車の停止距離を求めよ。

(4) 雨の日の空走距離は晴れの日と同じであるが，制動距離は晴れの日の1.5倍になるとする。雨の日の停止距離が 96m であったとき，車は時速何 km で走行していたか求めよ。

8　図のように，1辺が a cm，b cm，b cm の直方体において，各面の2本の対角線の交点A，B，C，D，E，Fを頂点とする八面体を T_1 とし，T_1 の辺(ただし，図のBC, CD，DE，EBの4本を除く)の中点を頂点とする直方体を T_2 とする。以下の文中にある［　　］に入る最も適切な語句や式，値を求めよ。

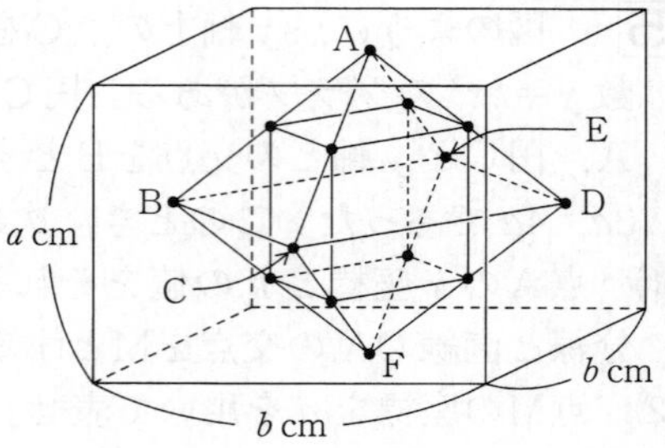

八面体 T_1 は8つの合同な［ア(語句)］三角形を面とし，T_1 の体積 V_1，表面積 S_1 はそれぞれ

$V_1=$［イ(値)］$ab^2(\text{cm}^3)$，$S_1=$［ウ(a，b を含む式)］(cm^2)

となる。また，直方体 T_2 の面は1辺が［エ(式)］cmの正方形が［オ(値)］つと，1辺が［エ］cmと［カ(式)］cmの長方形が［キ(値)］つあり，T_2 の体積 V_2，表面積 S_2 はそれぞれ

$V_2=$［ク(値)］$ab^2(\text{cm}^3)$

$S_2=$［ケ(値)］$ab+$［コ(値)］$b^2(\text{cm}^2)$

となる。

いやしからぬありさまを振り捨てて昔の契りを忘れざりけん人よりも、親王の御なさけはなほたぐひあらじや。

（『唐物語』）

問一 ――①とはどういうことか。

1 偶然出会ったということ
2 共に暮らしていたということ
3 言い寄っていたということ
4 一緒に出掛けたということ

問二 ――②の ア ・ イ には対義語が入る。適切な語を二つ選べ。（順不同）

1 高き　2 すさまじき　3 美しき
4 いやしき　5 若き　6 恐ろしき

問三 ――③とはどういうことか。

1 徳言は陳氏以上に別れることを悲しみ、誰よりも嘆いたということ。
2 陳氏は徳言との別れを悲しみ、誰とも会わなくなったということ。
3 徳言も陳氏も別れを悲しむ気持ちが誰よりも強かったということ。
4 徳言は陳氏と別れる悲しみを誰にも明かさなかったということ。

問四 ――④はなぜか。

1 陳氏と別れてしまったことを後悔しているから。
2 陳氏が約束を破ったのを他の人から伝え聞いたから。
3 陳氏に会えない間に他の人に惹かれてしまったから。
4 陳氏が心変わりしたのではないかと不安になったから。

問五 ――⑤とは何か。

1 人影　2 月影　3 幻影
4 遺影　5 面影

問六 ――⑥とはどのような「ありさま」か。

1 偉そうで思いやりがなくなったさま
2 豊かで幸せな生活を送っているさま
3 病気でやつれてしまったさま
4 見違えるように美しくなったさま

問七 ⑦ に入る人物を本文中から漢字二字で抜き出せ。

問八 ――⑧はどういう様子か。

1 あきれ果てた様子
2 同情している様子
3 腹立たしく思っている様子
4 うらやましく感じた様子

問九 ――⑨は何のことか。

1 悩み　2 偽り　3 憐《あわれ》み
4 恐れ　5 弱み

問十 本文において「鏡」はどのような役割を果たすものか。

1 昔を思い出させてくれるもの
2 離れている相手の心を映すもの
3 売って生活の足しにするもの
4 再会のための目印となるもの

四

次の傍線部のカタカナを漢字に、漢字をひらがなに直せ。

1 合唱コンクールでシキをする。
2 新生活にあたりケンヤクを心がける。
3 厳かな雰囲気の中、式がとり行われた。
4 長年のコウセキが認められ、昇進する。
5 書道の授業でハンコをホる。
6 猛暑で自然と汗が滴る。
7 鎌倉時代に建立された寺院。
8 新しい条例は四月一日にシコウされる。
9 軽々しく金銭のタイシャクをしてはならない。
10 入学後はクラブに入ることをススめる。

1　嫉妬という、避けて通りがたい嫌な自分を見てしまった。
2　男とあじさいが親密にうなずき合おうとも、私とは関係ないと思っていた。
3　それが真実なのだ。
4　どうやらちがったのだ。

問六　――⑥と同時代に成立した作品はどれか。
1　『万葉集』　2　『平家物語』　3　『徒然草』
4　『奥の細道』　5　『枕草子』

問七　――⑦の□に漢字一字を入れて熟語を完成させよ。

問八　⑧に入る語はどれか。
1　投げ遣《や》り　2　反面教師　3　開き直り
4　他人行儀　5　言い掛かり

問九　――⑨が著した作品はどれか。
1　『坊っちゃん』　2　『高瀬舟』　3　『トロッコ』
4　『たけくらべ』　5　『人間失格』

問十　本文の内容に合うものはどれか。
1　「まがりくねった男」は筆者より年上で、筆者と同様に放送関係の仕事に就いていた。
2　『源氏物語』の堂々とした文章を外国語に訳すことは難しく、様々な作家が苦労している。
3　筆者は自分の人柄を誤解されることを恐れるが故、ありのままの自分を文章に書くことにしている。
4　人は一人ぼっちになって初めて、大人数の時には気付かなかった孤独に直面するものである。
5　古代遺跡の発掘とエッセイの執筆は一見関係なさそうに見えるが、その実似ているところがある。

三

次の文章を読み、後の問に答えよ。

昔徳言といふ人、陳氏と聞こゆる女に①あひぐしたりけり。かたちいとをかしげにて心ばへなど思ふさまなりければ、互ひに浅からず思ひかはして年月を経るに、思ひのほかに世の中乱れて、ありとある人、②［ア］も［イ］もさながら山・林に隠れまどひぬ。さりがたき親・はらからも四方《よも》にたち別れて、おのがさまざま逃げさまよへる中に、③この人別れを惜しむ心誰にもすぐれたりければ、人知れずもろともあひ契りけり。「我も人もいづかたとなく失せなん後、おのづから世の中しづまりて又もあひ見る事ありなんものを、その程のありさまをばいかでか互ひに知るべき」と聞こえさするに、女の年ごろ持ちたりける鏡を中より切りて、おのおのそのかたがたを取りて、「月の十五日ごとに市に出だして、この鏡の半ばを尋ねさするものならば、必ずあひ見て互ひにそのありさまを知るべし」と言ひつつ、いといたううち泣きて別れ去りぬ。その後この夫恋しさわりなくおぼえていたづらに月日を過ぐすままに、「いかなる人に心をうつして契りしことを忘れぬらん」と、④胸の苦しさおさへがたくぞおぼえける。

ます鏡割れて契りしそのかみの⑤かげはいづちかうつり果てにし

かやうに思ひやりけるにしも、色かたちのなまめかしく華やかなるにやめでたまひけん、時の親王にておはしける人にかぎりなく思ひかしづかれて年月を経るに、⑥ありしには似るべくもなきありさまなれど、この鏡のかたがたを市に出だしつつ、昔の契りをのみ心にかけて世の常は下燃えにてのみ過ぐしけるに、鏡の割れ持ちたる人とて尋ねあひて、男・女のありさま互ひにおぼつかならず知りかはしつ。女これを聞きけるよりおぼえず悩ましき心地うち添ひて、うつし心ならぬけしきを見とがめて［⑦］あやしみ問ひたまふを、さすがに覚えてしばしば言ひまぎらはしけれど、強いてのたまはすればわびしながらありのままに聞こえさせつ。親王これを聞きたまふに⑧御袖もしぼりあへず、あはれにいみじくおぼされけるにや、装ひいかめしきさまに出だしたてて、昔の男のもとへ送りつかはしたるに、徳言かぎりなくうれしきにつけてもまづ涙ぞ先立ちける。

契りおきし心に⑨くまやなかりけむふたたびすみぬ中川の水

源氏は、父帝の愛する藤壺とひそかに契《ちぎ》りを結び、罪の子を作ってしまう。父帝はその事を知らない。その事が後に自分の妻女三宮《おんなさんのみや》と柏木との密通というしっぺ返しをうける運命のいたずらを含めて、⑦［　］沙汰には出来ない恥の連続なのである。

光源氏の数多くの女遍歴は、最初の女、藤壺の面影を追い、満たされぬ思いに次々と別の女と関係を結ぶ恥多い人生でもある。

その事が実に堂々と描かれている。平安時代は一夫多妻、妻問い婚が当り前だったとしても、紫式部は、ごまかす事なく、正面からその事を描いている。あまりに堂々としているので、私たちは只々《ただただ》圧倒されるのである。

『源氏物語』はたくさんの作家が現代語訳を試みている。与謝野晶子、谷崎潤一郎、円地文子、近くは瀬戸内寂聴などなどそれぞれ特徴があり、その作家の源氏になっているが、当然ながら原文が一番堂々としている。

修飾やきれい事ではなく、すぱっと言い切って潔い。恥をかいて恥を知らない文章、［⑧］とも見える、その態度こそ、書くという事なのだろう。

外国語訳も多く出ているが、日本人の作家の訳よりもストレートで、原文に近いという。作家個人の思い入れがない分だけ、直《じか》に心に響いてくるのではないだろうか。

紫式部は、あの時代にあって書くという事は、恥をかく事であると知っていて、実践している事に驚かされる。

その後、ずっと女性の作家が出られる社会情況になく、明治になって⑨樋口一葉が出る。一葉は貧しさの中でまっすぐに庶民の生活を見つめ、堂々とその事を文章にした。人に威張れぬ暮らしの中の恥を文章にした。男女の仲にしても下町の男女の感情を生き生きと筆にした。その正面切った無駄のない文章、きれい事ではない真実の味わいがある。

（下重暁子『人生という作文』）

問一 ――①はどのようなことを伝えるための例か。

1 恥ずかしがらず文章を書き続けることで文章力が向上するということ
2 心に響く文章を書くためには人との関係を大切にすべきだということ
3 ありふれたものと真剣に向き合うことで文章が味わい深くなるということ
4 良い文章を書くためには自分自身を見つめ直すことが必要だということ

問二 ――②と同じ種類の比喩が用いられているのはどれか。

1 授業が終わったら友人とファミレスでお茶しよう。
2 昨日から母は鬼のごとく怒っている。
3 猿も木から落ちるのだから気を引き締めよう。
4 趣味について語る彼女の目はキラキラと輝いていた。
5 若い時ほど朱に交われば赤くなるものだ。

問三 ――③の［A］・［B］に入る語を本文中からそれぞれ抜き出し、俳句を完成させよ。

問四 ――④の説明はどれか。

1 自分を置き去りにして男があじさいの方に進んで行ったため、あじさいだけでなく男からも拒絶されているという疎外感を覚えた。
2 密かに慕っていた男があじさいを通して昔の恋人に思いを馳せている姿を見て、自分の恋が叶わないことを悟り、切なさを覚えた。
3 男の心を誘うように振る舞うあじさいが自分の知らない秘密を男と共有していることに気付き、のけ者にされているように感じた。
4 男とあじさいの出来事によって、結局人は分かり合うことができない生き物であることを知り、人が抱える本質的な虚しさを感じた。

問五 《⑤》に入る次の文を適切な順番に並べ替えよ。

階段を昇った。
その男はひねくれた所のある人で、私はひそかにある詩をもじって、「まがりくねった男が一人……」などといっていた。
明月院に詣でた後、彼はいった。「先に行くよ」
私はしばらく間をおいて石段を降りはじめた。ひょろ長い背が通りすぎるたび、両側に群れ咲いたあじさいが、なまめいて見えた。私の知らない秘密を共有するかのように……。
彼には想い出があったのだ。一人置いてけぼりにされた淋しさに胸が張りさけそうになりながら、後を追った。あじさいは無表情に私を迎えた。彼に見せたなまめかしさなどかけらもなかった。その数が無数であればあるほど、私は孤独を胸に持ち続けなければならなかった。
あじさいについてのエッセイを頼まれた時、私はその事を書いた。
人によってはあじさいの固まりは華やかに見え、各地のあじさいの名所が流行《はや》っているのであろう。それとも淋しいからこそ、たくさん群がって見にいくのであろうか。
あじさいは私を拒絶する花だ。だからこそあじさいに惹かれる。なぜ私を拒絶するのか。まがりくねった男に見せた媚《こ》びにも似たなまめきは何なのか。その人とあじさいの共有している秘密とは何なのかを知りたいと思う。ひとり孤独に陥った私の感情とは何であったか。
それは小さな嫉妬ではなかったのか。
自分の心を掘り下げていってみると、古代遺跡を発掘するのに似て思わぬものにつきあたる。壊れぬように土を払ってみると、そこには見た事もない自分がいる。気付いた事のない感情がある。
それを言葉にして表現する。「あじさい」という題のエッセイには、私の心の奥の、目に見えないものを表現する。目に見えないものを目に見える言葉を借りて表現する。私はかつて明月院で味わった孤独感を書かないわけにいかないだろう。あじさいとその男との秘密と、拒絶された私の姿を描く。初めて気付いた私の心に巣食う嫉妬の感情にも触れないわけにはいかない。
あじさいの花言葉は、私にとって「嫉妬」なのだ。
嫉妬などあろうはずがないと思っていた。《 ⑤ 》掘り下げるうちに私はそこに到達してしまった。
真実を言葉にして書く事で確かめ定着させる。後でもう一度土をかぶせてしまうにしても。
ものを書く事は恥をかく事だと、常々私はいっている。あじさいのたとえでも、私は自分の心の奥に巣食っている嫉妬に気付いて、とまどった。認めるべきか否か。文字として定着させていいものかどうか。目を覆って知らん顔をして通り過ぎたかった。そうすればあじさいと淋しさだけの美しい話ですむかもしれない。それでは嘘をついた事になる。
気付いてしまったのだ。私の心の奥に隠した醜さを。それをさらす事は、恥をかく事だ。読んだ人たちが何と思うだろうか。私の人柄まで誤解されてしまうかもしれない。書かねば嘘になる。表面だけのきれい事で終ってしまう。表面だけなでさすった文章は決して人の心を打たない。共感を得ない。思い切って恥をさらしてこそ真実が感じられるのだ。
自分を偽らずに見せるためには、決断が必要になる。書かねばならぬと決断する潔さを持たなければ、文章は書けない。愚痴や不満をぶつけてみても仕方ない。いいわけなど誰も聞きたくはない。
あじさいがなぜ淋しく感じられるのか、表面的な言葉を並べてみても虚しいだけだ。嫉妬といういやな感情を持った自分をいくらいいわけしてみてもはじまらない。
堂々と恥をかく事が必要である。
日本文学の最高峰といわれる⑥『源氏物語』。この物語は堂々たる恥の文学である。光源氏という一人の美しく才能溢れる男を主人公に、彼の女遍歴という恥を描いていく。光源氏は、時の天皇と桐壺《きりつぼ》の女御《にょうご》という、数ある女性の中で寵愛《ちょうあい》を得た女との間に生まれた。決して位の高い女ではない。その母桐壺の女御の面影を求め、光

1 永遠　2 平凡　3 進化
4 特殊　5 具体

問五 ――⑤とはどういうことか。
1 あらゆる事象をまとめ、技術革新によって三次元世界を乗り越えていくこと。
2 様々な情報から傾向や特徴を見出し、抽象化することで理解しやすくすること。
3 人工的な意識を作る過程で生じる問題を典型化することで、解決するということ。
4 時間という制約からの解放を時間概念を捨てることで実現し、世界を単純化すること。

問六 [A]・[B]に入る語を本文中から抜き出せ。

問七 本文を二つに分けた場合、後半はどこからか。初めの五字を抜き出せ。

問八 [Ⅰ]・[Ⅱ]に入るものをそれぞれ選べ。同じ番号は一度しか使えない。
1 それゆえ　2 まして
3 いわんや　4 つまり

問九 [a]～[d]に入る語の組み合わせはどれか。
1 a 客観 b 主観 c 客観 d 主観
2 a 主観 b 客観 c 主観 d 客観
3 a 客観 b 客観 c 主観 d 客観
4 a 主観 b 主観 c 客観 d 主観

問十 本文の内容に合うものはどれか。
1 世界全体を時間固定的に把握するためには、昆虫と同じような全方位への視野を、持続的に保ち続けなくてはならない。
2 アンドロイド開発の最終目標は、「自己意識」の獲得という高い壁を乗り越えた、人間に近い存在を生み出すことである。
3 自己意識とは、合わせ鏡に映った己の姿に、現実世界を様々なレベルで行き来する自分をつなぎ合わせたものである。
4 電子回路のメモリーは、オンとオフを交互に行うことによって、人間の記憶と同じ働きをするメカニズムを実現した。

二

次の文章を読み、後の問に答えよ。

①たとえ話をしよう。

あじさいという花について考えてみる。②大きな薬玉《くすだま》の様な固まりがいくつもある。色は白や紫、薄いピンクなど、徐々に変る。あじさいという花が自分にはどう見えるか。

③あじさいの[A]て[B]勝りけり

随分前の拙句だが、色のせいではない。一つの固まりの中にまた、いくつもの小さな花があって、その数が増えるほど淋《さび》しさが勝ってしまう。集まれば集まるほど淋しい。

それは人に似ている。大都会の喧騒《けんそう》の中を歩いていると、人が多ければ多いほど、孤独を感じてしまう。このたくさんの人々の中で私はひとりといった思いを抱く。群れれば群れるほど淋しさは増す。

淋しさをまぎらわそうと群れているのに、逆に淋しさが増してしまう。

あじさいを書くには、④孤独感を書くしかない。

私の実家のあった等々力《とどろき》の家は近所の人から「あじさいの家」と呼ばれていた。垣根には白い小さなつるばらがからまってはいたものの、庭のほとんどを占めていたのは、大木の他はあじさいであった。なぜその頃あじさいが好きだったのか、大失恋をした頃だったからか、それとも一時心を寄せた事のある年上の男と一緒に鎌倉のあじさい寺に行ったせいだったのか。

北鎌倉の小さな寺、明月院はあじさい寺と呼ばれて、時期になると観光客の長蛇の列が続くというが、私が放送の仕事をしていた頃には訪れる人も少なかった。誘われて寺の入口にある細い階段を昇ると、両側に青紫のあじさいが列《つら》なっていた。私たちは無言でその意識は果たして連続的なのか、という問題は科学的にも議論されており、「非常に瞬間的な（〇・一秒ほどの）短期記憶」と「近未来の予測」がひたすら連鎖しているものが意識の正体であるという説もある。

では、この瞬間の連鎖がいかにして、生まれた時から同一人物として続いている「自分」になるのか。それが時間を消すことなのであろう。僕たちは時間概念を捨てることで④普遍性（記憶）を獲得し、昨日から明日へ続く自己（意識）を獲得しているのである。

時間というのは現実世界のもっとも大きな制約である。そして普遍性とは、時間に縛られないことである。その制約を取り払って普遍性を作り上げることが自己を形成していく、ということだとしたら、それはまるで、三次元世界を生きるものたちが、この一方向的な時間に縛られた世界を克服しようとしているかのようである。

この実世界を技術によってさまざまに⑤モデル化してきた人間が、いまだモデル化できないものが時間である。意識とは何かをいまだ説明できないのも、時間と意識が密接に関係しているからだろう。だから時間を克服する＝モデル化することが、三次元世界を完全に克服するということである。その克服の道程に、人工的な意識の生成があるのかもしれない。

人間は観察によって世界の脳内モデル（記憶）を作り、それをベースに自己意識を作り上げる。一瞬ごとにすべてを観察し続けなくても生きていけるのは、この部屋はこんな感じだとか、自分が住んでいる世界はこうだという部屋や世界の脳内モデルがあるからである。それは、時間と関係なく存在することを信じられる普遍的なモデルである。

だからアンドロイドに意識を持たせようとしたら、時間から自由になるための装置＝脳をいかに作るかを考えねばならない。

そこで重要なのは、何より、その装置が現実世界で生き続けることができるかである。それは、時間の変化に即した脳内モデルの更新が行なえるか、とも言い換え得る。世界をモデル化することで普遍性＝時間からの自由を獲得しながら、実世界での変化にしたがいモデルを変更し続けること。そのバランスが現実世界をサバイブする鍵になる。そしてこれはアンドロイドに限ったことではなく、人間でも同じである。脳内モデルと現実がそぐわない人を、妄想癖の強い人と言う。

今のところ僕たちは有限の時間に生きており、時間とともに変化する世界の中で変化に対応していかなければ、生物としての身体すら維持できない。ただし、今後さらに技術が進み、無機物の身体に脳をダウンロードできるようになって死ぬ心配がなくなれば、意識のあり方もずいぶん変わってくるだろう。そう僕は考えているのだが、それはまだ先の話である。

（池上高志・石黒　浩『人間と機械のあいだ　心はどこにあるのか』）

注　クオリア…感覚

問一　――①とはどういうことか。

1　自己の言葉は他者に対する言い訳であふれているということ
2　自分がどのような存在かを自身に問いかけているということ
3　自らの存在を確立するために自分自身を肯定するということ
4　自己を認識する際に他者の言葉を受け入れないということ

問二　②に入るのはどれか。

1　独立　2　対立　3　倒立　4　乱立

問三　――③とはどういうことか。

1　記憶とは現実世界を時系列的にまとめあげた仮想概念であるということ
2　記憶とは断片的な出来事の関係性をもとに構築されたものであるということ
3　記憶とは時間から切り離されることで現実を混乱させるものであるということ
4　記憶とは時間とエビデンスとが結びついた途端に失われるものであるということ

問四　――④の対義語はどれか。

れが意識なのではないか。現実に根付いた自分と現実から切り離された自分をつなぎ合わせることで、現実世界で活動しながらも、[②]した意識があるような感覚を持てるのではないだろうか。

記憶というのも、現実世界から少し切り離されている。記憶が「今ここ」にがっちりとくっついていれば、それは完全な「主観」でしかない。なお、ここで言う「主観」とは、自己意識の意味ではなく、現実の時間と完全に一致した世界の見え方を指す。反射行動で動く動物の世界と考えてもらえればよい。

一方、僕らは記憶を「[a]的なもの」だと信じている。例えば「机の上にコンピュータがある」と言う場合、それは「[b]的な事実」として記憶されている。要するにずっとコンピュータを見ていなくても、机の上のコンピュータは消えていないという前提で行動できる。コンピュータに限らず、僕らは世界全体をそのように時間固定的に記憶しており、これは世界が脳内でモデル化されているということである。

もし、さっきあったものが今でもあると信じられなければ、ずっと見てなくてはいけない。すると今起こっていることすべてに注意を払わなくてはいけない。それは膨大な情報量なので、観察できる世界はすごく狭くなる。複眼で世界をずっと観察し、注意を払い続ける昆虫のようなものだ。つまり、現実世界で自分が感覚したものが、「[c]」（現実世界にへばりついた時間）から切り離されることで、記憶という「自分が[d]世界だと信じているもの」が作り出されているわけだ。

実際に、記憶の時間感覚はデタラメだ。強い記憶は近いことのように思うし、近いことでもすぐ忘れてしまうこともある。今日の朝に何を食べたかはすぐ忘れるけれど、一年前の感動的な料理は憶えている。嫌なことはよく憶えているという人がいるのはまさにそういうことで、重要なものだけが強い印象で憶えられていて、前後の時間概念は簡単には出てこない。

つまり記憶とは一見、時系列的なものに感じられるが、記憶における「それがいつだったか」は、じつは瞬時に答えられるものではなく、あの時こうしたからこうなっているはずだというように、ほかのエビデンス（証拠）と関連づけることによって、ロジカルに推論されているものにすぎない。だからもし、そういう情報が一切含まれていない記憶があるとすれば、それがいつだったのかは分からなくなるはずである。夢の中が「いつ」だかわからないように、記憶は時間から切り離されている。

電子回路のメモリーは、フリップ・フロップという回路で作られるが、ここでは入力と出力がつながっていて、ループを構成している。人間の記憶のメカニズムも同じなのではないだろうか。入力と出力がつながることで、神経回路がループを起こし、「今ここ」という現実世界の時間から切り離される。すなわち、③記憶するとは時間を消す、ということである。

ここでは、記憶とは自己以外のものが「ある」（机があるとか、あなたが存在するとか）という客観性（とわれわれが信じているもの）、意識とは、その客観世界の中で「自分」をシミュレーションする機能のこととする。その世界の情報を取り出し、使うためには「行為主体」が必要となるが、それが自己意識である。すなわち、自分の主観的観測を積み重ねて、それが「客観世界」であるというモデルを作り上げる。そして、それは同時に、その客観世界で「主観的観察を行なう自分」をシミュレートすることであり、このシミュレーションを行なう自分こそが自己意識である、ということだろう。

現実世界に流れ続ける時間と、それに伴う膨大な情報の流れを脳内モデルとして固定するという機能こそが意識や記憶の役割ではないか。

長い記憶がなければ、自分とは何者かを説明しにくい。昨日と今日の自分が連続していると信じられなければ、アイデンティティは築けない。しかしながら、小学校のときの自分と今の自分の自己意識は同じではないし、つながってもいないように思われる。

二〇二四年度　青山学院高等部

【国語】（五〇分）〈満点：一〇〇点〉

◎選択肢のある設問は、最も適当なものを選んでその番号を記すこと。
◎字数指定のある設問は、句読点や記号も一字とする。

一　次の文章を読み、後の問に答えよ。

このところ、意識についてずっと考えている。ずっともやもやとしていたら、このあいだの夜、まどろみながら説明を見つけたような気がした。

僕の考えている意識とは、注クオリアではなく自己意識である。自己意識とは、自分のことを第三者視点で見ている自分のこと、つまり自分を自分であると認識している意識のことである。僕らはみな、①頭の中に自己言及的な声を持っているし、目を閉じればそれをよりはっきりと感じることができる。では、その意識とはどう説明できるのだろうか。

単なる反射行動だけで生きている動物は、自分が自分であるという意識を持たないと言われている。僕はずっと、人間と対話できるようなアンドロイドを作ってきたが、今のところ、そうしたアンドロイドが意識を持っているとは考えていない。

しかし、アンドロイドを複雑に作っていけばいくほど、どこかで自己意識のようなものを与えないと、動けなくなる時が来るのではないかとも思っている。意識がなければ超えることのできない、高い「壁」のようなものがあるのではないか。

自己意識をできるだけ単純に、機能的に理解するなら、それは[A]を[B]する主体だと思う。経験を積めばどんどん蓄えられる記憶、しかしそれら多くの記憶に同時にアクセスすることはできない。「私」という記憶の参照者が、記憶の発生とともに頭の中に現れて、それが順次記憶をたどっていく。おそらくこれがもっとも機能的な自己意識の理解だろう。

しかし意識には単なる記憶の参照者以上の役割があり、人間の複雑さの根本的な要素になっているようにも思う。

では、自分の記憶をもとに世界をモデル化し、そのモデル化された世界でいろいろと言葉で考えるような意識や、頭の中に自分の声が響いているようなアンドロイドは、どうしたら作れるのか。

自分を見る自分がいる。これが自己意識である。

頭の中の自分は、どうも現実世界から少しだけ浮いている感じがしないだろうか。それは、その構造のためである。この環境における「自分」をメタ的視点から捉える、すなわちモデル化する感覚として、意識の「世界から少し浮いた感じ」や、「世界に融合する感じ」が生まれる。

逆にもし、頭の中の自分が現実世界にガチガチにひっついていたとしたら、現実世界に何かが起こったときには、思考は全部止まってしまうはずだ。しかし実際には止まらない。どのような現実が起ころうと、頭の中の「自分を見る自分」は存在し続ける。あるいは、寝ているときなどは顕著に、時間感覚が現実世界とは異なる世界の中で生きているような感じがする。

言い換えれば、意識とは「世界」と「自分」のモデル化である。脳内に作られた仮想世界で自分をシミュレーションしているのだ。「世界」の認識と「自分」の認識、それが同時に脳内で起こっている。世界を認識するということと、自分を認識するということは同じである。ただ、世界は固定された時間、自分は時間を司るものとしてモデル化される。[I]、世界と自分が解離しているように感じられるのだろう。[II]実世界を、固定された時間と自分という時計に分解することが意識を持つということである。

例えば合わせ鏡をすると、一瞬にして無限後退が作れる。近くに映る自分と遠くのほうに映っている自分では、現実からの距離感が少し違うように感じないだろうか？　同じように、いろいろなレベルの抽象度をもって現実世界を行ったり来たりするためのもの、そ

2024年度／青山学院高等部

英語解答

Ⅰ Listening 1　1…1　2…3　3…3
Listening 2　4…2　5…1　6…2
Listening 3　7…2　8…3　9…4

Ⅱ 10…3　11…4　12…2　13…1
14…3　15…1

Ⅲ 16…3　17…2　18…1　19…3
20…2　21…1　22…4　23…2
24…3　25…4

Ⅳ 26…1　27…3　28…6　29…3
30…5

Ⅴ 31…2　32…4　33…2　34…2
35…1　36…2　37…3　38…3
39…4　40…2

Ⅵ 41…1　42…2　43…2　44…4
45…3　46…4　47…2　48…1
49…3　50…1

Ⅰ・Ⅱ〔放送問題〕解説省略

Ⅲ〔長文読解―適語(句)選択―スピーチ〕

≪全訳≫❶こんにちは，皆さん。❷冒険に出たいと思ったことはありますか？　どこへ行きたいと思いますか？　最も重要なことは，もし宇宙に冒険に行くなら，誰と一緒に行きますか？❸今日は私の一番好きな映画『チャーリーと僕』を紹介したいと思います。冒険物語ですが，一種のコメディーでもあります。人々を本当に笑わせるからです。❹それは，チャーリーとジョーダンという２人の友達に関するものです。ある日，彼らは森に着陸した秘密の宇宙船について彼らに話す奇妙な男に出会います。最初，彼らは彼を信じませんが，森に行ってみると彼が本当のことを話していたとわかります。宇宙船は驚くべきものに見えます。チャーリーとジョーダンは中を見たいと思いますが，扉の開け方がわかりません。不意に扉が開きます。振り返って彼らを見ている宇宙人がいます。宇宙人は，中に入ってくるように彼らを誘います。これが，彼らの人生で最もすごい冒険の始まりです。次に何が起きるでしょうか。それを知るためには見なくてはなりません。❺私がこの映画を大好きな理由はたくさんあります。登場人物たちは魅力的で，ストーリーはわくわくさせ，おもしろいジョークがたくさんあります。何より，それは本当に私を幸せにするのです。それを見たとき，私は友情がいかに大切かを実感しました。皆さんもそれを見れば，きっと同じように感じるだろうと思います。❻ご清聴ありがとうございました。

＜解説＞16. 空所の後の ever wanted から，「今までに～したいと思ったことはありますか」という‘経験’を尋ねる現在完了の疑問文(‘Have you ever＋過去分詞…?’)だとわかる。　**17.** 過去の内容ではないのに，文後半で would が使われていることから仮定法過去の文だとわかる。仮定法過去の if節は‘if＋主語＋過去形…’の形で表す。なお，この文は「もし～するなら」という‘現在または未来の可能性の低い想像’を表している。　**18.** ‘make＋目的語＋動詞の原形’「～に…させる」の形。　**19.** two friends called Charlie and Jordan で「チャーリーとジョーダンと呼ばれる２人の友達」となる。過去分詞 called で始まる語句が前の名詞 two friends を修飾する過去分詞の形容詞的用法である。　**20.** a strange man who tells them about ～ で「彼らに～について話す奇妙な男」となる。　**21.** ２人は宇宙船を目にしたので，男が本当のことを「話していた」ことがわかったのである。「～していた」を表すのは過去進行形。　**22.** There is ～ の文。述語動詞は is なので，１～３の述語動詞となる語(句)は入らない。空所以下は前の an alien を修飾する現在分詞句となる。　23. ‘invite ～ to …’で「～を…するように誘う」。　24. exciting は「(人を)わくわくさせる」。excited「(人が)わくわくして」との意味の違いに注意。前後の内容と同様に現在形にする。　25. 選択肢から「友情はどれほど大切か」という意味を表す部分だとわかる。文中に組み込まれている部分なので‘疑問詞＋主語＋動詞’の語順となるが，how は「どれほど」という‘程度’の意味の場合は直後に形容詞〔副詞〕が続くので，‘疑問詞’は how important となる。

Ⅳ〔整序結合〕

26. ‘not as ～ as …’「…ほど～でない」の形をつくればよい。　be interested in ～「～に興味がある」　Ken is not as interested in science as Jane.　「ケンはジェーンほど科学に興味がない。実際，彼は科学よりも外国語に関心がある」

27. Doing exercises is important という文の骨組みをつくり，残りは that を主格の関係代名詞として使って exercises を先行詞とする関係詞節にまとめる。be suitable for ～ で「～に適した」。　Doing exercises that are suitable for your age is important.「君の年齢に合った運動をすることが大切だ。あまり無理をしてはいけない」

28. ‘ask＋人＋to ～’「〈人〉に～するように頼む」と‘tell＋人＋物事’「〈人〉に〈物事〉を伝える」を組み合わせる。‘物事’の部分は‘疑問詞＋to不定詞’の形で when to get off「いつ降りればいいか」とする。　So I asked the bus driver to tell me when to get off.　「私は京都でバスに乗った。私がそこへ行くのは初めてだった。そこで，私はバスの運転手にいつ降りればいいか教えてくれるように頼んだ」

29. 語群より my daughter's wish と to meet Santa Claus というまとまりができる。これを is でつなぐ。　My daughter's wish is to meet Santa Claus on Christmas Eve.　「私の娘の願いはクリスマスイブにサンタクロースに会うことだ。彼女はそれが今年起きることを本当に望んでいる」

30. この後に It's too heavy for me. とあるので，机の移動の手伝いを頼む文をつくる。‘help＋人＋動詞の原形’「〈人〉が～するのを手伝う」の形で help me move this desk とすると，残りは to make space「スペースをつくるために」とまとまる。　Could you please help me move this desk to make space?　「スペースをつくるためにこの机を動かすのを手伝っていただけますか？　私には重すぎて」

Ⅴ〔長文読解総合―説明文〕

≪全訳≫❶リオのカーニバルは，ブラジルのすばらしい祭りだ。それは，毎年２月か３月に開催され５日間続く，喜びに満ちた生き生きした祝祭だ。それはとても有名になり，それぞれの日に約200万人が祝う世界最大の祭りといわれている。❷カーニバルは1723年に始まり，それには興味深い歴史がある。それは，そこに住むためにヨーロッパからやってきたポルトガル人移民によってブラジルにもたらされた，楽しい水合戦の伝統として始まった。しかし，年がたつにつれ，それは小規模な地区のパーティーからより大規模でより組織化された祭りへ発展した。アフリカ人と現地人(もともとブラジルに住んでいた人々)両方の風習が使われ，派手でカラフルな衣装とテンポの速い音楽とダンスが合わさったものがつくり出された。❸サンバは，リオのカーニバルのおかげでとても人気になった，独特な楽しい生き生きした音楽とダンスだ。それは祭りの中心で，ブラジルの人々のエネルギー，文化，そしてコミュニティーとしての連帯感の象徴だ。サンバスクールは，リオデジャネイロのさまざまな地区からやってきてそのイベントに毎年参加するダンサー，ミュージシャン，パフォーマーの集まりだ。これらのスクールは，何か月もかけてカーニバルのための派手な衣装とダンスを準備する。各サンバスクールは自前のパレードフロートを持っている。フロートとは，皆がそれを見て楽しめるようにする派手で美しい装飾が施された大きなトラックのようなものだ。精力的なサンバスクールのパフォーマーたちは，彼らに群衆が歓声を送ったり手を振ったり応援したりする間，カラフルなフロートに乗って移動する。これが，壮観な雰囲気を生み出す。❹1984年までにカーニバルはとても大規模になったので，政府はサンバドロームという，そのための特別なスタジアムを建造することに決めた。現在，人々は１つの場所でカーニバルのパレードを見るためのチケットを買うことができる。これらはすぐに売り切れるが，ア市内中どこにでも他の祝祭がある。したがって，チケットが入手できなくても祭りは楽しめる。❺多くの人がより早く祝い始めるが，カーニバルは実際には金曜日に開幕する。そのときに大規模なパレードが始まり，２日間にわたってサンバスクールはそのすばらしいパフォーマンスのスキルを披露する。だが，音楽とダンスは楽しみのためだけではない。それらは，ブラジルの歴史の重要な出来事やその文化についての物語を語る。また，「ブロッコ」と呼ばれる路上のパーティーもある。老いも若きも，誰もがこれらのパーティーを楽しめる。地元の人々と観光客の両方が参加し，派手でカラフルな服を着て，歌い，踊り，互いにパーティーを楽しむ。❻カーニバルは楽しめるだけでなく，ブラジルを多くの点で助ける。大勢の観光客がただこのパーティーに参加するためだけに世界中からやってきて，多くのお金を使いもする。このことは地元の企業を助け，多くの仕事を創出し，ブラジル経済にとってとても大きい。カーニバルはまた，ブラジルの独特の文化を世界に示し，より多くの人にブラジルを訪れてそれについて知りたいと思わせる。❼ウリオのカーニバルは人々が寄り集まる特別なときだ。ブラジル社会の多種多様な文化の出身の人々が，１つの大きな家族として祝う。その祭りは人々に，互いの風習や伝統について知り，楽しむための機会を与える。カーニバルでは，誰もが音楽，ダンス，新しい友達をつくること，そして忘れられない思い出をつくることの喜びと幸せを共有するのだ。

31＜単語の意味＞直後に続く who で始まる関係代名詞節が immigrants を説明している。「そこに住むためにヨーロッパからやってきた」という意味から，immigrants は，２．「新しい生活を始めるために他国に移る人々」だとわかる。　immigrant(s)「移民」

32＜単語の意味＞直後の‘from ～ into …’「～から…に」が「変化」を表す表現になっている。evolve「進化する，発展する」

33＜指示語＞この them は前にある３つの動詞の共通の目的語になっている。crowds が「歓声を送り，手を振り，応援する」のは performers である。

34＜語句解釈＞下線の前にある a special stadium for it「それ(＝カーニバル)のための特別なスタジアム」が the Sambadrome の説明になっている。２．「その祭りのために特につくられた場所」はこの内容を表している。

35＜適文選択＞直前に but があるので，その前の「チケットはすぐに売り切れる」と‘逆接’の内容になるとわかる。また，この後に「したがって，チケットが入手できなくても祭りは楽しめる」と続いていることからも，他にも楽しめることがあるという内容が入ると判断できる。

36＜熟語＞次の文の At that time, a big parade starts「そのときに大規模なパレードが始まる」が，下線を含む部分の言い換えになっている。 kick off「始まる」

37＜適語句選択＞次の文で，空所を含む文の内容が，経済にとって大きな効果をもたらすことが説明されている。

38＜適文選択＞この段落で述べられているのは，リオのカーニバルが，ブラジル社会が１つになって，喜びと幸せを共有する機会であるということである。

39＜内容真偽＞１．「サンバはゆったりとした落ち着く活動だ」…×　第３段落第１文参照。サンバは楽しくて生き生きした音楽とダンスである。　２．「パーティーに参加するには，ダンススクールのメンバーである必要がある」…×　第５段落第５文参照。誰もが楽しめる。　３．「ダンサーはブラジルの学校で子どもたちにダンスを教える」…×　このような記述はない。　４．「ダンススクールはイベントの準備をするために長い時間をかける」…○　第３段落第４文の内容に一致する。

40＜内容真偽＞１．「リオのカーニバルは世界で最も人気のある祭りの１つだ」…○　第１段落第３文の内容に一致する。　２．「水合戦の伝統は，今でも祭りの重要な部分だ」…×　第２段落第２，３文参照。水合戦の伝統から生まれたが，その内容は大きく変わった。　３．「その祭りには，さまざまな文化を一堂に会させる長い歴史がある」…○　第７段落の内容に一致する。　４．「その祭りは，友達やコミュニティーと時間を過ごす機会だ」…○　第３段落第２文，第７段落最終文などの内容に一致する。

Ⅵ〔**長文読解総合(英問英答形式)―説明文**〕

≪全訳≫❶2006年，アメリカ合衆国マサチューセッツ州ボストンの裁判所は，重要な判決をしなくてはならなかった。タコスやブリトーを売るメキシカンレストランが，あるショッピングモールに新しい店をオープンしたがっていた。そのモールにあるサンドイッチ店は，自分たちの商売に影響があるかもしれないので，新しい店にオープンしてほしくなかった。実際，その店はモール内に新しいサンドイッチ店はオープンできないという協定をモール側と結んでいた。メキシカンレストランはタコスやブリトーはサンドイッチではないので，自分たちもモール内に店をオープンすることに問題はないはずだと言った。両店とも，裁判所に判決を求めた。❷裁判所の判決を知る前に，サンドイッチに関する歴史を知っておこう。まず，サンドイッチはそもそもなぜサンドイッチと呼ばれているのか。その名前はロンドンの東南約120キロメートルにある小さな町サンドイッチに関係があると信じている人もいる。今日そこには5000人しか住んでいないが，かつては国内で最も重要な町の１つだった。名前に「wich」を含むイギリスのほとんどの町と同様に，サンドイッチの町も海の近くにある。そのため，その町には海軍が本部と最も重要な船を置いていた。海軍の長はサンドイッチ伯爵と呼ばれた。❸伯爵は空いている時間にトランプをするのが大好きで，しばしば何時間も遊んでいたという話がある。空腹のときでさえトランプで遊ぶのをやめたくなかったので，ある日，遊んでいるときに軽食を持ってくるように料理人に頼んだ。肉とパンを望んだが，肉の脂が指につかないように，肉をパンに挟んでくれと言った。はじめのうち，友人たちはその思いつきを快く思わなかった。というのは，真の紳士はナイフとフォークを使って食事をすべきだと思っていたからだ。しかししばらくすると，彼らにはそれがいかに便利かがわかり，自分の料理人に同じものを出すように頼む者も出てきた。❹1762年，イングランド人の歴史家エドワード・ギボンは，男たちが「冷たい肉，つまりSandwich」を食べているのを見たと記した。大文字の「S」は，これが誰かの名前に由来したことを示している。その後1770年に，ピエール＝ジャン・グロスリーという名のフランス人の旅行作家が，イングランドで目にしたトランプのゲームについて書き，ゲームの間参加者たちは肉と一緒にパンを食べていたと記した。1800年代半ばには，「サンドイッチ」の名は広く受け入れられた。間に何か入っている２枚のパンを食べれば，それは「サンドイッチ」だった。その名は今や公認だった。英語を話す人々は，他の２つのことの間に何かを挟むという行為を説明する動詞としてそれを使いさえもした。❺しかし，それがおそらくサンドイッチと呼ばれる理由だと知っていても，実は誰がそれを実際に発明したのかはわからないし，サンドイッチのさまざまなバージョンは何千年もの間存在している。ロージャーモー(中国語で「パンにのせた肉」)を食べる中国北部の人々の，紀元前1000年の記録がある。また中東では，調理した肉をハーブと一緒にパンの間に挟んで食べる人々の，紀元前100年の記録もある。1000年後，ヨーロッパの農民はパンに挟んだ肉を食べていた。このことは興味深いが，それはサンドイッチ伯爵が，海軍の長になる前に，中東やヨーロッパの他の場所へしばしば旅行していたからだ。❻ずっと後，1920年代に，グスタフ・パペンディックという名のアメリカ人男性がパンをスライスしてパック詰めする機械を発明し，サンドイッチはつくるのがさらに簡単になった。サンドイッチはアメリカの学校のランチやオフィスでよく見られる光景になり，今日，アメリカ人は毎日３億個を超えるサンドイッチを食べている。サンドイッチなしの世界を想像するのは難しく，どの地域にも独自のお気に入りがある。南米とヨーロッパでは肉とチーズを入れるのが一般的だ。北米の人々はその中に肉かピーナツバターを入れる。日本のコンビニエンスストアでは玉子サラダや肉，果物，クリームまで入ったサンドイッチを売っている。❼2004年，サンドイッチ伯爵の子孫のオーランド・モンタギューが，驚くべきことでもないがアールオブサンドイッチというサンドイッチレストランチェーンをオープンした。メニューにある一番人気のサンドイッチは「オリジナル」と呼ばれるものだ。モンタギューによれば，それは伯爵の最初のサンドイッチと同じレシピだ。２枚のパンの間に温かいローストビーフとチーズ，そしてクリーミーなソースが挟まれている。伯爵の名前は他の点でも生き続けている。ハワイにはサンドイッチ諸島と呼ばれる群島がある。イギリス人の探検家ジェームズ・クックがその島々を1775年に訪れ，伯爵にちなんでそれらに名前をつけたのだ。❽さて，最後に本文の最初に戻ろう。2006年の裁判所の判決はどうだったか。彼らは，「サンドイッチ」の意味には「ブリトーやタコスは含まれない。それらはトルティーヤ(メキシコで人気のあるパンの一種)１つだけからつくられるからだ」と決定した。ウメキシカンレストランのキュードバはパネラサンドイッチショップと同じモールにオープンし，両方とも今日なおそこにある。

41＜要旨把握＞「第１段落では何が述べられているか」─１．「２つの店が裁判所に判決を出すように求めていた」 最終文参照。 ‘ask＋目的語＋to ～’「…に～するように頼む」 make a decision「決定する」

42＜適語(句)選択＞「次のうち，空所(ア)に入る最も適切なものはどれか」─２．「海」 次の文に「海軍が本部と最も重要な船を置いていた」とある。 navy「海軍」

43＜適語句選択＞「次のうち，空所(イ)を完成させるのに最適な選択肢はどれか」─２．「自分の料理人に同じものを出すように頼む」 前文からの At first「最初は」→however「しかしながら」という語句に着目する。最初は伯爵のアイデアが気に入らなかったが，時間がたつとそれが便利だとわかり，自分たちも同じものを出してもらうようになったという文脈である。

44＜要旨把握＞「本文では，誰がその食べ物について話すのに『サンドイッチ』を最初に使ったか」―4．「エドワード・ギボン」　第4段落第1文参照。サンドイッチ伯爵がパンに挟んで食べた物を自ら「サンドイッチ」と呼んでいたわけではない。

45＜語句解釈＞「本文では，caught on と was now official の語句は何を示しているか」―3．「『サンドイッチ』の名前は今や一般的だったということ」　catch on「広く受け入れられる，人気を得る」　official「公認の」

46＜英文解釈＞「なぜ次の文が本文に含まれているのか。このことは興味深い。サンドイッチ伯爵は，海軍の長になる前に，中東やヨーロッパの他の場所へしばしば旅行していたからだ」―4．「他の国々がおそらく伯爵に影響を与えていたであろうことを示すため」　前の2文では，中東でもヨーロッパでも昔からパンに挟んだ肉が食べられていたことが述べられている。これらの地を伯爵がしばしば訪れていたという事実は，彼が諸外国から影響を受けていた可能性を示すものである。

47＜要旨把握＞「サンドイッチ伯爵のサンドイッチに入っていたものとして最も適切なものは何か」―2．「温かいローストビーフとチーズにクリーミーなソース」　第7段落第2～4文参照。アールオブサンドイッチの「オリジナル」は伯爵の最初のサンドイッチと同じレシピでつくられており，その中身が説明されている。

48＜適文選択＞「本文の(　ウ　)を完成させるのに最適な文を選べ」―1．「メキシカンレストランのキュードバはパネラサンドイッチショップと同じモールにオープンし，両方とも今日なおそこにある」　前文より，ブリトーやタコスはサンドイッチに含まれないという判決が出たことがわかる。よって，サンドイッチ店がモールとの間に結んでいたモール内に別のサンドイッチ店をオープンさせないという合意は適用されず，メキシカンレストランは同じモール内にオープンできたと考えられる。2は rice dishes「お米の料理」が関係ないので不適。4は in a different mall「別のモールに」が不適。

49＜要旨把握＞「出来事の正しい順番はどれか」―3．「伯爵が料理人に軽食を頼んだ(1762年あるいは1770年より前／第3段落～第4段落前半)→ジェームズ・クックがハワイ近辺の群島を訪れた(1775年／第7段落最終文)→グスタフ・パペンディックがパンをスライスする機械を発明した→サンドイッチがアメリカで一般的になった(1920年代～現在／第6段落前半)」

50＜内容真偽＞「次のうち，本文で述べられているものはどれか」　1．「肉と一緒にパンを食べる人々の最初の記録は中国のものだ」…○　第5段落第2文参照。中国北部で「パンにのせた肉」を意味するロージャーモーを食べていたという紀元前1000年の記録が最も古い。　2．「ロンドンで働く人々の中にはサンドイッチの町に住む人もいる」…×　このような記述はない。　3．「いくつかの記録が，中東が最初に『サンドイッチ』を導入したと示している」…×　第5段落第2，3文参照。中東でサンドイッチのようなものが食べられていた記録は紀元前100年のもので中国よりは新しい。　4．「北米と南米のサンドイッチはとてもよく似ている」…×　第6段落第4文参照。北米では肉かピーナツバターを，南米では肉とチーズを挟む。

2024年度／青山学院高等部

数学解答

1 (1) $\frac{31\sqrt{3}}{3}$　(2) 19

2 (1) ア…0.15　イ…0.25　ウ…1.15
エ…1.25
(2) $\frac{19}{81}$

3 (1) 44　(2) 264番目

4 (1) $2\sqrt{6}$cm　(2) $3\sqrt{2}-\sqrt{6}$cm
(3) $\frac{3\sqrt{6}-3\sqrt{2}}{2}$cm

5 (1) 点Aのx座標…$\sqrt{3}a$　$k=\frac{1}{a}$
(2) $\left(\frac{2\sqrt{3}}{3}a,\ 2a\right)$　(3) 1：3

6 ア…31　イ…151　ウ…96

7 (1) 15m　(2) $y=\frac{3}{400}x^2$
(3) 45m　(4) 時速80km

8 ア…二等辺　イ…$\frac{1}{6}$　ウ…$b\sqrt{2a^2+b^2}$
エ…$\frac{\sqrt{2}}{4}b$　オ…2　カ…$\frac{1}{2}a$　キ…4
ク…$\frac{1}{16}$　ケ…$\frac{\sqrt{2}}{2}$　コ…$\frac{1}{4}$

1 〔独立小問集合題〕

(1)＜数の計算＞与式$=3\sqrt{6}\times2\sqrt{2}-5\sqrt{2}\div\sqrt{6}=6\sqrt{6\times2}-\frac{5}{\sqrt{3}}=6\times2\sqrt{3}-\frac{5\times\sqrt{3}}{\sqrt{3}\times\sqrt{3}}=12\sqrt{3}-\frac{5\sqrt{3}}{3}=\frac{36\sqrt{3}}{3}-\frac{5\sqrt{3}}{3}=\frac{31\sqrt{3}}{3}$

(2)＜一次方程式の応用＞12月1日は，〔最高気温〕−〔最低気温〕$=x-8$(℃)である。12月2日は，最高気温がx℃，最低気温は$8-1=7$(℃)であり，〔最高気温〕−〔最低気温〕$=x-7$(℃)となる。12月3日は，最高気温が$x+1$℃，最低気温が$7+2=9$(℃)であり，〔最高気温〕−〔最低気温〕$=(x+1)-9=x-8$(℃)となる。12月4日は，最高気温が$(x+1)-4=x-3$(℃)，最低気温が$9+1=10$(℃)であり，〔最高気温〕−〔最低気温〕$=(x-3)-10=x-13$(℃)となる。平均が10℃なので，$\frac{(x-8)+(x-7)+(x-8)+(x-13)}{4}=10$が成り立ち，$4x-36=40$，$4x=76$，$x=19$(℃)となる。

2 〔数と式—数の性質〕

≪基本方針の決定≫(2)　分子が等しい分数の大小関係に着目する。

(1)＜数の範囲＞Xを小数で表して小数第2位を四捨五入すると0.2になるから，Xは，$0.15\leqq X<0.25$である。また，Xの分子と分母の和は100だから，分母をxとすると，分子は$100-x$であり，$X=\frac{100-x}{x}$となる。$\frac{100-x}{x}=\frac{100}{x}-1$だから，$X=\frac{100}{x}-1$である。よって，$0.15\leqq\frac{100}{x}-1<0.25$となり，それぞれに1を加えても大小関係は変わらないから，$0.15+1\leqq\frac{100}{x}-1+1<0.25+1$より，$1.15\leqq\frac{100}{x}<1.25$である。

(2)＜最も大きい分数＞$X=\frac{100}{x}-1$が最大になるとき，$\frac{100}{x}$が最大となる。$1.15\leqq\frac{100}{x}<1.25$であり，$1.25=\frac{125}{100}=\frac{5}{4}=\frac{100}{80}$だから，$1.15\leqq\frac{100}{x}<\frac{100}{80}$である。これを満たす最小の整数$x$は81だから，最大の$\frac{100}{x}$は$\frac{100}{81}$であり，分数$X$のうち最も大きいものは，$X=\frac{100}{81}-1=\frac{19}{81}$である。

3 〔データの活用—場合の数〕

≪基本方針の決定≫(2)　1けたの数，2けたの数，……と，けた数で分けて考える。

(1)＜**24番目の数**＞１けたの整数は，１，２，３，４の４個つくれる。２けたの整数は，十の位の数字が１，２，３，４の４通り，一の位の数字が０，１，２，３，４の５通りだから，$4\times5=20$(個)つくれる。１けたと２けたの整数は，合わせて，$4+20=24$(個)つくれる。よって，小さい方からかぞえて24番目の数は，２けたの整数で最も大きい数だから，44である。

(2)＜**順番**＞(1)より，１けた，２けたの整数は，合わせて24個つくれる。３けたの整数は，百の位の数字が１，２，３，４の４通り，十の位，一の位の数字が０，１，２，３，４の５通りより，$4\times5\times5=100$(個)つくれる。千の位の数字が１の４けたの整数は，百の位，十の位，一の位の数字が５通りより，$5\times5\times5=125$(個)つくれる。よって，2000より小さい整数は，$24+100+125=249$(個)つくれる。千の位の数字が２，百の位の数字が０である４けたの数の下２けたは，小さい順に，00，01，02，03，04，10，11，12，13，14，20，21，22，23，24，……となるから，2024は千の位の数字が２である４けたの数のうち，小さい方から15番目の数である。よって，$249+15=264$ より，2024は，小さい方からかぞえて264番目の数である。

4〔**平面図形―半円**〕

≪**基本方針の決定**≫(1)　△AEC に着目する。　(3)　△ADC∽△ABE に気づきたい。

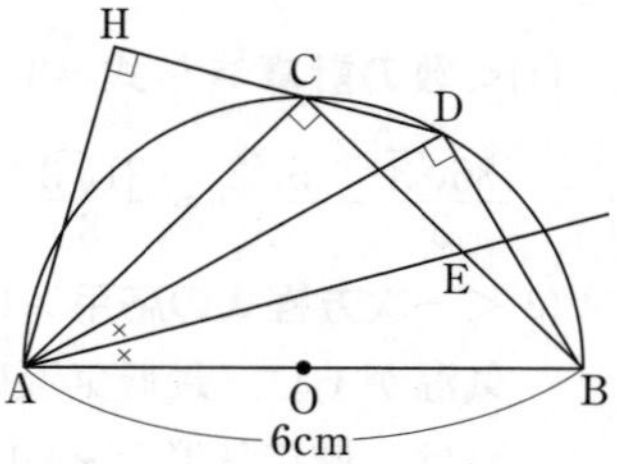

(1)＜**長さ**＞右図で，線分 AB は半円Oの直径だから，$\angle ACB=\angle ADB=90^\circ$ である。$\overset{\frown}{AC}:\overset{\frown}{BC}=1:1$ より，$\overset{\frown}{AC}=\overset{\frown}{BC}$ だから，$\angle ABC=\angle BAC$ である。これより，△ABC は AC＝BC の直角二等辺三角形だから，$\angle BAC=\angle ABC=45^\circ$，$AC=BC=\dfrac{1}{\sqrt{2}}AB=\dfrac{1}{\sqrt{2}}\times6=3\sqrt{2}$ である。また，$BD:AB=3:6=1:2$ より，△ABD は３辺の比が $1:2:\sqrt{3}$ の直角三角形だから，$\angle DAB=30^\circ$ である。AE は∠DAB の二等分線だから，$\angle BAE=\dfrac{1}{2}\angle DAB=\dfrac{1}{2}\times30^\circ=15^\circ$ であり，$\angle CAE=\angle BAC-\angle BAE=45^\circ-15^\circ=30^\circ$ となる。よって，△AEC は３辺の比が $1:2:\sqrt{3}$ の直角三角形だから，$AE=\dfrac{2}{\sqrt{3}}AC=\dfrac{2}{\sqrt{3}}\times3\sqrt{2}=2\sqrt{6}$ (cm)となる。

(2)＜**長さ**＞右上図で，(1)より，$BC=3\sqrt{2}$ であり，△AEC は３辺の比が $1:2:\sqrt{3}$ の直角三角形だから，$CE=\dfrac{1}{2}AE=\dfrac{1}{2}\times2\sqrt{6}=\sqrt{6}$ である。よって，$BE=BC-CE=3\sqrt{2}-\sqrt{6}$ (cm)である。

(3)＜**長さ**＞右上図で，(1)より，$\angle CAD=\angle BAC-\angle DAB=45^\circ-30^\circ=15^\circ$ だから，$\angle CAD=\angle EAB=15^\circ$ であり，$\overset{\frown}{AC}$ に対する円周角だから，$\angle ADC=\angle ABE$ である。よって，△ADC∽△ABE だから，$CD:EB=AC:AE$ であり，$CD:(3\sqrt{2}-\sqrt{6})=3\sqrt{2}:2\sqrt{6}$ が成り立つ。これを解くと，$CD\times2\sqrt{6}=(3\sqrt{2}-\sqrt{6})\times3\sqrt{2}$，$CD=\dfrac{18-6\sqrt{3}}{2\sqrt{6}}$，$CD=\dfrac{3\sqrt{6}-3\sqrt{2}}{2}$ (cm)となる。

≪**別解**≫右上図で，点Aから DC の延長に垂線 AH を引く。$\overset{\frown}{AC}$ に対する円周角より，$\angle ADH=\angle ABC=45^\circ$ だから，△ADH は直角二等辺三角形であり，$HD=\dfrac{1}{\sqrt{2}}AD$ である。△ABD で，$AD=\sqrt{3}BD=\sqrt{3}\times3=3\sqrt{3}$ だから，$HD=\dfrac{1}{\sqrt{2}}\times3\sqrt{3}=\dfrac{3\sqrt{6}}{2}$ となる。また，$\angle HAC=\angle HAD-\angle CAD=45^\circ-15^\circ=30^\circ$ だから，△ACH は３辺の比が $1:2:\sqrt{3}$ の直角三角形であり，$HC=\dfrac{1}{2}AC=\dfrac{1}{2}\times3\sqrt{2}=\dfrac{3\sqrt{2}}{2}$ となる。よって，$CD=HD-HC=\dfrac{3\sqrt{6}}{2}-\dfrac{3\sqrt{2}}{2}=\dfrac{3\sqrt{6}-3\sqrt{2}}{2}$ (cm)である。

5 〔関数—関数 $y=ax^2$ と一次関数のグラフ〕

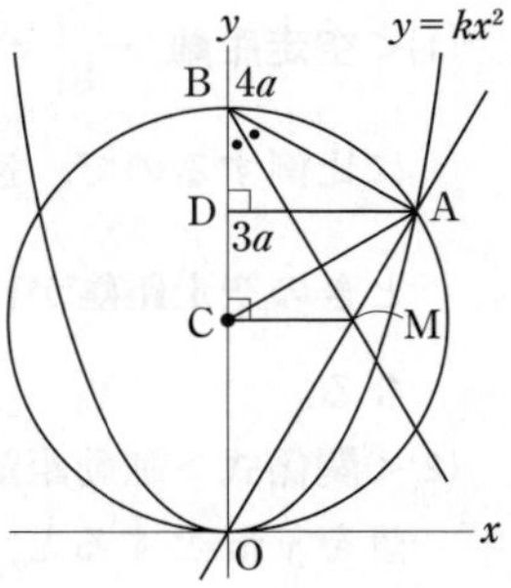

⑴＜**x 座標，比例定数**＞右図で，２点Ａ，Ｃを結び，点Ａから y 軸に垂線ADを引く。点Ａの y 座標は $3a$ だから，点Ｄの y 座標は $3a$ である。点Ｂの y 座標が $4a$ で，点Ｃは線分OBの中点だから，点Ｃの y 座標は $\frac{0+4a}{2}=2a$ である。よって，CD＝$3a-2a=a$，CA＝CO＝$2a$ より，CD：CA＝a：$2a$＝1：2だから，△CADは３辺の比が $1:2:\sqrt{3}$ の直角三角形である。これより，AD＝$\sqrt{3}$CD＝$\sqrt{3}a$ だから，点Ａの x 座標は $\sqrt{3}a$ である。関数 $y=kx^2$ のグラフはA$(\sqrt{3}a,\ 3a)$を通るから，$3a=k\times(\sqrt{3}a)^2$ が成り立ち，$3a=3a^2k$，$k=\frac{1}{a}$ となる。

⑵＜**座標**＞右上図で，⑴より，∠ACD＝60°だから，２点Ａ，Ｂを結ぶと，CA＝CBより，△ABCは正三角形になる。よって，∠OBA＝60°だから，∠OBM＝$\frac{1}{2}$∠OBA＝$\frac{1}{2}\times60°=30°$ である。また，$\overset{\frown}{\mathrm{AB}}$ に対する円周角と中心角の関係から，∠BOM＝$\frac{1}{2}$∠ACD＝$\frac{1}{2}\times60°=30°$ となる。∠OBM＝∠BOMなので，△OMBはBM＝OMの二等辺三角形である。点Ｃは線分OBの中点だから，点Ｃと点Ｍを結ぶと，CM⊥OBとなり，点Ｍの y 座標は $2a$ である。A$(\sqrt{3}a,\ 3a)$より，直線OAの傾きは $\frac{3a}{\sqrt{3}a}=\sqrt{3}$ だから，直線OAの式は $y=\sqrt{3}x$ である。点Ｍは直線 $y=\sqrt{3}x$ 上の点で y 座標が $2a$ だから，$2a=\sqrt{3}x$，$x=\frac{2\sqrt{3}}{3}a$ となり，M$\left(\frac{2\sqrt{3}}{3}a,\ 2a\right)$である。

⑶＜**面積比**＞右上図で，線分OBが円Ｃの直径より，∠OAB＝90°だから，∠OCM＝∠OAB＝90°である。また，∠COM＝∠AOBだから，△OCM∽△OABである。点Ｍの x 座標より，CM＝$\frac{2\sqrt{3}}{3}a$ であり，△ABCが正三角形より，AB＝CA＝$2a$ だから，相似比はCM：AB＝$\frac{2\sqrt{3}}{3}a:2a=1:\sqrt{3}$ である。よって，△OCM：△OBA＝$1^2:(\sqrt{3})^2=1:3$ となる。

6 〔数と式—数の性質〕

Ａのモニターには，ボタンを６回押すごとに６が映し出され，次にボタンを１回押すと１が映し出される。Ｂのモニターには，ボタンを15回押すごとに15が映し出され，次にボタンを１回押すと１が映し出される。よって，Ａのモニターに６，Ｂのモニターに15が映し出されるのは，６と15の最小公倍数が30より，ボタンを30回押すごとであり，２回目以降でともに１を初めて映し出すのは，30回目の次で，31回目となる。Ｃのモニターには，ボタンを25回押すごとに25が映し出され，次にボタンを１回押すと１が映し出される。Ａのモニターに６，Ｂのモニターに15，Ｃのモニターに25が映し出されるのは，６，15，25の最小公倍数が150より，ボタンを150回押すごとだから，３つのモニターが２回目以降で全て１を初めて映し出すのは，150回目の次で，151回目である。次に，１回目から15回目の15回は，３つのモニター全てか，Ｂ，Ｃの２つのモニターに同じ数字が映し出されている。16回目から150回目で，Ａ，Ｂのモニターに同じ数字が映し出されるのは，31～36回目，61～66回目，91～96回目，121～126回目であり，6×4＝24(回)ある。６と25の最小公倍数は150だから，16回目から150回目で，Ａ，Ｃのモニターに同じ数字が映し出されることはない。15と25の最小公倍数は75だから，16回目から150回目で，Ｂ，Ｃのモニターに同じ数字が映し出されるのは，76～90回目の15回ある。151回目は，３つのモニター全てに１が映し出される。以上より，151回目までで，３つのモニターに映し出された数字が全て異なることは，151－15－24－15－1＝96(回)ある。

7 〔関数—関数の利用〕

(1)<**空走距離**> $\frac{50}{40}=\frac{5}{4}$ より，時速50km の速さは時速40km の速さの $\frac{5}{4}$ 倍である。空走距離は速さに比例するので，速さが $\frac{5}{4}$ 倍になると，空走距離も $\frac{5}{4}$ 倍となる。晴れの日に時速40km で走行したときの空走距離が12m なので，晴れの日に時速50km で走行すると，空走距離は $12\times\frac{5}{4}=15$(m)となる。

(2)<**関係式**>制動距離は速さの２乗に比例するから，晴れの日に時速 x km で走行したときの制動距離を y m とすると，比例定数を a として，$y=ax^2$ とおける。時速40km で走行したときの制動距離が12m なので，$x=40$，$y=12$ を代入して，$12=a\times40^2$ より，$a=\frac{3}{400}$ となる。よって，関係式は，$y=\frac{3}{400}x^2$ である。

(3)<**停止距離**> $\frac{60}{40}=\frac{3}{2}$ より，時速60km の速さは時速40km の速さの $\frac{3}{2}$ 倍だから，晴れの日に時速60km で走行したときの空走距離は $12\times\frac{3}{2}=18$(m)である。(2)より，制動距離は，$\frac{3}{400}\times60^2=27$(m)である。よって，停止距離は $18+27=45$(m)となる。

(4)<**速さ**>車の速さを時速 x km とすると，空走距離は，$12\times\frac{x}{40}=\frac{3}{10}x$(m)と表せる。また，雨の日の制動距離は晴れの日の1.5倍だから，(2)より，$\frac{3}{400}x^2\times1.5=\frac{9}{800}x^2$(m)と表せる。よって，停止距離は，$\frac{3}{10}x+\frac{9}{800}x^2$m となる。雨の日の停止距離が96m であったから，$\frac{3}{10}x+\frac{9}{800}x^2=96$ が成り立つ。これを解くと，$240x+9x^2=76800$，$9x^2+240x-76800=0$，$3x^2+80x-25600=0$ より，$x=\frac{-80\pm\sqrt{80^2-4\times3\times(-25600)}}{2\times3}=\frac{-80\pm\sqrt{313600}}{6}=\frac{-80\pm560}{6}=\frac{-40\pm280}{3}$ となるので，$x=\frac{-40+280}{3}=80$，$x=\frac{-40-280}{3}=-\frac{320}{3}$ である。$x>0$ だから，$x=80$ であり，車の速さは時速80km である。

8 〔空間図形—直方体，八面体〕

図1

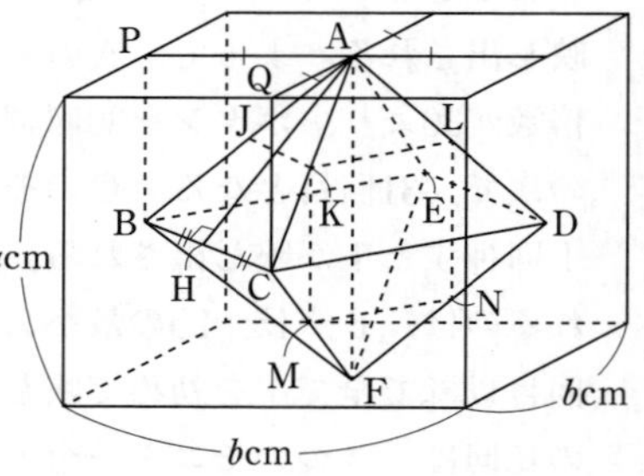

ア．右図１で，もとの直方体の底面は１辺が b cm の正方形であり，点Aは正方形の対角線の交点だから，点Aを含む面の正方形の４辺の中点と点Aを結ぶと，その長さは全て等しい。よって，図１のように，２点P，Qを定めると，△APB≡△AQC となり，AB＝AC である。同様に考えて，AB＝AC＝AD＝AE＝FB＝FC＝FD＝FE となるから，八面体 T_1 の８つの面は合同な二等辺三角形である。　イ．図１で，八面体 T_1 は，合同な２つの四角錐 A-BCDE と四角錐 F-BCDE を合わせたものである。４点B，C，D，Eを含む断面は右図２のようになり，BD と CE の交点をGとすると，$BG=\frac{1}{2}BD=\frac{1}{2}b$ となる。△BGC は直角二等辺三角形だから，$BC=\sqrt{2}BG=\sqrt{2}\times\frac{1}{2}b=\frac{\sqrt{2}}{2}b$ となる。四角形 BCDE は正方形なので，〔四角形 BCDE〕$=\frac{\sqrt{2}}{2}b\times\frac{\sqrt{2}}{2}b=\frac{1}{2}b^2$ である。図

図２

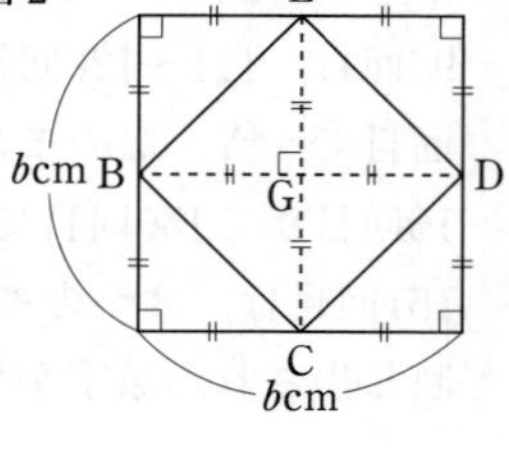

1で，四角錐A-BCDE，四角錐F-BCDEの高さはともに$\frac{1}{2}a$cmとなるから，$V_1=2$〔四角錐A-BCDE〕$=2\times\left(\frac{1}{3}\times\frac{1}{2}b^2\times\frac{1}{2}a\right)=\frac{1}{6}ab^2$ (cm^3)となる。　ウ．図1で，点Aから辺BCに垂線AHを引くと，点Hは辺BCの中点であり，$\triangle ABC=\frac{1}{2}\times BC\times AH$である。$\angle APB=90^\circ$，$PB=\frac{1}{2}a$，$AP=\frac{1}{2}b$だから，△APBで三平方の定理より，$AB^2=PB^2+AP^2=\left(\frac{1}{2}a\right)^2+\left(\frac{1}{2}b\right)^2=\frac{a^2+b^2}{4}$である。$BH=\frac{1}{2}BC=\frac{1}{2}\times\frac{\sqrt{2}}{2}b=\frac{\sqrt{2}}{4}b$だから，△ABHで三平方の定理より，$AH=\sqrt{AB^2-BH^2}=\sqrt{\frac{a^2+b^2}{4}-\left(\frac{\sqrt{2}}{4}b\right)^2}=\sqrt{\frac{4a^2+2b^2}{16}}=\frac{\sqrt{4a^2+2b^2}}{4}$となる。よって，$\triangle ABC=\frac{1}{2}\times\frac{\sqrt{2}}{2}b\times\frac{\sqrt{4a^2+2b^2}}{4}=\frac{b\sqrt{2a^2+b^2}}{8}$となるから，$S_1=8\triangle ABC=8\times\frac{b\sqrt{2a^2+b^2}}{8}=b\sqrt{2a^2+b^2}$ (cm^2) である。　エ・オ．図1で，3辺AB，AC，ADの中点をそれぞれJ，K，Lとすると，△ABC，△ACDで中点連結定理より，$JK=\frac{1}{2}BC$，$KL=\frac{1}{2}CD$となる。BC＝CDだから，JK＝KLである。さらに，JK∥BC，KL∥CDであり，図2で，$\angle BCD=90^\circ$だから，$\angle JKL=90^\circ$となる。これより，直方体T_2の底面は，1辺が$JK=\frac{1}{2}BC=\frac{1}{2}\times\frac{\sqrt{2}}{2}b=\frac{\sqrt{2}}{4}b$ (cm)の正方形が2つある。　カ・キ．図1で，2辺FC，FDの中点をそれぞれM，Nとすると，△ACF，△ADFで中点連結定理より，$KM=LN=\frac{1}{2}AF=\frac{1}{2}a$である。また，KM∥AF，LN∥AFより，KM∥LNだから，直方体T_2の四角形KMNLは辺が$\frac{\sqrt{2}}{4}b$cmと$\frac{1}{2}a$cmの長方形である。直方体T_2はこの長方形と合同な長方形が4つある。　ク．図1で，直方体T_2の体積は，$V_2=\frac{\sqrt{2}}{4}b\times\frac{\sqrt{2}}{4}b\times\frac{1}{2}a=\frac{1}{16}ab^2$ (cm^3)である。　ケ・コ．図1で，直方体T_2の表面積は，$S_2=\left(\frac{\sqrt{2}}{4}b\times\frac{\sqrt{2}}{4}b\right)\times2+\left(\frac{\sqrt{2}}{4}b\times\frac{1}{2}a\right)\times4=\frac{\sqrt{2}}{2}ab+\frac{1}{4}b^2$ (cm^2)である。

＝読者へのメッセージ＝

6では自然数について考えました。最初に自然数を研究し，偶数や奇数や素数を発見したのは，古代ギリシアのピタゴラスだといわれています。

国語解答

一 問一　2　　問二　1　　問三　2
問四　4　　問五　2
問六　A　記憶　B　参照
問七　ここでは,
問八　Ⅰ…1　Ⅱ…4　　問九　3
問十　2

二 問一　4　　問二　2
問三　A　群れ　B　淋しさ
問四　3　　問五　2→4→1→3
問六　5　　問七　表　　問八　3
問九　4　　問十　5

三 問一　2　　問二　1，4
問三　3　　問四　4　　問五　5
問六　2　　問七　親王　　問八　2
問九　2　　問十　4

四 1　指揮　2　倹約　3　おごそ
4　功績　5　彫　6　したた
7　こんりゅう　8　施行
9　貸借　10　勧

一〔論説文の読解―自然科学的分野―技術〕出典：池上高志・石黒浩『人間と機械のあいだ　心はどこにあるのか』「時間――三次元から自由になるために」(石黒浩)。

≪本文の概要≫自己意識とは，自分を第三者視点で見て，自分を自分であると認識している意識のことである。自己意識を持ったアンドロイドは，どうしたらつくれるのか。人間の意識と記憶は，現実世界の時間から切り離されている。人間は，実世界を，固定された時間とそれを司る自分に分けているのであり，こうして時間概念を捨てることで，普遍性(記憶)を獲得するとともに，時間を超えて同一である自己(意識)を獲得している。時間は現実世界の最も大きな制約であり，人間は時間をモデル化できていないが，これをモデル化して三次元世界を完全に克服する道程に，人工的な意識の生成があるのかもしれない。人間は，観察によって世界の脳内モデル(記憶)をつくり，それをベースに自己意識をつくり上げるのであるから，アンドロイドに意識を持たせるには，時間から自由になるための装置としての脳を，いかにつくるかを考える必要がある。世界をモデル化して時間からの自由を獲得しながら，実世界での変化に従ってモデルを変更し続けることが，アンドロイドや人間が現実世界を生き残るための鍵になる。

問一＜文章内容＞「自分のことを第三者視点で見て」いて「自分を自分であると認識している」という「自己意識」により，人間は，「頭の中に自分の声が響いているような」感覚を持つことができる。

問二＜文章内容＞「現実に根付いた自分と現実から切り離された自分をつなぎ合わせる」ことで，人間は，現実世界で活動しながらも，それとは別のところに「意識」があるような感覚を持つことができる。

問三＜文章内容＞「記憶」は，「一見，時系列的なものに感じられる」が，「重要なものだけが強い印象で憶えられて」いて，「前後の時間概念」は，すぐには出てこない。「それがいつだったか」は，他の証拠と関連づけることによって，「推論されているものにすぎない」のである。

問四＜語句＞「普遍」は，全ての事物に共通すること。その対義語は，限られた範囲のものにしか当てはまらないことをいう「特殊」である。

問五＜文章内容＞「モデル」は，事物の構造や現象を理論で抽象化したもののこと。人間は，実世界の事物の構造や現象について，技術によって，その特徴や傾向などを抽出してわかりやすく示すことを可能にしたが，時間は「いまだモデル化できない」のである。

問六＜文章内容＞蓄えられた記憶を順次参照していく主体というのが，「もっとも機能的な自己意識の理解」である。

問七＜段落関係＞前半では，自己意識を持ったアンドロイドはどうしたらつくれるのかという疑問から，自己意識と記憶は，現実世界から切り離されていることが述べられている。後半では，時間を克服(モデル化)することで三次元世界から自由になる行程の途中に，人工的な意識の生成があるのかもしれず，アンドロイドに意識を持たせるためには，時間から切り離された記憶を持たせることが必要であることが述べられている。

問八＜接続語＞Ⅰ．「世界は固定された時間，自分は時間を司るものとしてモデル化」されているので，「世界と自分が解離しているように感じられる」ことになる。　Ⅱ．「世界を認識するということと，自分を認識するということは同じ」であるが，「世界は固定された時間，自分は時間を司るもの」というように分けて「モデル化」がされる。要するに，「実世界を，固定された時間と自分という時計に分解すること」が，「意識を持つということ」なのである。

問九＜文章内容＞ａ，ｂ．例えば「机の上にコンピュータがある」という場合，机の上にコンピュータがあることをずっと自分で見ていなくても，コンピュータがそこにあるという事実は，自分の感じ方にかかわらず，そういうものだとして「記憶」される。　ｃ．「現実世界にへばりついた時間」とは，「記憶が『今ここ』にがっちりとくっついて」いる状態のことであり，それは「完全な『主観』」である。「現実の時間と完全に一致した世界の見え方」を，ここでは「主観」と呼んでいる。
ｄ．「現実の時間と完全に一致した世界の見え方」から離れて，「現実世界で自分が感覚したもの」を事実として「記憶」している場合，その「記憶」の内容は「主観」ではない。

問十＜要旨＞机の上にコンピュータがあるとき，「ずっとコンピュータを見ていなくても，机の上のコンピュータは消えていないという前提」で行動できるように，人間は，世界を「時間固定的に記憶」することができるが，「もし，さっきあったものが今でもあると信じられなければ，ずっと見てなくてはいけない」ことになり，それができるのは，「複眼で世界をずっと観察し，注意を払い続ける昆虫のようなもの」である(１…×)。「僕」は，アンドロイドが意識を持っているとは今は考えていないが，「アンドロイドを複雑に作っていけばいくほど，どこかで自己意識のようなものを与えないと，動けなくなる時が来るのではないか」，「意識がなければ超えることのできない，高い『壁』のようなものがあるのではないか」と思っている(２…○)。合わせ鏡をしたときに「近くに映る自分と遠くのほうに映っている自分では，現実からの距離感が少し違うように」感じるのと同様に，「いろいろなレベルの抽象度をもって現実世界を行ったり来たりするため」のものが「意識」ではないだろうか(３…×)。「電子回路」では「入力と出力がつながっていて，ループを構成して」いるが，「人間の記憶のメカニズム」も同じように理解できると考えられる(４…×)。

二〔随筆の読解―芸術・文学・言語学的分野―文章〕出典：下重暁子『人生という作文』「書く事で，人生の悩みを乗りこえる」。

問一＜文章内容＞「私」は，「あじさいについてのエッセイ」を書こうとして「自分の心を掘り下げて」いったとき，自分の中に「嫉妬」があったことに気づき，それを書いた。もし自分の心の掘り下げをしなかったら，書く文章は「表面だけのきれい事」で終わってしまう。「私」は，この経験を挙げて，人の心を打ち，共感を得るような文章は自分の心を掘り下げなければ書けないと述べようとしている。

問二＜表現技法＞「大きな薬玉の様な」と「母は鬼のごとく」は，比喩であることを明示する「様な」や「ごとし」という語が入っているので，直喩が用いられている。

問三＜文章内容＞あじさいは，「一つの固まりの中にまた，いくつもの小さな花があって，その数が増えるほど淋しさが勝って」しまう。「大都会の喧騒の中を歩いている」と，「群れれば群れるほど淋しさは増す」が，あじさいの花も，それに「似て」いる。

問四＜文章内容＞「ある年上の男と一緒に鎌倉のあじさい寺に行った」とき，男が「先に行くよ」と言って石段を降りていったが，その際，男が通り過ぎるたびに両側のあじさいは，「私の知らない秘密を共有するかのよう」に「なまめいて」見えた。「私」は，「一人置いてけぼりにされた淋しさに胸が張りさけそうになりながら，後を追った」が，「あじさいは無表情に私を迎え」て，「私」は「孤独を胸に持ち続けなければならなかった」のだった。その経験があるので，「私」が「あじさいを書く」には，その「孤独感」を書くしかないのである。

問五＜文脈＞「あじさいについてのエッセイ」を書こうとして「自分の心を掘り下げて」いった「私」は，自分でも気づいていなかった感情に気づいた。男とあじさいが親密そうに見えても「私とは関係ない」と思っていたが(…２)，実はそうではなく(…４)，「私」は「嫉妬という，避けて通りがたい嫌な自分」に気づき(…１)，「それが真実」だと認めざるをえなくなった(…３)。

問六＜文学史＞『源氏物語』と『枕草子』は，平安時代に成立した。『万葉集』は奈良時代，『平家物語』と『徒然草』は鎌倉時代，『おくのほそ道』は江戸時代に成立した。

問七＜語句＞『源氏物語』が描くのは，光源氏の人に知られたくない「恥の連続」である。隠しておきたいことが人に知れわたることを，「表沙汰」という。

問八＜語句＞『源氏物語』は，「堂々たる恥の文学」で，「恥をかいて恥を知らない文章」である。不利な立場にいるのに堂々としていることを，「開き直る」という。

問九＜文学史＞『たけくらべ』は，樋口一葉の小説。『坊っちゃん』は，夏目漱石の小説。『高瀬舟』は，森鷗外の小説。『トロッコ』は，芥川龍之介の小説。『人間失格』は，太宰治の小説。

問十＜要旨＞「大都会の喧騒の中を歩いていると，人が多ければ多いほど，孤独を感じて」しまう(４…×)。「私」が「まがりくねった男」と表現した男は，「年上」だったが，何の仕事をしていたかは書かれていない(１…×)。エッセイを書くために「自分の心を掘り下げていってみる」と「古代遺跡を発掘するのに似て思わぬものにつきあたる」ことになる(５…○)。「私」は，「私の心の奥に隠した醜さ」を書けば「私の人柄まで誤解されてしまうかもしれない」と思ったが，「書かねば嘘になる」と思って書いた(３…×)。『源氏物語』は，「外国語訳も多く出ている」が，「日本人の作家の訳よりもストレートで，原文に近い」といわれるのは，「作家個人の思い入れがない分だけ，直に心に響いてくる」からだと思われる(２…×)。

三〔古文の読解―説話〕出典：『唐物語』第十。

≪現代語訳≫昔徳言という人は，陳氏と申し上げる女とともに暮らしていた。(陳氏は)容貌がたいそうすばらしくて心遣いなども理想どおりだったので，お互いに深く愛し合って年月を過ごしていたが，思いがけず世の中が乱れて，ありとあらゆる人が，〈身分の高い人〉も〈いやしい人〉も皆山林に逃げ隠れた。離れがたい親・兄弟も四方に散り別れて，それぞれ逃げまどっていた中で，この二人は別れを惜しむ気持ちが誰よりも強かったので，人知れず一緒に約束をした。「私もあなたもどこということなく消えてしまった後，自然に世の中が鎮まってまた会うこともあるでしょうが，そのときの様子をどのようにしてお互い知ることができるでしょうか」と申し上げると，(徳言は)女が長年持っていた鏡を真ん中から切って，それぞれその一方を取って，「毎月十五日に市に出して，この鏡のもう半分を探させれば，必ず会ってお互いにその様子を知ることができるだろう」と言いながら，たいそうひどく泣いて別れ去った。その後この夫は恋しさがどうしようもなく募ってむなしく月日を過ごすうちに，「どんな人に心を移して約束したことを忘れてしまったのだろうか」と，胸の苦しさを抑えがたく感じていた。／鏡を割って約束したその昔の面影はどこに移り消えてしまったのだろうか／このように思いをはせていたが，(女は)容貌が美しく華やかであるのを愛されたのだろうか，時の親王でいらっしゃった方にこのうえなく大切に世話をされて年月を送っていたところ，かつてとは比べものにならない様子だったが，この鏡の一方を市に出しながら，昔の約束だけを心にかけてふだんは人知れず(夫を)恋い焦がれるばかりで過ごしていたところ，鏡の片割れを持っている人といって尋ね当てて，男・女の様子を互いにはっきりと知り合った。女はこれを聞いてから思わず悩ましい気持ちが加わって，平常心を失っている様子を見とがめて〈親王が〉不審に思ってお尋ねになるので，そうはいってもと思ってしばらくは言い紛らわしていたが，(親王が)強いておっしゃるのでつらかったがありのままに申し上げた。親王はこれをお聞きになると涙をお流しになって，しみじみと気の毒に思われたのか，装いを立派に調えて，昔の男のもとへ送り遣わしたので，徳言はこのうえなくうれしく思うにつけてもまず涙が先立って流れた。／約束した心に曇りがなかったからだろうか，中川の水が再び澄むように，二人は再び一緒に住むようになった／いやしくない身分を振り捨てて昔の約束を忘れなかった人以上に，親王の情け深さはやはり類ないものではないだろうか。

問一＜現代語訳＞「あひぐす」は「相具す」で，伴う，連れ添う，という意味。

問二＜古文の内容理解＞「ありとある人」，つまり，ありとあらゆる人とは，身分の高い者もいやしい者も皆，ということである。

問三＜古文の内容理解＞「この人」は，徳言と陳氏の二人を指す。「すぐれたりければ」は，勝っていたので，という意味。二人は，別れを惜しむ気持ちが誰よりも強かったのである。

問四＜古文の内容理解＞徳言は，陳氏に思いをはせ続けていたが，月日がたって，どんな人に心を移して約束したことを忘れてしまったのだろうかと思うようになった。陳氏が心変わりしたのではないかと不安になり，しだいにその不安が募って，徳言は，陳氏の心がすっかり他へ移ってしまったと歌によむほどになったのである。

問五＜和歌の内容理解＞徳言と陳氏は，陳氏が長い間持っていた鏡を割って半分ずつ持っていることにした。その鏡には，陳氏の姿，つまり「面影」が映っていたはずであり，徳言は，今はその「面影」が他へ移ってしまったと嘆いているのである。

問六＜古文の内容理解＞徳言と陳氏が以前にどのような身分でどのような暮らしをしていたかは特に述べられていない。しかし，今の陳氏は「時の親王」に愛されているので，徳言とともに暮らしていたときよりもはるかに豊かで幸せな生活だと考えられる。

問七＜古文の内容理解＞陳氏が平常心を失っているようであるのを，親王は不審に思い，訳を尋ねた。

問八＜古文の内容理解＞「袖をしぼる」は，涙でぬれた袖をしぼる，という意味。親王は，陳氏の話を聞いて涙を流し，その後，装いを立派に調えさせて陳氏を徳言のもとへ送り出した。親王が涙を流したのは，陳氏に深く同情したためである。

問九＜和歌の内容理解＞約束した心に曇りがなかったから，二人は再び一緒に住むようになった。

問十＜古文の内容理解＞徳言は，陳氏と別れ別れになるとき，一つの鏡を切り分けて，それぞれがその一方を持っていることにした。それは，毎月その鏡を市に出して片割れを探そうとすれば，必ず会ってお互いの様子を知ることができるだろうと考えたからである。

四〔漢字〕

1．合奏や合唱を統率すること。　2．出費をできるだけ少なくすること。　3．他の訓読みは「きび(しい)」。音読みは「厳格」などの「ゲン」。　4．成し遂げた，優れたはたらきのこと。　5．音読みは「彫刻」などの「チョウ」。　6．他の訓読みは「しずく」。音読みは「水滴」などの「テキ」。　7．寺社や堂塔などを建てること。　8．法令の効力を実際に発生させること。　9．貸すことと借りること。　10．音読みは「勧告」などの「カン」。「奨(める)」とも書く。

2023年度 青山学院高等部

【英　語】（50分）〈満点：100点〉

リスニングテストは試験開始約10分後に開始します。それまでは別の問題を解いていてください。

■リスニングテストの音声は，当社ホームページで聴くことができます。（当社による録音です）

再生に必要なユーザー名とアクセスコードは「収録内容一覧」のページに掲載しています。

I　これから放送される英語を聞き，それに関する質問の答えとして最も適切なものをA～Dの中から選び，記号で答えなさい。英語は一回しか放送されません。

Listening One

1．What time did Katie and Jack plan to meet?

A．8:30　B．8:50　C．9:00　D．9:10

2．Why was Jack late?

A．His bicycle was broken.

B．The bus was late.

C．He woke up late.

D．He had to make his own breakfast.

3．What did Jack forget to bring?

A．A computer.　B．A computer cable.

C．Some files.　D．His presentation.

Listening Two

4．What kind of event is the SeaJam festival?

A．Music.　B．Film.　C．Sports.　D．Kids.

5．What is the weather going to be like tomorrow?

A．Sunny all day.

B．Sunny in the morning, rainy in the afternoon.

C．Rainy all day.

D．Rainy in the morning, sunny in the afternoon.

6．Which sentence is probably true?

A．Alex and Kyoko will both go to the festival.

B．Only Alex will go to the festival.

C．Only Kyoko will go to the festival.

D．Neither of them will go to the festival.

Listening Three

7．When can people who live in Chapeltown start to use the new swimming center?

A．Saturday, September 20th　B．Saturday, September 12th

C．Monday, September 22nd　D．Monday, September 12th

8．How much is an adult ticket?

A．$3.50　B．$4　C．$6.50　D．$12

9．Which sentence is true?

A．The new main pool is bigger than the old one.

B．People have to buy tickets online.
C．Children can't use the swimming center on weekends.
D．It took a long time for the new center to open.

Ⅱ　これから，Waterford の街に関する情報が流れます。その話に基づき，空欄(1)～(6)に最も適切な単語もしくは数字を入れなさい。答えは解答用紙に記入すること。英語は一回しか放送されません。

The City of Waterford

Waterford is the (1)＿＿＿＿ city in Ireland
Used to be famous for making (2)＿＿＿＿
Reginald's Tower was built in Waterford in the year (3)＿＿＿＿
Top of the tower has views of the city and (4)＿＿＿＿
Museum is closed on (5)＿＿＿＿
Car parking costs (6)$＿＿＿＿ an hour

※＜**リスニングテスト放送原稿**＞は英語の問題の終わりに付けてあります。

Ⅲ　次の英文を読み，空欄（１）～（５）に入れるのに最も適切な語(句)をそれぞれ選び，記号で答えなさい。

Imagine you are climbing a mountain in really cold weather. What would you do to keep yourself warm? You might think, "I will wrap myself in a thick blanket" or "I will wear a lot of clothes", but I would like to recommend something different. Why not cook some nice hot soup? Perhaps it doesn't sound easy, but actually, it's (　1　) you might think. Here are some tips to get you started.

Getting a special pot is the first step. You will need one that (　2　) on mountains and other high *altitude places. Then, when you are on the mountain, put some (　3　) vegetables and powdered soup in some water, and put the lid on. While the water boils, the vegetables will become soft and they will create a tasty *broth. Soon you will be enjoying a simple but delicious hot soup.

One thing to remember is that water boils at lower temperatures the higher up the mountain you go. All this means is that you need to cook your soup for (　4　). Add about 1 minute of cooking time for every climb of 300 m.

With this information, and with the right pot, you will now be able to cook anywhere. And it's not just soup! Next time you go skiing, how about (　5　) your friends and family by making some lovely pasta or rice? I hope you will have fun with your adventurous cooking!

*altitude　標高　*broth　だし汁

1．A．more difficult than　B．as easy as
　C．not as difficult as　D．not as easy as
2．A．used to be　B．are used　C．uses　D．can be used
3．A．cut　B．cutting　C．to cut　D．and cut
4．A．more　B．example　C．longer　D．minutes
5．A．to surprise　B．surprising　C．surprised　D．a surprise

IV　それぞれの【　】内の全ての語を最も適切な語順に並べ，３番目と６番目に来るものを解答欄に書きなさい。ただし，文頭に来る語も小文字で示してある。

１．A：【you / notebook / lost / Mary / found / have / the】last week?
　　B：No, we're still looking for it.
　　A：I'll help you to find it.

２．【to / a / after / dog / started / run / huge】some children in the park, so they ran home.

３．I have a friend【has / as / name / same / who / the / family】the person next door. So, I had to be very careful with his address on the postcard.

４．【many / to / are / visit / there / too / places】in one day in that city. If you go there, you should stay for a week.

５．I watched a fantastic documentary about the film maker, Lewis Johnson. I have always been【about / makes / curious / interesting / what / movies / his】.

V　次の英文の内容に基づいて下記の問いに対する最も適切な答えを選び，記号で答えなさい。

（１）The city of Oulu in Finland is sometimes called "The Capital of Northern Finland". The population of Oulu is around 210,000. This means it is the most **populous** city in Northern Finland, and Finland's 5th most populous city overall. The other four cities, however, are in the south of Finland. This means Oulu can be a little bit different from other Finnish cities.

（２）One major difference is the climate. Oulu's climate is "subarctic". This means winters are colder and snowy, and summers are very short. During the winter, there are only about three and a half hours of sunlight every day. The average temperature in Oulu is just 3.3℃. Oulu's hottest ever temperature was 33.3℃ back in 1957. A few years after that, in 1966, Oulu recorded its lowest ever temperature of −41.5℃.

（３）Oulu is one of the fastest growing cities in Northern Europe. Many young people come to study at Oulu's two famous universities. One of these, the University of Oulu, is especially famous for science and technology. In fact, (　ア　) the rest of the world is still getting used to 5G, researchers at the University of Oulu are already working on 6G. Businesses come to Oulu to find young people with high-level technological skills and knowledge.

（４）(　イ　), many people also come to Oulu for fun. Music is one big attraction. In the summer, Oulu hosts several music events, such as Metal Capital Festival, Qstock Rock Music Festival, and the Air Guitar World Championship. Air guitar is a kind of dance performance. People pretend to play a guitar on the stage. All of these events attract fans and performers from all over the world. The Air Guitar World Championship was recently won by a Japanese woman, Nanami Nagura.

（５）＿＿＿＿＿　One of the most popular natural attractions is the Northern Lights (also called 'aurora borealis' or just the aurora). They can generally be seen in Oulu from early September to mid-April. Although many visitors believe winter is the best time to see the Northern Lights, researchers actually recommend **they** come in autumn, since there are fewer cloudy nights in the autumn. The Travel Oulu website recommends several different areas around Oulu. In these areas, the lights reflect beautifully on the water. A 4-hour tour from Oulu costs €120.

（６）In addition to being called "The Capital of Northern Finland", Oulu is also known as "The City of Three Waters". This is because Oulu is not only a **coastal** city; it also has famous lakes and rivers. Locals and visitors enjoy these all year round, even in winter! In winter, ice swimming is a popular activity, and it is said to be very good for people's health. In fact, one professor at the University of Oulu believes that ice swimming is one of the factors that make the people in Oulu the happiest in all of Finland. Ice-swimming lessons cost from €40.

（7） The most popular way to get around is not by car but by bicycle. Oulu is famous for its huge bicycle network. The city has over 600 km of roads just for bicycles, and it is growing by about 15 km every year in order to meet the city's clean air goals. Once you've arrived in Oulu, there are many bicycle rental stores near the main train station. Bicycles can be rented for about €15 a day.

1．第1段落の **populous** の意味の説明として最も適切なものを選び，記号で答えなさい。

A．People have lived there for a long time.
B．Many people are living there.
C．The population is growing.
D．The area is very large.

2．文中の(ア)に入る最も適切な語(句)を選び，記号で答えなさい。

A．before　B．while　C．because　D．instead of

3．文中の(イ)に入る最も適切な語を選び，記号で答えなさい。

A．Hopefully　B．Probably　C．Therefore　D．However

4．第5段落の冒頭の下線部に入る最も適切な文を選び，記号で答えなさい。

A．Travelers can see the aurora in Oulu in all seasons.
B．You will be impressed by beautiful forests in Oulu.
C．Tourists are also attracted by winter festivals in Oulu.
D．Other visitors come to Oulu to experience nature.

5．第5段落の **they** が指すものを選び，記号で答えなさい。

A．researchers　B．The Northern Lights
C．visitors　D．cloudy nights

6．第6段落の **coastal** の意味として最も適切なものを選び，記号で答えなさい。

A．marine sports　B．by the sea　C．island　D．by the mountain

7．次の文の内容が最も当てはまる段落を選び，記号で答えなさい。

Oulu is an environmentally-friendly city.

A．第2段落　B．第5段落　C．第6段落　D．第7段落

8．この文章の目的として最も適切なものを選び，記号で答えなさい。

A．To attract young people interested in science.
B．To attract musicians who want to live in Oulu.
C．To help people prepare for their trip to Oulu.
D．To let local people know more about Oulu.

9．本文で説明されている内容と合致するものを2つ選び，記号で答えなさい。

A．Oulu is one of the greatest tourist attractions in the south of Finland.
B．In Oulu, you can enjoy the sunshine only for a few hours a day even in summer.
C．A lot of young people study science and technology in Oulu.
D．According to researchers, Oulu is getting colder.
E．Some people in Oulu swim in winter for their health.
F．The Air Guitar World Championship is usually won by foreign people.
G．Oulu plans to set up bicycle rental stores for tourists near the main station.

VI 次の英文の内容に基づいて下記の問いに対する最も適切な答えを選び，記号で答えなさい。

(1) When we look at any nature documentary or channel, we are amazed by the variety of animals we share our planet with. In fact, scientists have discovered around 1.5 million species (kinds) of animals in the world, and it is believed that this may only be about half of the total number of animal species living on Earth today. However, from this huge number, how many species do you think reach the dinner plates of the world's meat-eaters ? You may be surprised to know that 75% of all the food we eat comes from just twelve kinds of plants and only five kinds of animals according to the UN Food and Agricultural Organization (UNFAO). So, how do people decide which animals are food and which are not ?

(2) One common idea is that they eat the most delicious ones. Think of that tasty sushi, that juicy burger, those yummy *yakitori* chicken sticks. For most people, it is hard to believe that these are not the tastiest meats on the planet. However, no one has tried to eat all of the animals on Earth, and it would be impossible. There must be lots of * edible animals in the world we don't know about.

(3) Another idea is familiarity—the idea that people eat the food they know best. We know it is safe to eat the food that we see our parents eat. People who grew up with fermented beans (*natto*) often still love it, but if you eat it for the first time as an adult, it can be a strange surprise ! But this answers why we keep eating those foods, not why humans chose them.

(4) People also have to consider the cost (how cheap they are), availability (how easy they are to find), religion (what they are told to eat by a god), health (how good they are for our bodies), and how easy they are to look after.

(5) It is difficult to show that any of these ideas is the main reason. However, choosing such a small variety might be the cause of many troubles in our food systems today. If humans focus on a very few species, diseases like Avian Flu (in chickens, turkeys), or BSE (in cows), can spread quickly and easily and create huge disasters. More and more people are living on the planet, and they all need food, so we need to find creative ways to produce and protect it.

(6) Even if humans stopped eating meat completely and joined the 1.5 billion vegetarians on the planet, there would still be dangers with monoculture farming (growing only one kind of plant in a huge area). For example, at the moment, a disease called Panama Disease is causing huge problems with the bananas we love, because almost all of them are of the same species, called Cavendish. However, most humans are meat-eaters, and the problems are many.

(7) Recently, in western countries, a lot of attention has been given to using insects as a new food for the world, and it is a very good idea in many ways. But in fact, it is not a new idea at all. Around two billion people in Africa and Asia sometimes eat insects such as mealworms and crickets. Insects are high in protein, are easy to feed, and don't take up so much space. They also have fast life-cycles, so they are easy to produce. Some western companies like Ento and Protix have started to make insect farms to produce food for feeding to animals such as cows, pigs, and chickens. The next step is to produce food for humans.

(8) But selling insects for new customers to eat is not easy. Insects don't look good to eat to many western people. Countries and companies must find ways to solve this 'yuck' problem. One way to do that is to sell insects as a powder or mince that can be used to make meals like protein drinks for body-builders, or in burgers or spaghetti sauces.

(9) 'Ugly' but tasty fish and seafood like the catfish, monkfish, and geoduck (a kind of clam) have a

similar image problem, but if we don't fix it, we could lose species like the tuna and salmon that humans are overeating.

(10) Now may be the time to add a new and important reason for deciding what foods to eat. We must protect the sustainability of our food systems for future generations of humans, animals, and the environments in which they live.

＊edible=can be eaten

1. Choose the best title for the text.
  A. What's for Dinner?
  B. The Need for Insects
  C. Our Vegetarian Future
  D. Too Many Mouths, Not Enough Food

2. Write <u>two</u> phrases from paragraph 1 that mean the same as 'Earth'.

3. How many animal species are thought to exist on Earth?
  A. 750,000 B. 1.125 million C. 1.5 million D. 3 million

4. <u>'You may be surprised'</u> in paragraph 1. Why?
  A. Humans eat 75% of the plants and animals that exist on Earth.
  B. The UNFAO's research was very hard.
  C. Human food comes from a very small number of species.
  D. Humans eat more plants than animals.

5. Why is *natto* given as an example in paragraph 3?
  A. To make readers miss their childhood.
  B. To give a meat example would be difficult.
  C. To show familiarity helps people choose food.
  D. To remind readers *natto* is safe to eat.

6. Which of the following is the best example of the 'availability' idea?
  A. Many people who believe in Hindu gods are vegetarian.
  B. Fish is often a good choice for people who don't have a lot of money.
  C. Rabbits are very common in Malta and are a popular local food.
  D. Many insects don't look good, so people don't eat them.

7. How can we reduce the risk of an animal pandemic?
  A. Keep the same kind of animal on large farms.
  B. Farm a big selection of species for food.
  C. Test animals regularly.
  D. Only eat healthy foods.

8. Which sentence is correct about the text?
  A. There are more vegetarians than insect eaters in the world.
  B. The main way people choose animals for food is by taste.
  C. You can buy insects for your dinner from companies like Protix.
  D. Eating species like monkfish could help to save other species.

9. Which meal could avoid the image problem of insects?
  A. A milkshake with insect protein powder.
  B. Crispy fried insect snacks.

C．A hamburger with slices of crickets.
D．A green salad with mealworm toppings.

10．What is the main thing the writer is trying to do in this text？
A．Suggest we update the ways we choose food.
B．Show the reader why humans eat animals.
C．Introduce a new kind of food.
D．Give information about healthy foods.

＜リスニングテスト放送原稿＞

I

Listening One

Female：Jack！ It's 9 o'clock. You were supposed to be here 10 minutes ago！

Male：I'm really sorry, Katie. I was up late working on the presentation, and I overslept this morning. I didn't wake up until eight thirty, so I missed the bus. My parents were already at work, so they couldn't drive me. I had to cycle all the way here. I didn't even have time for breakfast.

Female：Well, you can eat after the presentation. Anyway, our presentation is at nine thirty. I have all the files and the computer. You brought the cable, right？

Male：Oh no . . .

Listening Two

Female：Hi, Alex. Are you going to the SeaJam festival tomorrow？

Male：Hi, Kyoko. I'm not sure. I was thinking about it；one of my favorite bands is playing. I've only ever seen videos of them on YouTube. But, isn't it going to rain？

Female：Only in the morning. It's going to be nice in the afternoon.

Male：Oh, wow. I didn't know that. Is it too late to get tickets？

Female：No, I don't think so. You can buy tickets on the day. My daughter got ours online a few weeks ago.

Male：Great！ Maybe I'll see you there, then.

Listening Three

After many delays, the new swimming center in Chapeltown will open next Saturday, September 20th. This special opening is only for people who live in Chapeltown. The center will be open to everybody from Monday, September 22nd. We have been waiting a long time for the center to open, so we are all very excited. The main pool is the same size as the old pool, but there is also now a pool just for children. There will be fitness classes for adults every morning from Monday to Friday, and also kids' classes in the afternoon. General tickets are six dollars fifty for adults, four dollars for over-65s, and three dollars fifty for children under the age of 12. Please check the website for more information about the new center.

II

The city of Waterford in southern Ireland was founded by Vikings in the year nine hundred fourteen. This makes it the oldest city in Ireland. The population of the city is around 50,000, and it's a popular city both to live in and to visit. In the past, Waterford was famous for glassmaking-glass was made in the city from 1783 until two thousand nine when the final glass factory was closed down.

Nowadays, many people come to Waterford to learn about history. Waterford has many historic buildings, churches, castles and so on. One of these is Reginald's Tower, which is one of the oldest buildings in Waterford. The tower was finished in 1253. In the past, the tower was a prison, a castle, a place where money was made, and many other things, but it is now a museum. At the museum, you can learn about Waterford's unique history, and by climbing to the top, you will get fantastic views of the whole city of Waterford and also the river. It's open every day, except for Mondays, and the opening hours are 9am to 5pm, except for Sunday, when the museum closes at four thirty. Entrance to the museum is free, but parking costs 2 dollars fifty an hour.

【数　学】（50分）〈満点：100点〉

◎答の分母は有理化すること。

1　次の問に答えよ。

(1)　次の計算をせよ。

$$\left(\frac{1}{2\sqrt{2}}+\sqrt{3}\right)\left(\sqrt{2}-\frac{1}{2\sqrt{3}}\right)$$

(2)　次の式変形には誤りがある。誤っている箇所の番号をすべて答えよ。

$$4=\sqrt{4^2}=\sqrt{16}=\sqrt{(-4)^2}=-4$$

↑　↑　↑　↑

1　2　3　4

2　図のように，正方形の頂点と各辺を三等分する点の計12個の点A～Lがある。これらの点から，次の条件で選んだ3点を結んでできる三角形の個数を求めよ。

(1)　正方形の頂点を3つ含む。

(2)　正方形の頂点をちょうど2つ含む。

(3)　正方形の頂点を1つも含まない。

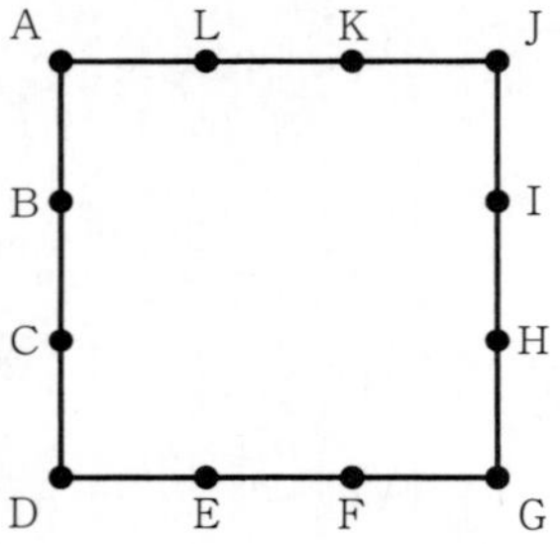

3　次の問に答えよ。

(1)　2023を素因数分解せよ。

(2)　$4m^2=n^2+2023$ となる自然数m，nの組のうち，mが最小のものを求めよ。

4　原点Oを通る直線 l と点A(0，4)を通る直線mが，点B$\left(-\frac{4}{5},\ \frac{12}{5}\right)$で交わっている。

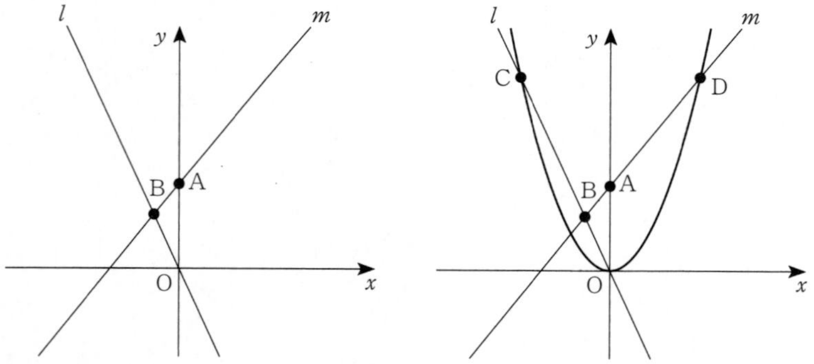

(1)　直線 l ，mの式をそれぞれ求めよ。

次に，直線 l 上に点C，直線m上に点Dを，点Cと点Dがy軸に関して対称となるようにとる。

さらに，グラフが2点C，Dを通るような関数 $y=ax^2$ を考える。

(2) 点Dの座標を求めよ。

(3) a の値を求めよ。

(4) $y=ax^2$ のグラフ上に点Eがあり，△OAB＝△OBE であるとき，点Eの x 座標をすべて求めよ。

5 次の文章を読んで，下の問に答えよ。

円において特徴的なことは，[A] と [B] の比が常に一定になることである。この比の値を円周率といい，ギリシャ文字の π で表す。つまり，

$$\pi=\frac{\boxed{\text{A}}}{\boxed{\text{B}}}$$

である。この値は，

3.14159……

と無限に続く小数である。

昔の人たちは，この値をどのように求めたのだろう。その1つの方法について考えてみよう。

まず，直径の長さが1の※1円に内接する正方形を考えると，正方形の一辺の長さは [①] となる。

[注釈]※1

円に内接する多角形とは，円の内部にあり，すべての頂点が円周上にある多角形である。

[円に内接する正方形の図]

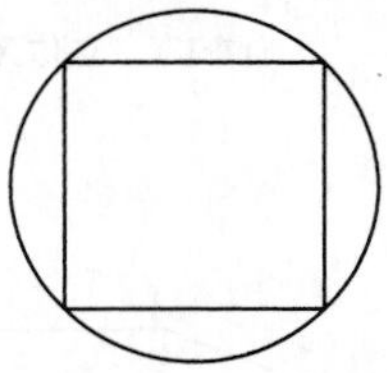

また，直径の長さが1の※2円に外接する正方形の一辺の長さは [②] となる。

[注釈]※2

円に外接する多角形とは，円の外部にあり，すべての辺が円に接する多角形である。

[円に外接する正方形の図]

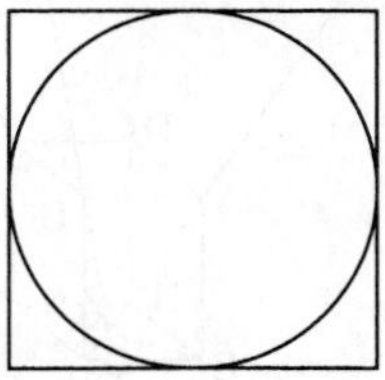

このとき円周の長さは，内接する正方形の周の長さより長く，外接する正方形の周の長さより短いので，

[③] $<\pi<$ [④]

が成り立つ。

次に，直径の長さが1の円に内接および外接する正六角形について同様の考察を行うと，

[⑤] $<\pi<$ [⑥]

が成り立つことが分かる。

紀元前3世紀頃，古代ギリシャで活躍したアルキメデスは正96角形まで辺を増やし，円周率の近似値として3.14を得たと言われている。

(1) [A]，[B] に入る最も適切な語句を下記の選択肢から選び，番号で答えよ。

1．半径の長さ

2．直径の長さ

3．円周の長さ

4．円周角の大きさ

5．中心角の大きさ

(2) [①]～[⑥] に入る数を答えよ。

6　図のように，ABを直径とする半径6 cmの円O上に，OB＝BCとなるような点Cを１つとり，直線COと円Oの交点をDとする。線分ACの中点をEとして，直線DEと線分AB，円Oとの交点をそれぞれF，Gとする。

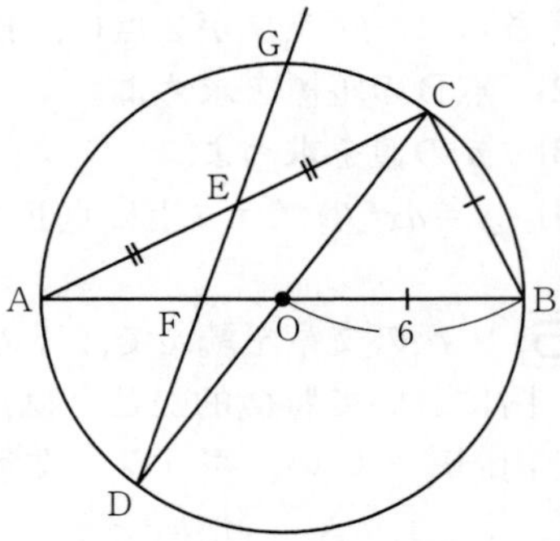

(1)　∠BACの大きさを求めよ。
(2)　線分DEの長さを求めよ。
(3)　線分DFの長さを求めよ。
(4)　線分BGの長さを求めよ。

7　(図１)のように，AB＝AD＝2cm，AE＝$2\sqrt{2}$ cmであるふたのない直方体形の容器ABCD-EFGHに正四角すいO-JKLMを逆さに入れた立体Xがある。ただし，直方体の辺AB，BC，CD，DAはそれぞれ正四角すいの側面上にあり，頂点Oは底面EFGHの対角線の交点と一致している。

次に，(図２)のように，正方形JKLMのすべての頂点が円周上にあるような円を底面とする半球Sを立体Xの上にのせ，この立体をZとする。点Oから球面までの距離が最大となる球面上の点をIとするとき，OI＝$9\sqrt{2}$ cmであった。

(図１)　立体X

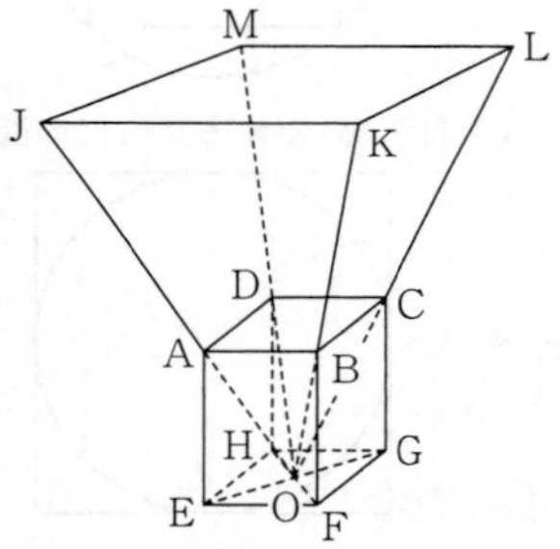

(図２)　立体Z

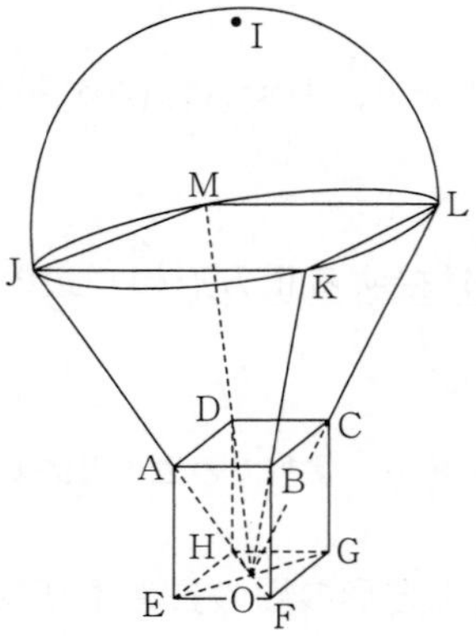

(1)　半球Sの半径rを求めよ。
(2)　線分JKの長さを求めよ。
(3)　線分JK，LMの中点をそれぞれP，Qとするとき，この立体を３点P，Q，Oを通る平面で切った切り口の形は下図のうちどれか，番号で答えよ。

1.
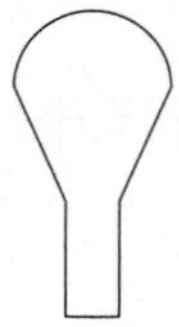

2.

3.

4.
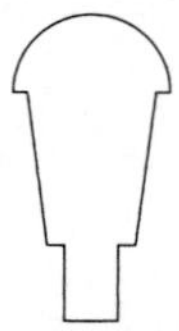

5.
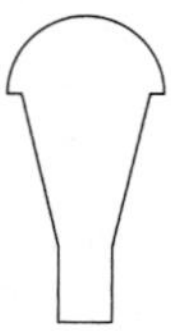

6.
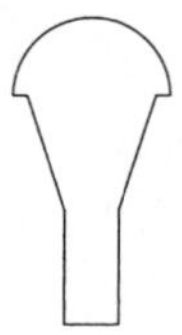

(4)　(3)の切り口の面積を求めよ。

ようなものに漂っている巨大な豆腐の塊《かたま》りに、おじさんが包丁を入れているのを見ていた。

白い大きな塊りは、一丁ずつの豆腐に切り分けられ、ふわりと水中に浮かび、鍋のなかに入れられる。

それが、私のなかでは「一日」なのである。

気ばかり焦ってうまくゆかず、さしたることもなく不本意に一日が終わった日は、角のグズグズになった、こわれた豆腐を考えてしまう。

小さなことでもいい、ひとつでも心に叶うことがあった日は、スウッと包丁の入った、角の立った白い塊りを、気持ちのどこかで見ている。

子供の時分、豆腐は苦手であった。

おみおつけの実や鍋ものに、よく食卓にのぼったが、こんなもの、どこがおいしいのかと思っていた。

色もない、歯ごたえもない。自分の味もない。

ぐにゃぐにゃしていて、何を考えているのかはっきりしない。自分の主張というものがない。用心深そうでもあるが、年寄り臭くて卑怯な感じもある。人の世話もやかない代わり、余計なことは言わず失点もない。私はこの手の人間にいつもやられていたせいか、苦手なのである。

そんなことから、逆恨みもあって、長いこと豆腐を ③ にしてきたのだが、此《こ》の頃になって、このはっきりしないものを、おいしいと思うようになった。

若気の至りで色がないと思っていたが、豆腐には色がある。形も味も匂いもあるのである。

崩れそうで崩れない、やわらかな矜持《きょうじ》がある。味噌にも醤油にも、油にも馴染《なじ》む④器量の大きさがあったのである。

さて、年のはじめである。

手のつかぬ豆腐、ではなかった一日一日が、カレンダーのなかに眠っている。その一日にどんな味をつけてゆくのか、そういえば、吉屋女史に、同じ初暦を詠んだこんな句もあった。

初暦知らぬ ⑤ は美しく

（向田邦子『霊長類ヒト科動物図鑑』）

問一 ① に入るのはどれか。

1 悲哀　2 苦悩　3 疑念
4 未練　5 邪念

問二 ――②「きまりが悪い」の意味はどれか。

1 じれったい　2 いまいましい
3 はずかしい　4 むなしい

問三 ③ に入るのはどれか。

1 襟　2 袖　3 裾　4 袂《たもと》

問四 ――④「(豆腐には)器量の大きさがあった」と同じ表現技法が用いられているのはどれか。

1 川面がおはよう、と微笑みかけてきた。
2 二人組のうちの赤シャツが振り返った。
3 彼女は高嶺の花だよ、と誰もが言った。
4 明日の午前中には郵便局が来るはずだ。

問五 ⑤ に入ることばを本文中から抜き出せ。

書き込みのある十二カ月のそれを見ていると、確かにその日はこんなことがあったと、すぐに思い出せる日もある。

白いままで、その日は何をしたのやらわからない日もある。誰とも逢わず格別のこともなく、ぼんやりと過ごしたようにも思える。書いてないだけで、気持ちの底を探ると、何かひとつぐらいはピカリと光る小さなものをみつけた日かも知れない。

ご飯粒のなかの石を噛《か》みあてたような、小さな不快を忘れるともなく忘れてしまった日かも知れない。

過ぎ去ってしまえばもはや思い出すことさえもない時間と気持ちの積み重なりが、年の終わりの古いカレンダーなのである。取って置こうかな、という［ ① ］を断ち切るように、すこし勢いをつけてくず籠にほうり込む。

それから、釘のゆるみをたしかめて、新しい年の、真白いカレンダーを掛けるのである。

手のつかぬ月日ゆたかや初暦

吉屋信子というかたの句である。

車谷弘氏の名著『わが俳句交遊記』のなかでこの句を見つけた。

吉屋信子という名前は、私のように戦前にセーラー服を着た女の子には懐かしい名前である。この人の『花物語』という少女小説を、友達に借りて読んだ覚えがある。挿絵はいつも中原淳一画伯であった。憂い顔の、つけまつ毛を三、四枚重ねたような大きな瞳の女の子の絵であった。この女の子に鼻があったかどうか、どうしても思い出せない。

この本を貸してくれた女の子は、前の総理大臣と同じ苗字だった。私は借りた本に、しみをつけてしまい、どう言って謝ろうか、その子のうちの前ですこし立っていたような記憶がある。私のうちはどういうわけか少女小説というものを一冊も買ってくれなかった。いまのように子供が自分の小遣いで自由に本を買う時代ではなかった。本は子供の分も父が買って来て、私たちはあてがい扶持《ぶち》であった。

父は暗に「こんなベタベタしたものは読むことはない」という風な口を利いていたが、今にして思えば、本屋で、

「吉屋信子の『花物語』を下さい」

というのが、大の男として②きまりが悪かったのだと思う。

そんなわけで長いこと吉屋信子女史にはご縁がなかったのだが、この句を見たとき、ハッとするものがあった。

おろしたてのカレンダーを前にして、誰もが抱く期待を、こんなにも素直に鮮やかに詠んだ句にお目にかかったのは初めてである。長いこと失礼をいたしました、と頭を下げたい気持ちであった。

一日、というのは、白い四角い箱のようなものだと思っているふしがある。

どうやらこれは、日付けの下が四角いメモになったカレンダーを使っているせいであろう。

おひる近くになると、四角い白い箱の上三分の一に、黒い幕が下りてくる。夕方になると、黒いカーテンは三分の二ほどに下りてきて、

「あ、大変だ」

とあわててしまう。

黒いカーテンは、夜中の十二時になると白い四角い箱をおおい尽くし、箱は黒くなってその日は終わるのである。

子供の時分、台所や茶の間の柱にかかっていた日めくりのせいかも知れない。

更に言えば、ひと月というのは、豆腐を何丁も積み上げたものだという気もしている。

いつどこで見たのかはっきりしないのだが、幼い時分に間違いない。

誰かに手を引かれた私は、豆腐屋の店先で、四角い大きな湯船の

いふやう、「われはまことの孝の子なりけり」と語る。小さき子の、深き雪を分けて、足は海老のやうにて走り来るを見るに、いと悲しくて、涙を流して、「⑨など、かく寒きに出でては歩くぞ。かからざらむ折、出でて歩け」と泣けば、「苦しうもあらず。おもとを思ふ」とて、とどまるべくもあらず。ありつる魚は、魚と見つれど、百味を備へたる飲食《おんじき》になりぬ。⑩あやしう妙《たへ》なること多かり。

（『うつほ物語』）

注　おもと…母

問一　——①への返答としてふさわしいのはどれか。

1　お腹がいっぱいだから飲みたくない
2　母が苦しがると思うから飲みたくない
3　母を困らせたいから飲みたくない
4　他にやりたいことがあるから飲みたくない

問二　——②の意味はどれか。

1　感謝すべきものだ　　2　煩わしいものだ
3　労るべきものだ　　4　理解できないものだ

問三　——③が指すものを本文中から抜き出せ。

問四　——④のように言う理由はどれか。

1　親を悪く言われたくないから
2　親から逃げてきているから
3　親の手伝いをしたくないから
4　親を待っているから

問五　——⑤の理由はどれか。

1　釣りの邪魔だから
2　報酬を期待したから
3　子が愚かだから
4　子がかわいらしいから

問六　——⑥の意味はどれか。

1　つかの間　　2　ぜいたく
3　ひたすら　　4　ほんの少し

問七　——⑦の理由はどれか。

1　親の食べるものがなくなるから
2　川で遊ぶことができなくなるから
3　釣り人たちに会えなくなるから
4　魚がみな寒さで死んでしまうから

問八　［⑧］に入る内容はどれか。

1　車から食べ物がこぼれ落ちた
2　釣り人たちに魚を持たされた
3　空から雪が降ってきた
4　氷が解けて魚が出てきた

問九　——⑨の訳はどれか。

1　どうしてもこの寒いなか出歩きたいと言うのね
2　どうしてこんなに寒いなか出歩くのか
3　なんとかしてこの寒いなか出歩こう
4　決してこんなに寒いなか出歩いてはならない

問十　——⑩の意味はどれか。

1　非凡で高貴なこと
2　不思議で素敵なこと
3　無駄でばかばかしいこと
4　未熟でいやしいこと

四　次の文章を読み、後の問に答えよ。

古いカレンダーをはずして、新しいものに掛け替える。

感慨といえるほどご大層なものではないが、やはりご不浄のタオルを取り替えるのとはわけが違う。多少しんみりした手つきになって、古いカレンダーをすぐに紙くず籠に叩き込むには忍びなく、めくって眺めたりしている。

私は日めくりではなく、ひと月ごとのかなり大判のカレンダーを使っている。日付けの下が四角いメモになっていて、その日の予定を書き込める形式である。端がめくり上り、赤鉛筆やボールペンの

問五 ――⑤のようにいうのはなぜか。
1 自分の名声を確立できるから
2 相当な報酬が期待できるから
3 公的な責任を負っていないから
4 絵にこだわる必要がないから

問六 ――⑥とはどのようなものか。
1 歴史や伝統にとらわれず、あまねく愛好されることを願う心
2 身分の高さに左右されず、多くの人々の家屋を飾ることを望む心
3 経済力よりも生活力を基盤として、末永く受け継がれることを求める心
4 表現の豊かさや技巧ではなく、素朴さや率直さが評価されることを信じる心

問七 ――⑦とはどのようなものか。
1 時空を超越して、定家の創造性にあやかること
2 平安の精神を受け継ぎ、雅趣の境地に至ること
3 無名の土地で貴族の侘《わび》しい暮らしを再現すること
4 名所の美に触れて歌人としての技量を上げること

問八 [⑧]に入ることばを本文中から抜き出せ。

問九 ===a～eの漢字は読みをひらがなで記し、カタカナは漢字に直せ。

三

次の文章を読み、後の問に答えよ。

かくて、この子、三つになる年の夏ごろより、親の乳飲まず。母怪しがりて、「①など吾子《あこ》はこのごろ乳は飲まぬ」といへば、親、「なほ飲め。苦しうもあらず。異物《こともの》は食はず、乳を飲まずは、いかがせむ」といへば、「いな、今はな飲ませたまひそ」とて、飲まずなりぬ。

かかるほどに、この子は、すくすくと引き伸ぶるもののやうに大きになりぬ。生ひ出づるままに、いとになくうつくしげなり。いささか見聞きつること、さらに忘れず、心の聡《さと》くかしこきこと限りなし。かくいときなきほどに、親の苦しかるべきことはせず、親は②かなしきものなり、と思ひ知りたり。

かかるほどに、この子五つになる年、秋つ方、嫗《おうな》死ぬ。この親子、いささかもの食ふこともなくなりぬ。日を経てつれづれとあり。この子、出で入り遊び歩きて見るに、母のもの食はであるを見て、いみじう悲しと見て、いかで、③これを養はむ、と思ふ心つきて思へど、さる幼きほどなれば、なでふわざをもえせず。つとめて、近き河原に出でて遊び歩けば、釣りする者、魚を釣る。「何にせむとするぞ」といふに、「親のわづらひてものも食はねば、たばむとするぞ」といふに、さは、親にはこれを食はするぞ、と知りて、針を構へて釣るに、いとをかしげなる子の、大いなる河面《かはづら》に出でてすれば、かくらうたげなる子を、かく出だし歩かする、たれならむ、と思ひて、「何せむに、かくはするぞ」といへば、「④遊びにせむずる」といふ。らうたがりて、「われ、釣りてとらせむ」とて、⑤多く釣りてとらする人もあるを、持て来て、親に食はせなどし歩くを、「かく、なせそ。もの食はぬも苦しうもあらず」といへど、聞かず。容貌は、日々に光るやうになりゆく。見る人、抱きうつくしみて、「親はありや。いざ、わが子に」といへば、「いな、注おもとおはす」とてさらに聞かず。日の暖かなるほどは、かくし歩きて母に食はす。⑥夢ばかりにても、ただ子の食はするものにかかりてあり。

冬の寒くなるままには、さもえすまじければ、この子、わが親に、何をまゐらむ。いかにせむ、と思ひて、母にいふやう、「魚を取りに行きたれど、氷いと固くて魚もなし。おもと、いかがしたまはむずるぞ」といひて⑦泣くときに、親、「何か悲しき。な泣きそ。氷解けなむときに取れかし。われもの多く食ひつ」といへど、なほ明くれば、河原に行きて、人多く車などあるときは、そのほど過ぐして出でて見るに、氷鏡のごとく凍れり。そのかみ、この子いふ、「まことにわれ孝の子ならば、氷解けて魚出で来《こ》そ」とて泣くときに、[⑧]。取りて行きて母に

それは二尊院の東、落柿舎の北に当る一郭で、今は八重むぐらの繁る荒地になっている。そこからは美しい赤松の並ぶ小倉山の稜線がま近に望めた。「小倉山峯《みね》のもみぢ葉心あらば」、我にインスピレーションを与えたまえと祈ったが、けたたましい車の警笛に忽《たちま》ち⑦私の夢は破れた。

頼綱の別荘があった場所は、現在も中院町の名を残しており、もとは愛宕神社の中院が建っていたという。定家の邸跡から愛宕道をへだてて、四、五丁のところで、ひなびた民家の間に、厭離庵の草屋根が見えて来る。為家の墓もそのかたわらにあった。彼は岳父の邸を相続したのか、中院大納言と呼ばれたが、今は尼寺になっている。おそらく頼綱の山荘は、このあたり一帯を占めていたので、厭離庵はその一部であったに相違ない。今時珍しく、観光客を近づけない寺で、あらかじめお願いしておいたのに、門を叩いても応答がない。しばらく経って、年老いた庵主さんが出て来られた。お庭に面した縁側に腰をかけて、お茶を頂く。老尼はお耳が遠いらしく、何をうかがってもろくに返事もされない。その無愛想さがいっそ私には気持ちよかった。

暑い夏の盛りであったが、京都には珍しくかわいた日で、紅葉をわたるそよ風が快い。むろんこの寺は後から造ったものだから、鎌倉時代の面影をしのぶよすがもないが、紅葉と苔《こけ》だけの飾り気のない庭で、隅の方に紫と白の桔梗が咲き乱れているのが、幽艶な趣きをそえている。紅葉は丈が低いわりに古木らしく、太い幹が白くなって、ところどころ苔が生えているのもdフゼイがある。私はさわってみたいeショウドウにかられた。はだしになって、苔の上も歩きたい。若い時ならきっとそうしたに違いない。が、そこは「⑧」で、さわってみなくても、古木の肌ざわりはわかったし、裸足にならないでも、苔の触感をたしかめることは出来た。日は既に小倉山にかたむき、もみじの葉の一枚一枚が、斜光をあびて、不思議に生き生きとした輝きを増す。葉末の方は、既に紅葉しはじめたのか、爪紅《つまべに》のように染まっており、いく重にもかさなり合った青葉が、夕日を通して緻密な織物のように見えて来る。それはこの世のものとも思われぬ微妙な音楽をかなでるようであった。これこそ正に新古今の調べではないか。私はしばし未知の世界をさまよう思いに我を忘れた。自然は実に多くのことを教えてくれる。自然といっても、これは人工的に造られた庭で、だから「新古今集」の歌に似ているのだ。が、そんなことはいくらいってみた所ではじまるまい。私はこのささやかな体験を元に、百人一首について書いてみることにしよう。百人一首に関する本は無数に出ているので、私などに新しい発見がある筈《はず》もないが、自分の感触だけは見失いたくないと思っている。

（白洲正子『私の百人一首』）

問一　——①と同じ意味のことばをこれより前の本文中から抜き出せ。

問二　②には『病牀《びょうしょう》六尺』を著し、「柿食へば鐘が鳴るなり法隆寺」という句をのこした歌人／俳人の名が入る。この人物を次から選べ。

1　斎藤茂吉　2　与謝野晶子
3　正岡子規　4　種田山頭火

問三　——③とは何か。

1　視野がせまくなること　2　物忘れが増えてくること
3　みずみずしさを失うこと　4　好奇心が薄れていくこと

問四　——④とはどういうことか。

1　人々が求めているものの本質を知り、提示すべきものを選べるということ
2　次の時代を担うのが誰であるかを分析し、未来を予測できるということ
3　過去や歴史を懐古することで、普遍の美を見出す信念を持つということ
4　流行りの言説に惑わされず、真に価値のあるものを見抜けるということ

いえば、後鳥羽上皇の歌の方が好きだし、人柄にも魅力がある。が、批評家としてははるかに定家が上であり、人間的にも大人であったと思う。あれ程多くの歌をよんだ人が、老年になって沈黙してしまうのは、創作欲を失ったためではあるまい。定家が理想とした妖《よう》艶《えん》・有心《うしん》の歌論は、王朝文化のいわば最期のかがやきであり、和歌が行きついた果ての幻の花だったが、持囃《もてはや》されればされる程、誤解をうけやすいこの詞《ことば》は、思わぬかたへ流れて行き、彼は絶望の極みに達したであろう。いつの時代にも、④ものが見えるというのは辛いことで、定家の真意が理解されるには、その後長い年月がかかった。定家の精神を復活させたのは、桃山時代の光悦と宗達ではないかと私は思っている。

百人一首の選者については、古来さまざまの説がある。が、定家が嵯峨の山荘において、宇都宮頼綱のために、みずから書いて贈ったというのが、今日の定説になっている。宇都宮氏は、定家の息《そく》為家の妻の父で、嵯峨中院の別業《べつぎょう》に余生を送っている裕福な関東の豪族であった。嘉禎元年(一二三五)の春、そこで歌会が催された折、定家にそのことを依頼したという。

　嵯峨の山荘の障子に、上古以来の歌仙百人のにせ絵を書て、各一首の歌を書そへられたる、更に此《この》うるはしき体のほか別の体なし。

と、「井蛙抄」にも記されているように、昔から有名なものであったらしい。世に「小倉色紙」と呼ばれて、珍重されているのがそれであるが、定家の真筆とは信じにくい。もっとも私が見たのは、三、四枚にすぎぬから、読者は素人の言など信用されなくともよい。たとえ後世の模《うつ》しであろうとも、贋物《にせもの》を作る意図はなく、定家を愛し、尊敬した人々が、模写をして世に伝えたのであろう。桃山時代の作が多いように見えるのも、光悦の色紙の影響によるのではあるまいか。

嘉禎元年といえば、定家が八十歳で亡くなる六年前のことで、完成するにはなお若干の年月はついやしたと思う。勅撰集《ちょくせんしゅう》とはちがって、親類の邸《やしき》の障子を飾るのであってみれば、⑤楽しみながら選んだと想像される。「新古今集」に、定家は不満を抱いていたから、後鳥羽上皇に対抗して、百人一首を造ったという説もあるが、百人一首の歌からはそういうものは感じとれない。私の場合とはｂヒカクにならないが、定家にとっても「六十の手習」といったような、のびのびした気分を味わったのではなかろうか。

順序や作者に多少の出入りはあったと聞くが、百人一首のかるたの元はこの「小倉色紙」にあり、何かと批判されながら今まで生き存《ながら》えたのは、大衆に強く訴える力を持っていたからである。もしかすると、定家は、同時代の公卿より武家の生活力を信じ、ひいては庶民の中に歌の心を伝えることを願ったかも知れない。宇都宮氏の娘を嫁にえらび、老骨に鞭《むち》打って百人一首を書いたこと、また相伝の「万葉集」その他を、源実朝に贈ったことなども、単なる政略や処世術ではなく、そういう気持ちの現れではなかったか。⑥定家の和歌に対する愛情と執着は、私どもが想像するよりはるかに深く、強いものであったように思われる。

はじめにもいったように、私は百人一首についても、定家についても、浅薄な知識しかない。勿論《もちろん》、百人一首の歌は全部暗記しているけれども、そんなことは何の足しにもならない。思いあぐんで、ある一日、嵯峨野のあたりを歩いてみた。天竜寺の境内から、野の宮を経て常寂光寺、二尊院へつづく裏道があり、私はそこを散歩するのが好きだった。もう三、四十年も前のことである。小倉山の麓《ふもと》には、定家の「時雨《しぐれ》の亭《ちん》」の跡がいくつもあって、私を迷わせたが、いずれもｃ好事家がつくったものであることを後に知った。観光が盛んになってからは、御無沙汰していたが、この度は京都博物館の竹村俊則氏に案内して頂いた。竹村氏は『新撰京都名所図会』の著者で、京都の地理にくわしいことでは右に出るものがない。はたして氏は、定家の山荘跡と推定される場所を知っておられた。

二 次の文章を読み、後の問に答えよ。

昔、私の友人が、こういうことをいったのを覚えている。

――六十の手習とは、六十歳に達して、新しくものをはじめることではない。若い時から手がけて来たことを、老年になって、最初からやり直すことをいうのだと。

まだ若かった私は、そんなものかと聞き流していたが、この頃になってしきりに憶《おも》い出される。幼い時から親しんだ百人一首について、改めて考える気になったのもその為だが、さて机に向ってみると、まったく無知であることに驚く。かるたをとるということと、百人一首を鑑賞することは、ぜんぜん別の行為なのだ。一々歌の意味や心を味わっていて、かるたがとれる道理はない。そんなことはわかり切っているが、わかり切ったことに案外人は気がつかないものである。私は戸棚の中にしまってあった古いかるたをとり出して、珍しいものでも眺めるように、一枚一枚めくってみた。

このかるたは数年前、京都の骨董屋でみつけたもので、箱に「浄行院様御遺物」と記してあり、公卿《くぎょう》の家に伝わったものらしい。くわしいことは忘れたが、元禄年間の作で、当時の公卿は生計のために、かるたを作ることを内職にしたという。これもそういうものの一つだったに違いない。読札には奈良絵のような素朴な絵と、上の句が書いてあり、取札は浅黄地に金で霞《かすみ》をひいた上に、下の句を書き、裏には金箔が押してある。カルタという名が示すとおり、元亀・天正の頃、外国から渡来したカードの形の中に、平安時代以来の歌仙絵と仮名の美しさを活かすことが出来たのは、色紙の伝統によるといえるであろう。たとえ①身すぎのためとはいえ、これを造った人々が、どんなに祖先の生活をなつかしく憶い、新しい形式の上に再現することをたのしんだか、眺めているとわかるような気がする。子供の頃私が使っていたかるたも、これ程上手《じょうて》ではないが、同じ種類のものであった。やはり読札には絵が描いてあり、書はお家流《いえりゅう》風のたっぷりした肉筆で、だから字がよめない子供にも、形を見るだけでわかったし、歌は文字からではなく、音で覚えた。というより、歌と書は不可分のものであり、それに絵が加わって、百人一首という一つの世界をかたちづくっていた。昔の子供達はそういう風にして、遊びの中から自然に歌を覚え、文字を知って行った。その後、標準がるたという印刷の百人一首が普及し、私は次第に興味を失った。きれいなお姫様の姿は消え、個性のない活字が、ただ芸もなく並んでいたからである。近頃はお正月になると、時々テレビでかるた会の情景を放送するが、そこにはかつての遊びはなく、殺伐たる勝負の道場と化している。もはや素人はよりつけないし、よせつけもしない。

私が百人一首から遠ざかったのには、もう一つ理由がある。これは私だけではなく、現代人の通弊だが、古今・新古今の歌はつまらないという観念があったからだ。それは活版刷のかるたとも、どこかでつながっている近代思想で、［　②　］に教えられなくても、私達は「万葉集」の方がいいと思ったであろう。万葉の歌が美しいのは、今さらいうまでもないことで、私自身の経験でも、若い時は「万葉集」に心をひかれ、京都より大和の風物の方に身近なものを感じた。が、だんだん年をとるにつれ、平安朝の文化の奥の深さ、京都の自然のこまやかさに魅力をおぼえるようになった。人間の一生というものは短くてはかないが、一国の文化が成熟し、老いて行く姿と、似ているような気がしてならない。だからこそ歴史が生まれたのであり、いつまでも若い時代にとどまっていては、発展も円熟もなかったであろう。悲しいことだが天は二物を与えずで、③人間の宿命には素直にしたがうのが賢明なようである。

そのことを一番痛切に感じていたのは、定家ではなかったか。政権が朝廷から武家へ移って行く時代に生きた彼は、祖先の築いた文化が、音を立てて崩れて行く様を目前に見ていた。後鳥羽上皇との間が不和になったのも、歌論の相違だけではなく、武家政権に対する上皇の抵抗がａムボウな行為とうつったに違いない。そうでなくても、はでで気まぐれな上皇の振る舞いを苦々しく思ったことは、「明月記」にくり返し述べていることでも察しがつく。私の好みをつとして生きるということですが、生きものとしての人間に与えられた知性や手の器用さを生かした人工を否定するものではありません。（ウ）その能力はフルに生かすことが必要です。自然の外に出てしまわずに、中にありながら人間らしさを生かす点で、日本の文化はすばらしいものを持っているのです。

（中村桂子『科学者が人間であること』）

問一 ①に入るのはどれか。

1 理念　2 人工　3 創造　4 主体

問二 ――②はどのような状況を表しているか。

1 人間に特有の道具がある状況
2 日本の風土に最適である状況
3 場を構成する美学がある状況
4 筆者にとって価値のある状況

問三 ③に入る二字の語を考えて記せ。

問四 ――④とはどういうことか。

1 自然を役に立たないものとして捉えること
2 自然を人間と切り離して捉えること
3 自然を歴史に照らし合わせて捉えること
4 自然を心的なものとして捉えること

問五 ――⑤というのはなぜか。

1 自然とは健全な人間性を育むものだから
2 自然とは生きるために不可欠なものだから
3 自然とは個人が独自に見出すものだから
4 自然とは哲学者が論理的に語るものだから

問六 ⑥に入るのはどれか。

1 理想と現実との隔たりが伝統的に蓄積され再構築されたもの
2 そこに暮らす人の精神構造に刻まれて具現化しているもの
3 社会的に重要な「環境問題」について考えさせるもの
4 その文化の希少性を後世に語り継ごうとするもの

問七 ――⑦というのはなぜか。

1 暮らしに合わせて自然を作り変えながら、自然と融合する生活様式を好んできたから。
2 自然を利用した営みによって、天然の状態の自然と人工との違いに改めて気づかされるから。
3 素朴で飾り気のない、自然に配慮したかつての生活へのあこがれを捨て切ることができないから。
4 近代化によって自然が減少したため、手入れをされた自然が天然の自然になり替わってしまったから。

問八 本文の内容として適切なものを二つ選べ。

1 ベルクは和辻が間接的にハイデガーの影響を受けていると分析している。
2 ユクスキュルによるとダニは自らの行動原理を徹底して守ることができる。
3 「機械論的世界観」では生物それぞれに特異な場の認識があるとしている。
4 平安時代に小野小町によって詠まれた名歌に登場する花は梅を指している。
5 ダニとアリと人間とでは「環境」は変わらないが「環世界」は異なっている。
6 「風土」という考え方への無理解が環境問題に対する関心の薄さを招いている。

問九 （ア）～（ウ）に入るものをそれぞれ選べ。同じ番号は一度しか使えない。

1 それどころか
2 ただ
3 ところで
4 たとえば
5 にもかかわらず
6 つまり

問十 ===a～cのカタカナを漢字に直せ。

「私がここに生きている」ということそのことにほかならない、こう私はいいたいのである。……自然の様々な立ち現れ、それが従来の言葉で「私の心」といわれるものにほかならないのだから、⑤その意味で私と自然とは一心同体なのである」という言葉に通じるものと言えるでしょう。

　自然環境と平たく言ってしまうと、自然は抽象化されてしまいます。個々の人間の、自然とのつき合い方が具体的に見えてきません。その結果、人間は自然から離れ中空に浮いたような存在になり、そこからの目線で、自然への対処も「環境問題」へと抽象化されるのです。そして、「エコな暮らしをしましょう」などという面白味のない、スローガンばかりになってしまいます。環境との関わりは本来「問題」として捉えるものではないでしょう。もっと主体的に感じるものであり、それを表現したものであるはずです。それが「風土」です。

　風土は、たとえば、その土地の特有な寒さに耐えるために独特の様式の家を建てる慣習というように、［　⑥　］です。そのような慣習はかつて、歴史的視点からは考察されても自然との関わりという観点からは考えられてきませんでした。それに気づいた和辻が独自の考察をした結果生まれたのが『風土』なのです。

　生命誌では、あらゆる生物にとっての「環世界」と人間にとっての「風土」を意識していきたいと思います。そして抽象的な「環境」ではなく、具体的な「風土」を考える時、たとえば日本とアメリカ、東京と大阪、私の住む町と隣町の違いといった、個別具体性が意味を持ってきます。そうした考えに基づいて、日本人が生きる「風土」を「略画的世界観」とした時に、そこにどんな「重ね描き」を生みだしていくことができるかを考えていこうと思います(念のため、ここで言う「日本人」は、日本列島の自然の中に生きてきた人として捉えています)。

　日本人の自然との関わり方についてはたくさんの研究があり短くまとめるのは難しいことですが、思いきって一言で表わすなら「自然の中にある」という意識が強いのではないかと思います。ここでの「自然の中にある」は、手をつけない天然の状態だけをさすのではないところが重要です。都市化が進み、人工の世界になりすぎてしまったことを嘆き、自然のすばらしさを語る時、頭に思い浮かべているのは、原始林ではなく、手入れをされた里山に囲まれた美しい田園風景です。なかでも人気のあるのが棚田なのは象徴的です。急斜面の小さな土地をそのままに生かし、しかし徹底的に手を入れて生産の場にしながら、それは私たち日本人には⑦生のままの自然以上に自然を感じさせるのです。一方、福島第一原子力発電所の建設にあたっては、効率を求めて崖をbケズり海の近くに施設をつくったことで、津波の被害をうけるという最悪の事態につながったわけです。もっとも、棚田での米づくり作業の大変さを見ると、何とかしたいという気持ちにもなりますので、この悩みの中から新しい社会のありようを探るのが日本人の生き方なのだと思います。

　花を愛でる気持ちも古くから私たちの中にあり、日本の文化として続いています。(ア)この「花」もまったくの天然自然ではなく、徹底的に手を入れられたものです。桜がそのcテンケイでしょう。古くは花と言えば梅であったものが桜に変わり、今ではお花見と言えばまず思い浮かべるのは桜です。それも染井吉野《そめいよしの》、どこへ行っても薄いピンクの花が一斉に開く、桜並木や公園があります。そこで「花の色はうつりにけりないたづらに我身《わがみ》世にふるながめせしまに」という有名な小野小町の歌にも今身近にある桜を思い浮かべてしまいますが、染井吉野は幕末に江戸で作られた品種であり、平安時代にはありませんでした。当時の桜は山桜ですから花の色は白、咲き方も花と葉が一緒に出るので、花が先に咲く染井吉野とは違います。花と言い、桜を思うという点では連続した文化を持ちながら、そこへ完全な人工を持ちこむ――染井吉野はすべてクローンです――のは、自然の中にあるという原則を持ちながら人工を生かす日本人のみごとな生き方ではないでしょうか。

(イ)「自然の中にある」というのは、多種多様な生きものの一

二〇二三年度 青山学院高等部

【国語】（五〇分）〈満点：一〇〇点〉

◎選択肢のある設問は、最も適当なものを選んでその番号を記すこと。
◎字数指定のある設問は、句読点や記号も一字とする。

一 次の文章を読み、後の問に答えよ。

人間の文化と自然との関わりを思う時、思い出すものの一つに和辻哲郎の『風土』があります。『風土』については、フランスの地理学者オギュスタン・ベルクが興味深い分析をしています。ベルクは、和辻が風土性は「人間存在の構造契機」として意味があるのであり、「自然環境がいかに人間生活を規定するかということが問題なのではない。……風土的形象が絶えず問題とせられているとしても、それは［①］的な人間存在の表現としてであって、いわゆる自然環境としてではない」と書いていることに注目しています。

ベルクはさらに、和辻のこの考え方は、ヤーコプ・フォン・ユクスキュルの「環《かん》世界」という考え方とつながっていることを指摘しています。ユクスキュルは、人間やその他の生物を取り巻くものとして一般的に捉えられる「環境」に対して、生きものの種それぞれに特有の、その生きものにとってのみ意味のある「環世界」という概念を出しました。

たとえば、今この部屋にある机、椅子、本棚、そこに並んでいる本……それらすべては私にとっては大切なものです。和辻哲郎の『風土』とユクスキュルの『生物から見た世界』を今本棚から取り出して机の上に置きました。②椅子はかけやすいお気に入りです。ここにアリがやってきました。実は我が家にはいつもどこかに虫がおり、今も本の脇をアリが歩いています。しかしアリにとっては、『風土』も『生物から見た世界』も歩くのに邪魔なもの以外の何物でもありません。恐らくアリがここで関心を持つのは、一息入れる時のために机の隅に置いてあるケーキだけでしょう。言いかえれば、この部屋は、アリにとっては「ケーキのある場所」なのです。

ユクスキュルの本には、ダニの例があり印象的です。ダニは哺乳類の皮膚から出ている酪酸《らくさん》の匂いや動物の体温前後の温度などを感じた時のみ、そこへ移動し血を吸います。この行動原理は徹底していて、ある森の樹にいたダニは、なんと酪酸を感じることができるまで一八年間動かなかったというのです。人間の感覚では驚きますが、ダニにとっては当然のことなのでしょう。生きものそれぞれにこのような環世界があることを知らずに、人間の尺度だけで考えると問題が起きるというユクスキュルの指摘は、今、とても大きな意味を持ってきています。すべてを一つの尺度ではかり、分析しようとする機械論的世界観には、この発想はありません。

ベルクは、和辻の言う「風土」は、「人間にとっての環世界」であると教えてくれます。和辻は『風土』の中で、空間における風土性をハイデガーの言う［③］における歴史性に対応して考えたと言っています。aショウサイは省きますが、ハイデガーはユクスキュルの影響を受けているので、和辻は間接的にユクスキュルの影響を受けたことになるというのがベルクの分析です。いずれにしても大切なことは、今自然とのつき合い方を考えるには、まず、生きものそれぞれに環世界があるという意識を持ったうえで、人間の環世界としての風土を考えるという立ち位置を持つことだという指摘であり、それはその通りです。

「風土」という考え方に意味を見出すのは、それが④無用な抽象化をこばみ、それぞれの人が具体的に触れている自然を考えようとしているからです。ベルクが「風土」を説明して、「それは主体的な人間の表現としてであって、いわゆる自然環境としてではない」と言っているのはまさにそのことです。つまり「風土」という言葉で語られる自然は、主体＝それぞれの人間が、具体的に感じとる「自然」なのです。これはまさしく、「心ある自然、心的な自然が様々に（感情的、過去的、未来的、意志的、等々）立ち現れる、それが

2023年度／青山学院高等部

英語解答

Ⅰ Listening 1　1…B　2…C　3…B
Listening 2　4…A　5…D　6…A
Listening 3　7…A　8…C　9…D

Ⅱ (1) oldest　(2) glass　(3) 1253
(4) river　(5) Mondays
(6) 2.50

Ⅲ 1　C　2　D　3　A　4　C
5　B

Ⅳ 1　3番目…found　6番目…Mary
2　3番目…dog　6番目…run
3　3番目…the　6番目…name
4　3番目…too　6番目…to
5　3番目…what　6番目…movies

Ⅴ 1　B　2　B　3　D　4　D
5　C　6　B　7　D　8　C
9　C，E

Ⅵ 1　A　2　our planet, the world
3　D　4　C　5　C　6　C
7　B　8　D　9　A　10　A

Ⅰ・**Ⅱ**〔放送問題〕解説省略

Ⅲ〔長文読解―適語(句)選択―エッセー〕

≪全訳≫❶あなたがすごく寒い中で山に登っていると想像しよう。体を暖かく保つために，あなたは何をするだろうか。あなたは「厚い毛布にくるまろう」とか，「たくさん服を着よう」と考えるかもしれないが，私は別のことを勧めたい。おいしい温かいスープをつくってはどうだろうか。もしかするとそれは簡単に聞こえないかもしれないが，実際はあなたが思うほど難しくない。始めるためのヒントをいくつか紹介しよう。❷専用の鍋を手に入れるのが最初のステップだ。山の上など標高の高い場所で使えるものが必要だ。そして，山に登ったとき，切った野菜と粉末のスープを水に入れ，蓋をする。お湯がわく間に野菜は柔らかくなり，おいしいだしが出る。まもなくあなたは，シンプルだがおいしくてほかほかのスープを飲んでいることだろう。❸忘れちゃいけないのは，山の高くに登るほど水は低い温度で沸騰するということだ。これはつまり，スープを長い時間煮る必要があるということだ。300メートル登るごとに調理時間を約1分加えよう。❹この情報と適切な鍋があれば，あなたはどこででも料理ができる。それはスープだけではない！　次にスキーに行くとき，すてきなパスタやライスをつくって，あなたの友達や家族を驚かせてみてはどうだろう。自分でつくる冒険的な料理であなたが楽しめますように！

＜解説＞1．前にbutがあるので，it doesn't sound easyと‘逆接’の関係になる内容が入る。‘not as ～ as …’「…ほど～ない」　‘sound＋形容詞’「～のように聞こえる〔思える〕」　2．空所の前のthatはone(＝a pot)を先行詞とする主格の関係代名詞。「ポット」は「使われる」という受け身の関係だが，先行詞が単数形なのでBのare usedは不可。助動詞を含む受け身の‘助動詞＋be＋過去分詞’の形であるDが適切。　3．「カットされた野菜」となればよい。「～された」という受け身の意味を表すのは過去分詞。andで並列されているpowdered soup「粉にされたスープ」も同じ‘過去分詞＋名詞’の形になっておりヒントになる。　cut－cut－cut　4．低い温度で沸騰するということは，沸騰はしていても十分に温まっていないということ。よって，しっかり高温になるまで，より長い時間調理することが必要になる。　5．How about ～ing？で「～するのはどうですか」と‘提案・勧誘’を表せる。動詞surpriseは「(人など)を驚かす」という意味。

Ⅳ〔整序結合〕

1．続く対話の流れより，まず「あなたたちはノートを見つけましたか」という現在完了の疑問文をつくる。残りはMary lostとまとめ，the notebookを修飾する語句としてその後ろに置く(目的格の関係代名詞が省略された‘名詞＋主語＋動詞...’の形)。 Have you found the notebook Mary lost last week？ 「Ａ：先週メアリーがなくしたノートは見つかりましたか？／Ｂ：いいえ，私たちはまだそれを探しています。／Ａ：私が探すのを手伝いましょう」

2．主語はa huge dog，動詞はstarted。start to ～「～し始める」の形でstarted to runとまとめ，最後に残ったafterを置く。run after ～で「～を追いかける」という意味。 A huge dog started to run after some children ... 「公園で大きなイヌが子どもたちを追いかけ始めたので，彼らは家に走って帰った」

3．a friendを先行詞とする関係代名詞節をつくる。主格の関係代名詞のwhoに続けて動詞にhasを置き，目的語以下を‘the same ～ as …’「…と同じ～」の形でthe same family name as the person ...とまとめる。 I have a friend who has the same family name as the person next door. ... 「私には，隣人と同じ姓の友人がいる。だから，はがきの彼の住所にはとても気をつけなくてはならなかった」

4．There are ～「～がある」の構文で，‘～’の部分を‘too ～ to …’「…するには～すぎる，～すぎて…できない」の形にまとめればよい。 There are too many places to visit in one day in that city. ... 「その市には訪れるべき場所が多すぎて１日では回れない。もしそこに行くなら，１週間滞在すべきだ」

5．I have always beenの後に「知りたがる」という意味を表す形容詞curiousを置く。curious aboutで「～について知りたがる」。残りの語から‘make＋目的語＋形容詞’「～を…(の状態)にする」の形を用いることを考え，先行詞を含む関係代名詞whatを主語として，what makes his movies interestingと組み立て，aboutの目的語とする。 ... I have always been curious about what makes his movies interesting. 「私は映画監督ルイス・ジョンソンについてのすばらしいドキュメンタリーを見た。私はずっと，何が彼の映画をおもしろくしているのかについて知りたいと思っていた」

Ⅴ〔長文読解総合―説明文〕

≪全訳≫❶フィンランドのオウル市は「北フィンランドの首都」と呼ばれることがある。オウルの人口は約21万人だ。これは，北フィンランドで最も人口が多く，フィンランド全体で５番目に人口が多い都市だということを意味する。しかし，残りの４つの都市はフィンランドの南部にある。つまり，オウルは他のフィンランドの都市とは少し違う可能性があるということだ。❷大きな違いの１つは気候である。オウルの気候は「亜寒帯」である。これは，冬は寒くて雪が多く，夏は非常に短いということを意味する。冬の間，毎日，日光は３時間半ほどしかささない。オウルの平均気温はたった3.3℃である。オウルの今までの最高気温は1957年の33.3℃である。その数年後，1966年に，オウルは－41.5℃という史上最低気温を記録した。❸オウルは北欧で最も急速に成長している都市の１つである。多くの若者がオウルの有名な２つの大学に勉強に来る。その１つ，オウル大学は特に科学技術で有名である。実際，世界の他の国々がまだ５Ｇに慣れているところであるのに対し，オウル大学の研究者たちはすでに６Ｇに取り組んでいる。企業は高いレベルの技術力と知識を持った若者を探しにオウルにやってくる。❹一方で，オウルに楽しみのために来る人も多い。音楽は大きな魅力の１つである。夏にオウルではメタル・キャピタル・フェスティバル，キューストック・ロックミュージック・フェスティバル，エアギター世界選手権などいくつかの音楽イベントが開かれる。エアギターはダンスパフォーマンスの一種だ。人々はステージ上でギターを演奏しているふりをする。これらのイベントは全て，世界中からファンとパフォーマーを引きつけている。エアギター世界選手権で最近優勝したのは，日本人女性の名倉七海だ。❺自然を体験するためにオウルに来る観光客もいる。最も人気のある自然のアトラクションの１つが北極光(「オーロラ・ボレアリス」あるいは単に「オーロラ」とも呼ばれる)である。それはオウルでは一般に９月の初めから４月中旬にかけて見ることができる。多くの観光客は，冬がオーロラを見るために最適な時季だと思っているが，実は，研究者たちは彼らが秋に来ることを勧めている，というのも秋の方が曇りの日が少ないからだ。オウル旅行のウェブサイトではオウル周辺のいくつかの異なる地域を勧めている。これらの地域では，オーロラの光が水面に美しく反射する。オウルから４時間のツアーの料金は120ユーロだ。❻「北フィンランドの首都」と呼ばれることに加えて，オウルは「３つの水の都市」としても知られている。これはオウルが沿岸都市だからというだけではなく，有名な湖や川があるからだ。地元民と観光客はこれらを一年中楽しむ，冬でさえもだ！　冬はアイススイミングが人気のあるアクティビティで，これは健康にとても良いと言われている。実際，オウル大学のある教授は，アイススイミングはオウルの人々をフィンランドで最も幸せにしている要素の１つだと考えている。アイススイミング講座の料金は40ユーロからだ。❼あちこち回るのに最も人気のある手段は自動車ではなく自転車だ。オウルは大規模な自転車網で有名である。市内には600キロメートルを超える自転車専用道路があり，市のクリーンエア目標に達するために毎年約15キロずつ伸びている。オウルに到着したら，主要な鉄道駅の近くにレンタサイクルの店がたくさんある。自転車は１日15ユーロ程度で借りられる。

１＜単語の意味＞前後の内容から，オウルは北フィンランドで「最も人口が多い都市」だと考えられる。この意味を説明するのはＢ．「多くの人々がそこに住んでいる」　populous「人口の多い」

２＜適語選択＞空所を含む文の前半と後半が，世界の他の国々とオウル大学の研究者たちとを対比してその違いを述べている。接続詞 while は「～である一方」という‘対照’の意味を表せる。instead of ～「～の代わりに」

３＜適語選択＞オウルに学問のために集まる人々について述べた第３段落に対して，第４段落では観光に来る人々について述べている。However はこのように，別の話題に移るときの導入として用いられることがある。

４＜適文選択＞この段落で話題となっているオーロラは，人々がオウルでできる自然体験の具体例である。

５＜指示語＞they なので前に出ている複数名詞の中で意味が通るものを探す。‘recommend (that) ＋主語＋動詞...’で「～が…することを勧める」。研究者が秋にオウルに来ることを勧める対象として，同じ文の Although節にある visitors が見つかる。

６＜単語の意味＞The City of Three Waters を構成する１要素であることと，残りの２つが lakes and rivers であることから，２．「海のそば」という意味だと推測できる。coastal「沿岸の」は coast「沿岸，海岸」の形容詞形。

７＜要旨把握＞英文は「オウルは環境に優しい都市である」という意味。市内の移動手段として自転車が推奨されていることを述べた第７段落の内容に合致する。

８＜要旨把握＞本文では，オウルという都市の概要と魅力が紹介されている。その目的として最も適切なのはＣ．「人々がオウルへの旅行の準備をするのを手伝うため」。

９＜内容真偽＞Ａ．「オウルはフィンランド南部で最も観光客を集める場所の１つである」…×　第１段落参照。オウルの所在地は北フィンランド。　Ｂ．「オウルでは夏でも１日数時間しか太陽の光がささない」…×　第２段落第３，４文参照。昼が短いのは冬。　Ｃ．「多くの若者がオウルで科学技術を学んでいる」…○　第３段落第２，３文の内容に一致する。　Ｄ．「研究者たちによると，オウルはだんだん寒くなっている」…×　このような記述はない。　E.「オウルには健康のために冬に泳ぐ人々もいる」…○　第6段落第3，4文の内容に一致する。　F.「エアギター世界選手権は，たいてい外国人が優勝する」…×　第4段落後半参照。外国人も多く参加するが，「たいてい優勝する」に該当する記述はない。　G.「オウルは，観光客のために主要駅の近くでレンタサイクルの店を始める計画を立てている」…×　第7段落最後から2文目参照。店はすでにある。

Ⅵ〔長文読解総合(英問英答形式)―説明文〕

≪全訳≫❶自然に関するドキュメンタリーや番組を見ると，この地球を私たちと共有している動物の種類の多さに驚かされる。実際，科学者たちが今までに世界で発見した動物の種類は約150万種で，これは，現在地球上に生息する動物の種の約半分にすぎないと考えられている。しかし，この膨大な数の中から，世界の肉食者の食卓に上るのは何種類だとあなたは思うだろうか。国連食糧農業機関(UNFAO)によれば，私たちが食べるものの75%は，わずか12種類の植物とたった5種類の動物からきており，それを知ると，あなたは驚くことだろう。では，どの動物が食べ物でどの動物が食べ物でないか，人はどうやって判断しているのだろうか。❷1つのよくある考えは「一番おいしいものを食べる」というものだ。あのおいしいおすし，あのジューシーなハンバーガー，あのおいしい焼き鳥の串を思い浮かべてみよう。ほとんどの人にとって，これらが地球上で最もおいしい肉でないとは信じ難い。しかし，地球上の全ての動物を食べてみた人はいないし，それは不可能だろう。世界には私たちが知らない，食用になる動物がたくさんいるはずだ。❸もう1つの考え方は慣れ，つまり，人は自分が一番よく知っている食べ物を食べるという考え方である。私たちは，親が食べるのを見ている食べ物は食べても大丈夫だと知っている。発酵した大豆(納豆)とともに育った人は，ずっとそれが大好きなことが多いが，大人になってから初めて食べると，未知の衝撃になりうる。しかし，これは，なぜ私たちがその食品を食べ続けているかに答えるものであって，なぜ人間がその食品を選んだのかへの答えではない。❹また，コスト(どれだけ安いか)，入手可能性(どれだけ見つけやすいか)，宗教(神から何を食べるように言われているか)，健康(どれだけ体に良いか)，そして世話のしやすさなども考慮する必要がある。❺これらのどの考え方が主な理由であるかを示すことは難しい。しかし，このように少ない種類を選ぶことが，現在の食料システムにおける多くの問題の原因になっているのかもしれない。もし人間がごく少数の種に集中すれば，鳥インフルエンザ(鶏，七面鳥)やBSE(牛海綿状脳症)(牛)のような病気が急速かつ簡単に広がり，大災害を引き起こす可能性がある。地球上で暮らす人々はますます増えており，全員が食料を必要としているため，私たちは食料を生産し，保護するための創造的な方法を見つける必要がある。❻たとえ人間が肉食を完全にやめて，地球上に15億人いるベジタリアンの仲間入りをしたとしても，単一栽培農業(1種類の植物だけを広大な面積で栽培すること)に伴う危険があるだろう。例えば，現在，パナマ病という病気が，私たちが大好きなバナナに大問題を引き起こしている，なぜなら，バナナのほとんどがキャベンディッシュという同じ種の植物だからだ。しかし，ほとんどの人間は肉食であるため，問題はたくさんある。❼最近，欧米諸国では，昆虫を世界のための新しい食料として利用することが注目を集めており，それはいろいろな意味で非常に良いアイデアである。しかし実際は，新しいアイデアでも何でもない。アフリカやアジアの約20億の人々は，ミールワームやコオロギなどの昆虫を食べることがある。昆虫は高タンパクで，飼育が簡単で，大して場所も取らない。また，ライフサイクルが早いので，生産が容易である。欧米ではEnto社やProtix社などが，牛や豚，鶏などの動物の飼料を生産するための昆虫農場をつくり始めている。次のステップは人間のための食料を生産することだ。❽しかし，新しい客に食用の昆虫を売るのは簡単ではない。多くの欧米人にとって，昆虫は食べるには見た目が悪い。国や企業は，この「気持ち悪い」問題を解決する方法を見つけなければならない。問題を解決する１つの手段として，ボディビルダー向けのプロテインドリンクやハンバーガー，スパゲティソースといった食事に使える粉末やミンチとして昆虫を売るという方法がある。❾ナマズ，アンコウ，アメリカナミガイ(二枚貝の一種)など，「醜い」がおいしい魚介類も同様のイメージの問題を抱えているが，これを解決しないと，人間が食べすぎているマグロやサケなどの種が失われる可能性がある。❿今こそ，どの食料を食べるか決定するための新しく重要な理由を加えるときかもしれない。私たちは将来世代の人間や動物，そして彼らが暮らす環境のために，食料システムの持続可能性を守らなければならないのだ。

１＜表題選択＞「この文章に最もふさわしいタイトルを選べ」―A.「夕食は何？」　本文のテーマは，第１段落最終文や最終段落第１文にあるように，「何を食べるかをどうやって決めるか」ということ。そのうえで，食料システムの持続可能性を守るために現在の食料を見直し，何を食べるべきかを新たに考え直す必要性について述べている。

２＜単語の関連知識＞「第１段落からEarthと同じ意味の語句を２つ書き出しなさい」 planet「惑星」

３＜要旨把握＞「どれだけの数の動物の種が地球上に存在していると考えられているか」―D.「300万」　第１段落第２文参照。　half of ～「～の半分」

４＜文脈把握＞「第１段落に『あなたは驚くことだろう』とあるが，それはなぜか」―C.「人間の食べ物は非常に少ない数の種からきている」　下線部直後のto不定詞に続く内容がsurprisedという‘感情の理由’を説明している。　a small number of ～「少数の～」

５＜文脈把握＞「なぜ第３段落で納豆が例に挙げられているのか」―C.「慣れが人々の食べ物の選択を助けることを示すため」　第３段落は第１段落で提起した「何を食べるかをどうやって決めるか」という問いに対し，familiarity「よく知っていること」の影響を述べた段落である。

６＜語句解釈＞「次のうち『入手可能性』の考え方の例として最も適切なのはどれか」―C.「ウサギはマルタではとてもありふれていて，人気の地元料理である」　第４段落第１文参照。availability「入手可能性」はhow easy they are to find「どれだけ見つけやすいか」と説明されている。

７＜要旨把握＞「私たちはどのようにして動物の感染症の大流行のリスクを減らすことができるか」―B.「食料とするために多くの種類を飼育する」　第５段落第３文参照。伝染病の拡大の原因は人間が食べ物とする動物を少ない種に絞ることなので，その逆の内容を選ぶ。動詞のfarmは「～を飼育〔栽培〕する」という意味。

８＜内容真偽＞「本文に関して，どの文が正しいか」　A.「世界には昆虫食者よりベジタリアンの方が多い」…×　このような記述はない。　B.「人が食料として動物を選ぶ主要な理由は味である」…×　第５段落第１文参照。主な理由を１つに決定することはできない。　C.「Protix社などの会社から食事用の昆虫を買うことができる」…×　第７段落終わりの２文参照。現時点ではまだ家畜の飼料用の段階である。　D.「アンコウのような種を食べることが，他の種を救うことにつながる」…○　第９段落の内容に一致する。

９＜要旨把握＞「どのような食事が昆虫のイメージ問題を回避できるか」―A.「昆虫プロテインパウダーを入れたミルクセーキ」　第８段落最終文参照。昆虫の姿が見えないよう粉末やミンチにする方法を紹介している。　mince「細かく刻んだ肉，ミンチ肉」

10＜主題＞「筆者がこの文章でやろうとしている主なことは何か」―A.「私たちが食品を選ぶ方法を新しくするように提案する」　第10段落参照。第１段落の「人は何を食べるかをどうやって決めるか」という問いに対し，既存の考え方とその問題点を述べた後，将来のための新たな理由，すなわち食料システムを持続可能なものにするという考え方を追加することを提案している。

2023年度／青山学院高等部

数学解答

1 (1) $\dfrac{23\sqrt{6}}{24}$　(2) 4

2 (1) 4個　(2) 40個　(3) 56個

3 (1) 7×17^2　(2) $(m,\ n)=(34,\ 51)$

4 (1) $\boldsymbol{l}$…$y=-3x$　$\boldsymbol{m}$…$y=2x+4$

(2) (4, 12)　(3) $\dfrac{3}{4}$

(4) $\dfrac{-6\pm2\sqrt{21}}{3}$

5 (1) A…3　B…2

(2) ①…$\dfrac{\sqrt{2}}{2}$　②…1　③…$2\sqrt{2}$

④…4　⑤…3　⑥…$2\sqrt{3}$

6 (1) 30°　(2) $3\sqrt{7}$ cm

(3) $2\sqrt{7}$ cm　(4) $\dfrac{24\sqrt{7}}{7}$ cm

7 (1) $3\sqrt{2}$ cm　(2) 6cm　(3) 5

(4) $9\pi+20\sqrt{2}$ cm^2

1〔独立小問集合題〕

(1)＜数の計算＞与式$=\dfrac{1}{2\sqrt{2}}\times\sqrt{2}-\dfrac{1}{2\sqrt{2}}\times\dfrac{1}{2\sqrt{3}}+\sqrt{3}\times\sqrt{2}-\sqrt{3}\times\dfrac{1}{2\sqrt{3}}=\dfrac{1}{2}-\dfrac{1}{4\sqrt{6}}+\sqrt{6}-\dfrac{1}{2}$
$=-\dfrac{1\times\sqrt{6}}{4\sqrt{6}\times\sqrt{6}}+\sqrt{6}=-\dfrac{\sqrt{6}}{24}+\dfrac{24\sqrt{6}}{24}=\dfrac{23\sqrt{6}}{24}$

(2)＜数の計算＞$4^2=(-4)^2=16$であり，これらの正の平方根は4だから，$\sqrt{4^2}=\sqrt{(-4)^2}=\sqrt{16}=4$となる。よって，1，2，3は正しく，4は誤りである。

2〔データの活用―場合の数―三角形の個数〕

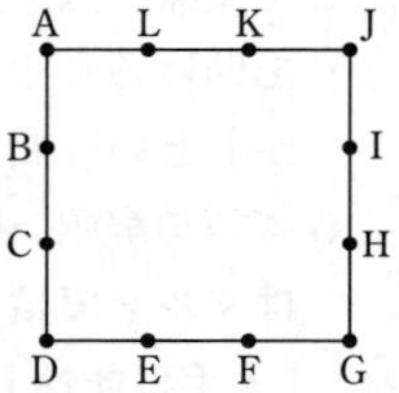

(1)＜場合の数＞右図で，点A，D，G，Jのうち3つを結んでできる三角形は，△ADG，△ADJ，△AGJ，△DGJの4個ある。

(2)＜場合の数＞右図で，2つ選ぶ正方形の頂点の組合せは(A，D)，(A，G)，(A，J)，(D，G)，(D，J)，(G，J)の6通りある。頂点の組合せが(A，D)の場合，残りの1つの点は，辺AD上にある点B，Cを除いた6点E，F，H，I，K，Lのうちの1つだから，6通りの選び方があり，三角形は6個できる。頂点の組合せが(A，J)，(D，G)，(G，J)の場合も，同様に三角形は6個できる。頂点の組合せが(A，G)の場合，残りの1つの点はB，C，E，F，H，I，K，Lの8通りなので，三角形は8個できる。頂点の組合せが(D，J)の場合も，同様に三角形は8個できる。よって，できる三角形の個数は$6\times4+8\times2=40$(個)となる。

(3)＜場合の数＞右上図で，4点A，D，G，Jを除く8つの点のどの3つを選んでも三角形ができる。8つの点から1つずつ順に3つ選ぶ場合，選び方は$8\times7\times6$通りある。この場合，例えば，3点B，C，Eを選んだとき，(B，C，E)，(B，E，C)，(C，B，E)，(C，E，B)，(E，B，C)，(E，C，B)の6通りを区別して数えているが，どのときも同じ△BCEができる。他の組合せのときも同じだから，できる三角形の個数は$(8\times7\times6)\div6=56$(個)である。

3〔数と式―数の性質〕

(1)＜数の性質＞$2023\div7=289$，$289=17^2$より，$2023=7\times17^2$である。

(2)＜連立方程式の応用＞$4m^2=n^2+2023$のとき，$4m^2-n^2=7\times17^2$，$(2m)^2-n^2=7\times17^2$，$(2m+n)\times(2m-n)=7\times17^2$となる。$m$，$n$は自然数だから，$2m+n$は自然数，$2m-n$は整数で，$2023>0$だから，$2m+n>2m-n>0$となる。これらの条件を満たす$(2m+n,\ 2m-n)$の組は，$(7\times17^2,\ 1)=(2023,\ 1)$，$(17^2,\ 7)=(289,\ 7)$，$(7\times17,\ 17)=(119,\ 17)$である。$2m+n=a$……①，$2m-n=b$……②であるとき，①＋②より，$4m=a+b$，$m=\dfrac{a+b}{4}$であり，$m$が最小になるのは，$a+b$が4の倍数で最小のときである。$(2m+n,\ 2m-n)=(2023,\ 1)$のとき　$a+b=2024$，$(2m+n,\ 2m-n)=$

(289, 7)のとき　$a+b=296$, $(2m+n,\ 2m-n)=(119,\ 17)$のとき　$a+b=136$で, $136=4\times34$である。よって, mが最小となるのは$(2m+n,\ 2m-n)=(119,\ 17)$のときであり, $m=\frac{119+17}{4}=34$となる。これを$2m-n=17$に代入して, $2\times34-n=17$より, $n=51$である。

4〔関数―関数$\boldsymbol{y=ax^2}$と一次関数のグラフ〕

(1)＜直線の式＞右図で, 直線lは原点Oを通るので, その式を$y=bx$とおくと, $B\left(-\frac{4}{5},\ \frac{12}{5}\right)$を通るから, $\frac{12}{5}=-\frac{4}{5}b$より, $b=-3$となる。よって, 直線lの式は$y=-3x$である。また, 直線mは2点A(0, 4), $B\left(-\frac{4}{5},\ \frac{12}{5}\right)$を通るので, 傾きは$\left(4-\frac{12}{5}\right)\div\left\{0-\left(-\frac{4}{5}\right)\right\}=2$であり, 切片は点Aの$y$座標より, 4だから, 直線$m$の式は$y=2x+4$である。

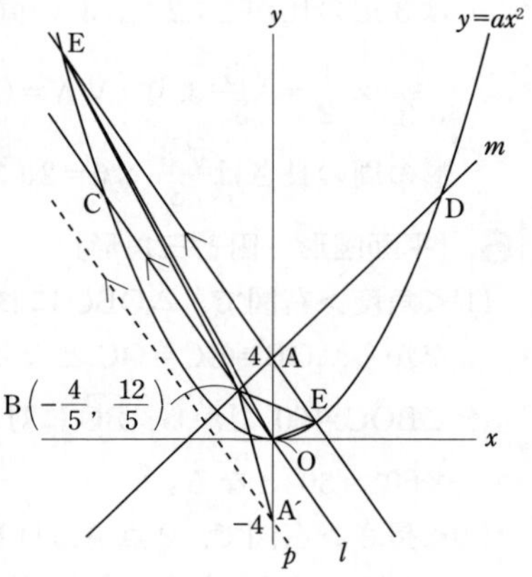

(2)＜座標＞右図で, 直線$y=2x+4$上の点Dのx座標をtとおくと, $D(t,\ 2t+4)$と表せる。点Cはy軸に関して点Dと対称だから, $C(-t,\ 2t+4)$と表せ, 直線$y=-3x$上の点だから, $2t+4=-3\times(-t)$より, $t=4$となる。よって, 点Dのx座標は4, y座標は$2\times4+4=12$だから, D(4, 12)である。

(3)＜比例定数＞放物線$y=ax^2$はD(4, 12)を通るので, $12=a\times4^2$より, $a=\frac{3}{4}$となる。

(4)＜x座標＞右上図で, △OAB＝△OBEのとき, △OABと△OBEの底辺を共有するOBと見ると高さが等しいので, 直線AEは直線lと平行になる。つまり, 点Eは点Aを通り直線lと平行な直線と放物線$y=\frac{3}{4}x^2$の交点となる。直線AEの傾きは直線lの傾きと等しく-3で, 切片は4だから, その式は$y=-3x+4$である。この式と放物線の式$y=\frac{3}{4}x^2$からyを消去すると, $\frac{3}{4}x^2=-3x+4$より, $3x^2+12x-16=0$, 解の公式を利用して, $x=\frac{-12\pm\sqrt{12^2-4\times3\times(-16)}}{2\times3}=\frac{-12\pm\sqrt{336}}{6}=\frac{-12\pm4\sqrt{21}}{6}=\frac{-6\pm2\sqrt{21}}{3}$となる。次に, y軸上にOA′＝OAとなる点A′を通り直線lに平行な直線p上に点Eをとったときも, △OBE＝△OA′B＝△OABとなるが, 直線pと放物線$y=\frac{3}{4}x^2$は交点をもたない。以上より, 求める点Eのx座標は$\frac{-6\pm2\sqrt{21}}{3}$である。

5〔平面図形―円と多角形〕

(1)＜長さの比＞円周率は, 円周の長さと直径の長さの比の値である。

(2)＜長さ＞右図1で, 直径が1の円に正方形が内接するとき, 正方形の対角線の長さは円の直径と等しいので, 1となる。よって, 直角二等辺三角形の辺の比より, 正方形の1辺の長さは$1\times\frac{1}{\sqrt{2}}=\frac{\sqrt{2}}{2}$である。また, 図1で, 直径が1の円に正方形が外接するとき, 正方形の1辺の長さは円の直径と等しいので, 1となる。よって, 円周の長さは$1\times\pi=\pi$, 内接する正方形の周の長さは$\frac{\sqrt{2}}{2}\times4=2\sqrt{2}$, 外接する正方形の周の長さは$1\times4=4$であり, 円周の長さは内接する正方形の周の長さより長く外接する正方形の周の長さより短いので, $2\sqrt{2}<\pi<4$が成り立つ。次に, 直径が1の円に内接する正六角形と外接する正六角形は, 次ページの図2となる。円の中心をO, 円に内接する正六角形をPQRSTUとすると, 図2のように, 正六角形

図1

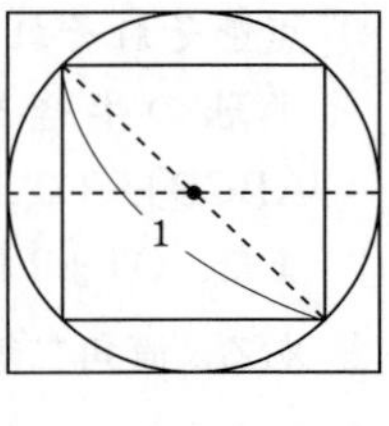

図2

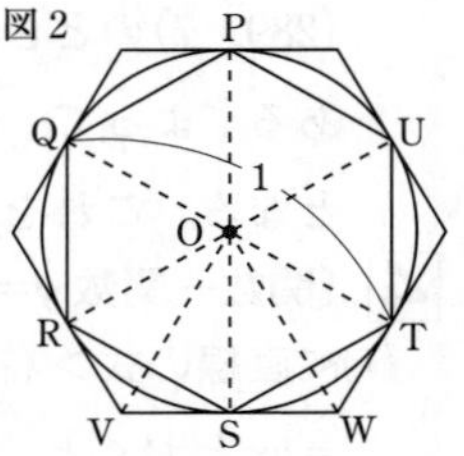

PQRSTUは合同な6つの正三角形に分けられ，その1辺の長さは1÷2=$\frac{1}{2}$である。これより，円に内接する正六角形の周の長さは$\frac{1}{2}\times6=3$である。また，円の中心Oと外接する正六角形の2頂点V，Wを結んでできる△OVWは正三角形である。辺VWと円との接点Sを結んでできる△OSWは3辺の比が1：2：$\sqrt{3}$の直角三角形で，OS=$\frac{1}{2}$だから，OW=$\frac{2}{\sqrt{3}}$OS=$\frac{2}{\sqrt{3}}\times\frac{1}{2}=\frac{\sqrt{3}}{3}$より，VW=OW=$\frac{\sqrt{3}}{3}$である。したがって，外接する正六角形の周の長さは$\frac{\sqrt{3}}{3}\times6=2\sqrt{3}$である。以上より，$3<\pi<2\sqrt{3}$が成り立つ。

6 〔平面図形―円と三角形〕

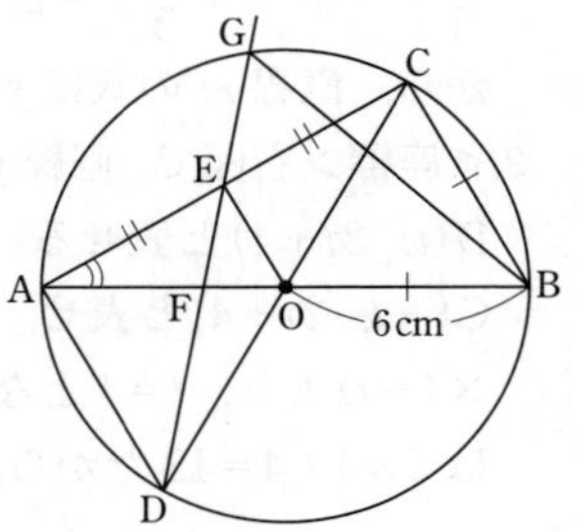

(1)<角度>右図で，△OBCにおいて，OB=BC，円の半径よりOB=OCだから，OB=BC=OCとなり，△OBCは正三角形である。よって，∠BOC=60°だから，$\overset{\frown}{\mathrm{BC}}$に対する円周角より，∠BAC=$\frac{1}{2}$∠BOC=$\frac{1}{2}\times60^\circ=30^\circ$となる。

(2)<長さ>右図で，2点A，Dを結ぶと，線分CDは円Oの直径だから，∠CAD=90°である。また，対頂角より，∠AOD=∠BOC=60°だから，△OADは正三角形であり，AD=6となる。次に，∠ODA=60°より，△CADは3辺の比が1：2：$\sqrt{3}$の直角三角形だから，AC=$\sqrt{3}$AD=$\sqrt{3}\times6=6\sqrt{3}$である。これより，AE=CE=$\frac{1}{2}$AC=$\frac{1}{2}\times6\sqrt{3}=3\sqrt{3}$となる。よって，△ADEで三平方の定理より，DE=$\sqrt{\mathrm{AD}^2+\mathrm{AE}^2}=\sqrt{6^2+(3\sqrt{3})^2}=\sqrt{63}=3\sqrt{7}$(cm)である。

(3)<長さ>右上図で，2点O，Eを結ぶ。△CADで2点E，Oはそれぞれ辺AC，DCの中点だから，中点連結定理より，EO∥AD，EO：AD=1：2となる。これより，△EOF∽△DAFとなり，EF：DF=EO：DA=1：2となる。よって，DF=$\frac{2}{1+2}$DE=$\frac{2}{3}\times3\sqrt{7}=2\sqrt{7}$(cm)である。

(4)<長さ>右上図で，△FBGと△FDAにおいて，∠BFG=∠DFA，$\overset{\frown}{\mathrm{DB}}$に対する円周角より，∠FGB=∠FADだから，2組の角がそれぞれ等しく，△FBG∽△FDAである。よって，BG：DA=BF：DFとなる。(3)より，OF：AF=1：2だから，AF=$\frac{2}{3}$AO=$\frac{2}{3}\times6=4$，BF=AB−AF=2×6−4=8である。したがって，BG：6=8：$2\sqrt{7}$となるから，BG×$2\sqrt{7}$=6×8，BG=$\frac{24}{\sqrt{7}}=\frac{24\sqrt{7}}{7}$(cm)となる。

7 〔空間図形―直方体，四角錐，半球〕

図1

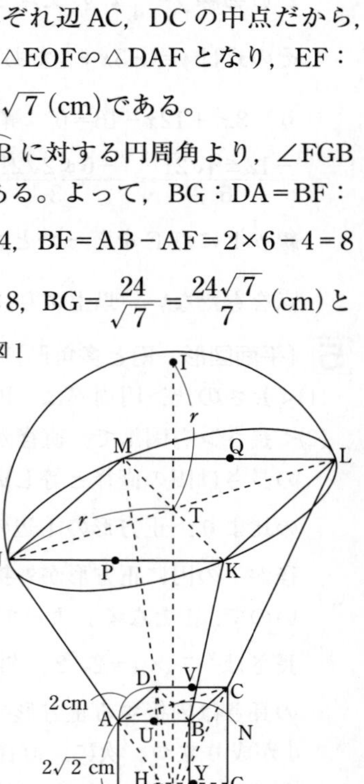

(1)<長さ>右図1で，正方形ABCDと正方形JKLMの対角線の交点をそれぞれN，Tとすると，3点O，N，Tは一直線上にある。半球の半径をrとすると，JT=TI=rである。OT⊥〔正方形ABCD〕，OT⊥〔正方形JKLM〕だから，△OAN∽△OJTとなる。また，OT+TI=OI=$9\sqrt{2}$より，OT+r=$9\sqrt{2}$，OT=$9\sqrt{2}-r$である。直角二等辺三角形ABNで，AN=$\frac{1}{\sqrt{2}}$AB=$\frac{1}{\sqrt{2}}\times2=\sqrt{2}$であり，△OAN∽△OJTより，AN：JT=ON：OTだから，$\sqrt{2}$：r=$2\sqrt{2}$：$(9\sqrt{2}-r)$より，$r\times2\sqrt{2}=\sqrt{2}\times(9\sqrt{2}-r)$，$2\sqrt{2}r=18-\sqrt{2}r$，$3\sqrt{2}r=18$，$r=\frac{6}{\sqrt{2}}$，$r=3\sqrt{2}$(cm)となる。

(2)<長さ>右図1で，(1)より，JT=$3\sqrt{2}$であり，△JKTは直角二

等辺三角形だから，JK$=\sqrt{2}$JT$=\sqrt{2}\times3\sqrt{2}=6$(cm)となる。

(3)＜切り口＞前ページの図1で，各辺AB，CD，EF，GHの中点をそれぞれU，V，W，Yとすると，3点P，Q，Oを通る平面は点I，U，V，W，Yも通るので，切り口は，右図2のような図形になる。

図2

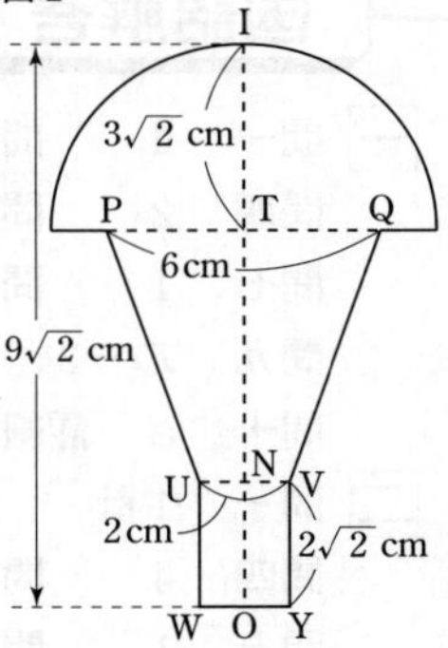

(4)＜面積＞右図2で，半円の面積は$\pi\times(3\sqrt{2})^2\times\frac{1}{2}=9\pi$である。また，NT$=9\sqrt{2}-3\sqrt{2}-2\sqrt{2}=4\sqrt{2}$だから，〔台形PUVQ〕$=\frac{1}{2}\times(6+2)\times4\sqrt{2}=16\sqrt{2}$である。さらに，〔長方形UWYV〕$=2\sqrt{2}\times2=4\sqrt{2}$だから，求める切り口の面積は$9\pi+16\sqrt{2}+4\sqrt{2}=9\pi+20\sqrt{2}$(cm^2)となる。

国語解答

一 問一 4　問二 4　問三 時間
問四 2　問五 3　問六 2
問七 1　問八 2，5
問九 ア…2　イ…6　ウ…1
問十 a 詳細　b 削　c 典型

二 問一 生計　問二 3　問三 3
問四 4　問五 3　問六 1
問七 1　問八 六十の手習
問九 a 無謀　b 比較
c こうずか　d 風情
e 衝動

三 問一 2　問二 3　問三 母
問四 1　問五 4　問六 4
問七 1　問八 4　問九 2
問十 2

四 問一 4　問二 3　問三 2
問四 1　問五 月日

一〔論説文の読解―自然科学的分野―自然〕出典；中村桂子『科学者が人間であること』「『重ね描き』の実践にむけて――日本人の自然観から」。

≪本文の概要≫和辻哲郎は，風土的形象が問題とされるのは，主体的な人間存在の表現としてであって，いわゆる自然環境としてではないと述べている。ベルクによれば，これはユクスキュルの「環世界」という考え方とつながっている。「環世界」とは，人間やその他の生物を取り巻くものとして一般的にとらえられる「環境」に対して，生き物の種それぞれに特有の，その生き物にとってのみ意味のあるものをいう。今，自然とのつき合い方を考えるには，生き物それぞれに環世界があるという意識を持ったうえで，人間の環世界としての風土を考えるという立ち位置を持つことが重要である。日本人には，「自然の中にある」という意識が強い。ここでの「自然の中にある」は，手をつけない天然の状態だけを指すのではなく，生き物としての人間に与えられた知性や手の器用さを生かした人工を否定するものではない。むしろ，その能力をフルに生かすことが必要である。自然の中にありながら人間らしさを生かす点で，日本の文化はすばらしいものを持っているのである。

問一＜文章内容＞和辻のいう「風土」について，ベルクは，「それは主体的な人間の表現としてであって，いわゆる自然環境としてではない」と説明している。つまり「『風土』という言葉で語られる自然」は，「主体＝それぞれの人間が，具体的に感じとる『自然』」なのである。

問二＜文章内容＞「今この部屋にある机，椅子，本棚，そこに並んでいる本」について，「私」は，「それらすべては私にとっては大切なもの」だと述べている。「私」は，「その生きものにとってのみ意味のある『環世界』」について，「椅子」を例にして説明しているのである。

問三＜文章内容＞和辻が「空間における風土性」に「対応して考えた」のは，ハイデガーのいう「時間における歴史性」である。

問四＜文章内容＞「自然環境と平たく言ってしまうと，自然は抽象化されて」しまい，「個々の人間の，自然とのつき合い方が具体的に見えて」こない。その結果，「人間は自然から離れ中空に浮いたような存在になり，そこからの目線で，自然への対処も『環境問題』へと抽象化される」ことになり，「面白味のない，スローガンばかりになって」しまう。

問五＜文章内容＞「『風土』という言葉で語られる自然は，主体＝それぞれの人間が，具体的に感じとる『自然』」である。そして，「自然の様々な立ち現れ」は，「従来の言葉で『私の心』といわれるもの」にほかならない。したがって，「私と自然とは一心同体」だといえる。

問六＜文章内容＞「環境との関わり」は，本来，客観的に「『問題』として捉えるもの」ではなく，「もっと主体的に感じるもの」であり，「それを表現したもの」が「風土」である。例えば，「その土地の特有な寒さに耐えるために独特の様式の家を建てる」のは，そこで暮らす個々の人間が主体的に「その土地の特有な寒さ」への対処の仕方を考えた結果であり，そのような「独特の様式の家」があるのが，その土地の「風土」ということになる。「風土」は，その土地に暮らしている人間の精神構造と密に結びつき，それを具体的な形にしたものなのである。

問七＜文章内容＞棚田は，「手入れをされた」自然である。「手をつけない天然の状態」としての自然ではなく，「急斜面の小さな土地をそのまま」生かし，「徹底的に手を入れて生産の場」にすることで，人々は「自然の中にある」生き方をしてきたのである。

問八＜要旨＞ユクスキュルの本によると，「酪酸を感じることができるまで一八年間動かなかった」個体がいるほど，ダニの「行動原理は徹底して」いる（２…○）。「私」にとっては，机や本棚やそこに並んでいる本は「大切なもの」であるが，アリにとっては，それらは関心の対象ではなく，ダニにはまたダニ固有の「行動原理」があって，「環世界」はそれぞれ異なる（５…○）。それぞれの種により「環世界」は異なるが，「すべてを一つの尺度ではかり，分析しようとする機械論的世界観」にはそういう発想はない（３…×）。和辻は「空間における風土性」を「ハイデガーの言う時間における歴史性に対応して考えた」ので，直接ハイデガーの影響を受けているといえる（１…×）。「自然環境と平たく言ってしまう」と，自然も自然への対処も「抽象化」されて，「面白味のない，スローガンばかりになって」しまう（６…×）。小野小町の時代には，今日「お花見」の対象である「染井吉野」の桜はまだなく，「当時の桜は山桜」である（４…×）。

問九＜接続語＞ア．「花を愛でる気持ちも古くから私たちの中にあり，日本の文化として続いて」いる。ただし，「この『花』もまったくの天然自然ではなく，徹底的に手を入れられたもの」である。
イ．「自然の中にある」が「手をつけない天然の状態だけをさすのではない」ことは，「棚田」や「桜」が示すとおりで，そこには「自然の中にあるという原則を持ちながら人工を生かす日本人のみごとな生き方」が見て取れる。要するに，「自然の中にある」というのは，「多種多様な生きものの一つとして生きるということ」であるが，「生きものとしての人間に与えられた知性や手の器用さを生かした人工を否定するものでは」ないのである。　ウ．「自然の中にある」というのは，「生きものとしての人間に与えられた知性や手の器用さを生かした人工を否定するものでは」なく，むしろ，「その能力はフルに生かすことが必要」である。

問十＜漢字＞ａ．「詳細」は，細かいところまで詳しいこと。　ｂ．音読みは「削減」などの「サク」。　ｃ．「典型」は，同じ種類のうちで，その特徴を最もよく表しているもののこと。

二〔随筆の読解―文化人類学的分野―日本文化〕出典；白洲正子『私の百人一首』「六十の手習――序にかえて」。

問一＜語句＞「身すぎ」は，生計のこと。

問二＜文学史＞『病牀六尺』は，正岡子規が結核でなくなる前に書いていた，明治35（1902）年発表の日記的随筆。

問三＜文章内容＞「いつまでも若い時代にとどまっていては，発展も円熟もなかったであろう」ということから，「天は二物を与えず」といえる。若さを失うことが，「人間の宿命」である。

問四＜文章内容＞「ものが見える」人物だった定家は，「老年になって沈黙して」しまった。彼は，「理想とした妖艶・有心の歌論」が「思わぬかたへ流れて」いって「絶望の極み」に達したのであろうが，「その後長い年月」を経て，定家の真意は理解されることになる。時代の移り変わりによらず，物事の真理・真実を見抜いていることが，「ものが見える」ということである。

問五＜文章内容＞「楽しみながら」選べたと推測されるのは，作業が「勅撰集とはちがって，親類の邸の障子を飾る」ものを選ぶ作業で，「勅撰集」を選ぶときのような重責がなかったからである。

問六＜文章内容＞「小倉色紙」が「今まで生き存えた」のは，「大衆に強く訴える力を持っていたから」である。定家は，「庶民の中に歌の心を伝えることを願ったかも知れない」のである。

問七＜文章内容＞「私」は，「定家の山荘跡と推定される場所」を訪れ，「小倉山峯のもみぢ葉」に「我にインスピレーションを与えたまえ」と祈った。定家にあやかって「インスピレーション」を得たいと思ったのである。

問八＜文章内容＞「私」は，紅葉の幹の苔に「さわってみたい衝動」にかられ，「はだしになって，苔の上も歩きたい」と思った。「若い時ならきっとそうしたに違いない」が，今の「私」にとってはその体験は「六十の手習」，すなわち「若い時から手がけて来たことを，老年になって，最初からやり直すこと」であるから「さわってみなくても，古木の肌ざわりはわかったし，裸足《はだし》にならないでも，苔の触感をたしかめることは出来た」のである。

問九＜漢字＞ａ.「無謀」は，深く考えずに物事を行うこと。　ｂ.「比較」は，比べること。　ｃ.「好事家」は，物好きな人，また，詩歌や文章をつくる風流なことが好きな人のこと。　ｄ.「風情」は，おもむきのこと。　ｅ.「衝動」は，思わず行動に出ようとする心の動きのこと。

三〔古文の読解―物語〕出典；『うつほ物語』「俊蔭」。

≪現代語訳≫こうして，この子は，三歳になる年の夏頃から，親の乳を飲まなくなった。母が不思議に思って，「どうしてあなたはこの頃お乳を飲まないの」と言うと，(子は，「お母様が苦しいと思って」と答える。)親は，「やはり飲みなさい。苦しくないから。他のものは食べず，お乳も飲まないのでは，どうしようもないでしょう」と言うと，(子は)「いいえ，もうお乳を飲ませなさらないでください」と言って，飲まなくなった。／こうしているうちに，この子は，すくすくと伸びる物のように大きくなった。成長するにつれて，比べるものがないほどかわいらしくなる。少し見聞きしたことは，全く忘れず，心が聡明で賢いことはこのうえない。こんなに幼いのに，親が苦しく感じそうなことはせず，親はいたわるべきものである，とよくわかっていた。／こうしているうちに，この子が五歳になる年，秋の頃に，嫗が死んだ。この親子は，全く物を食べなくなった。何日もすることがないまま過ごしている。この子は，家を出たり入ったりして歩き回って遊んで見ると，母が物も食べないでいるのを見て，たいそう悲しいと思って，何とかして，母を養いたい，と思う気持ちになるが，そのように幼いので，どうすることもできない。早朝，近くの河原に出て歩き回って遊んでいると，釣りをする人が，魚を釣っている。「どうするのですか」と尋ねると，「親が病気で物も食べないので，差し上げようとしている」と言うので，それでは，親にはこれを食べさせるのだ，と知って，(釣り用の)針を用意して釣っていると，とてもかわいい子が，大きな川のほとりに出て(釣りを)しているので，こんなにかわいらしい子を，このように外に出して歩かせるのは，誰だろう，と思って，「どうして，このようにしているのか」と(ある人が)言うと，「遊びでしようと思って」と言う。かわいいと思って，「私が，釣って(魚を)あげよう」と言って，たくさん釣って与える人もいるので，(この子は，その魚を)持って帰って，親に食べさせなどして歩き回る。(母が，)「こんなことは，しないで。物を食べなくても苦しくない」と言うが，(この子は)聞かない。(この子の)顔だちは，日に日に光り輝くようになっていく。(それを)見る人が，抱いてかわいがって，「親はいるのですか。さあ，私の子に(ならないか)」と言うと，「いいえ，お母様はいらっしゃいます」と言って全く聞き入れない。暖かい日が続くうちは，こうして(釣りをして)回って母に食べさせる。ほんの少しでも，(母は)ただこの子の食べさせる物に頼って過ごしていた。／冬で寒くなるにつれて，そのようにもできなくなったので，この子は，自分の親に，何を差し上げよう。どうしよう，と思って，母に，「魚を捕りに行ったけれど，氷がとても固くて魚もいません。お母様は，どうなさいますか」と言って泣くと，親は，「どうして悲しいことがありましょう。泣かないで。氷が解けたときに捕りなさいね。私はもうたくさん食べました」と言うが，(この子は)やはり夜が明けると，河原に行って，人が大勢いて牛車などがとまっているときは，その間をやり過ごして(河原に)出て見ると，氷が鏡のように凍っている。そのとき，この子が，「本当に私が親孝行な子なら，氷が解けて魚よ出てきて。もし親孝行な子でないなら，出てこないで」と泣いて言うと，〈氷が解けて魚が出てきた〉。(この子は，その魚を)捕って帰って母に，「私は本当の親孝行な子だった」と言った。小さい子が，深い雪をかき分けて，足は(赤くて曲がった)えびのようになって走って帰ってくるのを見ると，(母は)とても悲しくて，涙を流して，「どうして，こんなに寒い中を出歩くのか。こうではないときに，(外に)出て歩きなさい」と言って泣くと，(この子は)「苦しくなんかありません。お母様のことを(大切に)思っているのです」と言って，やめようともしない。先ほどの魚は，魚だと思って見ていたが，さまざまな味を備えた食べ物になった。(このように)不思議ですてきなことが多かった。

問一＜古文の内容理解＞子が乳を飲まないのを見て，母は「なほ飲め。苦しうもあらず」と言っている。子は，乳を飲めば母が苦しがると思って飲まないと言ったと考えられる。

問二＜古語＞「かなし」は，大切だ，いとしい，いたわるべきだ，という意味。

問三＜古文の内容理解＞子は，母が物を食べないでいるのを見て，とても悲しいと思い，どうにかして母を養いたいと思った。

問四＜古文の内容理解＞魚を釣っているのが親に食べさせるためだと知ったら，それを聞いた人は，どういう親かと思いかねない。子は，母への配慮から「遊びにせむずる」と答えたのである。

問五＜古文の内容理解＞子に声をかけてきた人は，「遊びにせむずる」と言う子を「らうたがりて」自分が魚を捕って子に与えた。「らうたがる」は，かわいいと思う，という意味。

問六＜古語＞「夢」は，はかなくて頼りにならないもの，ほんのわずかなもののたとえ。

問七＜古文の内容理解＞子は，これまで，母に食べさせるために魚を捕っていた。しかし，冬になり，川に氷が張ったため，魚が捕れず，母に食べさせることもできなくなってしまった。

問八＜古文の内容理解＞子が，自分が本当に親孝行な子なら，氷が解けて魚よ出てきて，もし親孝行な子でないなら，出てこないでと言って泣いたところ，氷が解けて魚が出てきたので，子はその魚を捕って持ち帰った。

問九＜現代語訳＞「など」は，どうして，という意味。

問十＜現代語訳＞「あやし」は，不思議だ，という意味。「妙なり」は，すてきだ，すばらしい，という意味。

四〔随筆の読解—自伝的分野—生活〕出典；向田邦子『霊長類ヒト科動物図鑑』「豆腐」。

問一＜心情＞古いカレンダーを「取って置こうかな」と思うのは，心残りで思いきって捨てることができないということである。思いきれないことを，「未練」という。

問二＜語句＞「きまり(が)悪い」は，体裁が悪くて恥ずかしい，という意味。

問三＜慣用句＞「私」は，「ぐにゃぐにゃしていて，何を考えているのかはっきりしない。自分の主張というものがない。用心深そうでもあるが，年寄り臭くて卑《ひ》怯《きょう》な感じもある。人の世話もやかない代わり，余計なことは言わず失点もない」という人間に「いつもやられていた」せいか，そういう人間を連想させる「豆腐」を冷たくあしらってきた。ないがしろにすること，冷たく接することを，「袖にする」という。

問四＜表現技法＞「(豆腐には)器量の大きさがあった」と「川面がおはよう，と微笑みかけてきた」は，人間でないものを人間になぞらえた表現で，「擬人法」が用いられている。

問五＜文章内容＞カレンダーを掛けかえた時点では，これからの「月日」は「知らぬ」日々である。

2022年度 青山学院高等部

【英　語】（50分）〈満点：100点〉

リスニングテストは試験開始約10分後に開始します。別の問題から解き始めてください。

■リスニングテストの音声は，当社ホームページで聴くことができます。（当社による録音です）

再生に必要なユーザー名とアクセスコードは「収録内容一覧」のページに掲載しています。

I　これから放送される英語を聴き，それに関する質問の答えとして最も適切なものをA－Dの中から選び，記号で答えなさい。英語は一回しか放送されません。

Listening One

1．Which of the following is said ?

A．The train is late because of the bad weather.

B．The train had an engine problem.

C．The train will arrive 14 minutes late.

D．The train will make a short stop in London.

2．Where can passengers buy something to eat ?

A．In Car 7.　　B．In Car 9.

C．In Car 12.　　D．In Car 14.

3．What are passengers told ?

A．They can smoke in the quiet car.

B．They must talk quietly in every car.

C．Someone will check their tickets.

D．Someone will come to fix the train.

Listening Two

4．People will first ride the bus to go to . . .

A．the East Shore.　　B．the sugar farm.

C．Bryson Beach.　　D．Pleasant Bay.

5．They will have lunch between visiting . . .

A．Pleasant Bay and the East Shore.

B．the old sugar farm and the hotel.

C．Bryson Beach and Pleasant Bay.

D．the East Shore and the old sugar farm.

6．The two best beaches for swimming are . . .

A．the East Shore and Bryson Beach.

B．Bryson Beach and Pleasant Bay.

C．Pleasant Bay and the East Shore.

D．the beach at the old sugar farm and Bryson Beach.

Listening Three

7．What is said in the announcement ?

A．It is the airlines' first flight to Tokyo.

B．The flight will leave from Gate 30.

C. All passengers in the first 30 rows will board first.

D. Passengers can ask questions while they wait.

8. What can passengers use the $100 coupon for?

A. To get special assistance.

B. To buy drinks and snacks in the lounge.

C. To fly with the airlines again.

D. To get a free gift.

9. At what time is the announcement made?

A. 3:30 B. 4:00

C. 4:10 D. 4:20

Listening Four

10. Which floor should you go to if you want a science book?

A. The basement. B. The first floor.

C. The second floor. D. The third floor.

11. Which of the following is said?

A. The second floor is the place to chat with friends.

B. Magazines are on the same floor as the meeting rooms.

C. There are books on every floor.

D. The library has several lockers.

12. What is said about the meeting rooms?

A. You have to sign up if you want to use them.

B. You must ask the speaker before you can use them.

C. They have computers in them.

D. They are locked most of the time.

Listening Five

13. What type of story was it?

A. A story about two sisters.

B. A story about an interesting street.

C. A story about English towns.

D. A story about teenagers' lives.

14. What question is the speaker answering?

A. What's your favorite movie?

B. What was the last book you read?

C. What's your favorite book?

D. What was the last movie you saw?

15. What do we learn about the person that is speaking?

A. She is a shy person.

B. She likes to try exciting things.

C. She grew up in England.

D. She doesn't play dangerous games.

※＜**リスニングテスト放送原稿**＞は英語の問題の終わりに付けてあります。

II　次の英文を読み，空欄（1）～（5）に入れるのに最も適切な語(句)をそれぞれ選び，記号で答えなさい。

Imagine you are going to make a speech in front of a large audience. How do you feel in that situation? Probably you feel a lot of stress and pressure! Then what should you do under such a stressful condition to make your speech (1)? Is it a good idea to relax and keep cool, or is there a better way?

Harvard Business School professor Alison Wood Brooks did research on how your way of thinking about stress and pressure can influence your performance of a speech. She told one group of people to relax and say to themselves in their heart, "I am calm." (2) group was told that they should accept their worries and say to themselves, "I am excited." What do you think the result was? The judges of the speeches thought the excited speakers gave better speeches than (3) who tried to calm down. What was the difference between the two groups? It was the way they thought about stress and pressure before they made a speech.

Many people think that when we come under a stressful condition, we should calm down and relax. However, this study shows that we can do better if we change how we react to the situation. The best way to deal with it is not to just relax (4) to accept how we feel and try to enjoy the situation.

There are different ways to react to stress. This is just one example (5) how our approach to difficult situations can affect our performance.

1. A. success　B. succeeded　C. successful　D. succeeding
2. A. Other　B. The other　C. Some other　D. Any other
3. A. that　B. one　C. these　D. those
4. A. but　B. only　C. as　D. also
5. A. showed　B. have shown　C. showing　D. shown

III　それぞれの【　】内の全ての語(句)を最も適切な語順に並べ，3番目と6番目にくるものを解答欄に書きなさい。文頭に来る語も小文字で記してある。

1. A: I have not seen that man before. 【that / who / you / person / know / is / do】?
   B: I think he is our new English teacher.
   A: Oh, you must be right!
2. This is a cell phone my parents bought me this spring. 【to / fun / my friends / with / it / talk / is】 on it.
3. A: Can you guess the answer? It 【like / star / animal / is / an / shaped / a】. It lives under the sea. What is it?
   B: It is *Hitode*!
   A: Yes, that's right. We call it a starfish in English.
4. Mary really likes listening to classical music. She has 【as / do / many / I / CDs / twice / as】.
5. I would like 【meet / the / joined / you / to / who / man】 our project team last week. He has a lot of experience in business.

Ⅳ　次の英文を読み，それぞれの問いに答えなさい。

（１）　Every year in April, around 20,000 black and white animals with stripes begin to leave the Makgadikgadi National Park in Botswana and migrate south to the Boteti River Region. The start of the dry season means that water and grass become **scarce**, and so the zebras must move almost 300 kilometers to rainy areas. They spend about seven months there, and then return to the Makgadikgadi National Park, since there is now more grass for them to eat.

（２）　The zebras in Botswana are called Plains Zebras. They weigh between 300-400 kilograms, and are about 140 centimeters tall at the shoulders. They are the most common type of zebra, but there are two more types in other parts of Africa : Grevy's Zebras and Mountain Zebras. The Grevy's is (　　ア　　) of the three. It usually weighs between 350-450 kilograms, and is about 150 centimeters tall. Grevy's Zebras have large round ears and thick necks, and they have the thinnest stripes of all the kinds of zebras. Mountain Zebras can live at 2,000 meters above sea level. They are actually the smallest of the three types.

（３）　Even with these differences, the three types have more things in common. (　イ　), they are all members of the horse family, and like horses, have a thick mane (the hair on the back of their neck) and a large head with a strong neck. They all have excellent hearing and eyesight. They have long legs. They can run up to 60 kilometers per hour, but like horses, they usually use a type of running called a trot. The bottom of their feet is very hard. This lets them run over rocky ground, and also helps them give a strong kick to **predators** such as wild dogs, hyenas, and lions. They all eat grass, roots, and leaves. Because they chew so much of the time, their teeth are very strong. These are also useful for protection against their predators.

（４）　Researchers believe these offer them protection in several different ways. The first way is as *camouflage. Zebras travel in herds, or large groups, and stay very close to one another. As a result, the pattern of each zebra's stripes mixes with the wavy lines of the grass and the stripes of other zebras around it. When the zebras are migrating, for example, predators like lions only see a single large, moving thing, instead of many different zebras. It's sometimes hard for lions to recognize which way each zebra is moving, so it's often hard to find just one zebra to attack. When a zebra is standing still in tall grass, a lion sometimes might not even notice it. For lions, it doesn't matter that the zebra's stripes are black and white and the lines of the grass are other colors, because ＿＿＿＿＿＿

（５）　Even though the stripes confuse lions, they help zebras recognize one another. Each zebra has its own pattern of stripes. They are like fingerprints, and baby zebras learn their mother's pattern soon after they're born so that they can find her. Another purpose of the stripes is to stop insects like flies and mosquitoes that can carry deadly diseases. The zebra stripes confuse the insects so much that it's hard to land on the zebra, and they sometimes bounce off the body.

（６）　Finally, here's an interesting story. You may sometimes wonder if zebras are white with black stripes, or black with white stripes. In fact, the second one is correct. Therefore, if someone ever asks you if you've heard of the Makgadikgadi National Park, or how many kinds of zebras there are in Africa, or why they have stripes, you will now be able to answer the questions easily !

＊camouflage 「カムフラージュ」（動物が周囲に溶け込むように身体の色や柄が身の回りの色と同化しているような状態）

１．シマウマについて本文で説明されているものを１つ選び，記号で答えなさい。

Ａ．They travel south in the rainy season every year.

B. They don't usually live in a place near a river.
C. They usually live in a small group, so it is impossible for them to find another.
D. They sometimes move a long distance to look for food and water.

2. 下線部 **scarce** と最も近い意味を持つものを選び，記号で答えなさい。
A. hard to find　B. too much
C. frightened　D. damaged

3. 文中の(ア)に入る最も適切な語句を選び，記号で答えなさい。
A. the smallest　B. the largest
C. the most powerful　D. the most active

4. 文中の(イ)に入る最も適切な語句を選び，記号で答えなさい。
A. In addition　B. However
C. For example　D. By the way

5. 下線部 **predators** と最も近い意味を持つものを選び，記号で答えなさい。
A. animals that come from a different area
B. animals that modern animals have developed from
C. animals that kill and eat other animals
D. animals that are similar to them in appearance

6. 第4段落中の____に入れるのに最も適切なものを選び，記号で答えなさい。
A. lions cannot actually see many different colors.
B. lions often eat zebras and grass at the same time.
C. zebras often escape from lions anyway.
D. some zebras have colors similar to the grass.

7. シマウマの縞《しま》が役立っていると本文で説明されていることとして最も適切なものを選び，記号で答えなさい。
A. Lions can easily recognize which zebra they can catch by looking at its stripes.
B. Some zebras can easily live on a high mountain because of their stripes.
C. Zebras can easily get insects as their food due to their unique pattern of stripes.
D. Baby zebras can easily recognize their own mother by looking at her stripes.

8. 次の英文は，ある段落の最初に入る。最も適切な段落はどこか，記号で答えなさい。
The biggest similarity between the three types is that they have stripes.
A. 第3段落　B. 第4段落
C. 第5段落　D. 第6段落

9. 本文で説明されている内容と合致するものを2つ選び，記号で答えなさい。
A. There are usually no zebras in the Boteti River Region in September.
B. Plains Zebras have thick necks and the thinnest stripes among all the zebras.
C. Grevy's Zebras and Mountain Zebras are more common than Plains Zebras in Africa.
D. Zebras usually run like horses, and are able to walk on rocky ground.
E. The zebra's teeth are strong because they often bite their predators.
F. When zebras move in a large group, it is not easy for lions to choose which one to attack.
G. Insects like flies and mosquitoes can recognize different zebras by looking at their stripes.

V　次の英文を読み，それぞれの問いに答えなさい。

Every year, Oxford Dictionaries put hundreds of new words into their dictionaries, and they choose one of them to be the Word of the Year. They surprised the world in 2015 with their winner: a laughing face with tears of joy (). An emoji. Indeed, many people say emoji is the fastest growing language on Earth today!

The word *emoji* comes from Japanese characters for *picture* and *letter*. In English, we can say *electronic pictogram*, but the Japanese word became more popular because it already sounds like the English word, *emotion*, and a lot of emoji express emotions. Emoji first became common in Japan in late-1990s mobile phones before spreading around the world, but the history may be longer than that.

Some people say the first emoji were used in 3000 *BCE ancient Egypt! Egyptians used a type of pictogram writing called hieroglyphics. We can still see this on ancient *tablets and walls. However, they are not the same as emoji. While hieroglyphics were a type of pictogram, they *represented spoken words and sounds. Also, they showed verb tenses (like *went*, *go* and *will go*), but emoji don't. In other words, ancient Egyptian was a whole written language, but emoji are only characters that support a language.

We must look ahead to the 20th century for the modern emoji story to begin. In the 1960s, a Russian-born writer named Vladimir Nabakov wrote that it would be a good idea to have a special letter or mark that meant a smile. However, until the 1980s and the introduction of the home computer, people had only three ways to finish an English sentence—by using '.' or '?' or '__4__'. Then, marks like :-) (called emoticons) began to appear. Years later, in 1990, Microsoft introduced a software set of 'letters' called Wingdings because there were a lot of pictograms that could not fit on a computer keyboard. Wingdings included black and white smiley faces, shapes, and symbols.

It was the Japanese company, J-Phone, in 1997, that really started our modern use of emoji. The company introduced 90 symbols that people could include in short messages. They were still black and white, but soon other phone companies started to use colored ones (DoCoMo in 1999, *au* in 2000). Today, the choices have become almost endless, as social media companies such as LINE, Facebook, and Twitter all have their own sets of colorful emoji.

There are many reasons for the popularity of emoji. Firstly, smartphones are now used by a much greater number of people across the planet than before, and of course, those people all want to communicate with each other. Last year, just over three and a half billion people had them . Secondly, thanks to smartphone technology, a huge selection of emoji are at your fingertips all the time. Today your phone even suggests good ones for you to use. In addition, the same emoji can be understood in any language, because they are just pictures, so they are even a type of barrier-free international 'vocabulary'.

Changes in how we use emoji can also show us how society is changing. Seven years ago, emoji with five different skin tones were introduced, because many people did not have emoji with their face color. Also, in 2016, an emoji of a gun had to be changed to a toy water gun to help stop some people sending violent messages. As another example, the emoji of a face with a medical mask () was introduced in 2010, but was not very popular. However, since 2020, it has been used millions of times a day.

Not everyone likes this trend. Many teachers and parents worry that smartphone users will become unable to write only in words if they always use emoji. They feel young people will find it difficult to get a good job and communicate well at work. However, research shows that young people often use emoji in instant messaging with friends, but can change to 'normal' writing in emails and for homework and report writing without a lot of trouble.

It is true that the amount of written communication is getting less and less as generations pass, but emoji seem to meet a need in language and they increase the number of ways people (especially young people) can express themselves. One thing is for sure : emoji are going to be with us for a long time.

＊BCE＝(Before the Common Era) 紀元前(BC)を表す宗教的に中立な表現

＊tablet＝石板　＊represent＝表す

1．What would be the best title for this text ?

A．A Hundred Ways to Smile

B．The Rise of the Emoji

C．Smartphones Today and Tomorrow

D．Emoji―Friend or Enemy ?

2．Why did it become common to use the Japanese word *emoji* in English ?

A．It was invented by Japanese companies.

B．There is not an English word that can be used.

C．It sounds like *emotion*.

D．It is a popular trend across the world.

3．When did color emoji first appear ?

A．3000 BCE　B．1960s　C．1997　D．1999

4．What is the best choice for the blank (4) ?

A．!　B．:-)　C．,　D．😁

5．How many smartphone users were there in 2021 ? Choose the best answer.

A．3 billion　B．3.48 billion

C．3.64 billion　D．3.95 billion

6．What does 'at your fingertips' mean in the text ?

A．You can easily hold things.

B．You can easily get things.

C．You can easily separate things.

D．You can easily understand things.

7．What does the 'emoji of a face with a medical mask' example show us ?

A．It is dangerous not to wear a mask.

B．Some emoji become popular for no reason.

C．It takes a long time for emoji to become popular.

D．We can see social changes from emoji.

8．Why do some people worry about the use of emoji ?

A．Emoji can't be understood by people from different countries.

B．Emoji can't show verb tenses.

C．Emoji may have a bad effect on young people.

D．Emoji cannot be used across cultures.

9．According to the text, which of the following is true ?

A．Vladimir Nabakov used a kind of emoji in his writing.

B . Microsoft was the first company to put emoji on a computer keyboard.
C . Users in 2017 were able to choose different skin color emoji.
D . Emoji were created to make a barrier-free world.

10. Which is in the correct time order ?
A . home computers→emoticons→emoji→pictograms
B . hieroglyphics→Wingdings→emoji skin tones→face with a mask emoji
C . Wingdings→emoticons→face with a mask emoji→toy water gun emoji
D . pictograms→home computers→face with a mask emoji→Word of the Year emoji

＜リスニングテスト放送原稿＞

Listening One

Good evening, and welcome to Limited Express Number 12 to London. We'll be making short stops at Nottingham and Bellingham along the way. We apologize for our late start, but we had an engine problem. It's now been fixed, and we are 14 minutes behind schedule. However, we are sure that we will still be able to arrive in London on time. For your information, Car 9 is a dining car, serving hot and cold drinks and light meals. Car 7 is a quiet car, so please keep conversation levels down, and make sure to turn down music that you are listening to on headphones. There is no smoking allowed in any of the cars. We will be checking tickets during the trip, so please keep them in a place that's easy to see. Once again, we are sorry for any inconvenience, and we hope you enjoy your trip.

Listening Two

Good morning. We'll begin our tour by walking from the hotel to the Bryson Beach area. It's famous for its good swimming beaches and shopping. After that, we'll take a bus to Pleasant Bay. Pleasant Bay is famous because the water is clear, calm, and not too deep. Our driver will then take us for a delicious barbeque lunch, before getting on the bus again to go to the East Shore. Surfers love this area, but there are a lot of rocks in the water, and the water is too rough for swimming. After that, we'll stop off to see an old sugar farm on our way back to the hotel.

Listening Three

To celebrate Jet World Airlines' first ever flight to Tokyo today, all passengers will receive a special gift, as well as a $100 coupon that can be used on any future flight on Jet World Airlines. We'll begin boarding passengers in 30 minutes, so please enjoy free snacks and drinks in the lounge next to Gate 34 while you wait. This is how we will be boarding: All passengers needing special assistance will board at 4 o'clock. Business class passengers will board at 4:10. Passengers in rows 1 to 30 will start boarding at 4:20, and other passengers will start boarding after that. Thank you for choosing Jet World!

Listening Four

So, let me tell you about the library. The first floor has an area where you can chat with friends or work on your homework, and there are some computers to use. You can use them for the internet. The books are on the top two floors. Books on arts and languages are on the second floor, and ones on math and science are above that on the third floor. Magazines are in the basement. There are also four small meeting rooms in the basement. Anyone can use them, and they're not locked, but you need to sign up on the sheet at the main counter if you want to use them. If you have any other questions, please ask me. I'm usually sitting behind the meeting room signup sheet.

Listening Five

That's an easy question to answer. "The House on Winston Street". It has been my favorite for a long time. It's a story about three teenage sisters, Meg, Jo, and Sally. It's set in a small English town about 70 years ago, but the things they talk about, like their problems, hopes, and the people they love, all feel familiar to teenagers today. There are also so many interesting details about them on every page, so it's easy to imagine what they are like. Meg and Jo are always ready to try something new, and Jo sometimes gets both of them in danger. Sally is the shy, quiet one, and she's also the one who finally fixes their problems. She's the most similar to me, so she's my favorite character.

【数　学】（50分）〈満点：100点〉

◎π，$\sqrt{\ }$ はそのままでよい。

1　次の式を簡単にせよ。

$$\frac{8a-15b}{6}-\frac{2a-3b}{12}\times 8$$

2　下図のように，マッチ棒を何本か使い０～９までの10個の数字を作る。

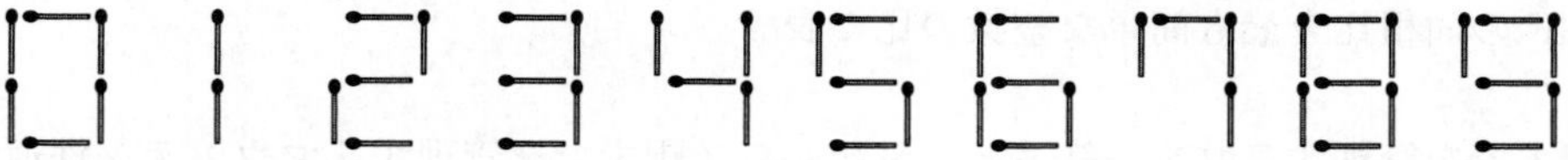

この数字を用いて整数を作るとき，次の問に答えよ。ただし，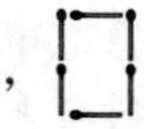は１つの整数として数えるが，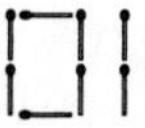のように最高位の数字が０になる場合は整数として数えない。また，同じ数字をくり返し用いてもよい。

(1)　６本以下のマッチ棒で作ることができる２桁の整数をすべて書け。

(2)　マッチ棒をちょうど８本使って作ることができる２桁の整数は何個か。

(3)　マッチ棒をちょうど10本使って作ることができる整数は何個か。

3　関数 $y=ax^2$…①のグラフ上に２点Ａ，Ｂがあり，Ａの座標は(4，8)，Ｂの x 座標は２である。また，y 軸上にAC＋BCが最も小さくなるような点Ｃをとる。

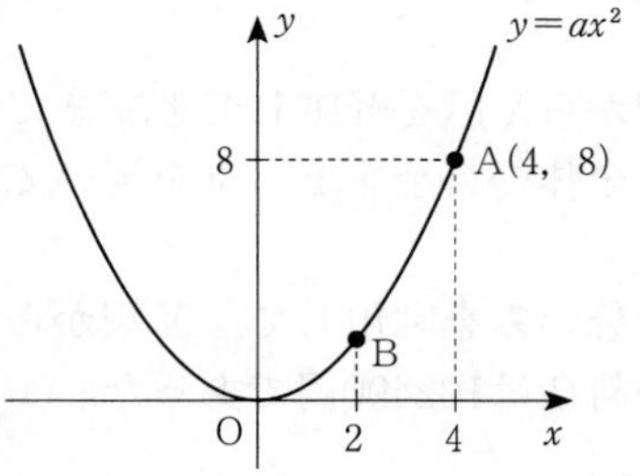

(1)　a の値を求めよ。

(2)　直線BCの式を求めよ。

　ここで，直線BCと①のグラフの交点で，Ｂでない方をＤとする。

(3)　線分BD上に，△ADPと△ABCの面積が等しくなるような点Ｐをとる。点Ｐの座標を求めよ。

(4)　①のグラフ上に，△ADQと△ABCの面積が等しくなるような点Ｑをとる。ただし，点Ｑは２点Ｂ，Ｄの間にある。点Ｑの座標を求めよ。

4　小数第１位を四捨五入して整数の値を出す体重計がある（単位はkg）。Ａさん，Ｂさん，Ｃさんが１人ずつ体重計にのったときの値はそれぞれ，63，53，60であった。また，Ａさん，Ｂさん，Ｃさん，Ｄさんの４人が一緒に体重計にのったときの値は229であった。

(1)　ＡさんとＢさんの２人が一緒に体重計にのったときに出てくる値として考えられるものをすべて答えよ。

(2)　Ｄさんが１人で体重計にのったときに出てくる値として考えられるものをすべて答えよ。

5　AB＝3cm，BC＝4cm の長方形 ABCD がある。図のように，この長方形を対角線 BD を折り目として折り返したとき，点Cが移った点をEとする。次に，線分 DE 上に点Fをとり，△BDE を線分 BF を折り目として，線分 BE が対角線 BD と重なるように折る。このとき，点Eが移った点をGとし，線分 FG と辺 AD との交点をHとする。

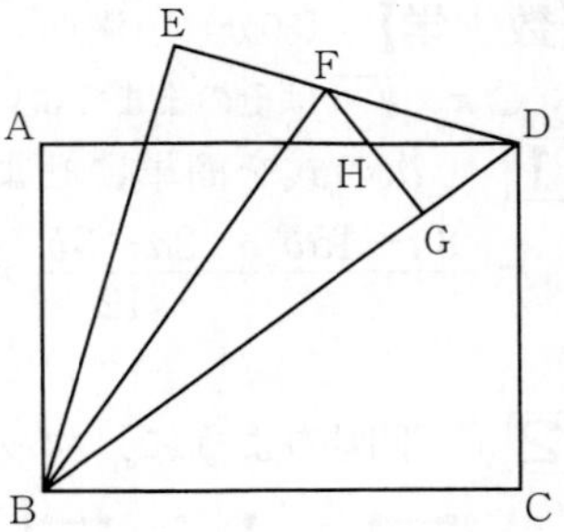

(1)　線分 DG，DF の長さをそれぞれ求めよ。
(2)　線分 FH の長さを求めよ。
(3)　△DFH と △BGF の面積比を最も簡単な整数の比で表せ。

6　X駅からY駅までを管理するブルー鉄道と，Y駅からZ駅までを管理するマウンテン鉄道があり，それぞれ個室つきの特急電車を運行している。個室を使用したグループ全体の料金は，グループ全員の乗車券・特急券の料金と使用した個室の料金の合計である。それぞれの特急電車の料金形態は以下の通りである。

	ブルー鉄道 （X駅→Y駅）	マウンテン鉄道 （Y駅→Z駅）
乗車券（「おとな」一人あたり）	x円	1800円
特急券（「おとな」一人あたり）	2000円	500円
個室使用料金（一室あたり）	y円	6240円

・「こども」の乗車券・特急券の料金は「おとな」の半額である。
・個室使用料金は「おとな」，「こども」の人数にかかわらず，一室にかかる料金である。

ブルー鉄道のX駅からY駅までの「おとな」の乗車券の料金を x 円，個室使用料金を y 円として，次の問に答えよ。

(1)　「おとな」3人のグループAは，2つの鉄道の特急を利用し，X駅からY駅を経由してZ駅まで乗車した。それぞれの特急で個室1部屋を使用したとき，グループA全体の料金を x，y を用いて表せ。
(2)　「おとな」5人，「こども」13人のグループBは，ブルー鉄道の特急のみを利用して，X駅からY駅まで乗車した。個室3部屋を使用したところ，グループB全体の料金は102490円であった。(1)のグループA全体の料金が42920円であったとき，x，y の値を求めよ。

7　n 段（n は自然数）の階段があり，この階段を次のいずれかの方法で上る。
①　1歩で1段上る
②　1歩で2段上る
③　①と②を組み合わせて上る

この階段の上り方の総数を a_n で表すとき，次の問に答えよ。

(1)　a_1，a_2 の値をそれぞれ求めよ。
(2)　$a_{10}=xa_9+ya_8$ を満たす自然数 x，y を求めよ。
(3)　$a_{10}=ua_6+va_5$ を満たす自然数 u，v を求めよ。
(4)　a_{10} の値を求めよ。

8 図のように，1辺2cmの立方体ABCD-EFGHの上に，側面の二等辺三角形の等辺が$\sqrt{5}$cmである四角すいI-ABCDをのせた立体がある。この立体の立方体部分の内部に，立方体のすべての面に接する球R_1を入れ，四角すい部分の内部に，四角すいのすべての面に接する球R_2を入れる。

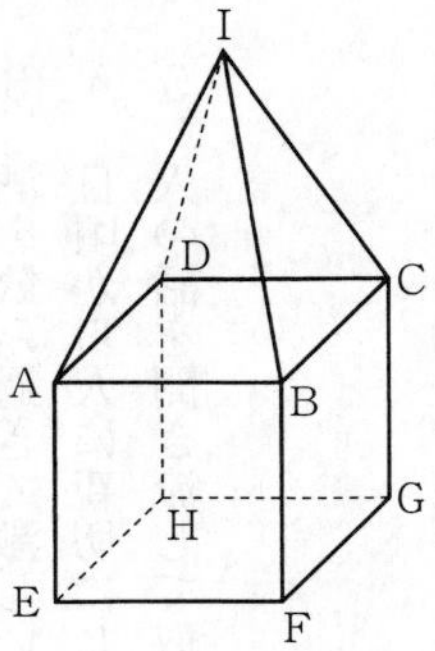

(1) R_1の半径r_1を求めよ。

(2) R_2の半径r_2を求めよ。

(3) 球R_1が底面EFGHと接する点をN，球R_2が側面IAB，ICDと接する点をそれぞれP，Qとするとき，△NPQの面積を求めよ。

3　かはゆく　　4　欲ふかく

問三　――③はどのようなことを言っているのか。

1　自分にはあなたを守る力はない
2　自分は火の神をだまそうとは思わない
3　自分の過ちをただすことにはならない
4　自分一人で決めてしまうことはできない

問四　――④の発言の意図はどれか。

1　土地の神を鎮めるため
2　逃げる時間を与えるため
3　失った財産を取り戻すため
4　焼け残りの有無を確認するため

問五　――⑤とはどのようなことか。

1　金品で買収を図ったこと
2　それまでの慣例を無視したこと
3　神仏との誓約を破ったこと
4　相手に危害を加えたこと

問六　――⑥とは何のことか。漢字一字で答えよ。

問七　――⑦とは誰か。

1　京極の何がし　　2　あぶれ者
3　管領　　4　妖魔

問八　⑧に入る三字のことばを本文中から抜き出せ。

問九　本文の内容と合うものを二つ選べ。

1　用心を怠っていたため妖魔にだまされた。
2　利害が絡んだために行動に抑制が効かなくなった。
3　酒を飲み過ぎて激しい争いになった。
4　日頃から人に親切にしていたのに不幸な目にあった。
5　人の話を聞き流して取り返しのつかないことになった。

こと

3　人間の行動のすべてを精密さ、正確さで評価するようになること

4　人間の行動のすべてを画一的、等質的なものとしてとらえるようになること

問九　(A)・(B)に入る語の組み合わせはどれか。

1　A　たとえば　B　ところで

2　A　もちろん　B　しかし

3　A　さて　B　つまり

4　A　そもそも　B　だから

問十　[C]～[E]に入る語をそれぞれ次の中から選べ。

1　空　2　花　3　土　4　水　5　瓶

問十一　═══a～fのカタカナは漢字に、漢字はひらがなに直せ。

三　次の文章を読み、後の問に答えよ。

西の京に、冨田久内といふものあり。わかきときより、なさけふかく、慈悲あつき心ざしあり。ある日家を出て北野の天神にまうでたり。下向のとき、茶店の床に踞《しりかけ》て茶飲みける所へ、十二三ばかりとみゆる小法師来りぬ。容《かほ》の色青ざめて痩《や》せつかれたり。久内とひけるは、「小僧はいづくの人ぞ」といふ。こたへていひけるやう、「それがしは東山辺にあるもの也。今朝よりここかしこ使となりて行きめぐり、まだ何をもくはず。師匠坊主の命にしたがふばかり身も心もくるしき事は、①又もあるべからず」といふ。久内聞きて[②]おぼえ、餅買ふてくはせなんどしけり。かの小法師も久内もうちつれて茶店を出て、内野のかたに出る。右近の馬場にして、かの小法師いふやう、「まことは我は人にあらず、火の神の使者として焼亡火事の役にあづかる。君はなさけふかき慈悲者なればかたり侍る。明日は北野・内野・西の京みなことごとく焼きほろぶべし。君が家はやくまじけれども、③私にこれをはからふ事かなはず。はや縄ばり分量の数に入りたり。君はやく家にかへりて財宝・家の具とりのけて他所にうつり給へ」とて、「④我は又跡よりをそくゆかん」とて、うせにけり。

久内ふしぎの事に思ひ、いそぎ家にかへり、財宝・家の具どももちはこび他所にうつしければ、人みなあやしみて子細をとふに、更にかたらず。しゐて問ひければ、「かうかうの事」とかたる。これを聞く人あざわらひて、「何条きつねにたぶろかされて、あるべくもなき事を聞きてかへり、あはてふためきて家の具を打ちはづし、資財・雑具をとりはこぶ。さだめて普請の料をつゐやさんためか」なんどののしりわらひたり。

今年三月の比、西の京の住人等、東の京の住人等と酒麹売買の事につき、座をくみて売りけるを、⑤座をやぶりける故に、公方《くばう》へうつたへたり。その時の管領畠山入道徳本このうつたへを聞くに、東の京かたに理ありければ、対決及びて西の京の方法度《はつと》をそむく⑥科《とが》におちてまけたり。西の京の酒麹うる奴原《やつばら》うらみいきどをり、其《その》外のあぶれ者どもおほくかたらひ、北野の社にあつまりて入りこもる。是非管領さまざま申さるるむねありといへども、更に聞き入れず。是によりて侍所京極なにがしにおほせふくめ、武士をつかはして、⑦かのともがらをからめとりて牢獄にいれんとするに、とらへられじとふせぎたたかひて、文安元年四月十二日、社に火をかけ、自害しけり。折ふし魔風ふきいでて、社頭・僧坊・宝塔・廻廊一時に灰燼《くわいじん》となり、余煙民屋にもえつきて、[⑧]ことごとく野原となりぬ。

（『伽婢子』）

問一　──①の意味はどれか。

1　二度とあり得ない

2　他にあるはずがない

3　度々あることではない

4　決してあってはならない

問二　[②]に入るのはどれか。

1　おそれおほく　2　しらじらしく

びかい、受粉させ、実をみのらせる。花と実のコミュニケーションで、eジュウライ、われわれが学んできたのはこれである。ところが二本の木を共にささえている土壌がある。特別に水や肥料の心配をしなくても――自然のままで――二本の木は並んで生きている。生き生きと天地のあいだに位置をしめている。

岩むろの　田中に立てる　ひとつ松あはれ　一つ松　濡れつつ
立てり　笠かさましを　⑦一つ松あはれ　（『良寛歌集』）

この歌になると、一つ松の姿からつたわってくるものが良寛にとどき、その良寛が今度は松に笠をきせ、人間に仕立てて、共感している。ともに同じ大地に生きるものとしての共感である。一つ松だから木と良寛が兄弟になった。二本松だったら、木と木が兄弟となり姉妹となって交流するだろう。地を通しての交感。

切り花と切り花が、同じガラス瓶の水を共有する。これが華道のfゴクイではないかと私は思っている。

C がからだで D がこころ。たましいは E 。

ここで、私のいいたかったことは、自分というものをからだ・こころ・たましいとして表現したばあいに、そのあらわれかたが二様だということである。その一は、日常的・常識的なそれ、⑧人間機械論に帰着する――したがってたましいは認めず、こころは脳に帰着する――ときのそれであり、その二は、いわば非日常の、旅のなかの、身体が湧き立つようなときのそれである。コスミック・マンの、つまり、この地　球《ジャンプ・ドゥイーパ》はもちろん、月や星や神々や地獄を内包するからだ、たましいを含むからだである。

その上で、私は後者の方を人間の原型とするのである。

自然と交感しながら旅していると、自然のなかにこういう構造の自分があらわれていることに気づくのである。≫

（岩田慶治『アニミズム時代』）

問一　――①の「旅」はどのようなものか。次の □ に入る本文中の五字を≪　≫の中から抜き出して記せ。

自分自身の「たましい」が □ するもの

問二　――②はどのようなことのたとえか。

1　だらしない格好で眠る
2　重苦しい気持ちで眠る
3　疲れ果てて深々と眠る
4　ところかまわず眠る

問三　③ に入るのはどれか。

1　有機的　2　相対的
3　理念的　4　普遍的

問四　――④で筆者は「かたち」に何を感じているか。

1　いさぎよさ　2　したたかさ
3　しなやかさ　4　ひたむきさ

問五　⑤ に入るのはどれか。

1　すでにあの大輪の白い花がポッカリと咲いている
2　あの可憐な白い蕾《つぼみ》が今か今かと咲くのを待っている
3　もうあのみずみずしい新芽が春の息吹をたたえている
4　今にも開花を迎えるべくどこまでも澄んだ青空が広がっている

問六　――⑥が該当するのはどれか。

1　戦略的コミュニケーション
2　自然中心のコミュニケーション
3　「暗黙知」のなかの相互理解
4　存在の本質の交換

問七　――⑦からうかがえる心情を二つ選べ。

1　焦燥　2　悔恨　3　慈愛
4　歓喜　5　諦観　6　悲哀

問八　――⑧とはどのようなことか。

1　人間の行動のすべてを常識で規定するようになること
2　人間の行動のすべてを身体の働きとして説明するようになる

のaキフクになる。目がこころになってしまう。全身これ全心になってしまう。そのとき、キラキラと輝いている雪山の光は、ひょっとすると魂なのかもしれない。それが自分の魂であることに間違いはないが、自分だけの魂なのか、もっと［③］な、生きとし生けるものの魂なのかわからない。しかし、それはからだという質料、あるいは機械ではなく、こころという動く形でもなく、たましいとしか呼びようのない生命エネルギーの根拠地のように思われるのである。

旅のなかで、そういう身体感覚が身につくのである。宇宙的な身体感覚といってもよい。

五体投地をくりかえしながら、何カ月、何年もかかるカイラス山巡礼に出発する。かれらにとっては一日に何回か口に押し込んでいのちをつなぐツァンパ（青稞麦の炒《い》り粉をこねたもの）と、乾いた土のような麦こがしとそれらの容《い》れものがからだで、④尺取り虫のように一寸きざみに進んでゆく動作のかたちがこころ、そして目的地にそびえる、あるいはイメージのなかにかがやく聖なる山、カイラス山がたましいなのであった。

旅のなかで、からだ・こころ・たましいはこういうふうに感じられるものではなかろうか。そしてこの身体観の方が、常識としての、眠っているように平和な、日常のそれよりも本質的なものではないだろうか。

（A）、旅だけが自分の本質をbロテイするために不可欠なものだというわけではない。

私はいま縁《えん》にすわってわが家の小園を見ている。今日は雨だ。（B）、雨にぬれた新緑の木々もなかなかよい。そうだ、この風景を絵に描くことにしよう。そう思って、頭のなかにキャンバスをひろげ、手に持った見えない絵筆を動かす。自分の全身が絵筆の動きになって木々の輪郭をたどる。c虚空に図画するのだ。

泰山木のかたち、その楕円形の、さきのd尖った葉をこう描く。カエデの葉のギザギザをこう描き、あの木の枝ぶりはもうすこし面白く変形してみよう。折り目のいっぱいつまっているマンサクの葉っぱはとても面白い。あの葉っぱを拡大して描いてみよう。白木蓮はまだ花が咲いていない。しばらく待って、咲いた花の位置を工夫してみようか。花はまだだけれども、不思議なことに、頭のなかには［⑤］。それを描いてみようか。

葉っぱのかたち、木々の枝ぶり、見える花と見えない花がそこにあらわれて、次から次に絵筆の動きをさそう。私は草木の魂にさそわれるように想像力のなかの画面をつくりあげる。

このとき、絵を描いている自分のからだは――やれやれ疲れた、お茶でも飲もうかと立ちあがった時を別として――自然の万物のなか、無意識のなかにある。気づかない。座布団や廊下の床板やその下にひろがる土地と一体である。筆の動き、手の動きは私のこころの軌跡、その表現である。たましいは草木のかたち、花や葉のかたちと大空――あるいは宇宙――との接点に明滅している。それは、そのとき外部にあって、呼べば答えてくれるたましいである。

からだは土、こころは形、たましいは自分と大空との接点にあるといったらよいだろうか。いや、大空そのものだろうか。

≪自然が人間に何事かをつたえる。それを人間がうけとめる。ある意味でコミュニケーションのしくみを考えているわけであるが、一般にコミュニケーションというと、人間中心の立場に立って、集団のなかの個と個、脳と脳の回路をどう結びつけるかが問題である。言葉によるコミュニケーションを指すことになる。

そういうものから離れて、人間の群れ中心の戦略的コミュニケーションではなく、自然中心のコミュニケーションを考える。自然が人間に送り出している信号と、その受容のしくみを考えるのである。言葉ではなくて「暗黙知」のなかの相互理解といってもよい。歩く、さわる。見える、きこえる、匂う。情報ではなくて、存在の本質の交換。

二本の若木が並び立っているとしよう。⑥次第に生長して枝を張り、葉を茂らせ、花を咲かせる。その花と花とを媒介して昆虫が飛

2　日々の生活のなかで生じた合理的には解決できない出来事に対応していく姿に、人間らしさを見て取ろうとするもの
3　日々の生活のなかで生じた調和を合理的に説明することは不可能だとする姿に、人間の本性を見て取ろうとするもの
4　日々の生活のなかで生じた出来事を合理的に解決しようとしない姿に、人間としての限界を見て取ろうとするもの

問三　――③とはどのようなことか。
1　日常生活の経験をもとにして法則や規則は考えられるべきだということ
2　日常生活の経験は法則や規則によって合理性を評価するべきだということ
3　法則や規則に適《かな》った合理的な日常生活の経験を重んじるべきだということ
4　法則や規則を作るために日常生活の経験は見直されるべきだということ

問四　――④とはどのようなことか。
1　庶民は専門的な知識をまったく持たない無知な存在である一方で、知識人たちもまた学問ばかりで実生活に疎い存在であるということ
2　自らの学問を権威あるものと考える知識人の姿勢にも元々無理があるが、庶民は知識人に逆らえないということ
3　日本は知識人が庶民を啓蒙することで近代化したものの、その代償として知識人に対する庶民の不信感を招く結果になったということ
4　知識人と庶民との間には大きな分裂があるが、それに加えて日本と西洋との間にも少なからず隔たりがあるということ

問五　――⑤の意味はどれか。
1　大まかにいって　2　客観的にみると
3　言うまでもなく　4　結局のところ

問六　――⑥はどのような例としてあげられているか。
1　民意に配慮しない学問　2　歴史に基づかない学問
3　秩序を重んじない学問　4　曖昧さを含まない学問

問七　――⑦の「緊張」とはどのような状態か。
1　生活に追いつめられている状態
2　葛藤をかかえている状態
3　先入観にとらわれている状態
4　不安に駆られている状態

問八　[A]・[B]に入る語の組み合わせとしてふさわしいものはどれか。
1　A　にもかかわらず　B　だからこそ
2　A　かといって　B　にもかかわらず
3　A　それどころか　B　かといって
4　A　だからこそ　B　それどころか

問九　本文を内容上、前半と後半に分けた場合、後半はどこから始まるか。初めの五字を抜き出せ。

問十　夏目漱石の作品の冒頭はどれか。
1　国境の長いトンネルを抜けると雪国であった。
2　高瀬舟は京都の高瀬川を上下する小舟である。
3　禅智内供の鼻と云えば、池の尾で知らない者はない。
4　親譲りの無鉄砲で小供の時から損ばかりしている。

問十一　===a～dのカタカナを漢字に直せ。

二

次の文章を読み、後の問に答えよ。

①旅に出るのは自分自身である。しかし、旅の自分は日常の、茶の間の自分とは違う。

旅の道中では、からだとこころとたましいは別々に働かない。あるときは自分が目だけになってしまう。あるときは手だけ、足だけになる。②泥のように眠るなどというから、眠っているときの自分は泥なのかもしれない。ヒマラヤ山脈のような気高い山々の稜線を目で追っているときは、目で見ているその視線の動きが自分の感動

知識人。この二つの生活態度の間に矛盾、対立がある。ところが近代社会はもっぱら学者が頭の中で考えてきた形を無理やり実生活に押しつけようとする。だが、庶民はそれに納得できない。納得できないにもかかわらず、学者、専門家、知識人に反論できないために、いつのまにかズルズル引きずられている。しかし、そうなると日常生活の中でさらに矛盾がでてくる。ここに、知識層と庶民の間に大きな分裂が生じてくる。庶民は知識層に反論はできないが、内心では腹立たしさ、苛立ちがある。これが一つ。

しかしそこに、第二に、さらにやっかいな事情が加わる。それは、知識人が頭の中で考える形というのは、⑤概して西洋から導入されたものであり、西洋的な学問だということだ。西洋的な学問は基本的に合理主義に立ち、先ほどのオイケンのように、AとBが矛盾すればAを取るかBを取るかはっきりしろ、という。そういう思考習慣の中ででき上がった学問を日本に持ち込み、それを日本の明治の形にしてしまおうとする。それこそが新しい形だ、それが近代だとして押しつけようとしている。日本の「近代」は外からの「形」をあてはめることであった。これで普通の人の日常がうまくいくはずがない。そういうことに対して漱石は苛立っている。

この漱石の苛立ちを読むと、私は、実はここ二〇年くらいの日本の構造改革のことを考えてしまう。これはまさに今日の話である。経済構造改革や政治改革は一九九〇年代の半ばに始まったが、それは⑥アメリカ経済学、アメリカ政治学の影響を強く受けていた。アメリカ政治学は、民主主義の普遍性を強く唱え、民意が政治反映されるべきだといい、この意味での民主主義を世界中で実現すべしという。これがアメリカ政治学の基本的なスタンスであった。経済学の方は、市場は徹底して自由競争でなければならないと主張し、これがアメリカ経済学の基本的な考え方であった。その考え方を、日本のジャーナリストや評論家、学者、さらにはcカンリョウまでもが九〇年代の初めに日本に持ち込んできて、日本社会のdバッポン的な改革、つまり構造改革を唱えた。

しかし日本の実態を見るとそう簡単にはいかない。日本には日本の歴史の中で作りだされてきた制度や習慣があって、それをいきなりアメリカ型の自由競争に変えるべきだと唱えても無理である。また、政治改革によって、二大政党制をやれといっても無理がある。市場経済のあり方も、民主政治のあり方も、日本とアメリカではかなり違っている。政権選択などは日本の政治にどうも合わない。経済構造改革の方も、いわゆる日本的経営方式をやめてアメリカ型の自由競争をやれといってもそれほど簡単には変わらない。にもかかわらず、知識層は「改革」の大合唱になった。「改革」は不合理なものを改め、合理的なものにせよという。しかし日本経済はよくならないし、［A］日本型経営システムは崩壊し、［B］アメリカ型の自由競争にもならない。

こういうことがこの二〇、三〇年間ほど続いており、この現実を見ると、まさに漱石がいうように、知識人が外国から出来上った形だけ持ってきて、形を日本に無理やりあてはめようとするが、それではうまくいかない、という実例のように思える。漱石はそういうことを非常に早い段階から論じている。知識人は頭の中で考えて合理的にやろうとするが、実生活の中にはいろいろ矛盾することがあって、われわれはその矛盾をなんとか調整しながらやっている。それが実生活であり、具体的な経験である。「形式」と「中身」といってもよいし、「理論」と「現実」といってもよいし、「抽象」と「具体」といってもよいが、⑦その間の緊張をわれわれは知らなければならない、ということだろう。

（佐伯啓思『日本の思想史』）

問一　――①と同じ意味の慣用句になるように、次の［　］に入ることばをひらがな四字で答えよ。

「［　　］の合わない」こと

問二　――②とはどのようなものか。

1　日々の生活のなかで生じた問題に対し合理的に向き合おうとする姿に、人間の本来のあり方を見て取ろうとするもの

二〇二二年度 青山学院高等部

【国　語】（五〇分）〈満点：一〇〇点〉

◎選択肢のある設問は、最も適当なものを選んでその番号を記すこと。
◎字数指定のある設問は、句読点や記号も一字とする。

一　次の文章を読み、後の問に答えよ。

一九一一（明治四四）年、漱石が四四歳の時に堺で講演した「中身と形式」という講演録があるが、ここで彼は次のようなことをいう。

ドイツにオイケンという有名な哲学者がいて、オイケンの本を読んでみると、こんなことをいっている。人々は一方で自由が大事だという、他方で社会の規律や秩序が大事だという。これはおかしいからどちらかにしないといけない、とオイケンはいっている。しかし漱石はオイケンのこのようないい方はおかしいという。われわれの日常生活の中で①矛盾することはいくらでもあるではないか。自由は大事だけれども、秩序も大事だったりすることは当たり前であろう。朝から晩まで自由に暮らせると思う方がおかしい。

自由の時間は大事だが、同時に規律も大事である。例えば、会社に行って会社で働く時は自由ではいけない。九時なら九時に出社しないといけない。全員が好きなことをしていては会社は機能せず、上司の命令をある程度聞いて規律を守らなくてはならない。しかし会社から出て帰宅後や、友達と遊ぶ時に規律が大事かというと、そうではない。規律も自由も共に必要だ。かくて矛盾は人間にはつきもので、矛盾する両者とも大事なことは当たり前である。どうしてオイケンのような学者が、これは矛盾するからどちらかにしないといけないなどというバカなことをいっているのか、と彼は書いている。その通りだ。ここで漱石は、頭の中だけで合理的に物事を考えようとする学者・知識人の論理など全然当てにならないといっているのだ。

学者・知識人は、頭の中で考えた理屈しかいわない、頭の中では「AとBは矛盾するから、Aを取るかBを取るか、どちらかにしろ」という。論理における排中律である。しかし実生活で排中律は成り立たない。生活から出発すれば、いくらでも矛盾することがあって、矛盾の中でこそわれわれは生きており、それを勝手にどちらかに片づけることなどできない。矛盾するあれこれを何とかうまく調和させながらやっていく。それこそが実生活の常識、実生活での人間の知恵だと彼はいう。こういうところに②漱石の基本的なものの見方、生きる姿勢が表されており、彼が東京帝大の学者の地位を捨てて作家になった理由もこの矛盾に満ちた具体的な生活にこそ人間の真実が現われると考えたからであろう。

例えば、傍観者の態度に甘んずる学者が、部外から観察してある法則や規則を唱え、一つの形式を打ち立てる。こういう形式をaゴショウ大事にして、形式ですべてを割り切ろうとしたらとんでもないことになるであろう。われわれの生活の具体的な様相こそが、事実の主たる内容であり、その具体的な生活の内容から形がでてくる。③まずは内容があって、その内容に合わせた形式を作らないといけない、と漱石はいう。

考えてみれば当然のことで、形式や形のためにわれわれの生活があるのではなく、その逆である。われわれの生活はそのbツド、そのツド、思いもよらないことが生じたり、とても合理性で割り切れないことがいくらでもある。そこで、むしろわれわれの実際生活こそが、学者的な傍観者的態度による観察一方から形式を調える方向とは異なった形式を生み出すのだ。われわれの日常生活の経験の方が大事であって、学者が外から観察してあれこれいうことは信用できない、というのだ。

ここには④二重の意味がある。つまり、一般的に庶民といわれる、特別な専門的な知識を持たず生活している市井の人々と、多かれ少なかれ理論や学説や学問を準拠にして、頭の中が学問的な思考でいっぱいになっている、その学問的な思考から実生活を見ようとする

2022年度／青山学院高等部

英語解答

Ⅰ Listening 1　1…B　2…B　3…C
Listening 2　4…D　5…A　6…B
Listening 3　7…A　8…C　9…A
Listening 4　10…D　11…B　12…A
Listening 5　13…D　14…C　15…A

Ⅱ 1　C　2　B　3　D　4　A
5　C

Ⅲ 1　3番目…know　6番目…person
2　3番目…fun　6番目…with
3　3番目…animal　6番目…a
4　3番目…many　6番目…I
5　3番目…meet　6番目…who

Ⅳ 1　D　2　A　3　B　4　C
5　C　6　A　7　D　8　B
9　D，F

Ⅴ 1　B　2　C　3　D　4　A
5　C　6　B　7　D　8　C
9　C　10　D

Ⅰ〔放送問題〕解説省略

Ⅱ〔長文読解─適語(句)選択─説明文〕

≪全訳≫❶大勢の聴衆の前でスピーチをすることを想像してほしい。あなたはその状況でどう感じるだろうか。おそらく，あなたは多くのストレスとプレッシャーを感じるだろう。それでは，スピーチを成功させるために，そのようなストレスの多い状況で何をすべきなのだろうか。リラックスして冷静でいるのは良い考えだろうか，それとももっと良い方法があるだろうか。❷ハーバード・ビジネススクールのアリソン・ウッド・ブルックス教授は，ストレスやプレッシャーについての考え方がスピーチのパフォーマンスにどう影響するかについて調査した。彼女はあるグループの人々に，リラックスして心の中で「私は落ち着いている」と言い聞かせるように言った。もう一方のグループは，自分の不安を受け入れ，「私は興奮している」と自分に言い聞かせるべきだと言われた。結果はどうなったと思うだろうか。スピーチの審査員は，興奮した演説者は落ち着こうとした演説者より良いスピーチをしたと思った。2つのグループの違いは何だったのだろうか。それは彼らがスピーチをする前にストレスとプレッシャーをどう考えたかだった。❸多くの人は，ストレスが多い状況になったら，落ち着いてリラックスすべきだと考える。しかし，この研究は，その状況に対応する方法を変えれば，より良い結果が得られることを示している。それに対処する最善の方法は，ただリラックスすることではなく，私たちの気持ちを受け入れ，その状況を楽しもうとすることだ。❹ストレスに対応する方法にはさまざまなものがある。これは，困難な状況への対応が私たちのパフォーマンスにどう影響するかを示す一例にすぎない。

＜解説＞1．'make＋目的語＋形容詞'「～を…にする」の形。'make＋目的語＋名詞'でも「～を…にする」の意味になるが，名詞の success を使う場合，make your speech a success のように前に a が必要になる。　2．前文の one group に注目。この調査では，「私は冷静だ」と自分に言い聞かせるグループと「私は興奮している」と言い聞かせる2つのグループがある。2つのうちの1つを one で表した場合，「もう1つ(の)」は the other となる。　3．those は 'the＋前に出た名詞の複数形' の繰り返しを避けるために使われる。ここでの those は the speakers を指す。　4．前の not に注目。'not *A* but *B*'「*A* でなく *B*」の形である。　5．example は後の how 以下の「困難な状況への対応が私たちのパフォーマンスにどう影響するか」ということを「示している」例である。このshowingは前の名詞exampleを修飾する形容詞的用法の現在分詞。

Ⅲ〔整序結合〕

1．直前のI have not seen that man before.「私はあの男性を今まで見たことがない」から，「あの人が誰か知っているか」という間接疑問文になると推測できる。Do you knowで始め，その後は‘疑問詞＋主語＋動詞’の語順にする。　Do you know who that person is?　「Ａ：私はあの男性を今まで見たことがありません。あなたはあの人が誰か知っていますか？／Ｂ：彼は私たちの新しい英語の先生だと思います。／Ａ：ああ，きっとそうですね」

2．語群のmy friends, with, talkからtalk with my friends「友達と話す」というまとまりができる。また，to, it, isから形式主語‘It is ～ to …’「…することは～だ」の形だと判断する。　It is fun to talk with my friends on it.　「これはこの春に両親が私に買ってくれた携帯電話だ。それで自分の友達と話すのは楽しい」

3．Itが主語なので動詞isを続ける。またa, anに注目し，a star, an animalのまとまりをつくる。これらのまとまりと，残りのlike, shapedから「星のような形をした動物」という意味になると推測でき，これを‘名詞＋過去分詞＋語句’の形で表す。shapedはshape「～を形づくる」の過去分詞。　It is an animal shaped like a star.　「Ａ：答えがわかりますか？　それは星のような形をした動物です。それは海の中に住んでいます。それは何でしょう？／Ｂ：それはヒトデです！／Ａ：はい，そのとおりです。英語ではそれをstarfishと呼びます」

4．２つのasとtwiceがあるので‘倍数＋as ～ as …’「…の―倍～」の形をつくる。この形で‘数’について述べる場合はas以下が‘as many＋複数名詞＋as ～’という形になる。doは前に出ている動詞haveの代わりとなる代動詞。　She has twice as many CDs as I do.　「メアリーはクラシック音楽を聴くのが本当に好きだ。彼女は私の２倍のCDを持っている」

5．would like to ～「～したい」か‘would like＋人＋to ～’「〈人〉に～してほしい」のいずれかの形になると考えられる。to meet, the man who, joined our project teamというまとまりをつくっていくと，youが残るので‘would like＋人＋to ～’の形にする。　I would like you to meet the man who joined our project team last week.　「私はあなたに先週私たちのプロジェクトチームに加わった男性と会ってほしい。彼にはビジネスの経験がたくさんある」

Ⅳ〔長文読解総合―説明文〕

≪全訳≫❶毎年４月になると，約２万頭の黒と白の縞《しま》模様の動物がボツワナのマカディカディ国立公園を離れ，ボテティ川地域に向けて南に移動し始める。乾季の始まりは水と草が不足することを意味するので，シマウマは雨が降る地域に，ほぼ300キロ移動しなければならない。彼らはそこで約７か月過ごし，その後はマカディカディ国立公園に戻る。というのも，そのときには彼らが食べる草が増えているからだ。❷ボツワナのシマウマはサバンナシマウマと呼ばれる。彼らの体重は300から400キロで，肩の位置で体高は約140センチだ。彼らは最も一般的なタイプのシマウマだが，アフリカの他の地域にはもう２つのタイプがいる。グレビーシマウマとヤマシマウマだ。グレビーシマウマは３つの中で最も大きい。体重は普通，350から450キロで，体高は約150センチだ。グレビーシマウマは大きな丸い耳と太い首を持ち，縞は全ての種類のシマウマの中で最も細い。ヤマシマウマは海抜2000メートルで暮らすことができる。彼らは実際，３つのタイプの中で最も小さい。❸これらの違いがあっても，３つのタイプには共通点の方が多い。例えば，彼らは全てウマ科に属しており，馬のように，濃いたてがみ(首の後ろに生えている毛)，大きな頭と太い首を持つ。彼らは全て優れた聴力と視力を持つ。彼らは長い脚を持つ。彼らは最高で時速60キロで走ることができるが，馬のように，普通はトロット(速足)と呼ばれるタイプの走り方をする。彼らの足の裏はとても固い。これにより彼らは岩場を走ることができ，また野犬，ハイエナ，ライオンなどの捕食動物に強い蹴りを与えるのにも役立つ。彼らは全て，草，根，葉を食べる。彼らは長時間かむので，彼らの歯はとても丈夫だ。これらは，彼らを捕食する動物から身を守るのにも役立つ。❹3つのタイプの最大の類似点は，縞があることだ。研究者は，これらがいくつかの異なる方法で彼らの身を守っていると考えている。最も重要な方法はカムフラージュだ。シマウマは群れ，つまり大きな集団で移動し，お互いのすぐそばにいる。結果として，それぞれのシマウマの縞の模様が，草の波打つような列や周囲の他のシマウマの縞と混ざる。例えば，シマウマが移動しているとき，ライオンのような捕食動物には，多くの異なるシマウマではなく，たった1つの大きな動くものとしか見えない。ライオンがそれぞれのシマウマがどちらの方向に動いているかを認識するのが難しいこともあるため，多くの場合に攻撃の対象となるシマウマ1頭だけを見つけるのが難しい。シマウマが背の高い草の中にじっと立っているとき，ライオンがそれに気づきさえしないこともあるかもしれない。ライオンにとって，シマウマの縞が黒と白であることと，草の列が他の色であることは重要ではない。というのも，ライオンは実際のところ，あまり多くの色が見えるわけではないからだ。❺縞はライオンを混乱させるが，シマウマがお互いを認識するのには役立つ。それぞれのシマウマには独自の縞模様がある。それらは指紋のようなもので，赤ちゃんシマウマは母親を見つけられるよう，生まれた直後に母親の模様を覚える。縞のもう1つの目的は，致命的な病気を運ぶ可能性があるハエや蚊などの昆虫を阻止することだ。シマウマの縞は昆虫をとても混乱させるので，シマウマに着地するのは難しく，体に当たって跳ね返されることもある。❻最後に，興味深い話がある。あなたはシマウマが白い体に黒い縞があるのか，黒い体に白い縞があるのかと思うことがあるかもしれない。実のところ，2つ目が正しい。したがって，もし誰かがあなたにマカディカディ国立公園のことを聞いたことがあるか，アフリカには何種類のシマウマがいるか，もしくはなぜ彼らに縞があるのかと尋ねたとしても，あなたはもうその質問に簡単に答えることができるだろう。

1＜内容真偽＞A.「彼らは毎年雨季に南へ移動する」…×　第1段落第1，2文参照。移動するのは乾季の始まり。　B.「彼らは普通，川の近くの場所では暮らさない」…×　第1段落第1，3文参照。彼らはボテティ川地域で7か月過ごす。　C.「彼らはふだん小さな集団で暮らしているので，彼らにとって他のものを見つけるのは難しい」…×　第4段落第4文参照。シマウマは群れで暮らしている。　D.「彼らは食べ物や水を探すために長距離を移動することがある」…○　第1段落第1，2文の内容に一致する。

2＜単語の意味＞The start of the dry season「乾季の始まり」が意味する内容なので，水や草が「少なく」なるということだとわかる。その意味に最も近いのは，A.「見つけにくい」。scarceは「乏しい，不十分な」という意味。直後の文で，草が増えるとマカディカディ国立公園に戻ると述べられていることからも判断できる。食べ物が少なくなると離れ，増えれば戻ってくるということ。

3＜適語句選択＞グレビーシマウマは体重が350から450キロで，体高は約150センチ。サバンナシマウマは体重が300から400キロで体高が約140センチ。また，この段落の最終文にヤマシマウマは3

つの中で最小だとある。

４＜適語(句)選択＞空所の後に続く内容は，空所直前で述べられた，３つのシマウマの共通点の具体例になっている。　in addition「加えて」　by the way「ところで」

５＜単語の意味＞直後の such as ～「～のような」から，野犬，ハイエナ，ライオンが predators の例だとわかる。これらの動物の説明となるのは，C.「他の動物を殺して食べる動物」。

６＜適文選択＞空所を含む文前半の it doesn't matter that ～は「～ということは重要ではない」という意味。ライオンにはシマウマの縞が黒と白であることや草の列が他の色であることが重要でないことの理由となるものを選べばよい。

７＜内容真偽＞A.「ライオンは縞を見ることでどのシマウマを捕まえることができるか容易にわかる」…×　第４段落終わりから３文目後半に it's often hard to find just one zebra to attack とある。　B.「シマウマの中には縞のために高い山で容易に暮らすことができるものもいる」…×　ヤマシマウマは高地で暮らせるが，それが縞のおかげだという記述はない。　C.「シマウマはその独特な縞模様のために昆虫を食料として容易に捕まえることができる」…×　第５段落後半参照。昆虫はシマウマに病気をもたらす存在。食料ではない。　D.「赤ちゃんシマウマは縞を見ることで容易に自分の母親を認識することができる」…○　第５段落第３文の内容に一致する。

８＜適所選択＞脱落文の大意は，「シマウマの３タイプの最大の類似点は縞だ」ということ。第４段落以降で「縞」の説明が続いており，この文はその導入文となる。また，第４段落の最初の文にある these が，脱落文の末尾にある stripes を受けていると考えられることからもわかる。

９＜内容真偽＞A.「９月は普通，ボテティ川地域にシマウマはいない」…×　第１段落第１，３文参照。シマウマは乾季の始まりの４月にボテティ川地域に移動し，７か月そこで過ごす。　B.「サバンナシマウマは太い首と，全てのシマウマの中で最も細い縞を持つ」…×　第２段落終わりから３文目参照。最も細い縞を持つのはグレビーシマウマ。　C.「グレビーシマウマとヤマシマウマはアフリカではサバンナシマウマより一般的だ」…×　第２段落第１，３文参照。　D.「シマウマは普通，馬のように走り，岩場を歩くことができる」…○　第３段落第５～７文に一致する。　E.「シマウマは彼らを捕食する動物をかむので，彼らの歯は丈夫だ」…×　第３段落終わりから３，２文目参照。歯が丈夫なのは，草，根，葉などを長い間かむから。　F.「シマウマが大きい集団で移動するとき，ライオンがどの１頭を襲うかを選ぶのは容易ではない」…○　第４段落中盤に一致する。　G.「ハエや蚊のような昆虫は縞を見てさまざまなシマウマを識別できる」…×　第５段落最後の２文にハエや蚊についての記述はあるが，縞で識別できるかどうかは書かれていない。

Ⅴ〔長文読解総合―説明文〕

≪全訳≫❶毎年，オックスフォード・ディクショナリーズは何百もの新語をその辞書に入れ，そのうちの１つを「今年の単語」に選ぶ。彼らは2015年に，その受賞した語で世界を驚かせた。それは喜びの涙で笑っている顔(😂)だった。絵文字だ。確かに多くの人が，絵文字は今日地球上で最も急速に成長している言語だと言う。❷絵文字(emoji)という単語は，picture と letter を表す日本語に由来する。英語では，electronic pictogram と言うこともあるが，もともと英語の単語の emotion「感情」と音が似ていて，多くの絵文字が感情を表すことから，この日本語の単語の方がより使われるようになった。

絵文字は，世界中に広がる前，最初に日本の1990年代後半の携帯電話で一般的になったのだが，歴史はそれよりも長いかもしれない。❸最初の絵文字は紀元前3000年の古代エジプトで使われたと言う人もいる。エジプト人はヒエログリフと呼ばれる一種の象形文字を使った。これはまだ古代の石板や壁に見ることができる。ただし，それらは絵文字と同じというわけではない。ヒエログリフは象形文字の一種ではあったが，話し言葉や音を表していた。また，それらは動詞の時制(行った，行く，行くだろうのような)を示していたが，絵文字はそうではない。言い換えれば，古代エジプト語は，完全な書き言葉であったのだが，絵文字は言語をサポートする記号でしかないのだ。❹現代の絵文字の話を始めるためには，20世紀に目を向けなければならない。1960年代に，ウラジーミル・ナバコフというロシア生まれの作家が，笑顔を意味する特別な文字やマークを持つのはよい考えだろうと書いた。しかし，1980年代になり家庭用コンピュータが導入されるまで，人々が英語の文を終わらせる方法は3つしかなかった。それは「.」あるいは「?」あるいは「!」を使う方法だ。その後，:-)のようなマーク(エモティコンと呼ばれる)が現れ始めた。数年後の1990年に，Microsoft がWingdingsと呼ばれる「文字」のソフトウェアセットを導入した。というのもコンピュータのキーボードに収まらない象形文字がたくさんあったからだ。Wingdingsには，白黒の笑顔や形，シンボルが含まれていた。❺現代の絵文字の使用を実際に始めたのは，日本企業のJ-Phoneで，1997年のことだった。同社は，人々がショート・メッセージに入れることができる90のシンボルを導入した。それらはまだ白黒だったが，すぐに他の電話会社がカラーのものを使い始めた(1999年にDoCoMo，2000年にauが使用開始)。今日では，LINE，Facebook，Twitterのようなソーシャルメディア企業が全て独自のカラフルな絵文字のセットを持っているので，選択肢はほぼ際限なくなっている。❻絵文字の人気には多くの理由がある。第一に，スマートフォンが今ではこの惑星中で以前よりはるかに多くの人々に使われており，そしてもちろん，その人々は皆，お互いにコミュニケーションをとりたいと考えている。昨年，35億人強の人々がそれらを持っていた😳第二に，スマートフォン技術のおかげで，膨大な数の絵文字をいつでも利用できる。今日では，あなたの電話はあなたが使うのに適切なものの提案までしてくれる。加えて，同じ絵文字は単なる絵なのでどの言語でも理解できるため，それらはバリアフリーの国際「語彙」の一種でもあるのだ。❼絵文字の使い方の変化は，社会がどう変化しているかを示すこともある。7年前，多くの人が自分の顔の色の絵文字を持っていなかったため，5つの異なる肌の色の絵文字が導入された。また，2016年には，一部の人々が暴力的なメッセージを送信するのを防ぐために，銃の絵文字はおもちゃの水鉄砲に変更されなければならなかった。もう1つの例として，2010年に医療用マスクをつけた顔の絵文字(😷)が導入されたが，あまり人気がなかった。しかし，2020年以降，それは1日に何百万回も使用されている。❽誰もがこの傾向を好むわけではない。多くの教師や親は，スマートフォンユーザーがいつも絵文字を使っていると，言葉だけで書くことができなくなると心配している。彼らは，若者がよい仕事を得たり，仕事でうまくコミュニケーションをとったりするのを難しいと思うのではないかと感じている。ただし，調査によると，若者は友人とのインスタント・メッセージでよく絵文字を使うが，Eメールや宿題，レポートの作成では，あまり問題もなく「普通の」書き方に変えることができる。❾確かに，時代が進むにつれて文字によるコミュニケーションの量はますます少なくなっているが，絵文字は言語のニーズを満たしているようで，人々(特に若者)が自身を表現する方法を増やしている。1つ確かなことは，絵文字は長い間私たちとともにあり続けるだろうということだ。

1＜表題選択＞「本文の最適なタイトルは何か」—B.「絵文字の繁栄」　絵文字がいつ生まれ，どのように発展してきたかといったことを中心に，全体を通して絵文字について書かれている。第8段落前半で否定的な意見が紹介されているものの，全体的としては肯定的な内容である。

2＜英問英答＞「なぜ英語で日本語のemoji(絵文字)を使うのが一般的になったか」—C.「emotionのように聞こえるから」　第2段落第2文参照。

3＜英問英答＞「カラーの絵文字が初めて現れたのはいつか」—D.「1999年」　第5段落第3文参照。DoCoMoが1999年にカラーの絵文字を使い始めた。

4＜適語選択＞「空所(4)に入る最適なものはどれか」—A.「！」　three ways to finish an English sentence「英語の文を終わらせる3つの方法」は，「.」，「？」と「！」であるエクスクラメーション・マークである。

5＜英問英答＞「2021年には何人のスマートフォンユーザーがいたか。最も適切な答えを選べ」—C.「36億4000万人」　第6段落第3文にjust over three and a half billion people had them「35億人強の人々がそれらを持っていた」とある。just over ～は「～をわずかに超えている」という意味。

6＜語句解釈＞「本文におけるat your fingertipsの意味はどれか」—B.「簡単にものを入手できる」　fingertipは「指先」(finger「指」＋tip「先端」)。スマートフォン技術のおかげで，膨大な数の絵文字が「いつも指先にある」とは「いつでも使える」といった意味だと考えられる。at ～'s fingertipsは「手元にある，すぐに使える状態で」という意味。

7＜英問英答＞「医療用マスクをつけた顔の絵文字の例は私たちに何を示しているか」—D.「私たちは絵文字から社会の変化を見ることができる」　第7段落第1文参照。

8＜英問英答＞「なぜ絵文字の使用について心配する人がいるのか」—C.「絵文字は若者に悪影響があるかもしれない」　第8段落第2，3文参照。　'have a ～ effect on …'「…に～な影響がある」

9＜内容真偽＞「本文によると，次のうち正しいのはどれか」　A.「ウラジミール・ナバコフは，自身の書物に一種の絵文字を使った」…×　第4段落第2文参照。　B.「マイクロソフトは絵文字をキーボードに載せた最初の会社だ」…×　第4段落終わりから2文目参照。　C.「2017年のユーザーは異なる肌の色の絵文字を使うことができた」…○　第7段落第2文参照。異なる肌の色の絵文字を使えるようになったのは7年前で，現在2022年であることから，2015年には異なる肌の色の絵文字が使えたことがわかる。　D.「絵文字はバリアフリーの世界をつくるために生み出された」…×　そのような記述はない。

10＜要旨把握＞「正しい時間順になっているのはどれか」—D.「象形文字(紀元前3000年／第3段落第1，2文)／→家庭用コンピュータ(1980年代／第4段落第3文)／→マスクをした顔の絵文字(2010年／第7段落終わりから2文目)／→今年の単語の絵文字(2015年／第1段落第2文)

2022年度／青山学院高等部

数学解答

1 $-\frac{1}{2}b$

2 (1) 11，14，17，41，71　(2) 9個
(3) 48個

3 (1) $\frac{1}{2}$　(2) $y=-x+4$
(3) $(-2,\ 6)$　(4) $(-2\sqrt{3},\ 6)$

4 (1) 115，116，117
(2) 51，52，53，54，55

5 (1) DG＝1cm，DF＝$\frac{5}{3}$cm
(2) $\frac{7}{12}$cm　(3) 7：64

6 (1) $3x+y+19140$円
(2) $x=3260$，$y=14000$

7 (1) $a_1=1$，$a_2=2$　(2) $x=1$，$y=1$
(3) $u=5$，$v=3$　(4) 89

8 (1) 1cm　(2) $\frac{\sqrt{3}}{3}$cm
(3) $\frac{\sqrt{3}}{4}+1$cm^2

1〔数と式―式の計算〕

与式$=\frac{8a-15b}{6}-\frac{2(2a-3b)}{3}=\frac{8a-15b-2\times2(2a-3b)}{6}=\frac{8a-15b-8a+12b}{6}=\frac{-3b}{6}=-\frac{1}{2}b$

2〔データの活用―場合の数〕

(1)＜2けたの整数＞0～9の数字をつくるのに使うマッチ棒の本数は，0が6本，1が2本，2が5本，3が5本，4が4本，5が5本，6が6本，7が4本，8が7本，9が6本である。6本以下のマッチ棒で2けたの整数をつくるとき，2つの数字に使うマッチ棒の本数は，2本と2本か，2本と4本となる。2本と2本の場合，使う数字は1だから，できる2けたの整数は11である。2本と4本の場合，使う数字は，1と，4，7のいずれかだから，できる2けたの整数は，14，17，41，71である。よって，6本以下のマッチ棒でつくることができる2けたの整数は11，14，17，41，71である。

(2)＜2けたの整数の個数＞マッチ棒をちょうど8本使って2けたの整数をつくるとき，2つの数字に使うマッチ棒の本数は，2本と6本か，4本と4本となる。2本と6本の場合，使う数字は，1と，0，6，9のいずれかだから，できる2けたの整数は，10，16，19，61，91の5個ある。4本と4本の場合，使う数字は，4，7だから，できる2けたの整数は，44，47，74，77の4個ある。よって，マッチ棒をちょうど8本使ってつくることができる2けたの整数は$5+4=9$(個)ある。

(3)＜整数の個数＞1つの数字に使うマッチ棒の本数は，最大で8の7本，最小で1の2本だから，マッチ棒をちょうど10本使ってつくることができる整数は，2けた，3けた，4けた，5けたである。2けたの整数のとき，2つの数字に使うマッチ棒の本数は，4本と6本か，5本と5本となる。4本と6本の場合，使う数字は，4，7のいずれかと，0，6，9のいずれかとなるので，できる整数は，40，46，49，70，76，79，64，67，94，97の10個ある。5本と5本の場合，使う数字は2，3，5だから，できる整数は，22，23，25，32，33，35，52，53，55の9個ある。よって，2けたの整数は，$10+9=19$(個)ある。3けたの整数のとき，3つの数字に使うマッチ棒の本数は，2本と2本と6本か，2本と4本と4本となる。2本と2本と6本の場合，使う数は，1を2つと，0，6，9のいずれかなので，できる整数は，110，116，119，101，161，191，611，911の8個ある。2本と4本と4本の場合，1を1つと，4，7から2つ(同じ数字の場合も含む)となる。このとき，百の位が1の整数は，144，147，174，177の4個あり，十の位が1の整数，一の位が1の整数も同様に4個ずつあるから，できる整数は，$4\times3=12$(個)ある。よって，3けたの整数は，$8+12=20$(個)ある。4けたの整数のとき，4つの数字に使うマッチ棒の本数は，2本と2本と2本と4本となるので，使う数字は，1を3つと，4，7のいずれかであり，できる整数は，1114，1141，1411，4111，1117，1171，

1711，7111 の 8 個ある。5 けたの整数のとき，5 つの数字に使うマッチ棒の本数は，2 本と 2 本と 2 本と 2 本と 2 本となるから，使う数字は，1 を 5 つで，できる整数は 11111 の 1 個ある。以上より，マッチ棒をちょうど 10 本使ってつくることができる整数は，19＋20＋8＋1＝48(個)ある。

3 〔関数—関数 $y=ax^2$ と一次関数のグラフ〕

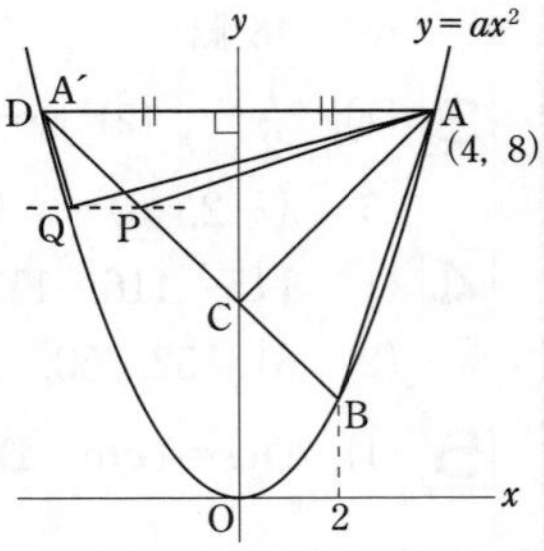

⑴＜比例定数＞右図で，A(4，8)は放物線 $y=ax^2$ 上の点だから，$8=a\times4^2$ より，$a=\frac{1}{2}$ となる。

⑵＜直線の式＞右図で，点 B は，⑴より放物線 $y=\frac{1}{2}x^2$ 上の点で，x 座標が 2 なので，$y=\frac{1}{2}\times2^2=2$ より，B(2，2)である。A(4，8)と y 軸について対称な点 A′をとると，A′(−4，8)となる。このとき，AC＝A′C だから，AC＋BC＝A′C＋BC となる。よって，AC＋BC が最も小さくなるのは，A′C＋BC が最も小さくなるときで，A′，C，B が一直線上にあるときとなる。2 点 A′，B の座標より，直線 BC の傾きは $\frac{2-8}{2-(-4)}=-1$ なので，その式は $y=-x+b$ とおける。点 B を通るから，$2=-2+b$，$b=4$ となり，直線 BC の式は $y=-x+4$ である。

⑶＜座標＞右上図で，直線 BC と放物線 $y=\frac{1}{2}x^2$ の交点 D は，A′と一致するので，A′(−4，8)より，D(−4，8)となる。A(4，8)より，AD＝4−(−4)＝8 となり，点 P の y 座標を t とおくと，AD を底辺と見たときの△ADP の高さは $8-t$ と表せるから，$\triangle ADP=\frac{1}{2}\times8\times(8-t)=32-4t$ となる。また，△ABC＝△ADB−△ADC である。B(2，2)であり，直線 BC の切片より，C(0，4)だから，AD を底辺と見ると，△ADB の高さは 8−2＝6，△ADC の高さは 8−4＝4 となる。これより，$\triangle ABC=\triangle ADB-\triangle ADC=\frac{1}{2}\times8\times6-\frac{1}{2}\times8\times4=8$ となる。よって，△ADP＝△ABC のとき，$32-4t=8$ が成り立ち，$4t=24$，$t=6$ となるので，点 P の y 座標は 6 である。点 P は直線 $y=-x+4$ 上にあるので，$6=-x+4$ より，$x=-2$ となり，P(−2，6)である。

⑷＜座標＞右上図で，△ADP＝△ABC だから，△ADQ＝△ABC のとき，△ADQ＝△ADP である。△ADQ，△ADP の底辺を AD と見ると，高さが等しくなるから，AD∥PQ となる。AD は x 軸に平行なので，PQ も x 軸に平行になる。点 P の y 座標が 6 だから，点 Q の y 座標も 6 となり，点 Q は放物線 $y=\frac{1}{2}x^2$ 上にあるから，$6=\frac{1}{2}x^2$，$x^2=12$，$x=\pm2\sqrt{3}$ となる。点 Q は放物線 $y=\frac{1}{2}x^2$ 上の 2 点 B，D の間にあるので，$-4<x<2$ より，$x=-2\sqrt{3}$ となる。よって，Q$(-2\sqrt{3}，6)$である。

4 〔数と式—数の性質〕

⑴＜体重＞A さん，B さんの体重をそれぞれ $a$kg，$b$kg とする。A さんの体重は，小数第 1 位を四捨五入して 63kg だから，$62.5\leqq a<63.5$ である。B さんの体重は，小数第 1 位を四捨五入して 53kg だから，$52.5\leqq b<53.5$ である。これより，A さん，B さんの体重の合計は，$62.5+52.5\leqq a+b<63.5+53.5$，$115\leqq a+b<117$ となる。よって，A さんと B さんが一緒に体重計にのったとき，出てくる値は，$115\leqq a+b<115.5$ のとき 115，$115.5\leqq a+b<116.5$ のとき 116，$116.5\leqq a+b<117$ のとき 117 となるから，115，116，117 が考えられる。

⑵＜体重＞C さんの体重を $c$kg とすると，小数第 1 位を四捨五入して 60kg になるから，$59.5\leqq c<60.5$ である。⑴より，$115\leqq a+b<117$ だから，$115+59.5\leqq a+b+c<117+60.5$，$174.5\leqq a+b+c<177.5$ となる。また，D さんの体重を $d$kg とすると，A さん，B さん，C さん，D さんの 4 人の体重の合計は，小数第 1 位を四捨五入して 229kg だから，$228.5\leqq a+b+c+d<229.5$ である。D さんの体重は，A さん，B さん，C さん，D さんの 4 人の体重の合計から，A さん，B さん，C さんの 3 人

の体重の合計をひいて求められるから，Dさんの体重が最も大きくなる場合を考えると，$229.5-174.5=55$ より，$d<55$ である。最も小さくなる場合を考えると，$228.5-177.5=51$ より，$d>51$ である。よって，$51<d<55$ となるので，Dさんが1人で体重計にのったとき，出てくる値は，$51<d<51.5$ のとき51，$51.5\leqq d<52.5$ のとき52，$52.5\leqq d<53.5$ のとき53，$53.5\leqq d<54.5$ のとき54，$54.5\leqq d<55$ のとき55となり，51，52，53，54，55が考えられる。

5〔平面図形―長方形〕

≪基本方針の決定≫(2)　FH＝FG－GHである。

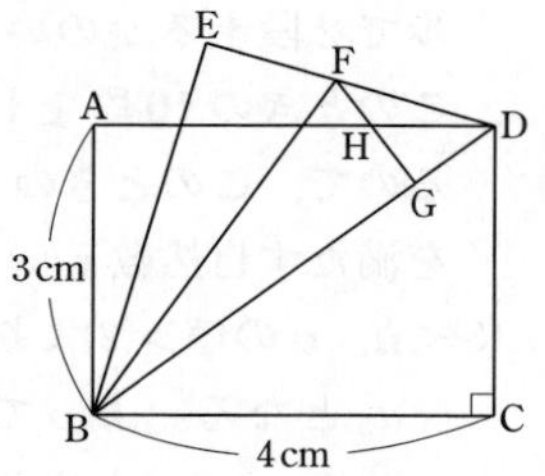

(1)＜長さ―三平方の定理，相似＞右図で，$\angle BCD=90^\circ$ だから，△BCDで三平方の定理より，$BD=\sqrt{DC^2+BC^2}=\sqrt{3^2+4^2}=\sqrt{25}=5$ である。BDで折り返して点Cが点Eに移ったから，BE＝BC＝4である。BFで折り返して点Eが点Gに移ったから，BG＝BE＝4となる。よって，DG＝BD－BG＝5－4＝1(cm)となる。また，$\angle BGF=\angle BED=\angle BCD=90^\circ$ だから，$\angle FGD=90^\circ$ となる。$\angle FGD=\angle BED=90^\circ$，$\angle FDG=\angle BDE$ より，△FGD∽△BEDだから，DF：DB＝DG：DEである。DE＝DC＝3だから，DF：5＝1：3が成り立ち，DF×3＝5×1，$DF=\frac{5}{3}$(cm)となる。

(2)＜長さ―相似＞右上図で，(1)より△FGD∽△BEDだから，FG：BE＝DG：DE＝1：3であり，$FG=\frac{1}{3}BE=\frac{1}{3}\times4=\frac{4}{3}$ である。また，$\angle DGH=\angle DAB=90^\circ$，$\angle GDH=\angle ADB$ より，△DGH∽△DABである。よって，GH：AB＝DG：DA＝1：4だから，$GH=\frac{1}{4}AB=\frac{1}{4}\times3=\frac{3}{4}$ となり，$FH=FG-GH=\frac{4}{3}-\frac{3}{4}=\frac{7}{12}$(cm)である。

(3)＜面積比＞右上図で，△DFHと△DFGは，底辺をそれぞれFH，FGと見ると，高さが等しいので，△DFH：△DFG＝FH：FG＝$\frac{7}{12}:\frac{4}{3}$＝7：16となる。これより，$\triangle DFH=\frac{7}{16}\triangle DFG$ となる。同様に，△BGF：△DFG＝BG：DG＝4：1だから，△BGF＝4△DFGとなる。よって，△DFH：△BGF＝$\frac{7}{16}\triangle DFG$：4△DFG＝7：64である。

6〔数と式―連立方程式の応用〕

(1)＜料金の合計＞ブルー鉄道のX駅からY駅までは，乗車券がおとな1人 x 円，特急券がおとな1人2000円，個室使用料金が1室 y 円だから，おとな3人のグループAがX駅からY駅まで，特急で個室を1室使用すると，料金の合計は，$x\times3+2000\times3+y=3x+y+6000$(円)と表せる。また，マウンテン鉄道のY駅からZ駅までは，乗車券がおとな1人1800円，特急券がおとな1人500円，個室使用料金が1室6240円だから，グループAのY駅からZ駅まで特急で個室1室を使用したときの料金の合計は，$1800\times3+500\times3+6240=13140$(円)となる。よって，グループA全体の料金は，$3x+y+6000+13140=3x+y+19140$(円)となる。

(2)＜料金＞まず，グループA全体の料金が42920円であるから，(1)より，$3x+y+19140=42920$ が成り立ち，$3x+y=23780$……①となる。次に，こどもの乗車券，特急券の料金は，おとなの半額だから，ブルー鉄道のX駅からY駅までのこども1人の乗車券は $x\times\frac{1}{2}=\frac{1}{2}x$(円)，特急券は $2000\times\frac{1}{2}=1000$(円)となる。おとな5人，こども13人のグループBがX駅からY駅まで特急で個室を3室使用すると，グループB全体の料金が102490円になるので，$x\times5+2000\times5+\frac{1}{2}x\times13+1000\times13+y\times3=102490$ が成り立ち，$\frac{23}{2}x+3y=79490$，$23x+6y=158980$……②となる。①，②を連立方程式として解くと，②－①×6より，$23x-18x=158980-142680$，$5x=16300$，$x=3260$(円)となり，これを①に代入して，$3\times3260+y=23780$，$y=14000$(円)となる。

7〔特殊・新傾向問題―規則性〕

(1)＜$\boldsymbol{a_1}$，$\boldsymbol{a_2}$の値＞a_1は1段の階段の上り方の総数，a_2は2段の階段の上り方の総数である。1段の階段の上り方は，1歩で1段上る方法の1通りだから，$a_1=1$である。2段の階段の上り方は，1歩で1段ずつ2回上る方法と，1歩で2段上る方法の2通りだから，$a_2=2$である。

(2)＜$\boldsymbol{x}$，$\boldsymbol{y}$の値＞10段の階段を上る方法は，9段を上った後に1歩で1段上るか，8段を上った後に1歩で2段上るかのいずれかとなる。9段を上る方法はa_9通りあり，その後1歩で1段上るので，このときの10段を上る方法はa_9通りとなる。8段を上る方法はa_8通りあり，その後1歩で2段上るので，このときの10段を上る方法はa_8通りとなる。よって，$a_{10}=a_9+a_8$だから，$a_{10}=xa_9+ya_8$を満たす自然数x，yは，$x=1$，$y=1$である。

(3)＜$\boldsymbol{u}$，$\boldsymbol{v}$の値＞(2)より，$a_{10}=a_9+a_8$であり，(2)と同様に考えると，$a_9=a_8+a_7$，$a_8=a_7+a_6$，$a_7=a_6+a_5$となる。よって，$a_8=a_7+a_6=(a_6+a_5)+a_6=2a_6+a_5$となり，$a_9=a_8+a_7=(2a_6+a_5)+(a_6+a_5)=3a_6+2a_5$となるので，$a_{10}=a_9+a_8=(3a_6+2a_5)+(2a_6+a_5)=5a_6+3a_5$となる。したがって，$a_{10}=ua_6+va_5$を満たす自然数$u$，$v$は，$u=5$，$v=3$である。

(4)＜$\boldsymbol{a_{10}}$の値＞(1)より，$a_1=1$，$a_2=2$だから，$a_3=a_2+a_1=2+1=3$，$a_4=a_3+a_2=3+2=5$，$a_5=a_4+a_3=5+3=8$，$a_6=a_5+a_4=8+5=13$となる。よって，$a_{10}=5a_6+3a_5=5\times13+3\times8=89$である。

8〔空間図形―立方体，四角錐，球〕

(1)＜長さ＞球R_1は，1辺が2cmの立方体ABCD-EFGHの全ての面に接するので，その直径は立方体の1辺の長さと等しい。よって，球R_1の直径は2cmだから，半径r_1は，$r_1=2\times\frac{1}{2}=1$(cm)である。

(2)＜長さ＞右図1のように，辺AB，辺CDの中点をそれぞれJ，Kとすると，△IABがIA＝IBの二等辺三角形より，IJ⊥ABである。$\mathrm{AJ}=\frac{1}{2}\mathrm{AB}=\frac{1}{2}\times2=1$だから，△IAJで三平方の定理より，$\mathrm{IJ}=\sqrt{\mathrm{IA}^2-\mathrm{AJ}^2}=\sqrt{(\sqrt{5})^2-1^2}=\sqrt{4}=2$となる。同様に，IK＝2となる。また，立体I-ABCDは正四角錐なので，全ての面と接する球R_2は，面IAB，面ICD，面ABCDと，それぞれ線分IJ上，線分IK上，線分JK上で接する。その接する点をそれぞれP，Q，Lとすると，四角錐I-ABCDと球R_2の3点I，J，Kを通る断面は右下図2のようになる。IJ＝IK＝JK＝2より，△IJKは正三角形だから，点Lは辺JKの中点であり，$\angle\mathrm{JIL}=\frac{1}{2}\angle\mathrm{JIK}=\frac{1}{2}\times60^\circ=30^\circ$である。$\angle\mathrm{R_2PI}=90^\circ$だから，$\triangle\mathrm{IPR_2}$は3辺の比が$1:2:\sqrt{3}$の直角三角形であり，点Pは辺IJの中点なので，$\mathrm{IP}=\frac{1}{2}\mathrm{IJ}=\frac{1}{2}\times2=1$となる。したがって，$r_2=\mathrm{R_2P}=\frac{1}{\sqrt{3}}\mathrm{IP}=\frac{1}{\sqrt{3}}\times1=\frac{\sqrt{3}}{3}$(cm)である。

図1

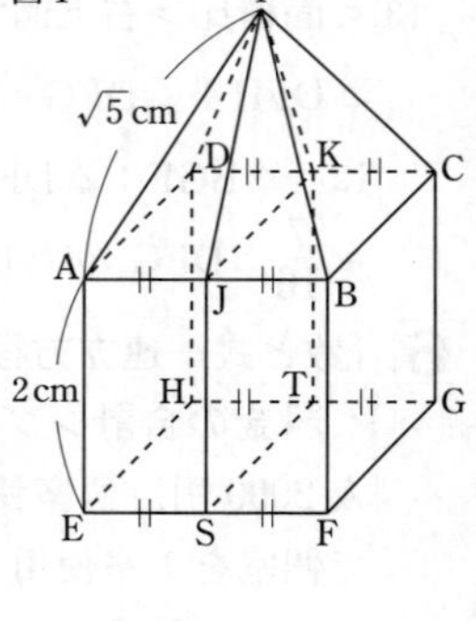

図2

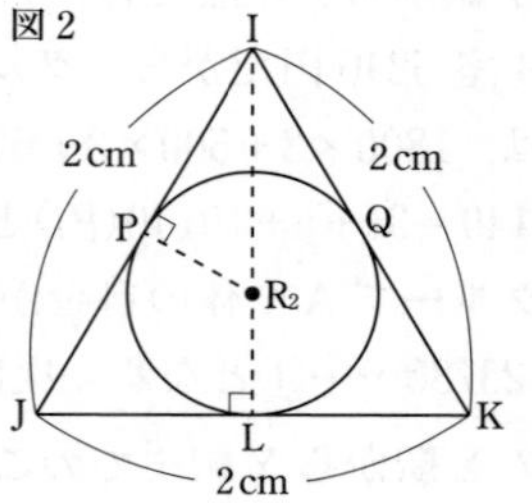

図3

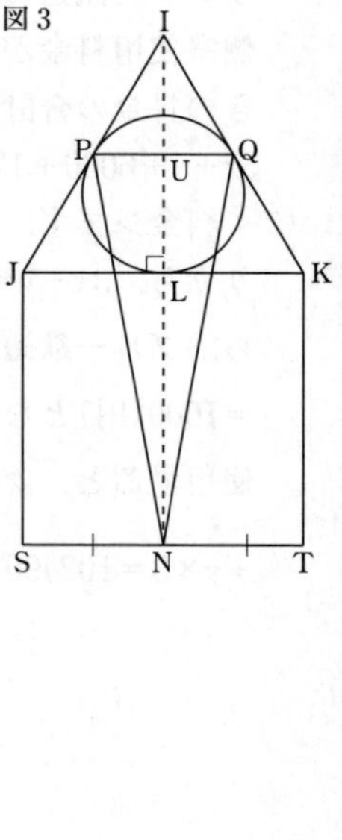

(3)＜面積＞右上図1で，辺EF，辺GHの中点をそれぞれS，Tとすると，四角錐I-ABCD，球R_2，立方体ABCD-EFGHの3点I，J，Kを通る断面は，右図3のようになり，球R_1と面EFGHが接する点Nは，線分STの中点なので，点Nは線分ILの延長上にある。2点P，Qはそれぞれ辺IJ，辺IKの中点だから，△IJKで中点連

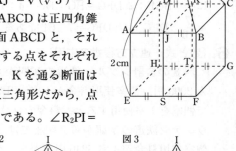

結定理より，$PQ=\frac{1}{2}JK=\frac{1}{2}\times2=1$ である。また，PQ と IN の交点を U とすると，$PQ /\!/ JK$，$IP=PJ$ より，$IU=UL=\frac{1}{2}IL$ となる。$\triangle IJL$ は 3 辺の比が $1:2:\sqrt{3}$ の直角三角形だから，$IL=\frac{\sqrt{3}}{2}IJ=\frac{\sqrt{3}}{2}\times2=\sqrt{3}$ より，$UL=\frac{1}{2}IL=\frac{1}{2}\times\sqrt{3}=\frac{\sqrt{3}}{2}$ となる。$LN=JS=2$ だから，$UN=UL+LN=\frac{\sqrt{3}}{2}+2$ となり，$\triangle NPQ=\frac{1}{2}\times PQ\times UN=\frac{1}{2}\times1\times\left(\frac{\sqrt{3}}{2}+2\right)=\frac{\sqrt{3}}{4}+1\,(\mathrm{cm}^2)$ となる。

═読者へのメッセージ═

7の a_n の値を，$n=1$ から順に並べると，1，2，3，5，8，13，21，34，55，89，……のようになり，3番目以降の数は，その直前の2つの数の和となっています。このような数の列を，「フィボナッチ数列」といいます。「フィボナッチ数列」は，自然界にも多く存在します。

2022年度／青山学院高等部

国語解答

一 問一　つじつま　問二　2
問三　1　問四　4　問五　1
問六　2　問七　2　問八　3
問九　この漱石の　問十　4
問十一　a　後生　b　都度　c　官僚
d　抜本

二 問一　自然と交感　問二　3
問三　4　問四　4　問五　1
問六　1　問七　3，6　問八　2
問九　2
問十　C…4　D…2　E…1
問十一　a　起伏　b　露呈
c　こくう　d　とが
e　従来　f　極意

三 問一　2　問二　3　問三　4
問四　2　問五　2　問六　罪
問七　2　問八　西の京
問九　2，5

一〔論説文の読解─哲学的分野─哲学〕出典；佐伯啓思編著『高校生のための人物に学ぶ日本の思想史』佐伯啓思「西洋の模倣を脱し，主体の確立を」。

≪本文の概要≫一九一一年の講演で，漱石は，次のようなことを言った。学者・知識人は，頭の中で考えた理屈を重んじて，AとBは矛盾するからどちらかを選べなどというが，実生活には矛盾はつきものであり，我々の日常生活の経験の方が大事であって，学者が外から観察してあれこれいうことは信用できないと。ここには二重の意味がある。まず，庶民と学者の間の矛盾，対立がある。第二に，知識人が頭の中で考えるのは，概して西洋から導入した学問であり，西洋の学問は，日本の現実に簡単には当てはまらない。そういうことに対して，漱石はいら立っている。漱石のいら立ちを読むと，私は，ここ二〇年くらいの日本の構造改革のことを考えてしまう。構造改革は，アメリカの学問の影響を強く受けていた。日本には，日本の歴史の中でつくり出されてきた制度や習慣があって，それをいきなりアメリカ型に変えることはできない。頭の中で考えたことを現実に当てはめても，そう簡単にはうまくいかない。「形式」と「中身」の間の緊張を，我々は知らなければならないのである。

問一＜慣用句＞「矛盾」は，道理が通らない，つじつまの合わないこと。「つじつま(辻褄)」は，和服の「辻」(縫い目が合うところ)や「褄」(着物の裾の左右が合うところ)のように，きちんと合うはずの物事の筋道のこと。

問二＜文章内容＞「生活から出発すれば，いくらでも矛盾することがあって，矛盾の中でこそわれわれは生きて」いる。そのように「矛盾するあれこれを何とかうまく調和させながらやっていく」ことこそが，「実生活の常識，実生活での人間の知恵」であり，「この矛盾に満ちた具体的な生活にこそ人間の真実が現れる」と，漱石は考えたのである。

問三＜文章内容＞法則や規則といった「形式や形のためにわれわれの生活があるのではなく，その逆」であり，「われわれの実際生活こそが，学者的な傍観者的態度による観察一方から形式を調える方向とは異なった形式を生み出す」のである。

問四＜文章内容＞「われわれの日常生活の経験の方が大事であって，学者が外から観察してあれこれいうことは信用できない」という考えの持つ意味とは，一つには，「特別な専門的な知識を持たず生活している市井の人々」と「学問的な思考から実生活を見ようとする知識人」という「二つの生活態度の間に矛盾，対立」があることである。第二に，「知識人が頭の中で考える形というのは，概して西洋から導入されたもの」であり，「西洋的な学問」であって，日本の現実にそのまま適用することはできないことである。
問五＜語句＞「概して」は，一般的にいって，だいたい，という意味。
問六＜文章内容＞「アメリカ経済学」は，「市場は徹底して自由競争でなければならないと主張」し，「アメリカ政治学」は，「民主主義の普遍性を強く唱え，民意が政治反映されるべきだといい，この意味での民主主義を世界中で実現すべし」と主張するものである。しかし，「日本には日本の歴史の中で作りだされてきた制度や習慣」があるのであり，それを「いきなりアメリカ型」にすることはできない。「アメリカ経済学，アメリカ政治学」は，日本の歴史を踏まえていない学問の例として挙げられているのである。
問七＜表現＞「知識人は頭の中で考えて合理的にやろうとするが，実生活の中にはいろいろ矛盾することがあって，われわれはその矛盾をなんとか調整しながらやって」いて，「それが実生活であり，具体的な経験」である。知識人が頭の中で考えたことが「形式」「理論」「抽象」であり，我々の実生活や具体的な経験が「中身」「現実」「具体」である。両者の間には矛盾や対立があることを，「われわれは知らなければならない」のである。
問八＜接続語＞A.「日本経済はよくならない」で済むどころか，「日本型経営システムは崩壊」した。B.「日本型経営システムは崩壊」したが，だからといって，「アメリカ型の自由競争にもならない」のである。
問九＜段落関係＞前半では，漱石が一九一一年に行った「中身と形式」という講演が取り上げられ，そこで漱石が，知識人が西洋的な学問を実生活に押しつけようとすることにいら立っていたことが紹介されている。後半では，一九一一年の漱石の言葉が，現在の「日本の構造改革」にも当てはまることが指摘されている。
問十＜文学史＞「親譲りの無鉄砲で～」は，明治39(1906)年に発表された夏目漱石の小説『坊っちゃん』の冒頭。「国境の長いトンネルを～」は，昭和10～22(1935～47)年にかけて発表された川端康成の小説『雪国』の冒頭。「高瀬舟は～」は，大正5(1916)年に発表された森鷗外の小説『高瀬舟』の冒頭。「禅智内供の鼻と～」は，大正5(1916)年に発表された芥川龍之介の小説『鼻』の冒頭。
問十一＜漢字＞a.「後生大事」は，来世の安楽を第一に考えて，徳を積むこと。転じて，とても大事にすること。　b.「都度」は，たびごとに，という意味。　c.「官僚」は，役人のこと。　d.「抜本的」は，物事の根本にまでさかのぼるさま。

二 〔論説文の読解―哲学的分野―哲学〕出典；岩田慶治『アニミズム時代』「画面のなかの自分」。
問一＜文章内容＞自分自身の「たましい」が「自然と交感」するような旅をしていると，「旅の自分」が，「日常の，茶の間の自分とは違う」ことに気がつくのである。
問二＜慣用句＞「泥のように眠る」は，酒に酔って，または疲れきって，ぐっすり眠り込む，という意味。
問三＜表現＞「ヒマラヤ山脈のような気高い山々の稜線《りょうせん》を目で追っているとき」は，「目がこころになって」しまい，「全身これ全心になってしまう」のである。「そのとき，キラキラと輝いている雪山の光は，ひょっとすると魂なのかも」しれない。「それが自分の魂であることに間違いはないが，自分だけの魂」なのか，全てのものに当てはまるような，「生きとし生けるものの魂なのかわからない」のである。
問四＜文章内容＞「五体投地をくりかえしながら，何カ月，何年もかかるカイラス山巡礼」を行う巡礼者たちは，「尺取り虫のように一寸きざみに進んでゆく」のである。その「動作のかたち」からは，ただひたすらカイラス山を目指す，一生懸命な様子が感じられる。

問五＜文章内容＞「私」は，わが家の小園の風景を絵に描こうと思って頭の中にキャンバスを広げると，「自分の全身が絵筆の動き」になって，「虚空に図画」する。「白木蓮はまだ花が咲いていない」が，「咲いた花の位置を工夫してみよう」と考えていると，「不思議なことに，頭のなか」では，白木蓮の花が咲いているのである。

問六＜文章内容＞「二本の若木が並び立っている」ときに，従来，我々は，「花と実のコミュニケーション」を「花と花とを媒介して昆虫が飛びかい，受粉させ，実をみのらせる」というように，人間中心の立場に立った「戦略的コミュニケーション」として学んできたのである。

問七＜和歌の内容理解＞「岩むろの」の和歌は，岩室の田の中に生えている一本の松は哀れだなあ，一本の松が濡《ぬ》れながら立っている，（人間だったなら）笠《かさ》を貸してやりたいのに，一本の松は哀れだなあ，という意味。雨に濡れながら立っている一本の松の悲しみを描き，その松に対する同情を歌った歌である。「岩室」は，地名。

問八＜文章内容＞「人間機械論」は，精神や心の特別なはたらきを認めず，人間を機械としてとらえる考え方。「たましいは認めず，こころは脳に帰着する」ので，人間の行動は全て身体のはたらきによるものということになる。

問九＜接続語＞Ａ．旅をすることで我々は，「日常のそれよりも本質的」な身体観を身につけることができるが，言うまでもなく，「旅だけが自分の本質を露呈するために不可欠なものだというわけではない」のである。　Ｂ．「今日は雨だ」が，「雨にぬれた新緑の木々もなかなかよい」のである。

問十＜文章内容＞絵を描いているとき，「自分のからだ」が「土地と一体である」ように，切り花を支えている「水」が「からだ」であり（…Ｃ），「こころ」は切り花という「形」として現れ（…Ｄ），「たましい」は「大空そのもの」なのである（…Ｅ）。

問十一＜漢字＞ａ．「起伏」は，盛んになったり，衰えたりして，いろいろと変化があること。
ｂ．「露呈」は，隠れていたものが，あらわになること。　ｃ．「虚空」は，何もない空間のこと。
ｄ．音読みは「尖鋭」などの「セン」。　ｅ．「従来」は，以前から今までのこと。　ｆ．「極意」は，芸道や武道で，最も核心となる意味・事柄のこと。

三〔古文の読解─仮名草子〕出典；浅井了意『伽婢子』巻之五ノ三。

≪現代語訳≫西の京に，冨田久内という人がいた。若いときから，情け深く，慈悲心が深い気持ちがあった。ある日家を出て北野の天神にお参りをした。帰るとき，茶店の床にしゃがんで茶を飲んでいたところへ，十二，三歳ぐらいに見える小法師が通りかかった。顔の色は青ざめて元気がなく疲れた様子だった。久内が尋ねて，「小僧はどこの人か」と言った。（小法師が）答えて，「私は東山辺りにいる者だ。今朝からあちこちへ使いとなって巡り歩き，まだ何も食べていない。師匠坊主の命令に従うほど身も心も苦しいことは，他にあるはずがない」と言った。久内は聞いて〈かわいそうに〉思い，餅を買って食わせたりなどした。その小法師も久内も連れ立って茶店を出て，内野の方へ出た。右近の馬場で，その小法師が言うには，「実は私は人ではない。火の神の使者として焼失させる火事の役目に関与している。あなたは情け深い慈悲のある人なので申し上げる。明日は北野・内野・西の京全て残らず焼き滅ぶだろう。あなたの家は焼かない方がよいが，私にはこれを適切に処理することはできない。（あなたの家は）もう（火事の）範囲の中に数えられている。あなたは早く家に帰って財宝・家具を取り除いて他の場所に移りなさい」と言い，「私はさらに後から遅く行こう」と言って，いなくなった。

久内は不思議なことだと思い，急いで家に帰って，財宝・家具などを持ち運びよそへ移したので，人は皆不審に思って事情を尋ねたが，(久内は)全く語らなかった。無理に尋ねると，(久内は)「これこれという事情である」と語った。これを聞いた人はあざ笑って，「どうしてきつねにたぶらかされて，あるはずもないことを聞いて帰って，あわてふためいて家具を外し，資財・道具を運び出すのか。きっと運び出すお金を無駄遣いするためだろう」などと騒いで笑った。

今年三月の頃，西の京の住人たちが，東の京の住人たちと酒麹《さけこうじ》の売買については，座を組んで売っていたのだが，(東の京の住人が)座を破ったので，(西の京の住人が)公方に訴えた。そのときの管領だった畠山入道徳本がこの訴えを聞くと，東の京側に道理があったので，主張を闘わせた結果西の京が法に背く罪を受けて負けた。西の京の酒麹を売る連中は恨み憤り，それ以外のならず者を多く味方に誘って，北野の社に集まって立てこもった。管領がさまざまにおっしゃることがあったが，全く聞き入れなかった。何が何でも東の京の酒麹を売る人々を殺してしまおうとした。このため(管領は)侍所の京極何とかという者におっしゃって，武士を派遣して，その連中を捕らえて牢獄に入れようとしたところ，捕まるまいとして防ぎ戦って，文安元年四月十二日，社に火をつけ，自害した。ちょうどそのとき恐ろしい風が吹き出して，神社の付近・僧坊・宝塔・回廊が短時間で灰やちりとなり，消え残りの火の煙が民家に燃え広がって，〈西の京は〉残らず野原になってしまった。

問一＜現代語訳＞「又も」は，他に，という意味。「べからず」は，ここでは，～はずがない，という意味。「又もあるべからず」は，他にあるはずがない，という意味。

問二＜古文の内容理解＞久内は，主人の命令で朝からあちこちへ使いとなって巡り歩き，何も食べていない小法師を，かわいそうに思ったのである。「かはゆし」は，ここでは，かわいそうだ，気の毒だ，という意味。

問三＜現代語訳＞「私に」は，自分の都合で，個人的に，という意味。「はからふ」は，処置を決める，手加減をする，という意味。「かなふ」は，～することができる，という意味。「私にこれをはからふ事かなはず」は，自分勝手にこれの処置を決めることはできない，という意味。

問四＜古文の内容理解＞小法師は，火の神の使者で，北野・内野・西の京を全て焼き払う仕事に関わっていたが，久内の慈悲深さにふれて，その財産は守ってやりたいと思った。そこで，小法師は，久内が財産を持ち出す時間を稼ぐために，自分は遅れていこうと申し出たのである。

問五＜古文の内容理解＞「座」は，同業者による協同組合のこと。西の京の住人たちは，東の京の住人たちと酒麹の販売について協定を結んでいた。「座をやぶる」は，その協定に背く，という意味。

問六＜古語＞「科」は，罰を受けるような行い，罪のこと。

問七＜古文の内容理解＞「西の京の酒麹うる奴原」は，「あぶれ者ども」を味方に誘って，北野の社に立てこもった。管領は，彼らを捕らえるように，「京極なにがし」に指示したのである。

問八＜古文の内容理解＞北野の社に立てこもっていた人々は，社に放火して，自害した。その後，炎は近くの民家に燃え移り，西の京が焼け野原になったのである。前日に，火の神の使者である小法師も，「北野・内野・西の京みなことごく焼きほろぶべし」と言っている。

問九＜古文の内容理解＞西の京の住人たちは，東の京の住人たちと，酒麹売買に関する組合を結成していたが，その約束を破る行為があったために，裁判になった。裁判の結果は，西の京の負けだったが，商売に関することだったので，西の京も後には引けず，殺してしまおうとした(２…○)。久内の近所の人々は，彼の話を聞いていたのに，それを信じなかったために，財産を失う羽目になったのである(５…○)。

2021年度 青山学院高等部

【英　語】（50分）〈満点：100点〉

リスニングテストは試験開始約10分後に開始します。別の問題から解き始めてください。

■リスニングテストの音声は，当社ホームページで聴くことができます。（当社による録音です）

再生に必要なIDとアクセスコードは「収録内容一覧」のページに掲載しています。

I　これから放送される英語を聞き，それに関する質問の答えとして最も適切なものをA－Dの中から選び，記号で答えなさい。英語は一回しか放送されません。

PART ONE

1．Where will they stay on their holiday?

A．In a hotel.　B．At a friend's house.
C．In a tent.　D．In a camper van.

2．How should people travel this weekend?

A．By bus.　B．By car.　C．By boat.　D．By train.

3．What does the man need to buy?

A．A book.　B．A new jacket.　C．A suitcase.　D．A ticket.

4．Where are the speakers?

A．An airport.　B．A shopping mall.
C．A bank.　D．A train station.

PART TWO

5．What is a problem with the house they are looking at?

A．It's too expensive.　B．The garden is too small.
C．The parking space isn't big enough.　D．The area is too noisy.

6．What is probably true about the speakers?

A．They have a son.　B．They have a pet.
C．They take the train to work.　D．They like shopping.

7．What event did the friends go to?

A．A concert.　B．A dance performance.
C．A talk.　C．A play.

8．What did they think about it?

A．It was too loud.　B．The room was too big.
C．It wasn't long enough.　D．It wasn't interesting.

9．What can we see at the museum next month?

A．Paintings.　B．Photographs.
C．A dance performance.　D．Short movies.

10．How much does it cost for high school students?

A．$20.　B．$12.　C．$10.　D．It's free.

11．Which place is probably best for children？

A．Red Rock Caves.　B．Rockford House.

C．Royal Museum.　D．Memory Lanes.

12．What is NOT said about Rockford House？

A．It was built in 1752.　B．It has been on a TV show.

C．It's not open in the afternoon.　D．It's free to visit.

PART THREE

13．What time will Peter go to the restaurant？

A．Around 5pm.　B．Around 6pm.

C．Around 7pm.　D．Around 8pm.

14．Who will Peter probably come to the restaurant with？

A．His family.　B．His co-workers.

C．His friends.　D．By himself.

15．What is Peter's family name？

A．Bonewti.　B．Bonetti.　C．Vonewti.　D．Vonetti.

※**＜リスニングテスト放送原稿＞**は英語の問題の終わりに付けてあります。

II　次の英文を読み，空欄（１）～（５）に入れるのに最も適切な語句をそれぞれ選びなさい。

〔編集部注…課題文は著作権上の問題により掲載しておりません。作品の該当箇所につきましては次の内容を参考にしてください〕

Kerry Breen 'Family adopts neglected dog after she wandered into their home', TODAY.com
https://www.today.com/pets/family-adopts-neglected-dog-after-she-wandered-their-home-t170158

1．A．why was she　B．why she was

C．what was she　D．what she was

2．A．sit　B．to sit

C．sitting　D．was sitting

3．A．Find　B．Finding　C．In order to find　D．To be finding

4．A．a young puppy　B．like a puppy　C．a young dog　D．like young

5．A．between　B．over　C．around　D．nearly

III　それぞれの【　】内のすべての語句を最も適切な語順に並べ，３番目と６番目にくるものを解答欄に書きなさい。

1．I asked her【problem / tell / about / to / anybody / my / not】but she did.　I was so sad.

2．A：When【first / the Bible / the / you / did / for / read】time？

B：Oh, I've never read it before.　I'm quite interested.

3．If you want to see *Kitakitsune* (Japanese red foxes), you must go to Hokkaido.　They【area / any / seen / other / be / in / can't】in Japan.

4．A：Would you mind【glass / of / me / for / a / water / getting】？

B：Sure.　Just a second.

5．I am not【living / is / about / it / here / although / worried】noisy.　It's an exciting place.

IV　次の英文を読み，それぞれの問いに答えなさい。

（1）　The Republic of Cuba is an island country in the Caribbean Sea.　With an area of 110,860 square kilometers, Cuba is the largest country in the Caribbean.　It is known all over the world for its classic old cars, its love of music and dance, and its unique history.　However, perhaps not so many people know about its food.

（2）　Cuban food is mostly influenced by Spain and Africa, although French, Arabic, Chinese, and Portuguese cooking styles have also had an influence.　Unlike many other Caribbean countries, Cuban food doesn't use many hot spices.

（3）　Some of the most popular foods are black beans, stews, and meats.　Chicken and pork are popular meats.　Rabbit is also eaten sometimes.　In a lot of families, rice and beans are eaten with every meal.　Plantains are another **staple**.　Plantains taste and feel like bananas, and they are usually fried, although they can also be baked or mashed.

（4）　A typical Cuban breakfast, normally served between 7 and 10am, may include a *tostada* (grilled Cuban bread) and *café con leche* (espresso coffee with warm milk).　The *tostada* is often broken into pieces and dipped into the coffee.　For (　ア　), *empanadas* (Cuban sandwiches with chicken or another meat, with pickles and mustard) and *pan con bistec* (a thin slice of steak on Cuban bread with lettuce and tomatoes) are popular dishes.　In the evening, one of the most popular dinner meals is *ropa vieja*, a kind of beef stew that is slow cooked with fresh tomatoes, onions, peppers, garlic and wine.　And (　イ　), it is served with rice, beans, and plantains.　Except for *ropa vieja*, beef is not usually used in traditional Cuban cooking.

（5）　Richer Cubans and tourists staying at hotels usually **consume** a wider variety of foods.　For example, lobster is regularly caught by Cuban fishermen, but it is usually only sold in expensive tourist restaurants.　Recently, more and more people are visiting Cuba, and it is good for Cuba's (　ウ　), but it also means some foods have become difficult or too expensive for most local people to buy.

（6）　Cuba doesn't have popular US fast food restaurants like McDonald's or Burger King, but it does have its own ones.　*El Rapido* is similar to KFC, and *Burgui*, a chain similar to McDonald's, has restaurants in all big Cuban cities and is open 24 hours a day.　Cuba and the USA's relationship is starting to get better, so it's possible that McDonald's and other American chains will open in the future.

（7）　Although Cuba is not officially a religious country, many people are Christian, and Christmas Day is a national holiday.　On Christmas Eve, Cuban Christians prepare a large meal including olives, Cuban bread, Spanish potatoes, and roasted pig.　On New Year's Eve, one tradition is to ________ just before midnight.　This is done to remember each month of the year.

1．キューバについて本文の内容と合っているものを一つ選び，記号で答えなさい。

A．Its historical places have many fans in the world.

B．It is bigger than other countries in the area.

C．It sells cars to many different countries.

D．Its people are very good at singing and dancing.

2．下線部 **staple** と最も近い意味を持つものを選び，記号で答えなさい。

A．a basic food that is used a lot

B．a food that can be cooked in many different ways

C．a vegetable that is similar to a fruit

D．a popular local dessert that is eaten daily

3．文中の(ア)，(イ)に入る語句の組み合わせとして最も適切なものを選び，記号で答えなさい。

A．ア　many　イ　like in Japan
B．ア　example　イ　sometimes
C．ア　them　イ　how delicious
D．ア　lunch　イ　of course

4．下線部 **consume** と最も近い意味を持つものを選び，記号で答えなさい。

A．cook　B．grow
C．eat　D．sell

5．文中の(ウ)にあてはまる最も適切なものを選び，記号で答えなさい。

A．economy
B．history
C．culture
D．environment

6．マクドナルドがキューバに存在しない理由として最も適切なものを選び，記号で答えなさい。

A．Fast Food is not so popular in Cuba.
B．It's too expensive for local people.
C．Cuba and America's relationship was not so close.
D．It is difficult to get beef for hamburgers in Cuba.

7．第７段落中の____に入れるのに最も適切なものを選び，記号で答えなさい。

A．blow out several candles
B．eat twelve grapes
C．drink special Cuban wine
D．share a roasted pig

8．次の英文を入れるのに最も適切な段落はどれか，記号で答えなさい。

Other special occasions include April 4th (Children's Day), May 1st (Labor Day), and October 10th (Independence Day). During these days, stores are usually closed, so many people pack some food and head to a beach to celebrate.

A．第２段落
B．第５段落
C．第６段落
D．第７段落

9．本文の内容と合っているものを２つ選び，記号で答えなさい。

A．Cuban food is similar to that of other countries in the area.
B．Cuba is becoming more popular to visit, but Cuban food is not so famous.
C．Beef is used in many traditional Cuban dishes.
D．People in Cuba eat lots of meat, but rabbit is especially popular.
E．For many Cuban people, it's difficult to buy lobster.
F．Restaurants selling Spanish and African food are very popular in Cuba.
G．Cuban Christians take a holiday to prepare a meal on Christmas Eve.

V　次の英文を読み，それぞれの問いに答えなさい。

On the morning of March 20, a sailor named Juan decided to sail home by boat for his father's 90th birthday on May 25th. However, there was one problem with his plan : his family lived in Argentina, in South America, and Juan was on the tiny European island of Porto Santo. The trip by boat usually takes about two months to complete, so he didn't have much time. He quickly called his family to tell them about his plan. Then, he loaded his 13-meter-long boat with canned tuna, canned fruit, and rice, and set sail across the Atlantic Ocean.

Sailing is a way of life for Juan's family. From the time he was three years old, his father took him and his brothers on the fishing ships he was the captain of. For Juan, it was hard to imagine a life away from the ocean, and when he turned 18, he started working on a different fishing boat in southern Argentina. He still remembers clearly that one day, near the coast of Patagonia, an experienced fisherman gave him a piece of advice. "①__________," the fisherman said to Juan, and he did.

Juan began sailing around the world, with stops in places such as Venezuela, Sri Lanka, Hawaii, Brazil, and Alaska. He studied sea turtles and whales for animal protection groups, and spent summers working on private boats. All of this time, he was saving money to buy his own boat. "Living on a boat can be much less expensive than usual life at home. You don't go to restaurants, or spend money on other things, so you can save a lot of money," Juan says. This helped him buy his own boat after several years, and this was the boat he was on in Porto Santo.

The first several days after Juan started his trip home, the weather was fine, and the ocean was calm. He began to imagine meeting his father in May. Soon after this, however, unexpected things started to happen.

He planned to stop at Cape Verde, an island west of Africa, to get more food and fuel, but the weather suddenly got worse. His next planned stop was Brazil. Even though it was a long journey, he decided he still had enough fuel and food to get there, so he decided not to stop at Cape Verde. He thought he could use his sails more and depend on the wind to save fuel, and he could catch his own fish to eat if needed. However, the weather got even worse, and it became impossible to catch fish for days. Then, a giant wave shook the boat and caused some damage to it.

The trip became slower and slower, and for the first time, Juan started to think that he might not get home, and he started to lose hope. Around this time he began to think he saw the lights of a ship, and that the ship was following him ; it seemed to get closer and closer, and looked like it might even hit his boat. Juan didn't know it, but he had **paranoia**, a *condition that sometimes happens to lonely or depressed (sad) sailors on long trips.

In this difficult time, Juan started praying for help. Shortly after this, he noticed a large bird flying nearby. It turned out to be a skua, the type his boat is named after. "It seemed like it was telling me not to give up, to keep going," he said. Soon after this, he started to notice a group of dolphins swimming playfully along the boat. "I began to feel calmer," Juan now says.

The dolphins swam next to his boat for over 1,000 kilometers, until he reached Brazil. The damage from the big wave needed to be repaired, so his stop in Brazil became 10 days longer than he expected. During the time there, Juan learned that his brother had told people about the trip on Instagram, and when he finally made it home to Argentina, on June 17, he was surprised to see many people he didn't know waiting to welcome him. Standing in front of them was the person he had sailed halfway around the world to see. ⑤__________, but he arrived home in time for Father's Day.

"I have a strong wish to keep on sailing. When I entered the port, it gave me a special feeling. My father taught me how to sail here. My journey ended here, but in some ways it also started here," Juan says.

＊condition 状態

1. Which of the following is the best choice to complete the missing ①____ ?

A. That's why boats are dangerous
B. Don't worry about it any longer
C. You should go and see the world
D. You should buy a large fishing boat

2. What does Juan think one of the good things about living on a boat is ?

A. You can always catch your own food.
B. You don't need to worry about time.
C. You can always swim with animals.
D. You don't need to spend much money.

3. Choose the sentence that best describes 'skua' in the text.

A. It is a type of dolphin, and also the name of Juan's boat.
B. It is a type of bird, and also the name of Juan's boat.
C. It is the type of dolphin that followed Juan's boat.
D. It is the type of bird that Juan saw near Patagonia.

4. In the text, what is the meaning of **paranoia** ?

A. A condition that makes you imagine seeing something.
B. A condition that makes you want to try something new.
C. A condition that makes all sailors feel depressed.
D. A condition that makes you see the lights of a ship.

5. Which is the correct missing sentence for ⑤____ ?

A. He could celebrate many different things with them
B. Thanks to these people he arrived home safely
C. Juan didn't get to celebrate his father's 90th birthday
D. Juan didn't want to say goodbye so soon

6. Which of the following happened in the text ?

A. Juan bought a boat when he became 18.
B. Juan's trip went smoothly, as he expected.
C. Juan's brothers sailed around the world like he did.
D. He stayed in Brazil longer than he first planned.

7. Which of the following did NOT happen in the text ?

A. The dolphins swam next to the boat until Juan got home.
B. Juan's trip home took almost three months.
C. More people than Juan expected welcomed him home.
D. Juan planned to stop twice on his trip home.

8. Which is the correct order of events ?

A. Juan felt hopeful→A storm came→The dolphins followed the boat→His boat was fixed→Juan felt depressed

B . Juan felt depressed→A storm came→Juan felt hopeful→His boat was fixed→The dolphins followed the boat

C . The weather was fine→A storm came→Juan felt depressed→The dolphins followed the boat→His boat was fixed

D . A storm came→The weather was fine→Juan felt depressed→His boat was fixed→The dolphins followed the boat

9 . Which sentence describes one of the main ideas of the text ?

A . Juan thought it's important to have our own special dreams.

B . Although Juan had some difficulty, he will continue his life on the sea.

C . Juan thought only experienced sailors should try such a difficult, dangerous trip.

D . Although Juan is a sailor, he is ready to try some other jobs in his life.

10. Choose the correct order of Juan's trip home.

A .

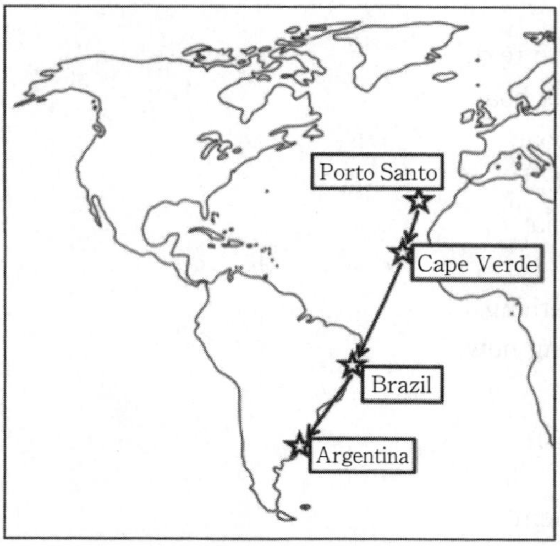

B .

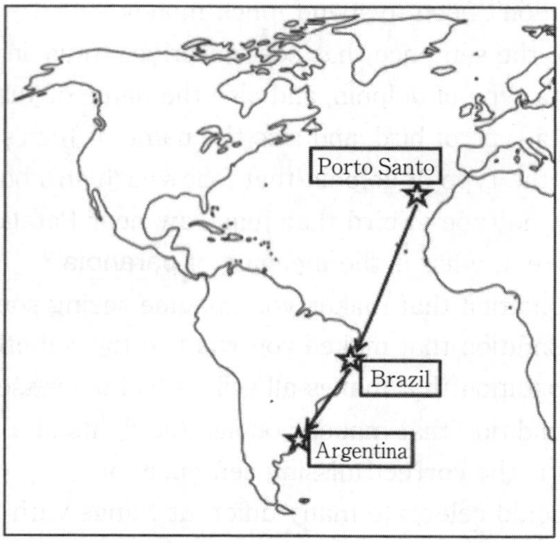

C .

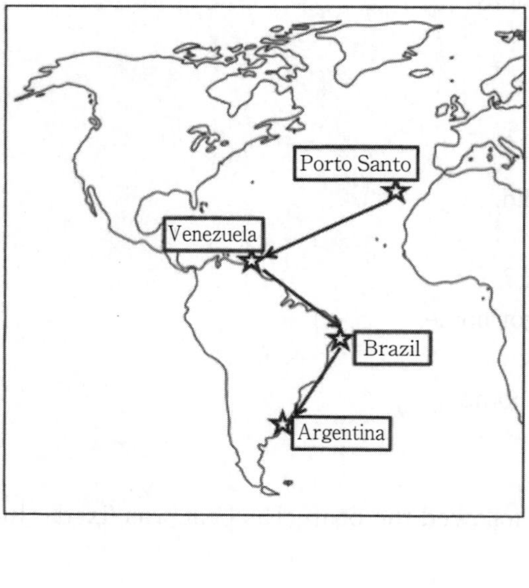

D .

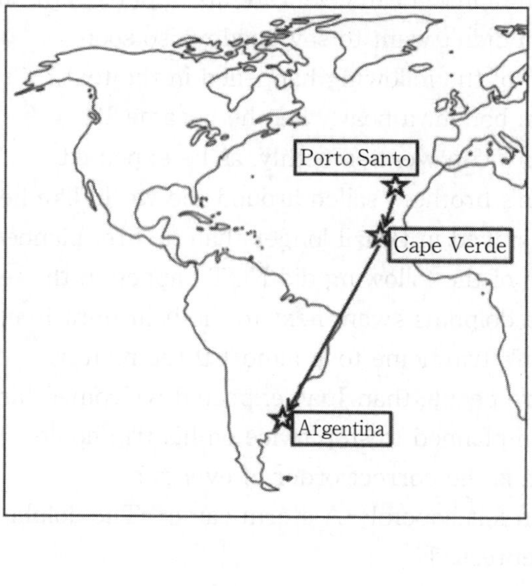

＜リスニングテスト放送原稿＞

PART ONE

＜Question 1＞

Male　:　I'm so excited about our camping trip this weekend.

Female :　Me, too!　Did you pack the tent?

Male　:　No, I lent it to my friend last month.　I'll drive over to his house to pick it up later tonight.

＜Question 2＞

Male　:　We are expecting very heavy storms this weekend.　Roads will be dangerous, and boat and ferry services will be cancelled.　We advise you to stay at home, but if you must travel, we recommend traveling by rail, but please book early as trains will be very busy.

＜Question 3＞

Male　:　It's not big enough.　I can't get everything in.

Female :　Well, maybe don't take so many things?　Do you need all those books?　And why do you need that big jacket?

Male　:　I like to read when I'm on holiday.　And I heard it can get cold at night.　I want to take everything.

Female :　Well, you'll need to buy a new one, then.

＜Question 4＞

Female :　Can you wait here with the bags?　I'm going to change some money.

Male　:　OK, but hurry up.

Female :　Hurry up?　We still have two hours before our flight leaves!

Male　:　I know, but I want to do some shopping first, and I want to get something to eat.

PART TWO

＜Questions 5 and 6＞

Male　:　What about this place for our new house?　3 bedrooms, a large kitchen.　A 5-minute walk to the station and the shops.

Female :　That looks nice.　It has a little garden, too.　David will enjoy playing there after school. Is it expensive?

Male　:　It's not too bad, actually.　Oh, but it only has space for one car.

Female :　Ah, we really need room for both of our cars.　That's a shame.　It sounded perfect.

＜Questions 7 and 8＞

Male　:　That was a great show.

Female :　I know!　There's nothing better than live music in a big stadium.　It was so loud: it sounded great.

Male　:　I loved it when Bobby talked between the songs.　He was so funny.

Female :　I know!　I didn't want it to end.

＜Questions 9 and 10＞

Next month at the Central Culture Museum, we will have a special photography exhibition.　You can see pictures taken by some of our city's most famous people, such as the dancer Lana Andrews and the movie director Sally Ainsworth.　This is a unique collection and it shouldn't be missed! Entrance is $20 for adults.　It's half price for high school students, and it's free for elementary students and younger.

<Questions 11 and 12>

There are lots of places to visit in this area.　First, you could visit the Red Rock caves.　They are said to be over 2 million years old.　It doesn't cost anything to visit, and it's fun, but they are dark, a bit scary, and the ground is wet and slippery, so maybe not the best for young children.　If you are interested in history, there is also Rockford House, an old home built in 1752.　It was made famous in the TV show "The King's Wife".　It's only open in the mornings, but if you wanted to, you could visit the Royal Museum afterwards.　The Royal Museum is very close to Rockford House and is also popular with many visitors.　Finally, Memory Lanes is a historical theme park that is fun for all the family.

PART THREE

<Questions 13 to 15>

Female :　Thank you for calling *Passaggio* Italian restaurant.　How can I help you ?

Male　:　Hello.　I'd like to book a table for tomorrow at 6pm.

Female :　OK.　For how many people ?

Male　:　Maybe seven or eight.

Female :　I see.　We only have space at 5.　Is that OK ?

Male　:　Sure.　Our meeting finishes at 5, but we're in the office next door, so we might be a few minutes late.

Female :　That's fine.　Can I take your name, please ?

Male　:　Yes, it's Peter Bonetti, that's B-O-N-E-T-T-I.　Bonetti.

【数　学】（50分）〈満点：100点〉

◎π，$\sqrt{\ }$ はそのままでよい。

1　$x=2\sqrt{3}+\sqrt{2}$，$y=\sqrt{3}-\sqrt{2}$ のとき，次の式の値を求めよ。

$$\frac{x^2+2xy-2y^2}{3}-\frac{x^2+3xy-2y^2}{4}$$

2　一の位が0でなく，一の位から逆の順番で読んでも元の数と等しい自然数について次の問に答えよ。

(1)　3桁の自然数の中で，このような自然数はいくつあるか。

(2)　2021以下の自然数の中で，このような自然数はいくつあるか。

3　自然数 n を5で割ったときの余りを $\langle n \rangle$ で表すものとする。

例えば，$\langle 17 \rangle=2$，$\langle 4^3 \rangle=4$，$\langle 1 \rangle=1$ である。このとき，次の値を求めよ。

(1)　$\langle 1^4 \rangle+\langle 2^4 \rangle+\langle 3^4 \rangle+\langle 4^4 \rangle+\langle 5^4 \rangle$

(2)　$\langle 6^4 \rangle+\langle 7^4 \rangle+\langle 8^4 \rangle+\langle 9^4 \rangle+\langle 10^4 \rangle$

(3)　$\langle 1^9 \rangle+\langle 2^9 \rangle+\langle 3^9 \rangle+\cdots\cdots+\langle 9^9 \rangle+\langle 10^9 \rangle$

4　図のように関数 $y=ax$ のグラフと関数 $y=bx^2$ のグラフが点Aで交わっている。点Aを通り x 軸に平行な直線と関数 $y=bx^2$ のグラフとの交点をBとしたとき，△OAB が正三角形になった。

△OAB の面積が $9\sqrt{3}$ のとき，次の問に答えよ。ただし，$a>0$，$b>0$ とする。

(1)　a と b の値を求めよ。

(2)　線分 OA 上に点Cをとると，$\triangle\mathrm{OBC}=\dfrac{1}{3}\triangle\mathrm{OAB}$ であった。点Cの座標を求めよ。

(3)　関数 $y=bx^2$ のグラフ上に点Dをとると，△OBC＝△OBD となる点Dは2つある。このとき，点Dの x 座標をすべて求めよ。

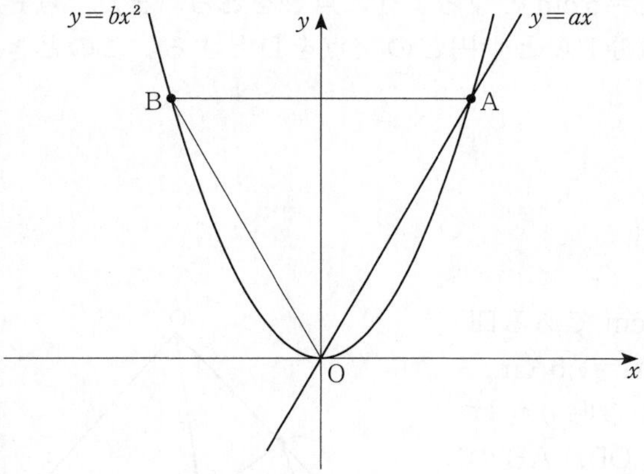

5　2軒の店A，Bが同じ商品を x 個ずつ仕入れ，異なる定価で売った。

店Aでは定価300円で，店Bでは定価 y 円で売り出したところ，Aでは仕入れ個数の $\frac{1}{5}$ が，Bでは $\frac{1}{4}$ が売れた。この時点では店Bの売り上げが店Aより1350円多かった。…①

そこで2店とも定価の2割引きで売ったところ，店Aでは仕入れ個数の $\frac{1}{3}$ が，店Bでは $\frac{1}{2}$ が売れた。

さらに，2店とも定価の5割引きで売ったところ，店A，店Bともに売り切れ，最終的な売り上げは店Aのほうが135円多かった。次の問に答えよ。ただし，消費税は考えないものとする。

(1)　①を x と y の式で表せ。

(2)　店Aの最終的な売り上げを x の式で表せ。

(3)　店Bの最終的な売り上げを x と y の式で表せ。

(4)　x と y の値を求めよ。

6　AB＝5 cm，AD＝8 cm であり，∠ADC の二等分線と辺 BC の交点をEとすると，AE⊥BC となるような平行四辺形 ABCD がある。

辺 AD の中点をMとし，線分 DE と対角線 AC，線分 CM の交点をそれぞれF，Gとするとき，次の問に答えよ。

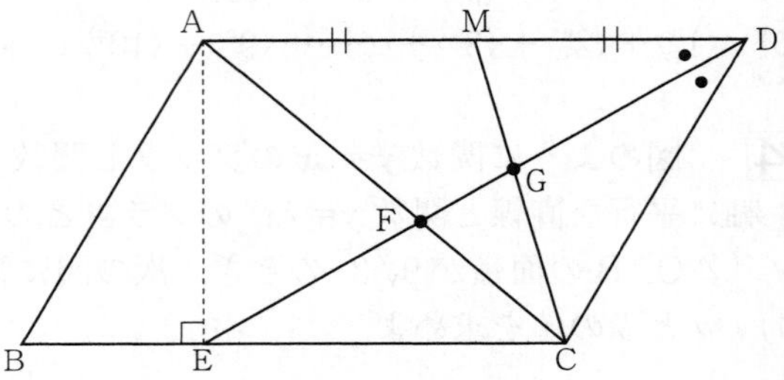

(1)　BE の長さを求めよ。

(2)　平行四辺形 ABCD の面積を求めよ。

(3)　△CFG の面積を求めよ。

7　直径 AB が 13cm である半円の弧 AB 上に BC＝5 cm となるように点Cをとる。また，点Pを半直線 BC 上に CP＝16 cm となるようにとり，線分 PA と半円との交点をDとする。このとき，次の線分の長さを求めよ。

(1)　AC

(2)　PA

(3)　CD

8　OA＝OB＝CA＝CB＝$2\sqrt{5}$ cm，AB＝OC＝4 cm である四面体 O-ABC の側面 OAB に，図のように PL＝PM＝$\sqrt{5}$ cm，PN＝2 cm となるように四面体 P-LMN を外側から貼り付けた。ただし，3点L，M，Nはそれぞれ辺 OA，OB，AB の中点である。このとき，次の問に答えよ。

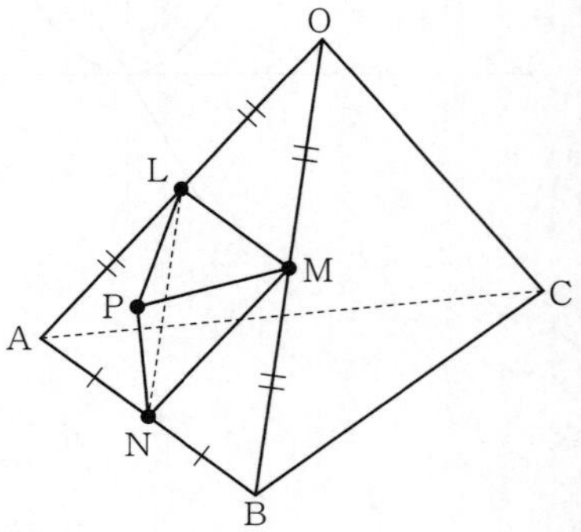

(1)　線分 ON の長さを求めよ。

(2)　頂点Pから辺 LM に下ろした垂線 PQ の長さを求めよ。

(3)　線分 PC の長さを求めよ。

問六　――⑥とはどういうことか。

1　肉を食べる人は菩薩に叱責されるということ
2　地獄の道は菩薩さえ近寄らないほど恐ろしいということ
3　菩薩は肉を食べる人を永久に見捨てるということ
4　人間が菩薩さえ近寄らないほど醜悪な姿になるということ

問七　⑦に入る四字のことばをこれより後の本文中から抜き出せ。

問八　――⑧はなぜか。

1　正気になって仏の肉を食べることの畏れ多さに気づいたから
2　肉を食べたらいっそう欲が抑えられなくなってしまったから
3　罪あることだとわかりつつ誘惑に負けて肉を食べてしまったから
4　自らを犠牲にして肉を与えてくれた仏の慈悲深さに感動したから

問九　――⑨はなぜか。

1　修行者の苦しい状況に同情したから
2　修行を成し遂げた修行者に感心したから
3　仏の慈悲に心を打たれたから
4　嘘《うそ》をつく修行者があわれだったから

問十　本文の内容に合うものはどれか。

1　修行者は二週間以上山寺に籠もって修行をしていた
2　人々は生き物の肉を食べた修行者を軽蔑した
3　鹿は修行者が寝ているそばで倒れて死んでしまった
4　地位や宝を手に入れたいという願いは叶わなかった
5　修行者は鹿の正体にすぐ気づくことができなかった

⑤今さらにはかばかしき事あらじとは思ひながら、かくし歩きはべり。などか助けたまはざらん。高き位を求め、重き宝を求めばこそあらめ、ただ今日食べて、命生くばかりの物を求めて賜《た》べ」と申す程に、戌亥の隅の荒れたるに、狼に追はれたる鹿入り来て、倒れて死ぬ。

　ここにこの法師、「観音の賜びたるなめり」と、「食ひやせまし」と思へども、「年ごろ仏を頼みて行ふこと、やうやう年積もりにたり。いかでかこれをにはかに食はん。聞けば、生き物みな前の世の父母なり。我物欲しといひながら、親の肉を屠りて食はん。物の肉を食ふ人は、仏の種を絶ちて、地獄に入る道なり。よろづの鳥けだ物も、見ては逃げ走り、怖ぢ騒ぐ。⑥菩薩《ぼさつ》も遠ざかりたまふべし」と思へども、この世の人の悲しきことは、後の罪もおぼえず、ただ今生きたる程の堪へがたさに堪へかねて、刀を抜きて、[⑦]の肉を切り取りて、鍋に入れて煮食ひつ。その味はひの甘きこと限りなし。

　さて、物の欲しさも失せぬ。力も付きて人心地おぼゆ。「あさましきわざをもしつるかな」と思ひて、⑧泣く泣くゐたる程に、人々あまた来る音す。聞けば、「この寺に籠りたりし聖はいかになりたまひにけん。人通ひたる跡もなし。参り物もあらじ。人気なきは、もし死にたまひにけるか」と、口々に言ふ音す。「この肉を食ひたる跡をいかでひき隠さん」など思へど、すべき方なし。「まだ食ひ残して鍋にあるも見苦し」など思ふ程に、人々入り来ぬ。

「いかにしてか日ごろおはしつる」など、廻りを見れば、鍋に檜《ひのき》の切れを入れて煮食ひたり。「これは、食ひ物なしといひながら、木をいかなる人か食ふ」と言ひて、いみじくあはれがるに、人々仏を見奉れば、左右の股を新しく彫り取りたり。「これは、この聖の食ひたるなり」とて、「いとあさましきわざしたまへる聖かな。同じ木を切り食ふ物ならば、柱をも割り食ひてんものを。など仏を損ひたまひけん」と言ふ。驚きて、この聖見奉れば、人々言ふがごとし。「さは、ありつる鹿は仏の験じたまへるにこそありけれ」と思ひて、ありつるやうを人々に語れば、⑨あはれがり悲しみあひたりける程に、法師、泣く泣く仏の御前に参りて申す。「もし仏のしたまへることならば、もとの様にならせたまひね」と返す返す申しければ、人々見る前に、もとの様になり満ちにけり。

　されば、この寺をば成合と申しはべるなり。観音の御しるし、これのみにおはしまさず。

（『古本説話集』五三「丹後国成合事」）

問一　——①からわかることはどれか。

1　法師が人間不信であったこと
2　法師の信仰心が非常に篤かったこと
3　法師が念入りに山籠もりの準備をしたこと
4　法師には道に詳しい知人がいること

問二　——②-a、bの意味はそれぞれどれか。

1　嘆く　2　考える　3　祈る
4　堪える　5　悩む

問三　——③の意味はどれか。

1　もう少し経っても、食べ物もなく人も訪れないだろう
2　もう少し経ったら食べ物も手に入り、人も訪れるだろう
3　もう少し経つと食べ物は手に入るが、人は訪れないだろう
4　もう少し経てば、食べ物はないままでも人は訪れるだろう

問四　——④と感じているのはなぜか。

1　私欲を満たそうとした罰で今にも死にそうになっているから
2　今まで信じていた仏が無力だとわかってしまったから
3　人を顧みず修行に励んだ結果、孤独になってしまったから
4　熱心に仕えてきた仏に見捨てられようとしているから

問五　——⑤の意味はどれか。

1　少しも頼りになることはないだろう
2　確実なことは言えないはずだ
3　これ以上ばかばかしいことはあるまい
4　順調であってほしくはない

ということ

3　フンコロガシにはフンコロガシの知能に見合った哲学があると提示しているということ

4　フンコロガシにとって重要な行為が人間の理性を混乱させるということ

問四　――④というのはなぜか。次の文の（1）・（2）に入る語を本文中から抜き出せ。

意味のある（　1　）に主眼を置いたパスツールの姿勢よりも、一見無意味な事象を（　2　）したファーブルの姿勢のほうが今の世の中に必要だから。

問五　⑤に入るのはどれか。

1　単純　　2　記号　　3　数値　　4　合理

問六　――⑥というのはなぜか。

1　物理学よりも情報学のほうが優れていることがわかったから

2　科学の世界にやっと情報という言葉が取り入れられたから

3　生物学は情報の集積で成り立つものだとされているから

4　生物学は情報学の一部であると規定されたから

問七　――⑦の意味はどれか。

1　優れた学説　　2　空虚な仮説

3　強引な仮説　　4　真新しい学説

問八　――⑧の「信仰」の対象はどれか。

1　唯一絶対の真実があるということ

2　自分のものの見方

3　生きものを情報として見るということ

4　全知全能である唯一絶対神

問九　――⑨とはどういうことか。

1　科学は自然が実験の形をとって現れたものであるということ

2　観察者が真剣に自然を見つめていれば業績につながるということ

3　生物は大昔から変わらない姿のまま自然界に存在するということ

4　自然を凝視することで疑問を認識できるということ

問十　⑩に入るのはどれか。

1　とても気に入らないのである

2　実は大好きである

3　非常に悲しいのである

4　よくわからないのである

問十一　══a〜eのカタカナは漢字に直し、漢字は読みをひらがなで記せ。

三　次の文章を読み、後の問に答えよ。

今は昔、丹後の国は北国にて、雪深く、風けわしくはべる山寺に、観音験じたまふ。そこに貧しき修行者籠りにけり。冬のことにて、高き山なれば、雪いと深し。これにより、①おぼろけならずは人通ふべからず。この法師、糧絶へて日ごろ経るままに、食ふべき物なし。雪消えたらばこそ出でて乞食をもせめ、人を知りたらばこそ「訪へ」とも言はめ、雪の中なれば、木草の葉だに食ふべき物もなし。五六日請ひ②-a念ずれば、十日ばかりになりにければ、力もなく、起き上がるべき心地もせず。寺の辰巳の隅に破れたる蓑《みの》うち敷きて、木もえ拾はねば、火もえ焚《た》かず、寺は荒れたれば、風もたまらず、雪も障らず、いとわりなきに、つくづくと臥《ふ》せり。物のみ欲しくて、経も読まれず、念仏だにせられず。ただ今を②-b念じて、「③今しばしありて、物は出で来なん、人は訪ひてん」と思はばこそあらめ、心細き事限りなし。今は死ぬるを限りにて、心細きままに、「この寺の観音、頼みてこそは、かかる雪の下、山の中にも臥せれ、ただひとたび声を高くして「南無観音」と申すに、もろもろの願ひみな満ちぬることなり。年ごろ仏を頼み奉りて、④この身いと悲し。日ごろ観音に心ざしを一つにして頼み奉るしに、今は死にはべりなんず。同じき死にを、仏を頼み奉りたらむばかりには、終わりをもたしかに乱れずとりもやするとて、この世には、て、なかなか理解してもらえませんね。なぜなら科学者は結局は唯一絶対の客観的現実なるものを信じているからである。まさか「自分のものの見方」だなんて思っていない。唯一の客観的真実があるとしても、それを知っているのは、全知全能である唯一絶対神だけだから、⑧これは実は信仰だが、大方の科学者はそう思っていない。それは私のせいではない。

　次はヘッケルの生物発生基本原則「個体発生は系統発生を要約して繰り返す」である。このくらい明瞭な情報的言明はない。だって、この法則そのものが学者の論文の書き方なんですからね。ある主題を研究するにあたって、当該の研究者は先人の業績、つまり系統発生を序文で「短く要約して繰り返す」。その後に自分の所見を多少とも付け加える。それで学問がその分だけ進歩する。ホラ、それって進化そのものでしょ。

　こう考えてみれば、一九世紀の生物学の法則とは、情報学の経験則とでもいうべきものである。以前この話を『人間科学』という本に書いたら、池田清彦さんに「面白すぎる」と評されてしまった。でも私自身はこれで大過ないと思っているのである。

　さてここで、パスツールとファーブルに戻る。パスツールは七つの大きな業績を上げている。そのいずれもが、同じパターンで問題を解決している。パスツールの場合、問題自体はあらかじめ与えられている。他人から何とかしてくれないかと頼まれたり、学界の懸賞問題だったりするのである。そこで彼はまず先人の業績を徹底的に集める。つまり情報を収集する。次に現場を観察する。そこで仮説を立て、その仮説の是非を決定する実験を行う。

> 　科学にも、時代によって突飛な考え方がある。今日では進化論が大流行りだが、当時流行っていたのは自然発生説であった。しかし、球形フラスコを、ある場合には消毒し、別のある場合には消毒をしないでおくなど、意図的に条件を変えて、単純明快かつ厳密な、素晴らしい実験を行なうことによってパスツールは、腐った物の中で化学変化が起きて生命が発生するという、愚かしい自然発生説を永久に葬り去ったのである。
>
> 　　　　――『完訳ファーブル昆虫記』第九巻下

　ファーブルは出だしが違う。だれに頼まれたわけでもない。⑨問題が虫の形をとって、向こうからやってくる。それを解決するやり方はパスツールに似ている。でも情報はほとんどない。問題を立てるところから始めて、すべてを自分でやってしまう。だれに頼まれたわけでもないから、他人の役には立たない。これが私は［　⑩　］。

　現在では科学は社会に取り込まれたものになった。自然から立ち上げて、答えを自然に返すような仕事はあまりない。公共のお金を使うから、仕方がないのであろう。つまらない世の中になりましたなあ。

（養老孟司『神は詳細に宿る』）

注1　パスツール（仏）…一九世紀の近代細菌学の祖。
注2　ファーブル（仏）…一九～二〇世紀にかけての昆虫の行動学の祖。
注3　ダーウィン（英）…一九世紀の博物学者で進化論を説いた。

問一　［　①　］に入るのはどれか。

1　再現　2　独自　3　一般　4　具体

問二　――②というのはなぜか。

1　情報として無益なものは無視されてしまうから
2　情報よりも感覚を優先してしまうようになるから
3　情報の積み重ねを当然だと考えてしまうから
4　既存の情報だけで世界を構成してしまいかねないから

問三　――③とはどういうことか。

1　フンコロガシにとってはその行為自体に生きる意義が込められているということ
2　フンコロガシの生態は世界の重要な一部であると訴えている

なら、番傘と一緒に絶滅すればいいではないか。なぜやや扁平《へんぺい》なのだ。あの動きはどういう意味か。歩くつもりか、飛ぶつもりか。ああいうものを見せられると、現代人は c サクランする。あってはならないものを、発見してしまったからである。そのサクランが、ゴキブリ退治という、徹底的にサクランした行動を引き起こす。

現代人は意味に包まれて生きるのを、暗黙のうちに当然としている。だから身の回りに無意味なものがないんでしょうが。石ころの一つも置いておけばいいではないか。机の上に石ころを置いて、存在の意義を考えなければならない時代になったのである。

④だからパスツールではなくて、ファーブルなのである。でもフランス大使館の人はこんな文章は読まないであろう。それに現代のフランス人だって、もっぱら意味に包まれて生きているに違いない。

ファーブルは注3ダーウィンと意見が違っていた。それは有名だが、なぜそうなるのか。これには深い意味がある。私はそう思う。それにはダーウィンの仕事とは、そもそもなんであったか、まずそれを考える必要がある。

一九世紀に生物学の分野で発見された三つの重要な法則がある。メンデルの遺伝に関する法則、ダーウィンの自然 d 淘汰説、ヘッケルの生物発生基本原則（反復説ともいう）である。これら三つの法則は、明らかに物理化学の法則ではない。じゃあ、なんなのだ。

どれも実は情報に関する法則である。メンデルは黄色いエンドウ豆をA、緑のエンドウ豆をaと書いた。遺伝子は両親から一つずつもらうから、遺伝子型はAA、Aa、aaの三つになる。それをそれぞれ掛け合わせると、どうなるか。それだけの話である。そのどこが立派な法則なんだ。単純な順列組合せじゃねーか。生意気ざかりの中学生だった私はそう思った。でもそれは違う。中学生は中学生なのである。メンデルの天才は、生物の形質が ⑤ 化できることを示した。中学生の私は、そんなこと、夢にも気づかなかったのである。メンデルはエンドウ豆をアルファベットの集団に変えてしまった。これが情報化の基礎でなくて、なんであろうか。それまでは黄色いエンドウ豆だったものが、Aになったんですよ、Aに。

念のためだが、一九世紀には「情報」という概念がない。一九五三年のワトソンとクリックのDNA二重らせんモデルの論文で、インフォメイションという言葉が正式に登場するのである。ところが生物から情報という概念を抜くことはできない。そのために、一九世紀の生物学者は、様々な苦労をした。なぜなら当時の自然科学は物理化学中心であり、いうなれば物理帝国主義だったから、情報なんてものがまさか生物の中心を占めているなんて、夢にも思わなかったからである。たとえばそこで生じたのが、生気論批判である。ハンス・ドリーシュは発生学者で、生気論者として知られている。米本昌平さんはドリーシュの本を翻訳して、要するに彼が言いたかったことは、今日の言葉でいえば「情報」だったとしている。生気論とは、生物には非生物にはない特別な力がある、というもので、私が教わった時代の生物学では、注4一八世紀以来の「時代遅れ」の考え方だとされていた。⑥いまになればわかるが、話は逆である。一部の生気論者は e センク的に過ぎて、当時の科学者には理解されなかったのである。

さて次はダーウィンの自然淘汰説である。私はここで名論⑦卓説を論じているのだが、これが読者である皆さんの脳という環境に合わないと、直ちに自然淘汰されてしまう。逆に世間に流布する逸話というのは、どんどん尾ひれがついて、話が面白くなっていく。これでしょ、自然淘汰による生物の進化というのは。生物を情報として見れば、情報に関する経験則が出てきてしまうのは当然ではないですか。

〈中略〉

生物を情報として見なければ、自然淘汰はかからない。だから自然淘汰説には、様々な反論が生じてしまう。だからと言って、自然淘汰が成り立たないというわけではない。生きものを情報として見るかどうか、要は生物に対する見方の問題である。こういう理屈っ

3　人と同じことを言っても無視されるだろう
4　本音を出したら嫌われるかもしれない

問八　⑧ に入る五字のことばを本文中から抜き出せ。

問九　――⑨ではなぜ「ゲーム」というのか。
1　社会の発展に直接かかわらない観念だから
2　支持や評価を得るためには戦略が必要だから
3　近代以降の社会には必ず勝者と敗者がいるから
4　相手とのかけ引きを楽しむ行為だから

問十　〈A〉～〈C〉に入るのはそれぞれどれか。
1　ところが　2　まして　3　もっとも
4　また　5　あるいは　6　たしかに

問十一　＝＝a～eのカタカナは漢字に直し、漢字は読みをひらがなで記せ。

二

次の文章を読み、後の問に答えよ。

一〇年ほど前に注1パスツール研究所の創立三〇周年記念ということで、フランス大使館から講演を頼まれた。私はもうボケているから、話の詳細は覚えていない。でもパスツールと注2ファーブルを並べて論じたことは記憶している。そうしたら講演の後で、大使館の人に「先生にはパスツールの話をしてくれと頼んだのに、ファーブルの話ばかりしてましたね」と言われてしまった。

パスツール研究所はあるけれども、ファーブル研究所はない。そういうことを考えると、私はコン畜生と怒りたくなるのだが、むろんその怒りに ① 性はない。フランス大使館も同情してはくれないであろう。パスツールは人類の役に立ったけれども、ファーブルは役に立っていないからである。

でも実は私は、それは全人類的な誤りだと思う。パスツール研究所があるなら、ファーブル研究所があっていい。むしろなくてはならない。そう言うべきであろう。②ファーブル研究所がないことが、全世界的に現代人の不幸を招いている。そう思うからである。

ファーブルは自分の目や耳、直接の感覚を通して、虫の世界、つまり自然を観照した。その結果、実に様々なことを発見した。

突然だが、昨年台湾に行った。台東の近くの山中で、道の上でフンコロガシが糞を転がしていた。みごとな真球だった。カメラを携帯していたので、道に寝転がって、その写真を撮った。この採集旅行中に撮った写真は、それ一枚だけである。ファーブルもフンコロガシの写真を撮っていたと思う。だれだって撮りますよ、あれは。

現代人は感覚を通して世界を受け入れることをしない。そんなことはないよ。テレビを見たって、新聞を読んだって、ケータイだって、目や耳が働いてなければ、どうにもならないじゃないか。そういうことではない。いまでは目や耳から入れるものは情報である。その情報とはなにか。意味をもっていることである。情報は常に意味に直結している。意味に直結する感覚入力を情報と呼ぶのである。

台湾の山中で糞を転がしている虫に、どんな意味があるのか。断じてない。だからそれは情報にならない。でも虫はaダンコとして糞を転がす。そこでしょうが、問題は。③フンコロガシは糞を転がすことによって、世界の、あるいは宇宙の、そして全存在の意味を問うている。現代のバカはそれがわからないから、虫を踏みつぶして終わる。

オフィスの中、マンションの部屋の中に、無意味なものがあるか。石ころがあるか。水たまりがあるか。草木が生え、根が張っているか。現代人はそういうものを徹底してbハイジョする。そして「意味に囲まれて」生きる。だからそういう場所に出てきてはいけないものが発生する。それがたとえばゴキブリ。なぜ大の男が血相を変えて、あのどうでもいい虫を徹底的にハイジョする行動に出るのか。意味が不明だからであろう。ただいま、この瞬間、なぜゴキブリがここに出現しなければならないのか。しかもあの姿形の意味がわからない。なぜ昔の番傘みたいな色なのだ。保護色だという

近代以前の西欧社会ではキリスト教の価値観が強い影響力を持っていたので、その価値観に反する行動はほとんど不可能であり、個人の自由は存在しなかった。（ C ）十八世紀以降、市民革命と資本主義の発展にともなって、個人が自由に生きる条件も次第に整いはじめた。といっても、「人間は生まれながらにして自由であるが、しかしいたるところで鉄鎖につながれている」というルソーの言葉が示すように、最初はまだ伝統的価値観の影響力が強く、自由な行動には数多くの制約があった。伝統的価値観に反する行動は ⑧ が得られず、周囲の信用を失ってしまう危険性が高かったのだ。

ここに「自由と承認の葛藤」が生み出されたのであり、それはまず「個人と社会の葛藤」として現われ、「個人は社会に抑圧されている」といった世界像を生み出した。自由に生きる条件は確実に増大していたが、しかし自由への欲望が高まったことで、むしろ「社会によって自由が抑圧されている」と感じられやすくなったのである。

〈中略〉

現在では、社会の抑圧がそれほど強いわけではなく、自由に生きることを妨げるe足枷はほとんど存在しない。科学の進歩と産業の発展、二度の世界大戦、マルクス主義の退潮、そして消費社会の到来によって、先進資本主義諸国においては伝統的価値観の影響力が弱くなり、多くの人が特定の考え方に縛られず、自由に生きられるようになっている。

しかしその一方で、誰もが認めるような行為の規準が見えにくくなり、何をすれば他者に認めてもらえるのか、きわめて不透明な状況になったのも事実である。このため多くの人間は、自分の感情や思考を自由に表出すること、自由に行動することを抑制し、身近な人々の承認を維持するために、彼らに同調してしまいやすい。自由と承認の葛藤は、いまや「個人の自由」と「社会の承認」の葛藤ではなく、「個人の自由」と「身近な人間の承認」の葛藤になっている。

いま、コミュニケーション能力が重要になり、⑨「空虚な承認ゲーム」が蔓延《まんえん》しているのは、社会共通の価値観を基盤とした「社会の承認」が不確実なものとなり、コミュニケーションを介した「身近な人間の承認」の重要性が増しているからなのだ。

（山竹伸二『「認められたい」の正体　承認不安の時代』）

問一　——①とはどういうことか。

1　理想が先立って、実現不能な「生き方」が求められる
2　各自に求められる、振る舞いの「型」がある
3　社会の良くない面から目を背け、「幸せ」を強調する
4　「個人」が優先されて、家庭内での親睦がない

問二　②に入るのはどれか。

1　挿話　2　秘話　3　講話　4　寓《ぐう》話

問三　——③とはどういうことか。

1　自己の利益を最優先する姿勢
2　自然の欲求だけに従って生きる状態
3　価値観の共有を拒絶する姿勢
4　理念的な目標を見失っている状態

問四　——④にあてはまる具体例はどれか。

1　図書館に趣味の本を入れてくれるよう申請する
2　差別や紛争をなくすために海外に留学する
3　志望校合格を目指して塾で切磋琢磨《せっさたくま》する
4　トレーニングに打ち込んで立派な身体をつくる

問五　⑤に入る二字の語をこれより前の本文中から抜き出せ。

問六　——⑥の意味はどれか。

1　だますこと　2　ほめること
3　あわれむこと　4　はげますこと

問七　⑦に入るのはどれか。

1　うまく表現できずに自己嫌悪に陥りたくない
2　理解してくれない相手を責めてしまいそうだ

自分一人で動物的に欲求を満たす人々が多数派を占めているわけではない。大多数の人間は現在もなお、身近な人間関係や小集団のなかで承認を求めている。そのため、学校や職場、趣味の共同体など、自分が属する集団において共有された価値観を重視し、その価値観に準じた言動を心がけている。

小集団ごとに異なった価値観が信じられているとしても、集団内で共有された価値観は、集団に属する者として承認されるための参照枠として機能する。食品の研究所では新食品の開発が、サッカーの部活動ではチームワークや高度なプレーが、「価値ある行為」と見なされ、仲間としての承認を高めてくれる規準となる。この点は社会共通の価値観が社会的承認の参照枠でもあるのと同じである。

しかし一方では、自分が属する小集団の価値観は、誰もが信じている価値観というわけではないこと、世の中には多様な価値観が存在することを、普通は誰もが知っている。そのため、④自分が属する小集団の価値観への熱狂が冷め、関心が薄れると、その価値観に準じた行為に意味を見出すことができなくなる。それでも仲間の承認だけは維持したいため、そうした行為の価値を無意味に感じる反面、それをやめることができない。

たとえば営利目的の職場であれば、売り上げを伸ばせば評価され、承認を得ることはできるし、うまくいっている間はそれも楽しめる。だが一方では、そのような行為が職場以外ではさして評価されないことを知っているため、仕事がうまくいかなくなれば、ただ営業成績を競う日々の生活に価値を見出すことができなくなる。しかし周囲の批判を怖《おそ》れ、彼らの承認を維持するために、そうした行為をやめることができないのだ。〈Ｂ〉、学校の同級生や幼稚園の保護者どうしのような仲間関係においては、目的や価値観を共有して集まったわけではないため、より一層、承認を維持することだけが目的になりやすい。

承認を維持するための ⑤ 化された空虚な行為という意味では、これは先に述べたシニシズムと同じだが、異なっている点は、もはや虚構としても社会共通の価値観は措定されず、そうした価値観を信じようとする自己⑥欺瞞《ぎまん》的な意識も存在しない、ということだろう。〈中略〉

それがすでに述べた「空虚な承認ゲーム」なのである。

「空虚な承認ゲーム」においては、自分の思うままに行動したい、感じたままに発言したい、という思いは、「 ⑦ 」という不安によって、ある程度までｃガマンせざるを得なくなる。そもそも愛情や信頼を感じている相手でない限り、過度の配慮や同調は負担なだけであり、自分の自然な感情を抑圧することで、自己不全感を招いてしまうだろう。

それは「承認」を過度に優先し、「自由」を必要以上に抑圧した結果とも言える。

もともと「自由への欲望」と「承認への欲望」の間には葛藤が起きやすい。たとえば、職場で自分のやりたい仕事があっても、上司や同僚に気を遣って断念したり、休日は寝ていたいと思っても、恋人の買い物や友人の遊びに付き合ったり、私たちは他者の承認を維持するために(「承認への欲望」を満たすために)、ある程度まで自由な行動を抑制する。逆に、相手の批判や軽蔑を怖れず、自分が思ったとおりに行動するなど、他者の承認よりも自由への欲望を優先させる場合もある。

一般的に、承認に対する不安が強い人間ほど、他者に承認されるためのｄカジョウな努力、不必要なまでの配慮と自己抑制によって、自由を犠牲にしてしまいやすい。自分の自然な感情や考え(本当の自分)を抑圧し、「偽りの自分」を無理に演じてしまうのだ。その結果、心身ともに疲弊して病気になってしまうケースも少なくない。

すでに述べたように、社会共通の価値観(＝大きな物語)への信頼が失墜《しっつい》したため、何をしたら承認されるのかがわかりにくくなり、結果として承認不安が強くなっている。だが、「自由と承認の葛藤」という観点からもう一歩踏み込んで考えると、そこには「自由な社会の到来」という、より大きな時代背景が見えてくる。

二〇二一年度　青山学院高等部

【国語】（五〇分）〈満点：一〇〇点〉

◎選択肢のある設問は、最も適当なものを選んでその番号を記すこと。
◎字数指定のある設問は、句読点や記号も一字とする。

一　次の文章を読み、後の問に答えよ。

見田宗介によれば、日本において社会共通の価値観が壊れはじめたのは一九七〇年代以降であり、以後、「虚構の時代」と呼ぶのがふさわしいような新しい時代に突入する。それは「関係の、最も基底の部分自体が、『わざわざするもの』、演技として、虚構として感覚される」時代である、と見田は言う。たとえば親子や夫婦といった関係も、親として、子として、夫として、妻として、各々が自分の役割を演技として感じている、①どこか現実ではない虚構として感覚されている。

東浩紀はこうした「虚構の時代」について、「大きな物語がフェイクとしてしか機能しない時代」だと指摘している。

「大きな物語」とは宗教やイデオロギーなど、個人が生きる意味を見出すための社会共通の価値観であり、たとえばキリスト教が強い影響力を持つ社会では、神への信仰を示す行為や生き方こそ、その人の生の意味を決定するし、共産主義の国家では、国家に忠誠を示す行為こそが賞賛され、その価値を認められるだろう。

しかし、こうした「大きな物語」が信用を失い、社会共通の価値観がゆらいだとき、私たちは何をすれば社会に認められるのか、そして生きる意味を見出すことができるのか、その規準を見失ってしまう。そのため、「大きな物語」のフェイク（偽物）を無自覚のうちにa捏造し、それを信じようとすることで、かろうじて生きる意味を見出そうとする。家族が各々の役割を演じるのも、一方では家族の理想像を見失っているにもかかわらず、幸せな家族の像をあえて信じようとしなければ、自分の居場所を見出せないからなのだ。

このように、信じるべき価値を持たないからこそ、形式だけでも信じるふりをしてしまう精神、これを哲学者のスラヴォイ・ジジェクはシニシズムと呼んでいる。

たとえばナチズムやスターリニズムといった二十世紀のイデオロギーbスウハイの根底にあるのは、こうした意味でのシニシズムであるという。民衆はそれを本気で信じていたわけではなく、ただ形式的に信じるふりをしていたにすぎない。「ふりをしていた」と言っても、自覚的に演技していたわけではない。自分がそうした思想を信じていることに対して、意識の上で疑念はないのだが、しかし心のどこかで疑っているため、自分の態度にどこか「わざとらしさ」を感じてしまうのだ。

「シニカルな主体は、イデオロギーの仮面と社会的現実との間の距離をちゃんと知っているが、それにもかかわらず仮面に執着する」。ジジェクによれば、これは「王様は裸だ」と知っていながら知らないふりをしていた、あの［　②　］における民衆たちと同じなのである。

しかし、こうしたシニシズムの時代は終わりに近づいている、と東浩紀は主張する。もはや意味への渇望を人間関係のなかで満たすことはできず、他者の承認を求めることもなく、自分だけで欲求を満たすしか道はない。そして東浩紀はこのような変化を③「動物化」と呼んでいる。

だが、はたしてそうだろうか。確かに人間は他者の承認ばかりを求めているわけではないし、単独で欲求を満たす可能性もあるかもしれない。「他者の承認など必要ない」と主張する人間も、決して少ないわけではない。しかしそれでも、他者の承認は自分の存在価値に関わる、最も人間的な欲望であり、長期にわたってそれなしに生きていける人間はほとんどいないだろう。

〈　A　〉現代の日本社会では、社会共通の大きな価値観に対する信頼はゆらいでいる。だからといって、他者の承認を求めないような、

英語解答

I Part 1　1…C　2…D　3…C
4…A
Part 2　5…C　6…A　7…A
8…C　9…B　10…C
11…D　12…D
Part 3　13…A　14…B　15…B

II 1　D　2　C　3　B　4　B
5　A

III 1　3番目…tell　6番目…my
2　3番目…read　6番目…the
3　3番目…seen　6番目…other
4　3番目…glass　6番目…for
5　3番目…living　6番目…it

IV 1　B　2　A　3　D　4　C
5　A　6　C　7　B　8　D
9　B，E

V 1　C　2　D　3　B　4　A
5　C　6　D　7　A　8　C
9　B　10　B

I〔放送問題〕解説省略

II〔長文読解─適語(句)選択─物語〕

≪全訳≫❶エミリーが夫のジャックを真夜中に起こして，「子犬が家の中にいるのを見つけたの」と彼に言ったとき，彼は彼女が言っていることが理解できなかった。「赤ちゃんは大丈夫よ。でも，家に子犬がいるの！」と彼女は言った。❷その犬は防犯カメラに写っていた。午前３時15分頃に家に歩いて入ってきた。「もしかしたら，台所のドアから家に入ってきたのかもしれない。ずっと開けっ放しにしていたから。僕が１階に降りると，冷たいぬれた子犬が床の上に座っているのを見つけたんだ」とジャックは言った。❸翌朝，エミリーとジャックはアドバイスをもらうために動物管理センターに電話した。すると，犬にマイクロチップが埋め込まれていれば，犬を飼い主のところに戻せますよ，とセンターの人たちは言った。❹そこで２人は子犬を近所の獣医のところに連れていった。チップを見つけることは，子犬を手放さなくてはならないことを意味する。２人は子犬に愛情を感じ始めていることに気づいていた。子犬にはチップは埋め込まれていません，と獣医は言った。子犬にはいくらか健康上の問題があり，子犬のように見えるが，実際には10～12歳の間です，と獣医は言った。２人は子犬の飼い主を探すために街中にポスターを貼ることにし，１か月待った。❺１か月後，ようやくエミリーとジャックは子犬を飼えることになり，デイジーと名づけた。デイジーは夫婦の生後１か月の娘にもとても優しかった。これが，エミリーとジャックが家族の新たな一員を手にしたいきさつだ。

＜解説＞１．空所以下は understand の目的語となる間接疑問となる。間接疑問は‘疑問詞＋主語＋動詞’の語順。ジャックは寝ていたところを起こされたので，エミリーが「何を」言っているのかよくわからなかったのである。　２．there was a cold, wet puppy で文としては成立しているので，空所以下は前の puppy を修飾する部分。「～している」の意味で名詞を修飾する現在分詞 sitting が適切。puppy sitting on the floor は，現在分詞 sitting が on the floor という語句を伴って前の名詞 puppy を修飾する‘名詞＋現在分詞＋語句’の形。　３．文の動詞 would mean に対応する主語となる部分。Finding a chip「チップを見つけること」＝「子犬を手放さなければならないこと」という関係。　４．‘look like＋名詞’「～のように見える」の形。　*cf*.‘look＋形容詞’「～のように見える」
５．‘between *A* and *B*’「*A*と*B*の間」

Ⅲ〔整序結合〕

1．‘ask＋人＋to ～’「〈人〉に～するように頼む」の形でI asked her toとし，この後‘tell＋人＋about＋物事’「〈人〉に〈物事〉について言う」の形を続ける。残りのnotは，文脈からto不定詞のto tellを否定するのに使うとわかる。to不定詞を否定するnotは，原則としてtoの前に置く。 I asked her not to tell anybody about my problem but she did. 「私の問題について誰にも言わないように彼女に頼んだのに，彼女は言った。私はとても悲しかった」

2．for the first timeで「初めて」。残りは一般動詞の疑問文の形にすればよい。 When did you read the Bible for the first time? 「A：初めて聖書を読んだのはいつですか？／B：ああ，まだ一度も読んだことがないんです。とても興味があります」

3．文頭のTheyは*Kitakitsune* (Japanese red foxes)を指す。語群から「他の地域では見られない」といった意味になると推測できる。‘be動詞＋過去分詞’の受け身形でThey can't be seenとし，残りは‘any other＋単数名詞’の形を使ってin any other area (in Japan)とする。 They can't be seen in any other area in Japan. 「キタキツネ(日本のアカギツネ)を見たければ，北海道に行かなくてはなりません。日本の他のどの地域でも見られないのです」

4．‘ていねいな依頼’を表すWould you mind ～ing?「～してくれませんか」の文。getting以下は‘get＋物＋for＋人’「〈物〉を〈人〉のために手に入れる」の形にまとめる。 a glass of ～「グラス1杯の～」 Would you mind getting a glass of water for me? 「A：お水を1杯もらえますか？／B：いいですよ。ちょっとお待ちを」

5．まず，be worried about ～「～を心配する」を用いてI am not worried about living hereとする。あとは接続詞althoughがあるのでalthough it is noisyとすればよい。このitは‘状況’を表すitで，訳す必要はない。 I am not worried about living here although it is noisy. 「うるさいけど，ここに住むことを心配してはいません。ここはとてもおもしろい場所です」

Ⅳ〔長文読解総合—説明文〕

《全訳》❶キューバ共和国は，カリブ海の島国の1つである。キューバの面積は11万860平方キロメートルで，カリブ海最大の国である。クラシックカー，音楽やダンスへの愛好，そしてその独自の歴史によって世界中に知られている。しかし，キューバ料理についてはそんなに多くの人は知らないかもしれない。❷キューバ料理は，フランスやアラブ，中国，ポルトガルの料理法にも影響されているが，スペインとアフリカの影響が最も大きい。他の多くのカリブ諸国と違って，キューバ料理は辛い香辛料を多くは使わない。❸最も人気のある料理には，黒豆，煮込み，肉などがある。鶏肉と豚肉が人気の肉であり，ウサギ肉が食べられることもある。多くの家庭では，米と豆が全ての食事で食べられている。もう1つの主食はプランテンだ。プランテンは味や印象がバナナに似ており，焼いたりすりつぶしたりもできるが，普通は炒められている。❹典型的なキューバの朝食は，普通は午前7～10時に出され，トスターダ(焼いたキューバ式パン)とカフェコンレーチェ(温かいミルクの入ったエスプレッソコーヒー)などがある。トスターダは細かくちぎってコーヒーに浸すことが多い。昼食にはエンパナーダ(キューバ式サンドイッチで，鶏肉または他の肉，ピクルス，マスタードを挟む)とパンコンビステック(キューバ式パンに，薄切りステーキ，レタス，トマトを挟む)が人気の料理である。夜に最も人気の夕食の1つはロパビエハである。これは一種のビーフシチューで，新鮮なトマト，タマネギ，トウガラシ，ニンニク，ワインを使ってゆっくり調理される。そしてもちろん，米や豆，プランテンと一緒に出される。ロパピエハ以外は，牛肉はキューバの伝統料理では普通は使われない。❺ホテルに滞在している裕福なキューバ人や観光客はたいてい，多様な食材を食べている。例えば，ロブスターはキューバの漁師がよく捕獲するが，観光客向けの高級レストランでしか普通は販売されない。最近，キューバを訪れる人が増えており，これはキューバの経済にとってはいいことだが，これはまた，一部の食材が地元民の大半が買うのが難しく，あるいは買えないほど高くなっていることも意味している。❻キューバにはマクドナルドやバーガーキングのようなアメリカの人気ファストフード店はないが，独自のファストフード店はある。エルラピド(*El Rapido*)はケンタッキーフライドチキンに似ており，マクドナルドに似たチェーン店のブルギ(*Burgui*)はキューバの全ての大都市に店があり，24時間営業だ。キューバとアメリカの関係は改善し始めているので，マクドナルドや他のアメリカのチェーン店が将来オープンする可能性はある。❼キューバは公式には宗教国家ではないが，多くの人々はキリスト教徒であり，クリスマスは国民の祝日である。クリスマスイブには，キューバのキリスト教徒たちはオリーブ，キューバ式パン，サツマイモ，焼き豚などの盛大な料理をつくる。大みそかの１つの伝統は，日にちが変わる直前にブドウを12粒食べることである。これは１年の全ての月を思い出すために行われる。他の特別な日には，４月４日(子どもの日)，５月１日(労働者の日)，10月10日(独立記念日)がある。こうした日には，店はたいてい閉まっているので，多くの人たちは料理を詰めて，お祝いをするためにビーチに向かうのだ。

1 **＜内容真偽＞**A.「その史跡には，世界中にファンが多い」…×　B.「同地域の他の国々よりも大きい」…○　第１段落第２文に一致する。　C.「多くの国に車を売っている」…×　D.「人々は歌とダンスがとても得意だ」…×　第１段落第３文より，歌とダンスを愛する国民であることはわかるが，得意とは書かれていない。

2 **＜語句解釈＞**直前のanother「もう１つの，別の」に注目。この前で毎食食べられる物としてrice and beansが挙げられていることから，プランテンは米や豆と同じく，A.「たくさん使われる基本的な食べ物」だとわかる。　staple (food)「主食」

3 **＜適語(句)選択＞**ア．この前後で，キューバの代表的なbreakfastとdinnerが紹介されていることから判断できる。　イ．「もちろん」主食である米や豆，プランテンと一緒に食べるのである。of course「もちろん」

4 **＜語句解釈＞**consumeは「～を消費する」という意味。これを知らなくても，文の主語Richer Cubans and touristsと，目的語a wider variety foodsから判断できる。

5 **＜適語選択＞**観光客が増えれば，国の「経済」は潤う。　economy「経済」

6 **＜文脈把握＞**キューバのファストフード店について書かれているのは第６段落。この段落の最終文に「キューバとアメリカの関係は改善し始めている」とあることから，C.「キューバとアメリカの関係がそんなに親密ではなかった」ことが，マクドナルドがキューバにない理由と考えられる。

7 **＜適語句選択＞**次の文のto remember each month of the yearから判断できる。このto不定詞は‘目的’を表す副詞的用法で「～するために」。

8 **＜適所選択＞**与えられた英文は，キューバの特別な日を紹介したもの。第７段落は，同様にクリスマスと大みそかという特別な日について説明している。

9 **＜内容真偽＞**A.「キューバ料理は同地域の他の国々の料理と似ている」…×　第２段落第２文参照。　unlike「～とは違って」　be similar to ～「～に似ている」　B.「キューバは人気の訪問先になっているが，キューバ料理はさほど有名ではない」…○　第１段落最終文および第５段落最終文に一致する。　C.「牛肉はキューバの伝統料理の多くで使われている」…×　第４段落最終文参照。　D.「キューバ人は肉をたくさん食べるが，ウサギ肉が特に人気だ」…×　第３段落第３文参照。「特に人気」という記述はない。　E.「キューバ人の多くにとって，ロブスターを買うのは難しい」…○　第５段落第２，３文に一致する。　F.「スペイン料理とアフリカ料理を販売しているレストランが，キューバでは大人気だ」…×　第２段落第１文参照。be influenced by ～「～の影響を受ける」　G.「キューバのキリスト教徒たちは，料理をつくるためにクリスマスイブに休暇を取る」…×　第７段落第２文参照。「休暇を取る」という記述はない。

V〔**長文読解総合―ノンフィクション**〕

≪全訳≫❶３月20日の朝，ホアンという名の船乗りが，５月25日の父の90歳の誕生日のために，ボートで家に戻ることに決めた。しかし，彼の計画には１つの問題があった。彼の家族は南米のアルゼンチンに住んでおり，ホアンはヨーロッパの小さなポルトサント島にいたのだ。ボートでの旅は完了するのに普通は２か月かかるので，彼にはあまり時間がなかった。彼はすぐに家族に電話して，計画を伝えた。そして，13メートルのボートにツナ缶とフルーツ缶と米を詰め込み，大西洋横断の船旅に出た。❷航海がホアン一家の生き方である。ホアンが３歳の頃から，父は自分が船長を務める漁船にホアンと兄弟を乗せた。ホアンにとって，海から離れた生活を想像するのは難しく，18歳になったとき，彼はアルゼンチン南部の別の漁船で仕事を始めた。ある日，パタゴニア沖近くで，経験豊富な漁師が彼に１つのアドバイスをくれたのを，彼は今でもはっきり覚えている。「①君は世界を見に行くべきだ」と漁師はホアンに言った。そしてホアンはそうした。❸ホアンは世界中を航海し始めた。途中で停泊した場所は，ベネズエラ，スリランカ，ハワイ，ブラジル，アラスカ，などだ。彼は動物保護団体のためにウミガメやクジラのことを調べ，夏は個人用のボートで仕事をして過ごした。この間ずっと，彼は自分自身のボートを買うために貯金していた。「ボートでの生活は，家での普通の生活よりもずっとお金がかからずに済む。レストランにも行かないし，その他のことにもお金を使わないから，たくさん貯金ができる」とホアンは言う。こうして，彼は数年後に自分自身のボートを買うことができ，これが彼がポルトサント島で乗っていたボートだった。❹ホアンが家へ向かう旅を始めてから最初の数日は天候が良く，海も穏やかだった。彼は５月に父と会うことを想像し始めた。しかし，この後すぐに，予期せぬ出来事が起こり始めた。❺彼はアフリカ西方にある島国のカーボベルデに停泊して，食料と燃料を手に入れる予定だったが，天候が急に悪化した。彼の次の停泊予定地はブラジルだった。長旅ではあるが，彼はブラジルに着けるだけの燃料と食料がまだあると判断したので，カーボベルデには停泊しないことに決めた。帆をもっと使い，風に頼れば燃料を節約できるし，必要ならば食べる魚を捕まえることもできる，と彼は思っていた。しかし，天候はさらに悪化し，何日も魚は捕れなくなった。そして，巨大な波がボートを揺らし，ボートにいくらかダメージを与えた。❻船旅のペースがどんどん遅くなると，ホアンは初めて家に着けないかもしれないと考え始め，希望を失い始めた。この頃，彼は船の明かりを見たとか，その船が彼の後をつけているとか思い始めた。船はどんどん近づいているように思え，彼のボートにぶつかりすらするかもしれないと思えた。ホアンは知らなかったが，彼は妄想症を患っていた。これは，長い船旅をする孤独で鬱になった(悲しんだ)船乗りにときどき起こる状態である。❼この大変なときに，ホアンは助けを求めて祈り始めた。この後すぐに，彼は巨大な鳥が近くを飛んでいるのに気づいた。その鳥は，彼のボートがちなんで名づけられている種類の鳥であるトウゾクカモメだとわかった。「カモメが，諦めるな，進み続けろ，と私に言っているかのようでした」と彼は言った。この後すぐに，彼はイルカの群れがボートに沿って茶目っけたっぷりに泳いでいるのに気づき始めた。「気分が落ち着き始めました」とホアンは今では言う。❽イルカは彼のボートの隣を1000キロ以上にわたって泳ぎ，ついに彼はブラジルに着いた。大波で受けたダメージは修理する必要があったので，彼のブラジルでの停泊は予想より10日間長くなった。その間，彼は自分の船旅を兄〔弟〕がインスタグラムで人々に知らせていたことを知り，彼が6月17日にようやくアルゼンチンの家にたどり着くと，知らない大勢の人たちが彼を歓迎するために待っているのを見て，彼は驚いた。その人たちの前に立っていたのは，世界を船で半周してまで彼が会いたかった人だ。⑤ホアンは父の90歳の誕生日を祝えなかったが，父の日には間に合って家に到着した。❾「私には航海を続ける強い意志があります。港に入ったときは，特別な感覚がありました。父は私に航海の仕方をここで教えてくれました。私の旅は終わりましたが，ある意味では，ここから始まりもしたのです」とホアンは言う。

1 **＜適文選択＞**「空所①に入る最も適切なものは次のうちどれか」　直後の he did.「彼はそうした」の did は，空所①の内容を受けていると考えられる。この did に当てはめて意味が通るのはC。

2 **＜英問英答＞**「ホアンがボートでの生活で良いことの1つだと考えているのはどれか」―D.「あまりお金を使う必要がない」　第3段落第4文参照。

3 **＜語句解釈＞**「本文の『skua』を最も適切に説明している文を選べ」―B.「鳥の一種で，ホアンのボートの名前でもある」　第7段落第2，3文参照。　turn out to be ～「～であることが判明する」　‘*A* is named after *B*’「*A*は*B*にちなんで名づけられている」

4 **＜語句解釈＞**「本文における paranoia の意味はどれか」―A.「何かを見ているような気にさせる状態」　第6段落第2，3文参照。明かりが見え，近づいてきたと思っていた船は，ときに長期航海中の孤独な船乗りに起こる paranoia「妄想症，偏執症，パラノイア」による幻覚だった。

5 **＜適文選択＞**「空所⑤に入る適切な文は次のうちどれか」　直後にある‘逆接’の but に注目。his father’s 90th birthday は祝えなかったが，Father’s Day には間に合った。

6 **＜英問英答＞**「本文中で起こったのは次のうちどれか」―D.「ホアンはブラジルに最初の予定よりも長く滞在した」　第8段落第2文参照。予定よりも10日長く滞在した。

7 **＜英問英答＞**「本文中で起こらなかったのは次のうちどれか」―A.「イルカは，ホアンが自分の国に着くまでボートの隣を泳いだ」　第8段落第1文参照。故郷のアルゼンチンまでではなく，ブラジルまでである。

8 **＜英問英答＞**「出来事の正しい順番はどれか」―C.「天候が良かった」(第4段落第1文)→「嵐がきた」(第5段落第1，5，6文) →「ホアンは落ち込んだ」(第6段落第1文)→「イルカがボートの後を追ってきた」(第7段落第5文) →「ボートが修理された」(第8段落第2文)　repair「～を修理する」(≒fix)

9 **＜要旨把握＞**「本文の主旨の1つを述べている文はどれか」―B.「ホアンは困難もあったが，今後も海での生活を続けるだろう」　第9段落参照。困難な状況を乗り切ったホアンは，今後も航海を続け海の男として生きていく決心をしている。

10 **＜要旨把握―地図を見て答える問題＞**「ホアンの母国への旅の正しい順番を選べ」Porto Santo を出発し，Cape Verde には寄らずに(第5段落第1～3文)，Brazil まで行き(第8段落第1～2文)，Argentina にゴールした(第8段落第3文)。

数学解答

1 $\dfrac{3\sqrt{6}}{4}$

2 (1) 90個　(2) 119個

3 (1) 4　(2) 4　(3) 20

4 (1) $a=\sqrt{3}$，$b=\dfrac{\sqrt{3}}{3}$　(2) $(1,\ \sqrt{3})$

(3) $\dfrac{-3+\sqrt{33}}{2}$，$\dfrac{-3-\sqrt{33}}{2}$

5 (1) $\dfrac{1}{4}xy=60x+1350$　(2) $210x$円

(3) $\dfrac{31}{40}xy$円　(4) $x=180$，$y=270$

6 (1) 3cm　(2) 32cm^2

(3) $\dfrac{200}{117}$cm^2

7 (1) 12cm　(2) 20cm　(3) $\dfrac{52}{5}$cm

8 (1) 4cm　(2) 2cm

(3) $2\sqrt{7}$ cm

1〔数と式—式の値—平方根〕

与 式$=\dfrac{4(x^2+2xy-2y^2)-3(x^2+3xy-2y^2)}{12}=\dfrac{4x^2+8xy-8y^2-3x^2-9xy+6y^2}{12}=\dfrac{x^2-xy-2y^2}{12}=\dfrac{(x-2y)(x+y)}{12}$となる。$x=2\sqrt{3}+\sqrt{2}$，$y=\sqrt{3}-\sqrt{2}$より，$x-2y=(2\sqrt{3}+\sqrt{2})-2(\sqrt{3}-\sqrt{2})=2\sqrt{3}+\sqrt{2}-2\sqrt{3}+2\sqrt{2}=3\sqrt{2}$，$x+y=(2\sqrt{3}+\sqrt{2})+(\sqrt{3}-\sqrt{2})=3\sqrt{3}$だから，$\dfrac{(x-2y)(x+y)}{12}=\dfrac{3\sqrt{2}\times3\sqrt{3}}{12}=\dfrac{3\sqrt{6}}{4}$となる。

2〔場合の数—自然数〕

(1)＜**数の個数**＞3けたの自然数で，一の位から逆の順番で読んでももとの数と等しくなるのは，一の位と百の位の数が等しいときである。一の位と百の位の数の選び方は1から9の9通りあり，十の位の数の選び方は0から9の10通りなので，このような自然数は全部で9×10＝90(個)ある。

(2)＜**数の個数**＞1けたの自然数は，逆の順番で読んでも同じ数だから，1から9までの9個ある。2けたの自然数で逆の順番で読んで同じ数になるのは，十の位の数と一の位の数が同じ場合で，11，22，33，……，99の9個ある。また，3けたの数は，(1)より90個となる。さらに，4けたの数で千の位の数が1のときは一の位の数も1であり，百の位の数と十の位の数は同じ場合だから，00，11，22，33，……，99の10個となり，千の位の数が2のときは，2002の1個となる。よって，9＋9＋90＋10＋1＝119(個)となる。

3〔特殊・新傾向問題〕

≪**基本方針の決定**≫一の位の数に着目する。

(1)＜**数の計算—5でわった余り**＞自然数を5でわったときの余りは一の位の数でわかり，自然数の一の位の数が1，6のとき1，一の位の数が2，7のとき2，一の位の数が3，8のとき3，一の位の数が4，9のとき4，一の位の数が5，0のとき0となる。また，積で表された自然数を5でわったときの余りは，かけ合わせる数それぞれの一の位の数の積の一の位でわかる。これより，1^4，2^4，3^4，4^4，5^4の一の位を考えると，$1^4=1$より1，$2^4=16$より6，$3^4=81$より1，$4^4=4^2\times4^2=16\times16$で，一の位の数の積が$6\times6=36$より$4^4$は6，$5^4$は5である。以上より，$\langle1^4\rangle+\langle2^4\rangle+\langle3^4\rangle+\langle4^4\rangle+\langle5^4\rangle=\langle1\rangle+\langle6\rangle+\langle1\rangle+\langle6\rangle+\langle5\rangle=1+1+1+1+0=4$である。

(2)＜**数の計算—5でわった余り**＞(1)と同様に考えると，$6^4=6^2\times6^2=36\times36$で，一の位の数の積は$6\times6=36$より$6^4$の一の位の数は6，$7^4=7^2\times7^2=49\times49$で，一の位の数の積は$9\times9=81$より$7^4$の一の位の数は1，$8^4=8^2\times8^2=64\times64$で，一の位の数の積は$4\times4=16$より$8^4$の一の位の数は6，$9^4=9^2\times9^2=81\times81$で，一の位の数の積は$1\times1=1$より$9^4$の一の位の数は1，$10^4$の一の位の数は

0である。以上より，$\langle 6^4\rangle+\langle 7^4\rangle+\langle 8^4\rangle+\langle 9^4\rangle+\langle 10^4\rangle=\langle 6\rangle+\langle 1\rangle+\langle 6\rangle+\langle 1\rangle+\langle 0\rangle=1+1+1+1+0=4$である。

≪別解≫$(5m+a)(5n+b)=25mn+5bm+5an+ab=5(5mn+bm+an)+ab$より，自然数の積を5でわったときの余りは，かけ合わせる数をそれぞれ5でわったときの余りの積を，さらに5でわったときの余りと等しい。これより，6を5でわったときの余りは1より$\langle 6^4\rangle=\langle 1^4\rangle=1$，7を5でわったときの余りは2より$\langle 7^4\rangle=\langle 2^4\rangle=1$，以下同様に，$\langle 8^4\rangle=\langle 3^4\rangle=1$，$\langle 9^4\rangle=\langle 4^4\rangle=1$となる。また，$\langle 10^4\rangle=0$だから，$\langle 6^4\rangle+\langle 7^4\rangle+\langle 8^4\rangle+\langle 9^4\rangle+\langle 10^4\rangle=1+1+1+1+0=4$である。

(3)＜**数の計算―5でわった余り**＞(1)，(2)と同様に考えると，1^9の一の位の数は1，$2^9=2^4\times2^4\times2$で，一の位の数の積は$6\times6\times2=72$より2^9の一の位の数は2だから$\langle 2^9\rangle=2$，$3^9=3^4\times3^4\times3$で，一の位の数の積は$1\times1\times3=3$より3^9の一の位の数は3，$4^9=4^4\times4^4\times4$で，一の位の数の積は$6\times6\times4=144$より4^9の一の位の数は4，5^9の一の位の数は5，6の累乗の一の位の数は常に6，$7^9=7^4\times7^4\times7$で，一の位の数の積は$1\times1\times7=7$より7^9の一の位の数は7，$8^9=8^4\times8^4\times8$で，一の位の数の積は$6\times6\times8=288$より8^9の一の位の数は8，$9^9=9^4\times9^4\times9$で，一の位の数の積は$1\times1\times9=9$より9^9の一の位の数は9，10^9の一の位の数は0となる。以上より，$\langle 1^9\rangle+\langle 2^9\rangle+\langle 3^9\rangle+\langle 4^9\rangle+\langle 5^9\rangle+\langle 6^9\rangle+\langle 7^9\rangle+\langle 8^9\rangle+\langle 9^9\rangle+\langle 10^9\rangle=\langle 1\rangle+\langle 2\rangle+\langle 3\rangle+\langle 4\rangle+\langle 5\rangle+\langle 6\rangle+\langle 7\rangle+\langle 8\rangle+\langle 9\rangle+\langle 0\rangle=1+2+3+4+0+1+2+3+4+0=20$である。

≪別解≫(2)の別解と同様に考えると，$\langle 1^9\rangle=1$，$\langle 2^9\rangle=\langle 2^4\times2^4\times2\rangle=\langle 1\times1\times2\rangle=2$，$\langle 3^9\rangle=\langle 3^4\times3^4\times3\rangle=\langle 1\times1\times3\rangle=3$，$\langle 4^9\rangle=\langle 4^4\times4^4\times4\rangle=\langle 1\times1\times4\rangle=4$，$\langle 5^9\rangle=0$，$\langle 6^9\rangle=\langle 6^4\times6^4\times6\rangle=\langle 1\times1\times1\rangle=1$，$\langle 7^9\rangle=\langle 7^4\times7^4\times7\rangle=\langle 1\times1\times2\rangle=2$，$\langle 8^9\rangle=\langle 8^4\times8^4\times8\rangle=\langle 1\times1\times3\rangle=3$，$\langle 9^9\rangle=\langle 9^4\times9^4\times9\rangle=\langle 1\times1\times4\rangle=4$，$\langle 10^9\rangle=0$だから，$\langle 1^9\rangle+\langle 2^9\rangle+\langle 3^9\rangle+\langle 4^9\rangle+\langle 5^9\rangle+\langle 6^9\rangle+\langle 7^9\rangle+\langle 8^9\rangle+\langle 9^9\rangle+\langle 10^9\rangle=1+2+3+4+0+1+2+3+4+0=20$である。

4 〔関数―関数 $y=ax^2$ のグラフと直線〕

≪基本方針の決定≫(1)　点Aのx座標を文字でおき，その文字を使って，点A，Bの座標を表す。
(2)　辺比と面積比の関係を用いる。　　(3)　等積変形の考え方を用いる。

(1)＜**比例定数**＞右図で，△OABは正三角形なので，∠OAB＝60°である。そこで，点Aからx軸に垂線AA′を引くと，辺ABはx軸に平行なので，平行線の錯角は等しく，∠AOA′＝∠OAB＝60°となるので，△AOA′はOA′：OA：AA′＝1：2：$\sqrt{3}$の直角三角形である。これより，$a=\dfrac{\mathrm{AA'}}{\mathrm{OA'}}=\sqrt{3}$となる。また，点Aの$x$座標を$t$とすると，OA′＝$t$であり，AA′＝$\sqrt{3}$OA′＝$\sqrt{3}t$となるので，A$(t,\ \sqrt{3}t)$である。点Bは点Aと$y$軸に対して対称な点なので，B$(-t,\ \sqrt{3}t)$となり，AB＝$t-(-t)=2t$より，△OAB＝$\dfrac{1}{2}$×AB×AA′＝$\dfrac{1}{2}\times2t\times\sqrt{3}t=\sqrt{3}t^2$である。これが$9\sqrt{3}$であることから，

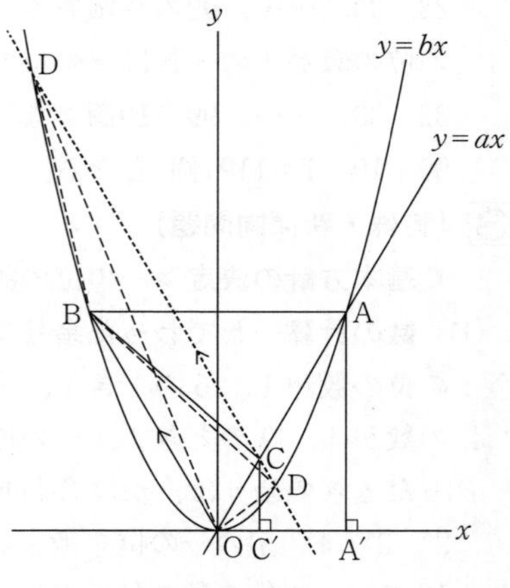

$\sqrt{3}t^2=9\sqrt{3}$が成り立ち，$t^2=9$より，$t=\pm3$，$t>0$より$t=3$となる。よって，点Aのx座標は3となり，y座標は$\sqrt{3}\times3=3\sqrt{3}$となるので，A$(3,\ 3\sqrt{3})$である。点Aは放物線$y=bx^2$の上にあるので，この式に，$x=3$，$y=3\sqrt{3}$を代入すると，$3\sqrt{3}=b\times3^2$より，$b=\dfrac{\sqrt{3}}{3}$となる。

(2)＜**点の座標―辺比と面積比**＞右上図で，△OBCと△OABは，底辺をそれぞれOC，OAとしたときの高さが等しいので，底辺の比は面積の比と等しく，△OBC＝$\dfrac{1}{3}$△OABより，OC＝$\dfrac{1}{3}$OAであ

り，OC：OA$=\frac{1}{3}$OA：OA$=1：3$となる。ここで，前ページの図のように，点Cからx軸に垂線CC′を引くと，平行線と線分の関係から，OC′：OA′＝OC：OA$=1：3$となる。よって，(1)で，OA′$=3$より，OC′$=\frac{1}{3}\times$OA′$=\frac{1}{3}\times3=1$なので，点Cのx座標は1となる。したがって，(1)より直線OAの式は$y=\sqrt{3}x$であり，点Cはこの直線上にあるので，y座標は$y=\sqrt{3}\times1=\sqrt{3}$となり，C$(1,\ \sqrt{3})$である。

(3)**＜点の座標—等積変形＞**(1)より，放物線の式は$y=\frac{\sqrt{3}}{3}x^2$となる。前ページの図のように，点Cを通り，直線OBに平行な直線を引き，放物線$y=\frac{\sqrt{3}}{3}x^2$との交点をDとすると，△OBC＝△OBDとなる。点Bは点Aとy軸について対称な点なので，B$(-3,\ 3\sqrt{3})$であり，直線OBの傾きは$\frac{0-3\sqrt{3}}{0-(-3)}=-\sqrt{3}$となるので，点Cを通る直線OBに平行な直線CDの傾きも$-\sqrt{3}$となる。よって，その式を$y=-\sqrt{3}x+m$として，点Cの座標から$x=1$，$y=\sqrt{3}$を代入すると，$\sqrt{3}=-\sqrt{3}\times1+m$より，$m=2\sqrt{3}$である。これより，直線CDの式は，$y=-\sqrt{3}x+2\sqrt{3}$となる。点Dは，放物線$y=\frac{\sqrt{3}}{3}x^2$と直線$y=-\sqrt{3}x+2\sqrt{3}$の交点だから，2式から$y$を消去して，$\frac{\sqrt{3}}{3}x^2=-\sqrt{3}x+2\sqrt{3}$より，$x^2=-3x+6$，$x^2+3x-6=0$となり，解の公式より，$x=\frac{-3\pm\sqrt{3^2-4\times1\times(-6)}}{2\times1}=\frac{-3\pm\sqrt{33}}{2}$となる。したがって，点Dの$x$座標は，$\frac{-3+\sqrt{33}}{2}$と$\frac{-3-\sqrt{33}}{2}$である。

5〔方程式—連立方程式の応用〕

(1)**＜数量関係—売り上げ＞**店Aでは，仕入れたx個の商品に300円の定価をつけ，x個の$\frac{1}{5}$が売れたので，この時点での店Aの売り上げは，$300\times\frac{1}{5}x=60x$(円)と表せる。また，店Bでは，仕入れた$x$個の商品に$y$円の定価をつけ，$x$個の$\frac{1}{4}$が売れたので，この時点での売り上げは，$y\times\frac{1}{4}x=\frac{1}{4}xy$(円)と表せる。よって，店Bの売り上げが店Aより1350円多かったことから，$\frac{1}{4}xy=60x+1350$と表せる。

(2)**＜数量関係—売り上げ＞**(1)より，店Aが定価で売ったときの売り上げは$60x$円となる。次に，定価の2割引きで売ったので，このときの売価は$300\times\left(1-\frac{2}{10}\right)=240$(円)であり，$x$個の$\frac{1}{3}$が売れたので，売り上げは，$240\times\frac{1}{3}x=80x$(円)となる。さらに，定価の5割引きで売ったので，このときの売価は$300\times\left(1-\frac{5}{10}\right)=150$(円)であり，売れた個数は，$x-\frac{1}{5}x-\frac{1}{3}x=\frac{7}{15}x$(個)なので，売り上げは$150\times\frac{7}{15}x=70x$(円)となる。よって，店Aの最終的な売り上げは，$60x+80x+70x=210x$(円)となる。

(3)**＜数量関係—売り上げ＞**(1)より，店Bが定価で売ったときの売り上げは$\frac{1}{4}xy$円となる。次に，定価の2割引きで売ったので，このときの売価は$y\times\left(1-\frac{2}{10}\right)=\frac{4}{5}y$(円)であり，$x$個の$\frac{1}{2}$が売れたので，売り上げは，$\frac{4}{5}y\times\frac{1}{2}x=\frac{2}{5}xy$(円)となる。さらに，定価の5割引きで売ったので，このときの売価は$y\times\left(1-\frac{5}{10}\right)=\frac{1}{2}y$(円)であり，売れた個数は，$x-\frac{1}{4}x-\frac{1}{2}x=\frac{1}{4}x$(個)なので，売り上げは$\frac{1}{2}y\times\frac{1}{4}x=\frac{1}{8}xy$(円)となる。よって，店Bの最終的な売り上げは，$\frac{1}{4}xy+\frac{2}{5}xy+\frac{1}{8}xy=\frac{10}{40}xy$

$+\frac{16}{40}xy+\frac{5}{40}xy=\frac{31}{40}xy$(円)となる。

(4)＜**連立方程式の応用―個数，定価**＞(2)，(3)より，最終的な売り上げは，店Aが$210x$円，店Bが$\frac{31}{40}xy$円となり，店Aの売り上げが店Bの売り上げより135円多かったことから，$210x=\frac{31}{40}xy+135$……①が成り立つ。よって，(1)より，$\frac{1}{4}xy=60x+1350$……②として，①，②を連立方程式として解く。①を，$210x=\frac{31}{10}\times\frac{1}{4}xy+135$と変形して，これに②を代入すると，$210x=\frac{31}{10}\times(60x+1350)+135$，$210x=186x+4185+135$，$24x=4320$より，$x=180$となる。これを②に代入すると，$\frac{1}{4}\times180\times y=60\times180+1350$，$45y=12150$より，$y=270$となる。

6 〔平面図形―平行四辺形〕

≪基本方針の決定≫(1)　△CDEが二等辺三角形になることに気づきたい。　(3)　線分DG，DFを1辺とする三角形と相似な三角形をそれぞれ見つけ，相似比を考える。

(1)＜**長さ**＞右図で，AD∥BCより，平行線の錯角は等しいので，∠ADE＝∠CEDである。よって，∠ADE＝∠CDEより，∠CDE＝∠CEDとなるから，△CDEはDC＝EC＝5の二等辺三角形である。したがって，BC＝AD＝8より，BE＝BC－EC＝8－5＝3(cm)となる。

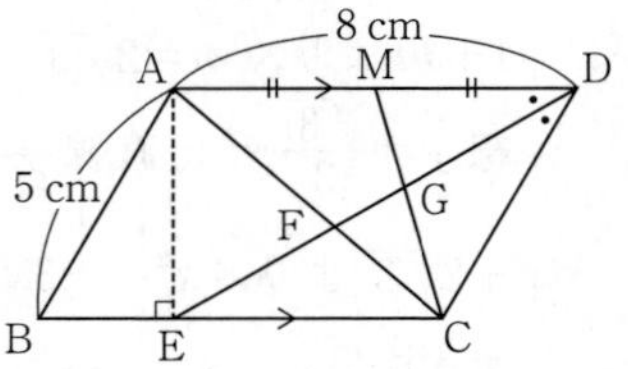

(2)＜**面積―三平方の定理**＞右上図で，AB＝5，(1)よりBE＝3である。△ABEは∠AEB＝90°の直角三角形なので，三平方の定理より，$AE=\sqrt{AB^2-BE^2}=\sqrt{5^2-3^2}=\sqrt{16}=4$となる。これは，平行四辺形ABCDの底辺をBCとしたときの高さとなるので，〔平行四辺形ABCD〕＝BC×AE＝8×4＝32(cm²)である。

(3)＜**面積―辺比と面積比―相似**＞右上図で，MD∥ECより，△DMG∽△ECGであり，$DM=\frac{1}{2}AD=\frac{1}{2}\times8=4$，(1)よりEC＝5だから，相似比は，DM：EC＝4：5となるので，DG：EG＝4：5より，$DG=\frac{4}{4+5}DE=\frac{4}{9}DE$となる。また，△DAF∽△ECFであり，相似比は，DA：EC＝8：5より，DF：EF＝8：5となるから，$DF=\frac{8}{8+5}DE=\frac{8}{13}DE$となる。よって，$FG=DF-DG=\frac{8}{13}DE-\frac{4}{9}DE=\frac{72}{117}DE-\frac{52}{117}DE=\frac{20}{117}DE$となる。これより，$FG:DE=\frac{20}{117}DE:DE=20:117$となり，△CFGと△CDEはそれぞれの底辺をFG，DEとしたときの高さが等しいので，面積の比は底辺の比と等しくなり，△CFG：△CDE＝20：117となる。ここで，$\triangle CDE=\frac{1}{2}\times EC\times AE=\frac{1}{2}\times5\times4=10$だから，$\triangle CFG=\frac{20}{117}\triangle CDE=\frac{20}{117}\times10=\frac{200}{117}$(cm²)である。

7 〔平面図形―円〕

≪基本方針の決定≫(1)　△ABCが直角三角形であることに気づきたい。　(3)　相似な三角形の辺の比を利用する。

(1)＜**長さ―三平方の定理―円周角**＞次ページの図で，∠ACBは半円の$\overset{\frown}{AB}$に対する円周角なので，∠ACB＝90°となる。よって，△ABCは直角三角形で，AB＝13，BC＝5だから，三平方の定理より，$AC=\sqrt{AB^2-BC^2}=\sqrt{13^2-5^2}=\sqrt{144}=12$(cm)となる。

(2)＜**長さ―三平方の定理**＞次ページの図で，(1)より∠ACB＝90°なので，∠ACP＝90°となる。よって，△ACPは直角三角形で，CP＝16，(1)よりAC＝12だから，$PA=\sqrt{CP^2+AC^2}=\sqrt{16^2+12^2}=$

$\sqrt{400}=20$(cm)となる。

(3)**＜長さ―相似＞**右図のように，円の中心をOとし，半径ODと弦CDを引く。$\angle \mathrm{BAP}=a$とすると，∠BAPは$\overset{\frown}{\mathrm{BD}}$に対する円周角であり，円周角と中心角の関係から，$\angle \mathrm{BOD}=2\angle \mathrm{BAP}=2a$となる。これより，$\angle \mathrm{AOD}=180^\circ-\angle \mathrm{BOD}=180^\circ-2a$となり，$\overset{\frown}{\mathrm{AD}}$に対する円周角と中心角の関係から，$\angle \mathrm{ACD}=\frac{1}{2}\angle \mathrm{AOD}=\frac{1}{2}(180^\circ-2a)=90^\circ-a$となる。よって，$\angle \mathrm{DCP}=\angle \mathrm{ACP}-\angle \mathrm{ACD}=90^\circ-(90^\circ-a)=a$となり，∠BAP＝∠DCPとなる。これと∠APB＝∠CPDより，２組の角がそれぞれ等しいので，△APB∽△CPDとなり，相似比は，AP：CP＝20：16＝5：4となる。したがって，AB：CD＝5：4より，$\mathrm{CD}=\frac{4}{5}\mathrm{AB}=\frac{4}{5}\times13=\frac{52}{5}$(cm)である。

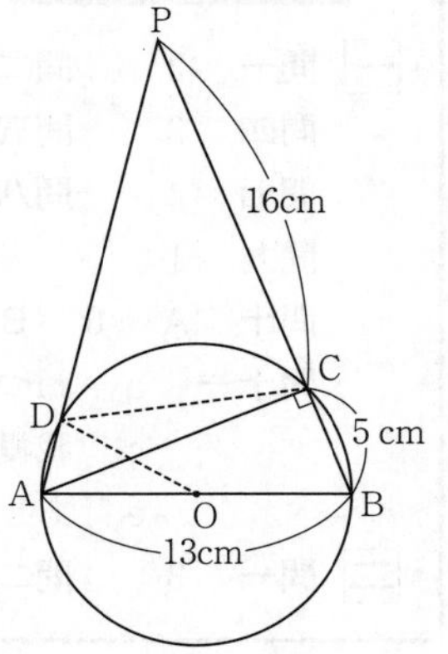

8〔空間図形―三角錐〕

≪基本方針の決定≫(1)，(2)　三平方の定理を利用する。　(3)　線分PCを含む切断面を考える。

(1)**＜長さ―三平方の定理＞**右図１で，△OABはOA＝OB＝$2\sqrt{5}$の二等辺三角形だから，辺ABの中点Nと頂点Oを結ぶ線分ONは辺ABと垂直に交わる。$\mathrm{AN}=\frac{1}{2}\mathrm{AB}=\frac{1}{2}\times4=2$となるから，△OANで三平方の定理より，$\mathrm{ON}=\sqrt{\mathrm{OA}^2-\mathrm{AN}^2}=\sqrt{(2\sqrt{5})^2-2^2}=\sqrt{16}=4$(cm)となる。

図１

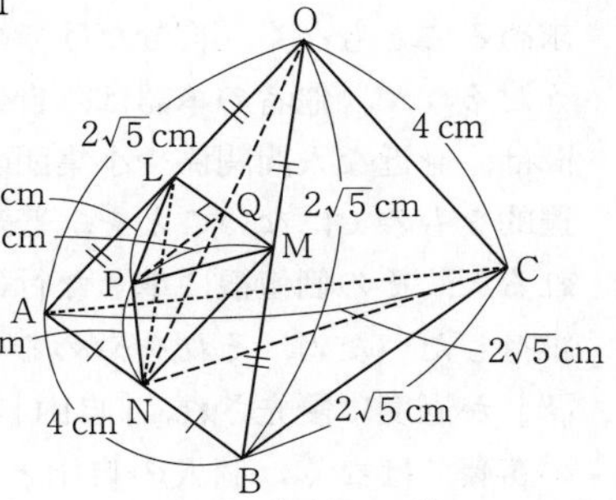

(2)**＜長さ―三平方の定理＞**右図１で，△PLMはPL＝PM＝$\sqrt{5}$の二等辺三角形なので，点Pから辺LMに引いた垂線をPQとすると，点Qは辺LMの中点となる。また，点L，Mはそれぞれ辺OA，OBの中点なので，△OABで中点連結定理より，$\mathrm{LM}=\frac{1}{2}\mathrm{AB}=\frac{1}{2}\times4=2$となり，$\mathrm{LQ}=\frac{1}{2}\mathrm{LM}=\frac{1}{2}\times2=1$である。よって，△PLQで三平方の定理より，$\mathrm{PQ}=\sqrt{\mathrm{PL}^2-\mathrm{LQ}^2}=\sqrt{(\sqrt{5})^2-1^2}=\sqrt{4}=2$(cm)となる。

(3)**＜長さ―三平方の定理＞**右上図１で，OA＝OB＝CA＝CBより，△CAB≡△OABなので，CN＝ON＝4となり，△ONCは１辺が4cmの正三角形となる。また，点Qは線分ONの中点になるので，$\mathrm{QN}=\frac{1}{2}\mathrm{ON}=\frac{1}{2}\times4=2$となり，△PNQもPN＝QN＝PQ＝2の正三角形となる。ここで，立体を３点O，C，Pを通る平面で切ると，切断面は右図２のようになる。点Pから直線CNに垂線PRを引くと，$\angle \mathrm{PNC}=\angle \mathrm{ONC}+\angle \mathrm{PNQ}=60^\circ+60^\circ=120^\circ$より，$\angle \mathrm{PNR}=180^\circ-\angle \mathrm{PNC}=180^\circ-120^\circ=60^\circ$となる。これより，△PNRはRN：PN：PR＝1：2：$\sqrt{3}$の直角三角形となるので，$\mathrm{PR}=\frac{\sqrt{3}}{2}\mathrm{PN}=\frac{\sqrt{3}}{2}\times2=\sqrt{3}$となる。また，$\mathrm{RN}=\frac{1}{2}\mathrm{PN}=\frac{1}{2}\times2=1$となり，CR＝CN＋RN＝4＋1＝5となる。よって，△PRCで三平方の定理より，$\mathrm{PC}=\sqrt{\mathrm{PR}^2+\mathrm{CR}^2}=\sqrt{(\sqrt{3})^2+5^2}=\sqrt{28}=2\sqrt{7}$(cm)となる。

図２

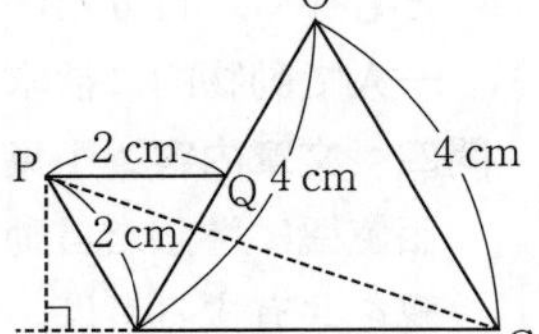

国語解答

一 問一 2 問二 4 問三 2
問四 3 問五 形式 問六 1
問七 4 問八 社会的承認
問九 1
問十 A…6 B…2 C…1
問十一 a ねつぞう b 崇拝
c 我慢 d 過剰
e あしかせ

二 問一 3 問二 1 問三 1
問四 1 情報 2 観照 問五 2
問六 2 問七 1 問八 1
問九 4 問十 2
問十一 a 断固 b 排除 c 錯乱
d とうた e 先駆

三 問一 2 問二 a…3 b…4
問三 2 問四 4 問五 1
問六 3 問七 左右の股
問八 3 問九 3 問十 5

一〔**論説文の読解—社会学的分野—コミュニケーション**〕出典；山竹伸二『「認められたい」の正体 承認不安の時代』「『認められたい』の暴走」。

≪本文の概要≫社会共通の価値観が壊れてしまった現代の日本では，人間は，もはや他者の承認を求めることもなく，自分だけで欲求を満たそうとしていると，東浩紀は主張する。だが，はたしてそうだろうか。他者の承認は，自分の存在価値に関わる，最も人間的な欲望である。実際，大多数の人間は，身近な人間関係や小集団の中で承認を求めている。ただし，自分が属する小集団の価値観は普遍的なものではないことを，普通は誰もが知っている。そのため，人間は，その価値観への関心が薄れると，その価値観に準じた行為に意味を見出すことができなくなる。それでも，仲間の承認だけは維持したいため，それをやめることができない。このような「空虚な承認ゲーム」においては，「承認」が過度に優先され，「自由」は抑圧される。自由と承認の葛藤は，今や個人の自由と社会の承認の葛藤ではなく，個人の自由と身近な人間の承認の葛藤になっている。今，「空虚な承認ゲーム」が蔓延しているのは，身近な人間の承認の重要性が増しているからなのである。

問一＜文章内容＞「どこか現実ではない虚構として感覚されている」とは，「関係の，最も基底の部分自体が，『わざわざするもの』，演技として，虚構として感覚される」ということである。「虚構の時代」とは，人々が自分に求められている型を演じているように感じる時代なのである。

問二＜語句＞『裸の王様』は，周りに批判者や反対者がいないために，自分の本当の姿がわかっていない権力者をからかった「寓話」である。「寓話」は，教訓的，風刺的な内容を，それとなく示した，たとえ話のこと。

問三＜文章内容＞シニシズムの時代は終わりに近づき，これからの人間は，「他者の承認を求めることもなく，自分だけで欲求を満たすしか道はない」と東浩紀は考える。そのような人間は，「自分一人で動物的に欲求を満たす」だけの「動物化」した人間なのである。

問四＜文章内容＞小集団の内部では，「自分が属する集団において共有された価値観を重視し，その価値観に準じた言動」を心がけることが求められる。塾という小集団で，「志望校合格」という価値観を共有する者は，そのために切磋琢磨することを心がけるのである。

問五＜文章内容＞「信じるべき価値を持たないからこそ，形式だけでも信じるふりをしてしまう精神」を，ジジェクはシニシズムと呼んだ。「空虚な承認ゲーム」は，「承認を維持するため」だけに行われる行為であり，「行為の価値を無意味に感じ」ても，「仲間の承認だけは維持したい」ため，「それをやめることができない」という意味では，シニシズムと同じなのである。

問六＜語句＞「欺瞞」は，あざむくこと。

問七＜文章内容＞仲間の承認だけは維持するための形式的な行為である「空虚な承認ゲーム」では，人は，「自分の思うままに行動したい，感じたままに発言したい」と思っても，本当の思いを口にしたら，仲間から嫌われて，承認が得られなくなるかもしれないという不安によって，「ある程度まで我慢せざるを得なくなる」のである。

問八＜文章内容＞「十八世紀以降，市民革命と資本主義の発展にともなって，個人が自由に生きる条件も次第に整いはじめた」が，それでも，「最初はまだ伝統的価値観の影響力」が強かったので，「伝統的価値観に反する行動」は，周囲からの理解や支持，つまり「社会的承認」が得られず，「周囲の信用を失ってしまう危険性が高かった」のである。

問九＜表現＞「空虚な承認ゲーム」においては，「もはや虚構としても社会共通の価値観は措定されず，そうした価値観を信じようとする自己欺瞞的な意識も存在しない」のである。社会的な広がりもなく，「自分が属する集団において共有された価値観」も無意味だと感じたうえでの，ただ仲間からの承認を維持するためだけの「空虚な行為」にすぎないので，筆者は，これを「ゲーム」だといっているのである。

問十． A**＜表現＞**まず間違いなく，「現代の日本社会では，社会共通の大きな価値観に対する信頼はゆらいで」いるが，「だからといって，他者の承認を求めない」ような人が多数を占めるわけではない。　B**＜表現＞**「営利目的の職場」でもそうなのだから，なおさら，「学校の同級生や幼稚園の保護者どうしのような仲間関係」では，「より一層，承認を維持することだけが目的」になりやすい。　　C**＜接続語＞**「近代以前の西欧社会」では「個人の自由は存在しなかった」が，「十八世紀以降，市民革命と資本主義の発展にともなって，個人が自由に生きる条件も次第に」整い始めた。

問十一＜漢字＞ａ．ありもしないことを，あるかのように偽って，つくりあげること。　ｂ．あがめて，信仰すること。　ｃ．耐え忍ぶこと。　ｄ．適切な程度を超えていること。　ｅ．罪人の足にはめて，自由に動けなくするもの。転じて，自由な行動を妨げるもののこと。

二〔**論説文の読解―自然科学的分野―科学**〕出典；養老孟司『神は詳細に宿る』「ファーブル賛歌」。

問一＜表現＞「パスツール研究所はあるけれども，ファーブル研究所はない」と考えると，「私」は，怒りたくなる。しかし，その怒りには，広く認められて，どこでも成り立つという性質はない。「パスツールは人類の役に立ったけれども，ファーブルは役に立っていないから」である。

問二＜文章内容＞「ファーブルは自分の目と耳，直接の感覚を通して，虫の世界，つまり自然を観照した」のである。それに対して，「現代人は感覚を通して世界を受け入れること」をせず，意味のある情報だけを受け取っている。感覚を置き去りにしているために，現代人は不幸になっていると，「私」は考えているのである。

問三＜文章内容＞「台湾の山中で糞を転がしている虫」は，人間にとって，何の意味もない。しかし，「糞を転がす」ことは，フンコロガシにとっては，生きることそのものである。フンコロガシは，ただ生きていることによって，生命とは何か，宇宙や世界とは何かを問いかけているのである。

問四＜文章内容＞パスツールは，問題解決に当たって，まず「情報を収集」した。彼は，意味のある「情報」を重視したのである(…１)。一方，ファーブルは，一見意味のない虫の世界を「観照」した(…２)。「現代人は意味に包まれて生きるのを，暗黙のうちに当然としている」ので，無意味なものが現れると錯乱してしまう。無意味なものを身の周りに置いて，「存在の意義を考えなければならない時代になった」からこそ，「パスツールではなくて，ファーブル」が必要なのである。

問五＜文章内容＞「メンデルはエンドウ豆をアルファベットの集団に変えて」しまい，「それまでは黄色いエンドウ豆だったものが，Ａになった」のである。これは，「生物の形質」が文字という記号で表されたということである。

問六＜文章内容＞かつて生気論は，「一八世紀以来の『時代遅れ』の考え方だとされていた」が，現在の視点で考えてみると，「一部の生気論者」は，情報が「生物の中心を占めている」ことを，不完全ながら理解していた。「一九世紀には『情報』という概念」がなく，「一部の生気論者」の学説は，「時代遅れ」どころか，同時代のはるかに先を行っていたのだから，「話は逆」なのである。

問七＜語句＞「卓説」は，すばらしい説のこと。

問八＜指示語＞仮に，「唯一の客観的真実があるとしても，それを知っているのは，全知全能である唯一絶対神だけ」だから，「唯一絶対の客観的現実」があるという科学者の態度は，「信仰」にすぎないのである。

問九＜表現＞「パスツールの場合，問題自体はあらかじめ与えられて」いた。しかし，「ファーブルは自分の目や耳，直接の感覚を通して，虫の世界，つまり自然を観照」することで，「問題を立てるところから始め」たのである。

問十＜文章内容＞「現在では科学は社会に取り込まれたものになった」ので，社会の役に立たないような「仕事はあまりない」のである。「私」は，ファーブルのような，「他人の役には立たない」研究が好きなので，今の世の中は「つまらない」と感じているのである。

問十一＜漢字＞ａ．堅い決意をもって，物事に臨むさま。　ｂ．取り除くこと。　ｃ．気持ちや考えが入り乱れて，混乱すること。　ｄ．生存競争の中で，環境に適応するものが残り，適応できないものは絶滅すること。　ｅ．他人より先に，物事をすること。または，その人。

三〔古文の読解─説話〕出典；『古本説話集』第五十三。

≪現代語訳≫今となっては昔のこと，丹後国は北国で，雪が深く，(その国の)風が激しい山寺に，観音が霊験を現された。そこには貧しい修行僧がこもっていた。冬のことで，高い山(の上)だったので，雪はとても深い。このため，(信仰心が)よほどでなければ人間が行くことはできなかった。この法師は，食糧が絶えて何日もたつにつれ，食べる物がない。雪が消えたなら出かけていって食べ物を求めることもできるだろうし，(誰か)人を知っていれば「訪ねてください」とも言えるだろうが，雪の中なので，木や草の葉でさえも食べる物がない。五，六日の間は願い祈っていたが，十日ほどになったところ，力もなくなり，起き上がれそうな気もしない。寺の東南の隅に破れた蓑を敷いて，木も拾えないので，火も焚かずに，寺は荒れていたので，風はさえぎられず，雪も妨げられず，とてもつらくて，することもなく横になっていた。食べ物だけが欲しくて，経も読むことができず，念仏さえ唱えることができない。ただ今だけを耐えて，「もう少したったら，食べ物も手に入り，人も訪れるだろう」と思うならば我慢もできようが，心細いことは限りがない。今は死を間際にして，心細いまま，「この寺の観音様を，頼りにしているからこそ，このような雪の下，山の中で横たわっていても，ただ一度声を高くして『南無観音』と申し上げれば，多くの願いは全て満たされるということだ。長年仏をお頼り申し上げて，私はとても悲しい。日頃から観音様に心を一つにしてお頼り申し上げたご利益として，今は死のうとしています。同じ死ぬのであれば，仏にお頼り申し上げているかぎりは，(心が)乱れることなく死ねるかもしれないと，この世では，少しも頼りになることはないだろうと思いながら，このように(修行して)歩いてきたのです。どうしてお助けいただけないのですか。高い官位を求め，貴重な宝を求めるのならともかく，ただ今日食べて，命が生きながらえるだけの食べ物を探してお与えください」と申し上げたところ，北西の隅の荒れた所から，狼《おおかみ》に追われた鹿が入ってきて，倒れて死んだ。／それでこの法師は，「観音様がお与えくださったのだろう」と思い，「食べてよいのだろうか」と考えるが，「長年仏を頼りにして修行をしてきて，しだいに年月がたった。どうしてこれを急に食べることができるだろうか，いや，そんなことはできない。聞けば，生き物は全て前世の父母だということだ。私は食べ物が欲しいが，親の肉をばらばらにして食べられるだろうか，いや，そんなことはできない。生き物の肉を食べる人は，仏の道に入る原因を絶って，地獄へ入る道(へ進むの)である。全ての鳥や獣も，(その人を)見ては逃げ走り，恐れて騒ぐ。菩薩も遠ざかってしまわれるだろう」と思うが，この世の人の悲しいことには，死後の罪も考えずに，ただ今生きている間の苦しさに耐えられずに，刀を抜いて，〈左右の股〉の肉を切り取って，鍋に入れて煮て食べた。その味わいのうまいことは限りなかった。／そして，食べ物を欲しい気持ちもなくなった。力もついて平常心が戻ってきた。「嘆かわしいことをしてしまった」と思って，泣きながら座り込んでいたとき，人々が大勢来る音がした。聞くと，「この寺にこもっていた修行者はどうされただろう。人がやってきた跡もない。食べ物もないだろう。人の気配がないのは，あるいは亡くなられたのか」と，口々に言う声がする。「この肉を食べた跡をどうやって隠そう」などと思うが，取るべき方法がない。「まだ食べ残して鍋にあるのも見苦しい」などと思っているうちに，人々が入ってきた。／「どのように毎日をお過ごしでしたか」などと言いながら，(人々が)周りを見ると，鍋に檜の木切れを入れて煮て食べた跡があった。「なんと，食べ物がないとはいえ，木をどんな人が食べるのだろうか，いや誰も食べない」と言って，とても気の毒がっていたが，人々が仏を拝見すると，左右の股が最近彫り取られていた。「なんと，この修行者が食べたのだ」と言って，「とても情けないことをなさる修行者ですな。同じ木を切って食べるのなら，柱でも割って食べればいいものを。どうして仏を損なわれたのか」と言う。驚いて，この修行者が拝見すると，人々が言うとおりである。「それでは，先ほどの鹿は仏が霊験をお現しになったものだったのか」と思って，先ほどの様子を人々に語ると，(人々が)感動し感心していたので，法師は，泣きながら仏の御前に参って申し上げる。「もし仏がなさったことであれば，もとのようにお戻りください」と繰り返し申し上げると，人々が見る前で，もとのようになり欠けたところはなくなった。／だから，この寺を成合と申し上げるのである。観音の霊験は，これだけではない。

問一＜古文の内容理解＞法師がこもった山寺は，高い山の上にあり，雪も深かったので，よほどのことがなければ，行くことができなかった。つまり，この法師は，並々ならぬ信仰心を持っていたのである。

問二＜古語＞「念ず」は，祈る，我慢する，という意味がある。法師は，五，六日の間，食べ物が手に入るように願い祈った(…ａ)。法師は，経を読むことも念仏を唱えることもできずに，ただ，今という瞬間を耐えているだけだった(…ｂ)。

問三＜現代語訳＞法師は，もうしばらくすれば，食べ物も手に入り，人も訪れるだろうと思っていた。

問四＜古文の内容理解＞法師は，長年，観音を頼り信仰してきたが，生きていくだけの食べ物が欲しいという願いさえかなえてもらえず，観音が自分を救ってくれないことを知って，悲しかったのである。

問五＜現代語訳＞「はかばかし」は，頼みがいがある，という意味。この世には，もう頼りになるものは何もないだろうと考えて，法師は，観音をひたすら頼り信仰してきたのである。

問六＜古文の内容理解＞生き物の肉を食べた人から，菩薩は遠ざかってしまうだろうと，法師は考えていた。法師は，菩薩が肉を食べた人を，地獄へ落ちる者として見捨てると思ったのである。

問七＜古文の内容理解＞法師が刀で切り取って食べた鹿の肉は，仏像の左右の股だったのである。

問八＜古文の内容理解＞生き物の肉を食べるのは罪であることを知りながら，法師は，飢えに耐えられずに，肉を食べてしまった。そのことが悲しかったので，法師は，泣いていたのである。

問九＜古文の内容理解＞法師が，鹿の正体が仏であることに気づき，そのことを話すと，人々は，仏の慈悲に感動し，しみじみと感じ入ったのである。

問十＜古文の内容理解＞法師は，寺に入ってきて死んだ鹿を，普通の鹿だと思って食べた。法師は，人々に言われて仏像の左右の股が切り取られているのを見て，鹿の正体が仏だと気づいた。

2020年度 青山学院高等部

【英　語】（50分）〈満点：100点〉

リスニングテストは試験開始約10分後に開始します。それまでは別の問題を解いていてください。

■放送問題の音声は，当社ホームページ（https://www.koenokyoikusha.co.jp）で聴くことができます。（当社による録音です）

I　これから放送される英語を聞き，それに関する質問の答えとして最も適切なものをA－Dの中から選び，記号で答えなさい。英語は一回しか放送されません。

PART ONE

1．What does the man want to buy？

A．A jacket.　B．Pants.　C．A suit.　D．Shoes.

2．What will the woman buy today？

A．A T-shirt, a DVD, and a CD.　B．A DVD.

C．A CD.　D．A T-shirt and a CD.

3．How will the woman help the man？

A．She will help him to cook.

B．She will help him to decide what to buy.

C．She will come to his party.

D．She will show him how to use the computer.

4．What present will the students get for their teacher？

A．Some chocolates.　B．A history book.

C．Some flowers.　D．Money.

5．Where can the man get free wi-fi？

A．At the library.　B．In the station.

C．In a cafe.　D．In a convenience store.

PART TWO

6．Why is Tony late？

A．His train was late.　B．He forgot some tickets.

C．He took the wrong train.　D．It started to rain.

7．Where will Tony and Angela meet？

A．At the restaurant.　B．On the train.

C．Outside the station.　D．At the theater.

8．What are the dates of the music program？

A．June 3rd to July 7th.　B．June 23rd to July 7th.

C．July 3rd to July 17th.　D．June 23rd to July 17th.

9．How much does the summer program cost for new students？

A．$10.　B．$115.　C．$125.　D．$155.

10．What subject is the speaker teaching？

A．Math.　B．English.　C．Art.　D．History.

11．What will the students do next？

A．Open their textbooks.　B．Draw a picture.

C．Talk with a partner.　D．Give their homework to the teacher.

12．What was surprising about the man's trip to Argentina？

A．The weather was bad.　B．Things were expensive.

C．The food was really good.　D．People could speak English.

13．What is true about the man？

A．He speaks Spanish.　B．He doesn't have a job.

C．He has been to Brazil.　D．His friend has visited Argentina.

14．What is true about the gym？

A．The pool is closed on Thursday mornings.

B．There is a cafe on the 3rd floor.

C．You must check the schedule for classes online.

D．It is closed on weekends.

15．If he becomes a member, how much will the man probably pay？

A．$15 a month.　B．$50 a month.

C．$18 a month.　D．$80 a month.

※＜リスニングテスト放送原稿＞は英語の問題の終わりに付けてあります。

II　1．各問題の文には抜けている単語が１つあり，文法的に間違っているか，不自然な文になっています。最も適切な文となるよう，**抜けている単語とその前後の単語を解答欄に書きなさい**。解答の仕方について，以下に例を示します。

例１　Tokyo is bigger Kyoto.

bigger	than	Kyoto

例２　You like soccer, you？

soccer	don't	you

1．What did you arrive home after the baseball game yesterday？ Was it late？

2．This is one of the beautiful pictures I have ever taken.　I like it very much.

3．We never sung this song before, but we are going to try it tomorrow.

4．I heard you like music very much.　Please tell me how CDs you have.

5．Everybody has to work very hard in order pass the examination.

2．それぞれの［　］内の語句を最も適切な語順に並べ替え，その**並べ替えた語句の中で３番目と５番目にくるものを答えなさい**。語群の中に**実際には使用しない語句が１つ入っている**ので，それは使用せずに並べ替えること。なお，［　］内の語句は文頭にくるものも小文字で記しています。

1．My sister is quite tall for her age, but［tall / she / my brother / not / than / as / as / is］.

2．People often say that spicy food is good for you.　I tried a curry the other day, but it［me / to / for / cannot / spicy / was / too］eat and I could not finish it.

3．“Hi Sam.　Do you have any plans this holiday ?　［shopping / day / about / the / to go / after / going / how］tomorrow ?”　“That sounds great !　Why don't we ask Ken and Jane, too ?”

4．There are two Italian restaurants near my house.　They are both good, but the one［is / called / the one / much / *Passagio* / cheaper / which / than］called *Disagi*.

5．I went on vacation, but［I / my / all / was / money / on / of / stolen］the first day, so I couldn't visit many places.　It was so terrible.

Ⅲ　次の英文を読み，それぞれの問いに答えなさい。

In the past, scooters used to be toys only for children. These days, however, electric scooters (or e-scooters) are becoming more and more popular with adults. Many people feel e-scooters are quick, convenient, and better for the environment than many other vehicles, such as cars and motorbikes.

E-scooters are especially popular with adults living in cities. Because they are smaller than most other vehicles, it is easier to travel around busy city streets. They are cheaper than taxis, more convenient than buses, and they can often travel faster than cars during rush hour. Most e-scooters have top speeds of around 30kph (kilometers per hour), although some can go as fast as 50kph. Many people use scooters for short trips between 1～3km, for example from the train station to their office.

Recently, many cities have started e-scooter sharing programs. Chicago is one of these cities. It began its program in June, 2019. In Chicago's program, people join online, download a smartphone application, and then they can use any of the city's 2,500 e-scooters. People can use the e-scooters between 5 am and 10 pm. At 10 pm, the e-scooters are collected and *charged. In the morning, they are put back on Chicago's streets.

However, some other cities have had problems with e-scooter sharing programs. The city of Nashville in the U.S. ended its e-scooter sharing program after 2 years in June, 2019, because there were many e-scooter accidents. There were more than 4,000 shared e-scooters in Nashville, but after a rider died in an accident, the city took **them** off the streets. In the same month, an e-scooter rider in Paris, France, died after hitting a truck. This happened just months after an 81-year-old man died after being hit by an e-scooter on a *sidewalk in Paris.

(　　　　) There are problems with the way people park, since many riders just park anywhere they like on the sidewalk. This can cause problems for people walking on the sidewalk. In Denmark, the police say many people use e-scooters after drinking alcohol. This is dangerous for e-scooter riders and for people using roads and sidewalks. Also, most people use e-scooters without doing any courses or safety training.

Several e-scooter companies and cities have tried to **deal with** many of these problems by giving free training courses, free helmets, and making safer e-scooters. They believe that these changes will help to reduce the number of accidents and injuries. Some recent studies showed that e-scooters might not be more dangerous than other vehicles. For example, in Portland, U.S., the number of bicycle accidents and the number of e-scooter accidents are **roughly** the same.

Right now, e-scooter sharing is most popular in European and American cities, but things may be starting to change. Small e-scooter sharing programs have started in Malaysia, Thailand and Singapore, and in March, 2019, Japan's first e-scooter sharing program started at Urawa-Misono station in Saitama. At this station, there are 10 e-scooters that people can use by unlocking them with a smartphone application. It costs 100 yen to unlock the e-scooters, and then 25 yen every minute. This price is similar to prices in other countries. However, differently to many other countries, in Japanese law, e-scooters are the same as motorbikes, so riders must have a driving license. They must also be driven on roads with cars. If the program in Saitama is successful, there are plans to start Japan's next e-scooter sharing program in Fukuoka.

*charge 充電する *sidewalk 歩道

1．E-scootersについて本文の内容と合っているものを1つ選び，記号で答えなさい。

A．E-scooters can only be used for short trips.
B．E-scooters are very useful when roads are busy.
C．Many people used e-scooters when they were young.
D．In U.S. cities, e-scooters are cheaper to use than buses.

2．第3段落の主題として最もふさわしいものを選び，記号で答えなさい。

A．Why Chicago's e-scooter sharing program started.
B．A recent example of an e-scooter sharing program.
C．Problems with an e-scooter sharing program.
D．How e-scooters are collected in Chicago.

3．文中の them の内容を表すものを1つ選び，記号で答えなさい。

A．riders　B．accidents
C．e-scooter programs　D．e-scooters

4．文中の(　)にあてはまる最も適切なものを選び，記号で答えなさい。

A．There are other worries about e-scooters.
B．However, things are starting to change.
C．What can we do about e-scooters ?
D．That's why we need to be careful.

5．E-scooter sharing programsが始まった順番で正しいものを1つ選び，記号で答えなさい。

A．Chicago→Saitama→Nashville
B．Nashville→Saitama→Chicago
C．Chicago→Nashville→Saitama
D．Saitama→Chicago→Nashville

6．下線部 deal with と最も近い意味をもつものを選び，記号で答えなさい。

A．collect　B．increase　C．solve　D．trade

7．下線部 roughly と最も近い意味をもつものを選び，記号で答えなさい。

A．about　B．hard　C．not　D．dangerously

8．Shared e-scooterを借りて10分間乗るのにいくらかかるか。合っているものを1つ選び，記号で答えなさい。

A．about 125 yen　B．about 250 yen
C．about 350 yen　D．about 1250 yen

9．本文の内容と合っているものを2つ選び，記号で答えなさい。

A．Paris and Nashville have ended their e-scooter sharing programs.

B．In Denmark, you are not allowed to use an e-scooter after drinking alcohol.
C．Hundreds of cities in Asia have started e-scooter sharing programs.
D．Some e-scooter companies have started to give training courses to reduce accidents.
E．The newest e-scooters are more powerful than cars.
F．In most countries, to ride an e-scooter, you must have a driving license.
G．People can't borrow Chicago's shared e-scooters after 10 pm.

Ⅳ　次の英文を読み，それぞれの問いに答えなさい。

In March 2019, something new was going to happen on the International Space Station (ISS). Two NASA astronauts, Anne McClain and Christina Koch, were going to do the station's first ever all-woman spacewalk. There were 214 spacewalks in the two decades (twenty years) before then, but this was going to be the first all-female walk. Everyone was excited, but suddenly it was cancelled. Why? Some newspaper journalists thought it was because McClain was a 'medium' size, and there was only a 'large' spacesuit on the ISS. Many people said this was part of a bigger problem—that men and women don't have the same chances in the world of space travel.

In fact, women have always been a minority in space. Since the first person in space in 1961 (a Russian man, Yuri Gagarin (1934–1968)), 504 men have visited space, but only 64 women.

One of the main reasons for this was the common idea that some jobs are for men and others for women. Being an astronaut was seen as a man's job. The space program designers, testers, and trainers were men, and they didn't understand women well. In a 1973 NASA report, it was written that one job of women in space would be to improve 'crew morale' (team happiness). Another report said that women on space stations would only be useful in jobs such as nurses and other support jobs. In 1983, Sally Ride, the first US woman in space, was given a *make-up bag to take with her, and when her crew returned to Earth, she was the only astronaut that NASA tried to give flowers to! She said, "No, thanks." She just wanted to be an *equal crew member. After she retired, she worked hard to encourage girls to become astronauts.

The original spacecraft were only designed for men. There was no privacy and there were no special toilets for women. Even today, there are problems for women using the toilets on the ISS.

Women in early space programs were asked questions by journalists that were not asked to men, such as "Will you cry if things go wrong?" and "Will you give up your job if you meet the perfect man?"

Although there was only two years between the first man and woman in space, there is still a long way to go before men and women are equal in space.

One problem is in education. NASA says all astronauts must graduate from a college in mathematics, science, or engineering, but in the US in 2015 only 38% of science graduates and only 20% of engineering graduates were women. NASA also asks for three years of experience in *academia after college, or 1000 hours flying a jet plane. Only 5% of pilots in the US are female. Recently, more and more women want to work in space programs, but the number of female astronauts is still very low.

If a woman joins a space program, there are other *barriers. NASA doesn't have 'small' size space suits, so astronauts like Catherine Coleman (under 165 cm tall), have to train in spacesuits that are too big for them. She says that because of this, people might think she is **clumsy** and can't do the job well when she trains.

Different things happen to the bodies of men and women in space. For example, travel sickness is more common in women, and more men develop problems with their eyes or ears. However, these differences don't mean that either gender (male or female) is a better or worse astronaut.

Some people think that there is too much attention given to gender in space. Marsha Ivins used to be an American astronaut. She says that NASA now takes the right person for the job and doesn't care about gender. She also explained that the real reason that McClain cancelled her spacewalk was not the spacesuits, but that her arms were too short for a piece of work on the next spacewalk, so she asked a taller astronaut to do the task.

One day in the future, we may see the first baby born in space, but we won't be ready if we don't study the lives of both genders in space deeply. And that means a lot more women need to become astronauts.

＊make-up 化粧品 ＊equal 平等な ＊academia 大学で働くこと(研究あるいは教えること)

＊barrier 妨げ

1. What would be the best title for this text?

A. The History of Female Space Flight

B. Trouble on the ISS

C. The Gender Barrier in Space

D. Space—Our Biggest Challenge

2. What was the main reason the all-female spacewalk didn't happen in March, 2019?

A. McClain didn't like the 'medium' size spacesuit.

B. McClain's arms were too short to do a task.

C. There was not a spacesuit of the right size for McClain.

D. It takes twenty years to be good enough to do a spacewalk.

3. Why does the writer use the make-up bag example?

A. To show that Sally Ride was a woman.

B. To show that women need different things to men in space.

C. To show that the program designers didn't understand women well.

D. To show that the program designers were kind.

4. When did the first woman go into space?

A. 1961 B. 1963 C. 1973 D. 1983

5. What information is NOT in the text?

A. The first person on the moon was a man.

B. There was a man on every spacewalk in the ISS station's history.

C. 'Astronaut is a male job' was a common idea in the past.

D. Early spacecraft were not designed for women.

6. Which woman below has the best chance to become a NASA astronaut?

A. College: Science. Later, she was a helicopter pilot for 4 years.

B. College: Math. She taught college students for 10 months.

C. College: History. She likes to travel a lot to other countries.

D. College: Engineering. She was a Yale University researcher for 6 years.

7. What does the word '**clumsy**' mean in the text?

A. not good at choosing clothes

B . trying to be a man
C . not able to move easily
D . thinking about other things

8 . Illnesses that astronauts get in space show that . . .
A . humans should not travel in space.
B . it is better to use men as astronauts.
C . women are a better choice for space missions.
D . space has different effects on each gender.

9 . Which person is an astronaut now ?
A . Marsha Ivins
B . Catherine Coleman
C . Sally Ride
D . Yuri Gagarin

10. What is the writer trying to say ?
A . Space programs should do some things better.
B . Women are equal to men in every way.
C . An all-woman spacewalk is an impossible goal.
D . Space is a dangerous place for humans.

＜リスニングテスト放送原稿＞

PART ONE

Question 1

Female : Are you going to buy a new suit for David's wedding ?
Male : I don't think so. I have some nice pants. I just need a nice jacket to go with them.
Female : How about shoes ?
Male : I can just wear my old brown ones.

Question 2

Female : Help me ! I can't decide what to buy. There's a T-shirt, a CD, and a DVD ! It's my favorite band !
Male : Why don't you buy them all ?
Female : I don't have enough money to buy everything.
Male : Well, the DVD is a bit expensive, so why don't you buy that later when you have some more money.
Female : That's a good idea. I'll do that. Thanks.

Question 3

Male : I'm having a dinner party on Saturday night and I need some help. Can you help me ?
Female : You don't want me to cook, do you ?
Male : Ha-ha. No, I'm going to order all the food online. Will you help me choose what to get ?
Female : Sure ! So, I can come to the party, right ?
Male : Yeah, of course !

Question 4

Male : I'm trying to decide what present we should give to Mrs. Mason. What do you think about giving her some chocolates ?

Female : That's a nice idea. Her history class was my favorite. Shall we get her some flowers, too ?

Male : We could, but we don't have enough money for both, and I think she will like chocolates more.

Female : OK. Let's do that, then !

Question 5

Male : Excuse me, do you know where I can get free Wi-Fi ?

Female : Maybe in the library near the station ?

Male : I asked in there, but they said they didn't have it. They said there is free Wi-Fi in a cafe called Remo's, but I can't find it.

Female : Ah, yes. It's over there, next to the convenience store.

PART TWO

Questions 6 and 7

Hi Angela. It's me, Tony. I'm really sorry, but I'm going to be a little late. I got on the wrong train. I can't believe it ! Anyway, I'm on the right train now, so I think I'll be about twenty minutes late. I know we planned to meet outside the station, but it's just started to rain, so how about meeting at the restaurant ? Is that OK ? Then we can get a taxi to the theater together. Don't worry ; I didn't forget the tickets !

Questions 8 and 9

Do you have any plans for the summer vacation ? Why not learn a new musical instrument ? We will hold a summer music program again this year from June 23rd to July 7th. This year we have all the usual classes for bass, guitar, piano, and for the first time ever, we will also have drum classes. The normal cost is $125, but there is a $10 discount for students who joined the program last year. If you need to rent an instrument, there will be an extra cost. We only have space for 30 people, so you should sign up soon.

Questions 10 and 11

OK everyone. In today's class, we will continue to think about the war in England in 1066. Last week we talked about how and why the war started. Today, we will talk about how it changed England, and also about how it changed the English language. This is very important for your homework, so listen carefully. Please get your books and look at the picture on page 72.

Questions 12 and 13

On my last vacation I went to Argentina. It was sunny every day, but at night it was a bit cold, but luckily I remembered to pack my warm jacket. I'm glad I brought it, because the prices were quite high, and I didn't really have enough money to buy one there. Next time I go, I'll need to take much more money with me. I couldn't even buy souvenirs for all my friends at work ! I was a bit surprised, but I had a really great time. I don't speak Spanish, so I thought I might have many problems, but the people were friendly and they helped me a lot. And the food was amazing. My friend visited Argentina last year and he told me that beef in Argentina is the best in the world, and you know what, it's true. I've traveled to lots of countries, sometimes for work, and sometimes just for a vacation, but this was my first time in South America. I hope I can visit again.

Questions 14 and 15

Male　: Hello, I'm thinking about becoming a member of this gym. Could you give me some more information ?

Female : Sure ! Well, we have three floors. On the 1st floor, we have everything you need for training. Machines, and weights, and things like that.

Male　: OK. Nice.

Female : And on the second floor, we have our classrooms for things like yoga, aerobics, and other classes. You can check the schedule online or you can check the board near the entrance.

Male　: OK, right. And, is there a pool ?

Female : Yes, that's on the 3rd floor. Again, check the schedule for classes. It's closed on Tuesday mornings for cleaning, but it's open all other times. There's also a cafe on the third floor.

Male　: Great. So, how much is membership ?

Female : It's $50 a month for Silver membership, and $80 for Gold membership. When do you want to use the gym ?

Male　: Well, I work during the daytime, so probably evenings and weekends.

Female : OK, so you will need Gold membership.

【数　学】（50分）〈満点：100点〉

◎π，$\sqrt{\ }$ はそのままでよい。

1　次の計算をせよ。

$$\sqrt{\frac{(22^2-11^2)\times(26^2-13^2)}{11\times22\times39\times52}}$$

2　図のように，正六角形が無限に続く格子がある。点Pは，はじめ点Aにあり，１回くじを引くたびに正六角形の辺上を移動し，隣接する頂点へ移動する。点Pの進む方向は，くじによって決まり，どの方向に進む確率も $\frac{1}{3}$ である。次の確率を求めよ。

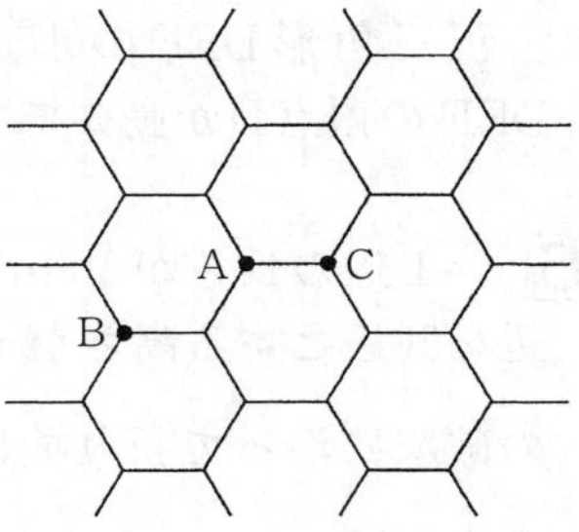

(1)　くじを２回引いたとき，

　(ア)　点Pが点Bにある確率

　(イ)　点Pが点Aにある確率

(2)　くじを３回引いたとき，点Pが点Cにある確率

3　図のように，関数 $y=ax^2(a>0)$ のグラフと直線 l が２点A，Bで交わり，A，Bの x 座標はそれぞれ -2 と４である。

　また，直線 l と y 軸との交点をCとすると，Cの y 座標は２である。

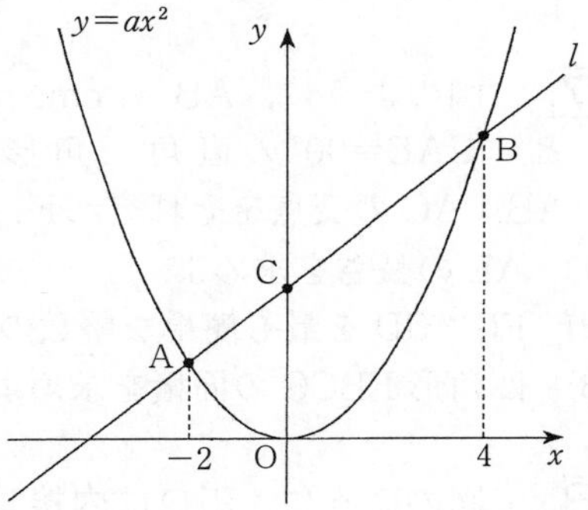

(1)　a の値を求めよ。

(2)　直線OB上に点Dがあり，直線CDは△OABの面積を２等分する。点Dの座標を求めよ。

(3)　$y=ax^2$ のグラフ上に点Pをとる。△OABと△PABの面積が等しくなるような点Pの x 座標をすべて求めよ。ただし，０は除く。

4　2000年のシドニーオリンピックからトライアスロンがオリンピック競技に加わった。トライアスロンとは，水泳1.5km，自転車40km，ランニング10kmの３種目をこなす競技である。この競技にAとBの２人が挑戦した。

　水泳では，Aの速さは時速２km，Bの速さは時速３kmであった。自転車では，Aの速さはBの速さの1.25倍であり，ランニングではBの速さがAの速さの1.25倍であった。また，Bが自転車とランニングにかかった時間は合わせて２時間40分であった。３種類の種目を終えてゴールをしたとき，Bの方がAより１分早くゴールした。

　以下の問いに答えよ。ただし，次の種目に移る時間は考えないものとする。

(1)　水泳にかかった時間はA，Bそれぞれ何分か。

(2)　Aの自転車にかかった時間とBのランニングにかかった時間はそれぞれ何分か。

5　1辺の長さが6 cmの正三角形ABCがあり，辺AB，ACの中点をそれぞれM，Nとする。図のように，1辺の長さが3 cmの正三角形DEFを辺DFが線分AMに重なるように置く。次に，正三角形ABCの辺上にない正三角形DEFの頂点が，正三角形ABCの頂点または各辺の中点に重なるように，時計まわりに次々と回転させる。

正三角形DEFの1辺が線分ANと重なるまでに正三角形DEFの頂点Dが動いてできる曲線の長さを求めよ。

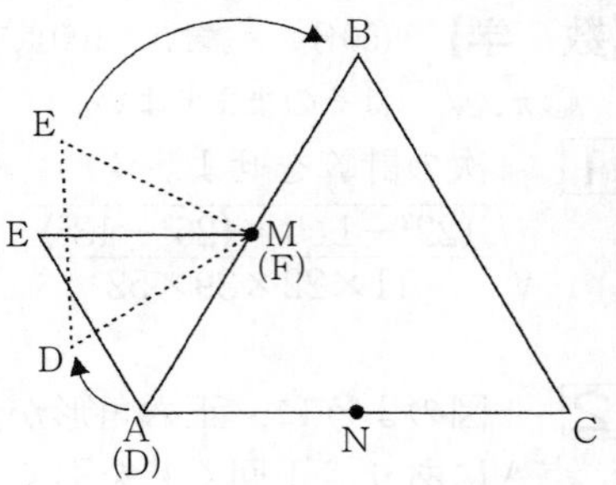

6　1辺の長さが1 cmの正方形がある。図のように，正方形の各辺を底辺とする高さがx cmの二等辺三角形を切り取り，残りを図の破線に沿って折り曲げて，四角すいを作る。ただし，$0<x<\frac{1}{2}$とする。

(1)　この四角すいの底面となる正方形の面積をxを用いて表せ。

(2)　この四角すいの高さをxを用いて表せ。

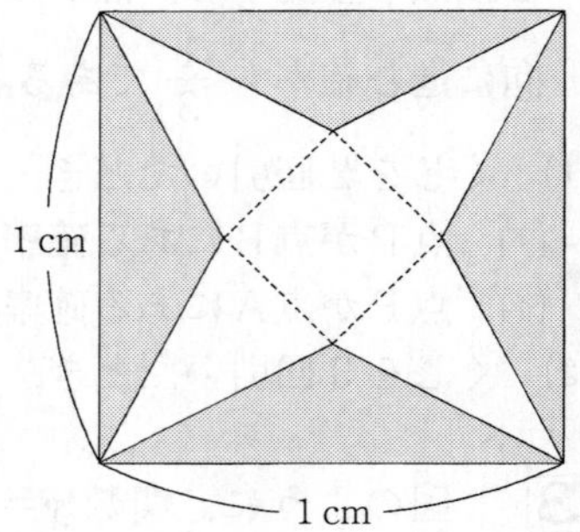

7　図のように，AB＝1 cm，AD＝2 cmの長方形ABCDと∠CAE＝90°の直角三角形CAEがある。線分EDとAB，ACの交点をそれぞれF，Gとする。

(1)　AEの長さを求めよ。

(2)　FG：GDを最も簡単な整数の比で表せ。

(3)　四角形FBCGの面積を求めよ。

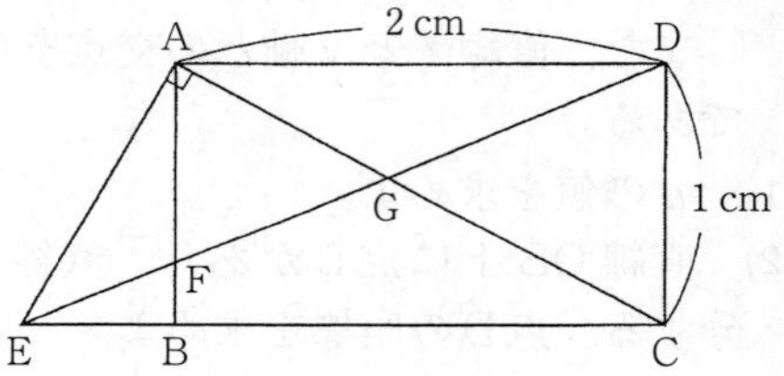

8　図のように，円Oに内接している△ABCがある。ABは円の直径で，AB＝5 cm，AC＝4 cmである。また，∠BACの二等分線と円の交点をD，辺BCとの交点をEとする。

(1)　AEの長さを求めよ。

(2)　DEの長さを求めよ。

(3)　点Cにおける円の接線と直線ABとの交点をFとする。BFの長さを求めよ。

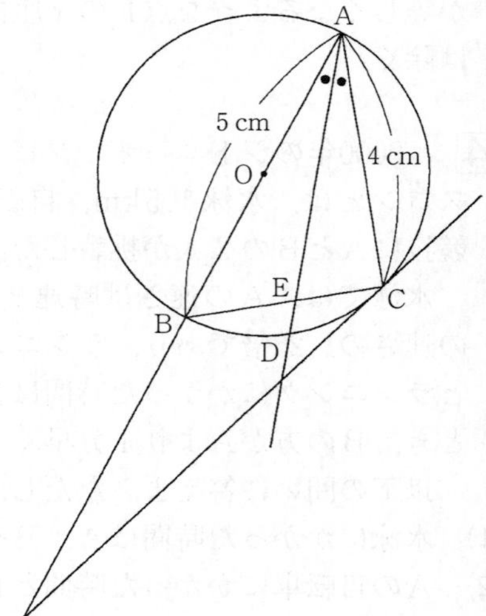

1 私は何も知らないぞ　2 私が本物だ
3 私にそっくりだ　4 私もそう思う

問四 ④ に入るのはどれか。

1 人より物惜しむ者ぞ我が子なる
2 我が子は仏の御許に参りたるべし
3 人に物くるるこそ我が子にて候はめ
4 我が子はすでに山の中にて亡くなりぬ

問五 ——⑤はどういうことか。

1 帝釈はそれを真似することができないということ
2 帝釈がそれを真似するべきではないということ
3 帝釈はそれを真似したくなかったということ
4 帝釈がそれを真似しないはずがないということ

問六 ⑥ に入ることばを本文中から抜き出せ。

問七 ——⑦の意味はどれか。

1 やり込める　2 取り計らう
3 分け与える　4 感じ入る

問八 帝釈の発言を本文中から抜き出し、初めと終わりの五字を記せ。

問九 長者は慳貪の神を祭ろうと言ったが、(1)妻はその目的をどのように理解したか。(2)長者のねらいは何だったか。それぞれ選べ。

1 沢山の飲食物を皆に分配することで、慳貪の神が自分から逃げるように仕向けること
2 供物を捧《ささ》げるふりをして十分な飲食物を手に入れ、それを満足するまで食べること
3 飲食物を飽き足りるほど食べることで、貪欲な思いが今後起こらないようにすること
4 神を祭るふりをして用意させた供え物を思うままに食べ、神に感謝を捧げること
5 慳貪の神に飲食物を捧げて満足させ、自分から離れていってほしいとお願いすること
6 慳貪の神に捧げ物をして祭り、もっと沢山の飲食物を与えてほしいと祈ること

問十 本文の内容として正しいものを二つ選べ。

1 長者はけちではあったが、人々から信頼される男だった。
2 長者は仏の力によって、取り憑いていた神を追い払うことができた。
3 帝釈は宝物を取り合う人々の見苦しさを見て、あわれに感じた。
4 長者は帝釈に会う前から、自分の貪欲さを自覚していた。
5 帝釈は長者に悟りを得させるため、彼が固執する財産を皆に配った。
6 長者は慳貪の神を祭るため、鳥獣すらいない神聖な場所を探した。

その意味でも、幸福を個人の満足度に求めるのは虚構である。

問十一　本文の内容として正しいものを二つ選べ。

1　「国民総幸福度」は幸福の度合いを測る指標として有効である。
2　国民が経済的に潤えば総幸福度は高くなる。
3　失ったものが大きいほど幸福への思索は深まる。
4　二十世紀においては幸福論ではなく不幸論が主流になった。
5　幸福になろうとすることが人間の行いの源泉である。

問十二　===ア〜ウの漢字は読みをひらがなで記し、カタカナは漢字に直せ。

三

次の文章を読み、後の問に答えよ。

今は昔、①天竺《てんぢく》に、留志長者とて世に頼もしき長者ありける。大《おほ》方《かた》蔵もいくらともなく持ち、頼もしきが、心の口惜しくて、妻子にも、まして従者にも物食はせ、着する事なし。おのれ物のほしければ、人にも見せず、隠して食ふ程に、物の飽かず多くほしかりければ、妻にいふやう、飯、酒、果物どもなど、おほらかにして賜《た》べ。我に憑《つ》きて物惜しまする慳貪《けんどん》の神祭らんといへば、物惜しむ心うしなはんとする、よき事と悦《よろこ》びて、色々に調じて、おほらかに取らせければ、受け取りて、人も見ざらん所に行きてよく食はんと思ひて、行器に入れ、瓶子《へいじ》に酒入れなどして、持ちて出でぬ。

この木のもとには烏あり、かしこには雀《すずめ》ありなど選《え》りて、人離れたる山の中の木の陰に、鳥獣もなき所にて一人食ひゐたり。心の楽しさ、物にも似ずして、注1誦《ず》ずるやう、②今曠野中、食飯飲酒大安楽、猶過毘沙門天《びしゃもんてん》、□注2天帝釈《てんたいしゃく》。この心は、今日人なき所に一人ゐて、物を食ひ、酒を飲む。安楽なる事、毘沙門、帝釈にもまさりたりといひけるを、帝釈きと御覧じてけり。

憎しと思しけるにや、留志長者が形に化《け》し給ひて、かの家におはしまして、我、山にて、物惜しむ神を祭りたる験《しるし》にや、その神離れて、物の惜しからねば、かくするぞとて、蔵どもをあけさせて、妻子を始めて、従者ども、それならぬよその人々も、修行者、注3こつじきにいたるまで、宝物どもを取り出だして配り取らせければ、皆々悦びて分け取りける程にぞ、まことの長者は帰りたる。

倉どもみなあけて、かく宝どもみな人の取りあひたる、あさましく、悲しさ、いはん方なし。いかにかくはするぞとののしれども、我とただ同じ形の人出で来てかくすれば、不思議なる事限りなし。あれは変化《へんげ》の物ぞ。③我こそ其《そ》よといへど、聞き入るる人なし。帝《みかど》に愁《うれ》へ申せば、母上に問へと仰せあれば、母に問ふに、［　④　］と申せば、する方なし。腰の程に注4ははくそといふ物の跡ぞ候ひし。それをしるしに御覧ぜよといふに、あけて見れば、⑤帝釈それをまねばせ給はざらんやは。二人ながら同じやうに物の跡あれば、力なくて、仏の御許《みもと》に二人ながら参りたれば、その時、帝釈、もとの姿になりて御前におはしませば、論じ申すべき方なしと思ふ程に、仏の御力にて、やがて注5須陀洹果《しゅだをんくわ》を証したれば、悪しき心離れたれば、［　⑥　］もうせぬ。

かやうに帝釈は人を導かせ給ふ事はかりなし。そぞろに長者が財を失はんとは何しに思し召さん。慳貪の業《ごふ》によりて地獄に落つべきを哀れませ給ふ御志によりて、かく⑦構へさせ給ひけるこそめでたけれ。

（『宇治拾遺物語』より）

注1　誦ずる…口ずさむ
注2　天帝釈…仏教の守護神
注3　こつじき…鉢を持ち、食の施しを受けて回る仏僧
注4　ははくそ…ほくろ
注5　須陀洹果…初めて煩悩を脱し得た境地

問一　——①はどの国の旧称か。

1　モンゴル　2　トルコ　3　インド　4　タイ

問二　——②の空欄に入るのはどれか。

1　正　2　増　3　将　4　勝

問三　——③の現代語訳はどれか。

「『安楽』への全体主義」、いいかえると「『安らぎを失った安楽』という⑧前古未曾有《みぞう》の逆説」を目の当たりにして藤田が憂えたのは、紆余《うよ》曲折の克服から生まれる「喜び」という「総合的感情」がこれとともに消失してゆくことであった。「苦しみとも喜びとも結合しない享受の楽しみは、空しい同一感情の分断された反復にしか過ぎない」。「遠方を見る視力」が失われることで、忍耐、工夫、持続といった徳（古代ギリシャであれば勇気、節制、正義といわれたもの）もまた消えてゆく。わたしたちは先ほど幸福とは移行の感覚だと言ったが、この移行は、藤田のいうように、さまざまの忍耐や工夫を積み重ね、それらをとりまとめてゆくなかでまさに生全体のあり方への評価としてであり、紆余曲折を経て生まれる「喜び」としてそれを享受したときに幸福として感受されるものなのであろう。「幸福とは何か」という問いは、得たものの大きさではなく、失ったものの大きさに比例して深まってゆく。いいかえると、自身もしくは他者が失ったものへの想像力の強度に比例して、深まってゆくものなのであろう。

（鷲田清一『濃霧の中の方向感覚』）

問一　――①の意味はどれか。
1　多くの人々を喜ばせる
2　広く人々に知られる
3　多くの人々に重んじられる
4　広く人々を刺激する

問二　――②「自足」の意味と近いのはどれか。
1　自己満足　2　自己完結
3　自己主張　4　自己陶酔

問三　――③の意味はどれか。
1　ひしひしと　2　やすやすと
3　こまごまと　4　じわじわと

問四　――④と同様の意味を持つものはどれか。
1　画竜点睛《がりょうてんせい》を欠く
2　二兎《と》を追うものは一兎をも得ず
3　人間万事塞翁《さいおう》が馬
4　虎穴に入らずんば虎子を得ず

問五　――⑤の考え方と合うのはどれか。
1　個人の幸福は、他者の不幸の上に成り立っている。
2　幸福になりたいと強く願えば、自然と徳性は磨かれる。
3　社会全体の満足の総量が増しても、人は幸福になれない。
4　人は道徳的に生きたとしても、幸福になれるとは限らない。

問六　――⑥とはどういうことか。
1　人間が本来倫理的であるという概念が崩壊したということ
2　人間が積み重ねてきた幸福な歴史が抹消されたということ
3　人間が培ってきた知性が徹底的に否定されたということ
4　人間に潜んでいる他者に無関心な性向が正体を現したということ

問七　⑦に入るのはどれか。
1　擬似的　2　作為的　3　建設的　4　包括的

問八　――⑧の「逆説」とはどういうことか。
1　安楽を得るためには社会全体で協調すべきなのに、個々で思い悩んでいること
2　安楽への欲求を根本的に見つめ直そうとして、しだいに焦りが生じてくること
3　安楽を手に入れて幸福になったものの、安楽を失ってしまう不安に駆られていること
4　安楽を揺るがす原因をなくすことに追われ、安楽な状態ではなくなっていること

問九　〈A〉～〈C〉に入る語はそれぞれどれか。なお、同じ語は入らない。
1　いよいよ　2　おそらく　3　たちまち
4　ちなみに　5　あるいは

問十　次の一文は本文中の【ア】～【オ】のどこに入るか。

いている。また、ある時点で満足だと思っていたものが、振り返ってとんでもない思い違いだったと気づかされることもある。ことほどさように、幸福は不幸に、不幸は幸福にたやすく裏返る。「④禍福は糾《あざな》える縄の如《ごと》し」とは司馬遷の言葉である。このように見てくると、幸福に関しては、内容からはどうも十全に規定できなさそうである。【エ】

また「総幸福度」とか「総幸福量」とかいっても、一人の満足が別の人の不満の上に成り立っているという社会的事実を無視することもできない。【オ】

西洋の思想史をざっとふり返れば、《幸福》はたいていの場合、道徳の基礎という視点から論じられてきた。そこではまず、人生の究極目的が幸福に置かれ、幸福な生活の条件を整えるにはどういう行為をなし、どのような徳性を涵養《かんよう》するのが賢明かが問われた。これは行為によって実現される事態の「善さ」に定位したいわゆる《幸福主義》の議論である。社会の個々の成員の快を幸福とみなし、社会全体の幸福を増大させるものを善とし、減少させるものを悪とみなして、その幸福の総量の増大を実現するための行為を指示する功利主義の考え方も、この《幸福主義》の延長線上にある。これに対して、道徳の成り立つ場を、行為の結果ではなく行為に際しての意志のあり方に見るカントは、どうすれば幸福になるかではなくどうすれば幸福であるに値するようになるかを問うのが道徳論（倫理学）であると考えた。ひとが幸福になれるかどうかはみずからの裁量の内にはなく、幸福の原理と道徳の原理を混同してはならないというこの考え方は、《⑤反幸福主義》と呼ばれる。

このように、古代ギリシャより近代まで、幸福は道徳論のもっとも基礎的な主題としてあった。そして十九世紀になって、ショーペンハウアー、フォイエルバッハからヒルティまで、モーパッサンからトルストイやチェーホフまで、幸福を主題にした思想や小説が溢《あふ》れ、幸福論はピークを迎えるが、二十世紀に入るとその光景は一変し、幸福論はほぼ姿を消してしまう。シモーヌ・ヴェイユらの不幸論はわずかながらあっても、また幸福へのパスポートのようなマニュアル本はあっても、幸福の思想はすっかり消え失せてしまう。そこには、二度にわたる世界大戦、アウシュヴィッツ、スターリン体制下での粛清、ヒロシマ・ナガサキなどの〝殲滅《せんめつ》〟がくり返され、⑥「人間性」というものが再起不能なまでのダメージを受けたということも一因としてあるのだろう。

ところが、20世紀末になって国際社会が、環境危機やエネルギー資源の(ウ)コカツ、金融市場やそこでのマネーゲームがもたらす地域社会の崩壊や格差の拡大などの問題に直面するなかで、「経済成長」が幸福の条件であるという神話への懐疑が生まれ、初めに挙げた「幸福度」といった視点が登場することになった。では、昨今、「国民総幸福度」という国家発展の評価軸や、「幸福経済学」という名の実証研究など、一見幸福論と見えるもののインフレーションが起こりつつあるその理由は何だろうか。

この[⑦]な幸福論を「『安楽』への全体主義」と呼んだのは1985年の藤田省三である。彼はこの表現において、「安楽」を不快のない状態としてとらえ、「不快の源そのものの一斉全面除去（根こぎ）」へと向かう傾性に、「不愉快な事態との相互交渉が無いばかりか、そういう事態と関係のある物や自然現象を根こそぎ消滅させたいという欲求」を見た。ここで根こぎ（殲滅）というのは、不快な事態と対決するよりも、むしろそうした対面の機会そのものをあらかじめ消去してしまうということである。デオドラントからさまざまの社会的抑圧や失調の「見て見ぬふり」まで、安楽の喪失に怯《おび》えながらその源の消去の作業に人びとは神経質に合流してゆく。藤田は、ここに見られるのは、「『徳としての没我』とは正反対の自己喪失者群、冷静に沈思黙考するソリテュードとは正反対の焦慮に駆られたロンリー・クラウド」だと言っているが、これにはもう一つ、感情に惑わされないアパテイア（無感動）という境地ではなく、感情が働きださない感覚麻痺《まひ》ともいうべきアパシー（無感覚・無関心）という現代語を添え置くこともできるだろう。

家として世界でも知られるようになった。

2　科学技術を製品化する際自然の素材を用いるという発想は、日本人の伝統的な考え方によるものである。

3　西洋においては人間による自然破壊が進んだ結果、自然の本来持つ生命力はとうに失われてしまった。

4　縫針や筆を丁重に供養するのは、新しいものを好む日本人の罪の意識のあらわれであると言える。

5　ロボットを作るのに必要だった近代化の素地は、江戸時代の優れた工業技術に求めることができる。

問十二　――ア～エの漢字は読みをひらがなで記し、カタカナは漢字に直せ。

二

次の文章を読み、後の問に答えよ。

世紀を跨《また》いだ頃から、「国民総幸福度」（GNH：Gross National Happiness）が、国情、ないしは国家の発展を測る指標として①人口に膾炙《かいしゃ》するようになった。1972年にブータン王国の国王ジグミ・シンゲ・ワンチュクによって提唱されたこの考えは、国内総生産（GDP：Gross Domestic Product）ないしは国民総所得（GNI：Gross National Income）という経済指標に代わるものとして広まった。社会のほんとうの豊かさは、経済の規模や成長度では測れないというところから、GDPに象徴されるような豊かさのイメージに対抗するものとして提唱されたのである。〈A〉、政財界の人たちがひたすら注視してきた「経済成長率」といえば、このGDPの伸び率のことである。

「国民総幸福度」でいう「幸福」は、国民の満足感のア多寡で測られ、その満足感はさらに健康や心の安らぎ、寿命の長さ、失業や事故の少なさ、仕事と生活の調和などの観点から測られる。そしてそれを裏づける指標を求めて、「幸福に関する実証研究」なるものに取り組まれるようにもなっている。

しかしいざ「幸福とは何か」というふうにその定義をなそうとすると、それは日々の暮らしに満足できていることだとはかんたんに言えないことがあきらかになる。そもそも何を満足とするかについて、意見の一致を見ることは少ないからである。【ア】

人間の行為はみな幸福をめざしているという点については、〈B〉異論はなかろう。だが、いざこの幸福が何であるかと問いはじめると、意見はちりぢりになる。快楽だ、名誉だ、富だ、健康だ、というふうにである。けれども、快楽や名誉や富や健康、さらにはそれらを手に入れるための知恵や技能は、幸福になるためには望ましいものであっても、その逆はありえない。つまり、快楽や名誉や富、知恵や技能を手に入れるために幸福になるということはありえない。そういう意味で、アリストテレスは幸福を「②自足した善」と呼んだ。つまり、「いかなる場合にもけっして他のもののために追求されることのないもの」、「つねにそれ自体として望ましく、けっして他のもののゆえに望ましくあることのないようなもの」、それが幸福であるとしたのである。【イ】

が、そういう「自足的な善」を、個人の主観的な満足感、あるいは「安楽」という個人的な充足感と考えることは、あまりに単純すぎる。【ウ】

まず、ひとは幸福のイカチュウにいるときはそれを幸福として意識しえず、それを失ったときにはじめてそれが幸福であったと知るということがある。「あのときは幸福だった」というふうに、幸福は失ってはじめて③切にわかる。それに、あるとき幸福を感じても幸福感というものは長続きせずに凡庸な日常へとすぐに均《なら》されてしまうのがつねだ。幸福は感覚としては持続しない。「やっと試験が終わった」「きょうは出かけなくていい」といったときのほっとした感覚に見られるように、幸福とはむしろ移行の感覚のことであり、幸福になればもはや幸福とは感じない、つまり色褪《あ》せてしまう。幸福にはこのように、だれもが幸福でありたいと願うのに、幸福と思っていたものを手に入れたとたんに幸福でなくなる、〈C〉幸福でいつづけることはできないという、そのような逆説がまとわりつ

1 具体―象徴　2 感覚―物理
3 典型―伝統　4 一般―普遍

問二 ――②はなぜか。
1 日本の技術はまだ、その課題に直面するところまで至っていなかったから
2 ロボットを嫌悪するという感覚は、日本人には理解できないものだったから
3 想像もしなかった問題点を指摘され、ロボットの未来に不安を感じたから
4 異なる価値観を突きつけられ、西洋人の考え方に不快感を抱いたから

問三 ――③のようにしたのはなぜか。
1 つらく気乗りがしない生産現場で、労働者は少しでも楽しい雰囲気を必要としたから
2 現実の歌手に対する親愛の情を、ロボットにその名をつけることで満足させていたから
3 ロボットは人格を持つ存在として、日本の労働者たちに積極的に受け入れられていたから
4 人格を持ちはじめたロボットに対して、礼儀正しく振る舞おうとする風潮があったから

問四 [④] に入るのはどれか。
1 人間と同じような心を持った
2 人間が失ったものを思い出させる
3 人間よりも人間らしい
4 人間の意志を超越した

問五 ――⑤の意味はどれか。
1 古めかしい　2 いたましい
3 奥ゆかしい　4 ふさわしい

問六 ――⑥というのはなぜか。
1 愚かな人間が犯しがちな過ちをみごとに風刺しており、深く感心させられるから
2 生き物に仕立て上げられた道具たちの姿に、親しみ深さや愛らしさを覚えるから
3 当時の人々の厳格な生活態度と滑稽な作風とのギャップが、面白く感じられるから
4 想像を超える非現実的な風景を目にして、恐怖のあまり笑いがこみ上げてくるから

問七 ――⑦の例は、どのような意図で挙げられているか。
1 西洋の芸術の中には、物質にそのもの以外の性質を持たせる作品は存在せず、そう見えるのは日本人の特殊な視点のせいだということを示している。
2 西洋の芸術の中にも、物質にそのもの以外の性質を持たせる作品は存在するものの、美的水準においては日本の作品の域に達していないことを示している。
3 西洋の芸術の中にも、物質にそのもの以外の性質を持たせる作品は存在するが、日本における類似のものとは発想が異なることを示している。
4 西洋の芸術の中にも、物質にそのもの以外の性質を持たせる作品が存在しており、日本の芸術と同じ発想が見られるということを示している。

問八 [⑧] に入る語を漢字一字で記せ。

問九 [⑨] に入ることばはどれか。
1 完全な矛盾　2 意外な反転　3 急激な進化
4 自由な競争　5 幸福な融合

問十 〈A〉～〈C〉に入る語はそれぞれどれか。なお、同じ語は入らない。
1 つまり　2 例えば　3 ただし
4 しかも　5 ところで

問十一 本文の内容として正しいものを二つ選べ。
1 日本は西洋の技術を取り入れることで、時計製造が盛んな国

で「強制労働」を意味するRobotaに由来する名であることにも明白に表われているように、西欧のロボットは、辛《つら》い、嫌な仕事を引き受けさせられる存在であった。それゆえに、そのロボットが自分の意志を持つようになったときには、スタンリー・キューブリックの『2001年宇宙の旅』のハルや『マトリックス』のアンドロイドたちのように、人間に敵対するものとして位置づけられてきた。だが日本人の想像力が生み出したロボットは、鉄腕アトムやドラえもんのように、人間にとって親しい存在である。そのドラえもんのロボットを実際に創り出そうとしているバンダイ社の「ドラえもん・プロジェクト」の開発担当者は、「ただ動きまわるだけでなく、人間とコミュニケーションをとることができ、安心して楽しめる友だちとしてのロボット」を目指すと語っている。ロボットが人間の仲間であることは、日本人にとっては当然の前提なのである。

もちろん、実際にロボットを創り出すためには、機械に対する親近感と同時に、高度に優れた技術が必要である。日本は、明治期以降、西欧の技術文明を取り入れていち早く近代化を達成することができたが、その成功の背後には、江戸時代以来蓄積されて来た技術の遺産があった。一六世紀の中頃、西欧世界から鉄砲がもたらされると、日本人はただちにそれを受け入れて自分たちで鉄砲を生産するようになり、一六世紀末には世界有数の鉄砲保有国となった。この事実は、新しいものに対する日本人の強い好奇心とともに、日本の技術がきわめて高い水準にあったことを物語るものである。

同様に、同じ頃、西洋の時計を手本とした精巧な時計も日本で生まれた。〈A〉時計の場合は、日本で用いられていた不定時法にもとづく世界でも類のない和時計まで生み出した。不定時法というのは、日の出から日の入りまでの昼の長さを時間の基本単位とするもので、それは当然季節によって違うし、昼と夜でも異なる。具体的には、昼と夜では時計の進み方の速度を変えなければならない。その切り換えを自動的に行なう和時計は、驚くべき高度の技術的達成であると言ってよい。

この和時計の精妙な技術を遊びの領域に応用したのが、江戸時代のロボットと言うべき「からくり人形」である。現在でも各地に実例が残っているからくり人形は、江戸時代にはきわめて人気が高く、一八世紀末には、その人形のつくり方を詳しく図解した専門書まで刊行された。〈B〉最も広く知られている「茶運び人形」は、手の上の茶托《ちゃたく》に茶碗《ちゃわん》を置くと、自動的に客のほうに歩き出し、客が茶碗を取るとぴたっと止まる。そして客が再び茶碗を戻すと、自分で一八〇度向きを変えて主人のほうに帰って行くというものである。〈C〉それは、自動制御のメカニズムを内蔵した愛らしいロボットと言ってよい。

はなはだ興味深いことに、一八世紀は西欧においても自動人形の最盛期であった。ジャック・ド・ヴォーカンソンの作った「笛吹き人形」など、今は残ってないが、指や舌の微妙な動きで、十二の異なった曲を奏でることができたという。ヨーロッパと日本で、ほぼ時期を同じくして、ロボットの原型ともいうべきものが登場しているのである。ただし、ヴォーカンソンの「笛吹き人形」が鋼鉄のゼンマイや歯車を利用しているのに対し、日本のからくり人形は、ゼンマイには鯨の髭《ひげ》、歯車やその他の部品には木や竹など、もっぱら自然の素材を用いている点に日本的特色が見られる。

その後、幕末の時代には、「からくり儀右衛門」の名で知られた田中久重が「弓曳《ゆみひき》童子」などのからくり人形をつくって見物人たちを喜ばせた。この田中久重が明治維新後に開設した「田中製作所」が現在の東芝の前身であるから、江戸時代の技術の流れは今日にまで続いていることになる。このような高水準のテクノロジーの遺産と、道具や機械も人間の仲間と見るアニミズム的世界観の [⑨] の上に、今日の日本のロボットの世界が築かれているのである。

（高階秀爾『日本人にとって美しさとは何か』）

問一 [①-A]・[①-B] に入る語の組み合わせとして正しいものはどれか。

腐やこんにゃくのような柔らかいものに刺して、神社に納める年中行事の一つである。また、使い古してもはや役に立たなくなった筆をきちんと墓に埋めて供養する「筆塚」も、全国の神社や寺によく見られる。日本人にとって、縫針や筆はただの生命のない道具ではなく、心を通わせることのできる仲間であって、したがって、不用になった場合も、そのまま捨ててしまわず、人間に対するのと同じように、⑤しかるべきやり方で弔うという風習が現在に至るまで続いている。

フランス語では、「静物」のことを「死んだ自然(nature morte)」というが、日本人の伝統的な自然観では、自然のなかの森羅エ万象はすべて生命を持った存在であり、裁縫道具や筆記用具のように日常よく使う道具は、同時に心の友であり、仕事仲間でもある。このことは、最新テクノロジーによる道具であるロボットの場合も、例外ではない。

一六世紀中頃の《百鬼夜行絵巻》のなかに、唐傘、琴、着物その他、日常生活でよく用いられる事物がまるで生き物のようにぞろぞろと行列して歩いて行く様子が描かれている。衣桁《いこう》にかけられた袴《はかま》が行列に加わろうと身もだえしながらずり落ちて行く姿や、本来部屋のなかに鎮座しているはずの琴に足が生えてうごめいている様子は、いささか不気味であると同時に、⑥どこかユーモラスな趣きもあって、画家の遊び心を感じさせる。この異様な行列情景を描かせたものは、これらの事物もまた意志や感情を持った生きた存在だという思想である。江戸時代にはこの他にも、豆腐が人間になった「豆腐小僧」のような奇妙な化け物がいろいろ登場してくるが、西欧の絵画の歴史のなかには、このような例はまず思い浮かばない。創造主である神によって創り出された世界においては、人間とその他の被創造物とははっきりと区別されており、「死んだ自然」はあくまでも死んだままなのである。

マドリードのプラド美術館にあるヒエロニムス・ボッスの三翼祭壇画《快楽の園》の右翼パネルに描かれた凄惨な地獄図のなかに、ハープやラッパなどの楽器が登場している。そのため、⑦このパネルは「音楽地獄」とも呼ばれているが、そこで優雅な音楽が奏でられているわけではない。楽器は地獄に落ちた罪人たちの責め道具として描かれていて、その場違いな役割が地獄の恐ろしさをいっそう強調している。実際、巨大なハープの絃《げん》に磔《はりつけ》にされてもだえている罪人の姿は、ボッスの恐るべき想像力を充分に物語っている。だがハープは自分の意志で罪人を苦しめているわけではない。楽器はあくまでもただの道具である。

同様に、ゴヤの版画をはじめ多くの絵画や物語に登場して来る箒《ほうき》に乗って空を飛ぶ魔女の場合も、箒という物に空中飛行の力があるわけではない。空を飛ぶことができるのは、魔女の魔法によるのであって、魔女がいなければ箒はただの物体にすぎない。もしその箒が《百鬼夜行絵巻》のなかの唐傘や琴のように、魔女の力を借りずに自分で歩いたり空を飛んだりしたら、西洋人たちは「箒も人間と同じ生き物の仲間だ」とは考えずに「箒に魔女が乗り移った」と考えてこれを忌避しようとするであろう。イタリア人の労働者たちがロボットに対して抱く「心理的抵抗」というのは、この忌避の感情に近い。

動物や植物のみならず、生命のない日常の事物にも生命があると考える日本人のこのような自然観は、通常「アニミズム」と呼ばれる。それは遠い古代においてはさまざまの民族に共通して見られたものだったが、文明の進歩とともに次第に克服され、失われていったと考えられてきた。日本文化の特色の一つは、このような「アニミズム的世界観」が現代に至るまで生き続け、しかもそれが最先端の技術と矛盾なく共存している点にある。事実、日本のロボットの開発者たちは、人間の仕事を引き受ける産業用ロボットと並んで、ソニーのAIBOに代表されるような感情移入の対象としてのロボット、人間と心を通わせることのできるロボットを生み出そうと⑧を砕いている。

チャペックの想像力が生み出した「ロボット」が、本来チェコ語

二〇二〇年度 青山学院高等部

【国語】（五〇分）〈満点：一〇〇点〉

◎選択肢のある設問は、最も適当なものを選んでその番号を記すこと。
◎字数指定のある設問は、句読点や記号も一字とする。

一　次の文章を読み、後の問に答えよ。

二〇世紀後半におけるテクノロジーの発達は、今から八十年ほど前にチェコスロヴァキアの作家カレル・チャペックが夢見た「人間の仕事をする機械」としてのロボットを、現実の存在とすることを可能ならしめた。それも、一般の人々のあいだで漠然とイメージされている金属の皮膚で覆われた人間というヒューマノイド型ロボットばかりでなく、人間のかたちとは似ても似つかないさまざまの産業用ロボットも登場してきた。その活躍の範囲も、大規模な工場生産の過程の一部を受け持つことから、老人や病人の世話を引き受ける介護ロボットや、ロボット・コンテストの例に見られるようなエンターテイメント系ロボットに至るまで、きわめて幅広い分野にわたっている。人間の生活にかかわるロボットの役割は、今後さらに大きくなって行くであろう。

それにともなって、ロボットと人間の関係をどのように考えるかという問題が浮上してきた。より［①-A］的に、機械と人間の関係と言ってもよい。ロボットはテクノロジー文明の成果を駆使して生み出されたものであり、そのかぎりでは他の近代文明の所産と同じように国境を越えた［①-B］的存在であるが、そのロボットの利用の仕方、もっと ア タンテキに言ってロボットとの付き合い方は、国により、民族によって必ずしも一様ではない。そこにはそれぞれの国の歴史的、文化的条件に由来する差異が見られるからである。

私がこの問題を イ センメイに印象づけられたのは、一九七〇年代、イタリアにおける「テクノロジーと文化」を主題とするある国際シンポジウムに参加したときのことであった。当時は工場生産へのロボットの導入が盛んに行なわれるようになって来た時期で、日本はその点に関して特に熱心で、実績もあげていた。シンポジウムの席上、イタリア側の参加者から、ロボットの導入を妨げる大きな要因の一つとして、労働者たちの心理的抵抗があるが、日本はこの問題にどのように対処しているかという設問が発せられた。②この質問は、日本側の参加者を当惑させるのに充分であった。ロボットの登場によって自分たちの職場が奪われるかもしれないという不安なら理解できる。それは一般の労働問題と同じであって、労働者たちが仕事を失わないように対策を講じればよい。だがイタリア人たちの言う「心理的抵抗」というのは、機械が人間の代わりをすることへの嫌悪感、あるいは人間の領域が機械に侵されることに対する反発の感情で、そのためにイタリアの労働者は容易にロボットを受け入れようとはしないというのである。

イタリア側のこの質問に対して日本人参加者が当惑したのは、日本ではそのような「心理的抵抗」はまったくなかったからである。日本の労働者たちは、ロボットを何の抵抗もなく受け入れたばかりでなく、③ロボットに「花子」とか「百恵ちゃん」などと名前をつけて親しみ、リボンの飾りをつけたりした。「百恵ちゃん」というのは、当時人気の高かった歌手の名前である。そして機械の調子が悪いときには「今日は百恵ちゃんは機嫌が悪い」などと言い合っていた。つまり日本ではロボットは、当初から、人間と同じような仕事仲間として受け入れられてきたのである。

このことは、日本人が昔から、動物や植物はもちろん、生命のない日常の道具類も、［④］「有情《うじょう》の存在」と考えてきた心性と無縁ではないであろう。

このような日本人のメンタリティの例の一つとして、現在でも日本の各地で広く行なわれている「針供養」を挙げることができる。これは裁縫の縫針に対して、ウ ヘイソの働きに感謝し、その労をねぎらうため、丁寧に紙に包んで休ませたり、不用になったものを豆

英語解答

Ⅰ Part 1 1…A 2…D 3…B
4…A 5…C
Part 2 6…C 7…A 8…B
9…C 10…D 11…A
12…B 13…D 14…B
15…D

Ⅱ 1 1 What time did
2 the most beautiful
3 We have never
4 how many CDs
5 order to pass

2 1 3番目…not 5番目…tall
2 3番目…spicy 5番目…me
3 3番目…going 5番目…the
4 3番目…is 5番目…cheaper
5 3番目…my 5番目…was

Ⅲ 1 B 2 B 3 D 4 A
5 B 6 C 7 A 8 C
9 D，G

Ⅳ 1 C 2 B 3 C 4 B
5 A 6 D 7 C 8 D
9 B 10 A

Ⅰ〔放送問題〕解説省略

Ⅱ〔総合問題〕

1＜誤文訂正＞

1．文頭の疑問詞がWhatだけでは意味が通らない。arrive home「家に着く」とあるので時間を尋ねた文と考えると，「夜遅かったか」という次の疑問文にうまくつながる。　「昨日の野球の試合の後は何時に家に着きましたか？　夜遅かったですか」

2．‘the＋最上級＋名詞(＋that)＋主語＋have/has ever＋過去分詞…’「今まで～した中で最も…な―」の形。beautifulを最上級に直す。　「これは僕が今まで撮った中で最もきれいな写真だ。とても気に入っているよ」

3．「(今まで)～したことがない」という意味を表す‘have never＋過去分詞’の形(現在完了の‘経験’用法)にして，「これまで歌ったことがない」という意味にする。　sing－sang－sung　「私たちはこの歌をこれまで歌ったことがなかったが，明日歌ってみることになっている」

4．２番目の文の間接疑問の疑問詞がhowだけでは意味が通らない。音楽好きな相手に持っているCDの‘数’を尋ねる文と考えられるので，how manyとする。　「あなたは音楽がとても好きだと聞いたわ。CDを何枚持っているのか教えて」

5．試験に合格するのは勉強の‘目的’と考えられるから，in order to ～「～するために」の形にする。　「誰もがその試験に合格するために一生懸命努力しなくてはならない」

2＜整序結合＞

1．「私の姉〔妹〕は年のわりには背が高いが，兄〔弟〕ほどは高くない」　直前に‘逆接’の接続詞butがあるので，姉〔妹〕は兄〔弟〕よりも背が高くないという内容になると判断できる。‘not … as〔so〕＋原級＋as ～’で「～ほど…ない」。不要語はthan。　..., but she is not as tall as my brother.

2．「人々はよく辛い食べ物はあなたには良いと言う。先日カレーを食べてみたが，私には辛すぎて，全部は食べられなかった」　‘too ～ for … to ―’「…が―するには～すぎる，…には～すぎて―できない」の形。直前のitはcurryを指し，これがeatの意味上の目的語になっている。不要語はcannot。　..., but it was too spicy for me to eat and ...

3．「こんにちは，サム。お休みの日の予定は何かあるの？　あさって買い物に行かない？」―「それはいいね！　ケンとジェーンも誘おうよ」　How about ～ing? で「～してはどうですか」という‘提案・勧誘’を表せる。‘～ing’の部分を going shopping「買い物に行く」とまとめれば，残りは the day after tomorrow「あさって」となる。不要語は to go。　How about going shopping the day after tomorrow?

4．「家の近くには２つのイタリア料理店がある。どちらもおいしいが，パサージオという店の方が，ディサージという店よりもだいぶ安い」　直前の one は restaurant を指す代名詞。これを called *Passagio*「パサージオと呼ばれる」という‘過去分詞＋語句’の形で後ろから修飾し，ひとまとまりの主語をつくる。２つのレストランを比べる文になると考え，この後に is cheaper than という比較級を続け，比較の対象は主語と同じ形で the one called *Disagi* とする。much は比較級を強調する「ずっと」の意味の副詞として使う。不要語は which。　..., but the one called *Passagio* is much cheaper than the one called *Disagi*.

5．「私は休暇で旅行に出かけたが，初日にお金を全て盗まれてしまったのであまり多くの場所に行けなかった。とてもひどかった」　stolen は動詞 steal の過去分詞（steal－stole－stolen）なので，受け身形の‘物＋was stolen’「〈物〉が盗まれた」の形を考える（I was stolen としないことに注意）。‘物’は all of ～「～の全て」を用いて all of my money とまとめ，最後に on を‘日’を表す前置詞として使う。不要語は I。　..., but all of my money was stolen on the first day, ...

Ⅲ〔長文読解総合―説明文〕

≪全訳≫❶かつてスクーターは子どもたちだけのおもちゃだった。しかし最近では，電動スクーター（ｅスクーターともいう）が大人たちの間でしだいに人気となってきている。ｅスクーターは速く，便利で，車やオートバイのような他の多くの乗り物よりも環境に優しいと多くの人が感じている。❷ｅスクーターは特に都市に住む大人たちに人気がある。それは他のたいていの乗り物よりも小さいため，混雑した都市の街路を移動しやすい。タクシーよりも安く，バスよりも便利で，ラッシュ時には車よりも速く移動できる。時速50キロに及ぶものもあるが，ほとんどのｅスクーターは最高で時速30キロほどだ。多くの人はスクーターを，例えば電車の駅から職場へといった１～３キロメートルの短い移動に使う。❸最近では多くの都市がｅスクーターシェアリングの取り組みを始めている。シカゴはそういった都市の１つだ。2019年６月に取り組みを始めた。シカゴの取り組みでは，人々はインターネットを通じて登録し，スマートフォンのアプリをダウンロードすると，その後は2500台ある市の所有するｅスクーターのどれでも使える。人々はｅスクーターを午前５時から午後10時まで使うことができる。午後10時になるとｅスクーターは収集されて充電される。朝になるとそれらはシカゴの路上に戻される。❹しかし，ｅスクーターシェアリングの取り組みで問題が生じた都市もある。アメリカのナッシュビル市はｅスクーターシェアリングの取り組みを，（開始から）２年後の2019年６月に打ち切った。というのは，ｅスクーターの事故が多発したからだ。ナッシュビルには4000台を超える共用のｅスクーターがあったが，乗っていた人が事故で亡くなった後，市はｅスクーターを路上から撤去した。同じ月にフランスのパリでｅスクーターに乗っていた人がトラックに衝突して亡くなった。これが起きたのは，81歳の男性がパリの歩道でｅスクーターにひかれて亡くなってからわずか１か月後だった。❺ｅスクーターに関しては他にも憂慮すべきことがある。多くの人が歩道の好きな所に止めてしまうため，人々が駐車する方法に問題があるのだ。これは歩道を歩いている人にとって問題となることがある。デンマークでは，多くの人がアルコールを飲んでからｅスクーターを使っていると警察が言う。これはｅスクーターに乗っている人と道路や歩道を使う人にとって危険だ。また，ほとんどの人が講習や安全のための訓練を受けずにｅスクーターを使っている。❻いくつかのｅスクーター製造会社や都市は，無料のトレーニング講座や無料のヘルメットを提供したり，もっと安全なｅスクーターをつくったりすることで，そういった問題の多くに対処しようとしている。彼らはそのような変化が事故や負傷の数を減らすのに役立つだろうと考えている。最近の研究には，ｅスクーターが他の乗り物よりも危険ではないかもしれないということを示すものもある。例えばアメリカのポートランドでは，自転車の事故の数とｅスクーターの事故の数はほぼ同じだ。❼現在では，ｅスクーターシェアリングは欧米の都市で最もよく見られるが，状況は変わり始めているかもしれない。ｅスクーターシェアリングの小規模な取り組みがマレーシア，タイ，シンガポールで始まり，そして2019年の３月には日本で最初のｅスクーターシェアリングの取り組みが埼玉の浦和美園駅で始まった。この駅には，スマホのアプリで鍵を外すことで使える10台のｅスクーターがある。ｅスクーターの鍵を外すのに100円かかり，その後は１分ごとに25円かかる。この料金は他の国々の料金と似たようなものだ。しかし他の多くの国々と違って，日本の法律ではｅスクーターはオートバイと同じなので乗る人は運転免許を持たねばならない。また，車とともに道路を走行しなければならない。埼玉での取り組みが成功したら，日本の次のｅスクーターシェアリングの取り組みを福岡で始める計画がある。

１＜内容真偽＞A.「ｅスクーターは短い距離の移動にのみ使える」…×　第２段落最終文に多くの人が短い距離で使うとあるが，それだけしかできないという記述はない。　B.「ｅスクーターは道が混んでいるときに便利だ」…○　第２段落第２文に一致する。　C.「多くの人が若いときにｅスクーターを使っていた」…×　そのような記述はない。　D.「アメリカの都市では，ｅスクーターはバスより安く使える」…×　第２段落第３文参照。

２＜主題＞多くの都市で始まっているｅスクーターシェアリングの一例として，シカゴでの取り組みについて説明しているので，B.「ｅスクーターシェアリングの取り組みの最近の一例」が適切。

３＜指示語＞them なので前にある複数名詞を探す。前にある複数名詞でここに当てはめて意味が通るのは同じ文の前半にある e-scooters。ここでの‘take *A* off *B*’は「*B*から*A*を取り除く」の意味。ナッシュビル市はｅスクーターシェアリングの取り組みをやめたので，ｅスクーターを路上から撤去したのである。

４＜適文選択＞前段落でｅスクーターによる事故の多発を述べた後，この段落でｅスクーターの不適切な駐車，飲酒運転，訓練不足の運転といった他の問題点を述べている。

５＜要旨把握＞シカゴが2019年６月(第３段落第３文)，ナッシュビルが2017年６月(第４段落第２文より2019年６月に廃止する２年前)，埼玉が2019年３月(最終段落第２文)。

６＜語句解釈＞ここでの deal with ～は「(問題)に対処する」の意味。この意味に近いのは solve ～「(問題)を解決する」。ｅスクーターの引き起こす問題に対して無料の訓練やヘルメット，安全なｅスクーターを提供していることからも推測できる。

７＜語句解釈＞ここでの roughly は「おおよそ」の意味。前文にｅスクーターは他の乗り物より危険とはいえないとあるので，事故の数はほぼ同じと推測できる。

８＜要旨把握＞最終段落第４文参照。最初に鍵を外すのに100円，その後は毎分25円だから，100円＋25円×10分で計350円となる。

９＜内容真偽＞A.「パリとナッシュビルはそれらのｅスクーターシェアリングの取り組みを終わらせている」…×　第４段落最後の２文にパリでの事故が記されているが，取り組みを終わらせたとは書いていない。　B.「デンマークではアルコールを飲んだ後にｅスクーターを使うことは許されていない」…×　第5段落第4文参照。警察は問題視しているが，明白に禁止されているという記述はない。　C.「アジアの数百に及ぶ都市がｅスクーターシェアリングの取り組みを始めている」…×　最終段落第2文参照。挙げられているのはアジアの国4つである。　D.「一部のｅスクーター製造会社は事故を減らすためのトレーニング講座を提供し始めた」…○　第6段落第1文参照。　E.「最新のｅスクーターは車よりもパワーがある」…×　そのような記述はない。　F.「たいていの国ではｅスクーターに乗るのに運転免許が必要だ」…×　最終段落最後から3文目参照。日本の特殊事情である。　G.「シカゴの共用のｅスクーターは午後10時以降借りられない」…○　第3段落最後から3文目参照。

Ⅳ〔長文読解総合―説明文〕

≪全訳≫❶2019年3月，国際宇宙ステーション(ISS)ではかつてないことが起きようとしていた。2人のNASAの宇宙飛行士，アン・マクレーンとクリスティーナ・コックが，そのステーションで初の女性のみの宇宙遊泳を行うことになっていた。宇宙遊泳はそれ以前の20年に214回行われていたが，これは最初の女性のみによる遊泳になるはずだった。誰もが興奮していたが，それは突然中止になった。なぜだろうか。新聞記者の中には，マクレーンはＭサイズだったのにISSにはＬサイズの宇宙服しかなかったからだと考える者もいた。多くの人が，これはより大きな問題，つまり男性と女性は宇宙旅行の世界では同等の機会がないという問題の一部だと言った。❷事実，女性は宇宙ではいつも少数派だった。1961年に最初に宇宙に行った人物(ロシア人男性のユーリ・ガガーリン(1934～1968))以来，504人の男性が宇宙に行ったが，女性は64人だけだ。❸この主な理由の1つは，男性向きの仕事もあれば女性向きの仕事もあるというよくある考え方だ。宇宙飛行士になることは男性の仕事だと見なされていた。宇宙計画の考案者，試験官，そしてトレーナーたちは男性であり，彼らは女性をよく理解していなかった。1973年のNASAの報告書には，宇宙における女性の仕事の1つは「乗組員の士気(チームの満足度)」を高めることであろうと書かれている。別の報告書には，宇宙ステーションで女性が役に立つのは看護師やその他の補助的な仕事においてのみであろうと書かれている。1983年，初めて宇宙に行ったアメリカ人女性サリー・ライドは携帯用の化粧品のバッグを与えられ，彼女を含む乗組員たちが地球に戻ってきたとき，彼女はNASAが花を渡そうとしたただ1人の宇宙飛行士だったのだ。彼女はこう言った。「ありがとう，でも遠慮するわ」　彼女はただ平等に扱われる乗組員でいたかったのだ。彼女は引退後，少女たちを宇宙飛行士になるよう励ますことに熱心だった。❹最初の宇宙船は男性専用に設計されていた。プライバシーはなく，女性用の特別なトイレもなかった。今日でもISSでトイレを使う女性は苦労する。❺初期の宇宙計画に参加した女性は，男性がされないような質問をジャーナリストからされた。「もしうまくいかなかったら泣きますか」，「もし完璧な男性に出会ったら仕事をやめますか」といったものだ。❻最初に宇宙に行った男性と女性ではわずか2年の違いしかなかったにもかかわらず，男性と女性が宇宙において平等になるにはまだ長い道のりがある。❼1つの問題は教育だ。NASAは，全ての宇宙飛行士が数学，科学，工学を専攻して大学を卒業しなくてはならないとしているが，2015年のアメリカでは，科学専攻の卒業生の38パーセントとエンジニアリング専攻の卒業生の20パーセントが女性であったにすぎない。NASAはまた，大学卒業後，大学で3年働く経験，あるいは1000時間のジェット機操縦経験を求めている。アメリカの操縦士で女性はたった5パーセントだけだ。最近では宇宙計画で働きたい女性が増えているが，女性宇宙飛行士の数は相変わらず非常に少ない。❽女性が宇宙計画に加わったとしても他の障害がある。NASAにはＳサイズの宇宙服がないので，キャサリン・コールマン(165センチ未満)のような宇宙飛行士は，自分には大きすぎる宇宙服を着て訓練を受けなければならない。このせいで訓練のときに彼女が不器用で業務をきちんとこなせないと人々が思うかもしれない，と彼女は言う。❾宇宙では男性の体と女性の体に違うことが起きる。例えば，乗り物酔いは女性の方によく見られ，男性は目や耳に問題を生じやすい。しかしそういった違いは，どちらかの性別(男性や女性)がより良い，あるいはより悪い宇宙飛行士であるということを意味するものではない。❿宇宙において性別に注目が集まりすぎていると考える人もいる。マーシャ・アイビンスはかつてアメリカの宇宙飛行士だった。彼女は，NASA は現在その仕事にふさわしい人を選んでいて，性別を気にしていないと言う。彼女はまた，マクレーンが宇宙遊泳を中止した本当の理由は宇宙服ではなく，彼女の腕が次の宇宙遊泳の作業には短すぎたために，もっと背の高い宇宙飛行士にその作業をするよう頼んだからだと説明した。⓫未来のある日，我々は宇宙で生まれた最初の赤ちゃんを目にするかもしれないが，両方の性別の宇宙での生活を深く研究しなければ備えはできないだろう。そしてそれは，今よりはるかに多くの女性が宇宙飛行士になる必要があることを意味する。

1 ＜表題選択＞「この文章に表題をつけるとしたらどれが最適か」―C.「宇宙での性別による障壁」 男性に比べて女性の方が宇宙計画への参加が困難であることとその理由を述べた文章である。

2 ＜英問英答＞「女性のみでの宇宙遊泳が 2019 年 3 月に行われなかった主な理由は何か」―B.「マクレーンの腕が作業をするには短すぎたため」 第 10 段落最終文参照。なおC.「マクレーンに適切なサイズの宇宙服がなかったから」は，第 1 段落最後から 2 文目にあるが，あくまで記者たちの推測である。

3 ＜英問英答＞「筆者が化粧品のバッグの例を用いたのはなぜか」―C.「計画の考案者たちが女性をよく理解していなかったことを示すため」 第 3 段落最後から 2 文目がヒントになる。サリー・ライドは特別扱いを望まなかったのに，計画の考案者たちはそうした女性飛行士の思いを理解せずに，「女性は化粧品や花を欲しがる」という固定観念に基づいた言動をとったのである。

4 ＜英問英答＞「女性が最初に宇宙に行ったのはいつか」―B.「1963 年」 第 6 段落前半参照。初めて男性が宇宙に行った 1961 年(第 2 段落第 2 文)の 2 年後となる。なお，第 3 段落後半のサリー・ライドはアメリカで初めての女性宇宙飛行士なのでDは誤り。

5 ＜英問英答＞「この文章にない情報はどれか」―A.「月に最初に行った人物は男性だった」 文章中に「月」に行った宇宙飛行士の話題はない。第 2 段落のガガーリンは「宇宙」に行った最初の宇宙飛行士である。

6 ＜英問英答＞「NASA の宇宙飛行士になる可能性が最も高いのは以下のどの女性か」―D.「大学：工学(専攻)。彼女は 6 年間エール大学の研究者だった」 第 7 段落にある大学での専攻と卒業後の経験の 2 つの条件を満たすのはDのみ。Aはヘリコプターなので「ジェット機」という条件を満たさない。

7 ＜語句解釈＞「clumsy という単語はこの文章ではどういう意味か」―C.「なめらかに動けない」 ここでの clumsy は「不器用な」の意味。前後の記述から推測できる。

8 ＜内容一致＞「宇宙飛行士たちが宇宙でかかる病気は，(　　)ことを示す」―D.「宇宙はそれぞれの性に異なった影響を与える」 第 9 段落参照。宇宙では男女で違う病気にかかりやすいという事実はあるが，それは性別による有利不利を意味しないと述べているのでBやCは誤り。

9 ＜英問英答＞「現在宇宙飛行士でいるのは誰か」―B.「キャサリン・コールマン」 第 8 段落よりコールマンは現在も宇宙飛行士としての訓練を受けているとわかる。

10＜英問英答＞「筆者は何を言おうとしているか」―A.「宇宙計画には改善すべき点がある」 女性が宇宙計画に参加する際のさまざまな障害を述べたうえで，最終段落でさらに宇宙計画を前進させるには女性宇宙飛行士を増やす必要があると述べている。

2020年度／青山学院高等部

数学解答

1 $\dfrac{\sqrt{6}}{4}$

2 (1) (ア) $\dfrac{1}{9}$ (イ) $\dfrac{1}{3}$ (2) $\dfrac{5}{27}$

3 (1) $\dfrac{1}{4}$ (2) (1, 1)

(3) 2, $1\pm\sqrt{17}$

4 (1) A…45分 B…30分

(2) A…96分 B…40分

5 12π cm

6 (1) $2x^2-2x+\dfrac{1}{2}$ cm^2 (2) $\sqrt{x}$ cm

7 (1) $\dfrac{\sqrt{5}}{2}$ cm (2) 4：5 (3) $\dfrac{29}{45}$ cm^2

8 (1) $\dfrac{4\sqrt{10}}{3}$ cm (2) $\dfrac{\sqrt{10}}{6}$ cm

(3) $\dfrac{45}{7}$ cm

1〔数と式—平方根の計算〕

与式$=\sqrt{\dfrac{(22+11)(22-11)\times(26+13)(26-13)}{11\times22\times39\times52}}=\sqrt{\dfrac{33\times11\times39\times13}{11\times22\times39\times52}}=\sqrt{\dfrac{3}{8}}=\dfrac{\sqrt{3}}{\sqrt{8}}=\dfrac{\sqrt{3}}{2\sqrt{2}}=\dfrac{\sqrt{3}\times\sqrt{2}}{2\sqrt{2}\times\sqrt{2}}$
$=\dfrac{\sqrt{6}}{4}$

2〔確率—点の移動〕

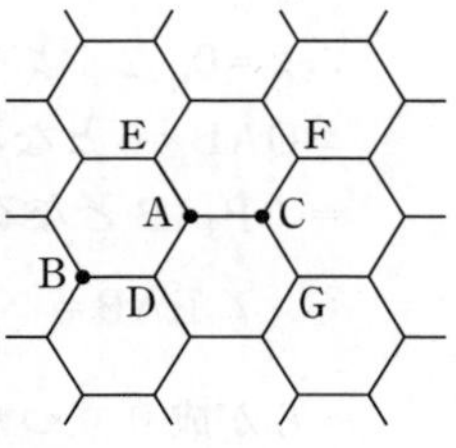

(1)<確率>(ア)右図のように，点Dを定める。点Pがどの頂点にあるときも，1回くじを引いたときに進む方向は3通りあるので，くじを2回引くとき，進み方は全部で3×3＝9(通り)ある。また，1回くじを引くとき，どの方向に進む確率も$\dfrac{1}{3}$だから，どの方向に進むことも同様に確からしい。よって，2回引くときの9通りの進み方は全て同様に確からしい。このうち，点Pが点Bにあるような進み方は，A→D→Bと進む場合の1通りだから，求める確率は$\dfrac{1}{9}$となる。　(イ)右上図のように，点Eを定める。9通りの進み方のうち，点Pが点Aにあるような進み方は，A→C→A，A→D→A，A→E→Aの3通りだから，求める確率は$\dfrac{3}{9}=\dfrac{1}{3}$となる。

(2)<確率>右上図のように，2点F，Gを定める。くじを3回引くときの進み方は全部で3×3×3＝27(通り)ある。このうち，点Pが点Cにあるような進み方は，A→D→A→C，A→E→A→C，A→C→A→C，A→C→F→C，A→C→G→Cの5通りだから，求める確率は$\dfrac{5}{27}$となる。

3〔関数—関数$y=ax^2$と直線〕

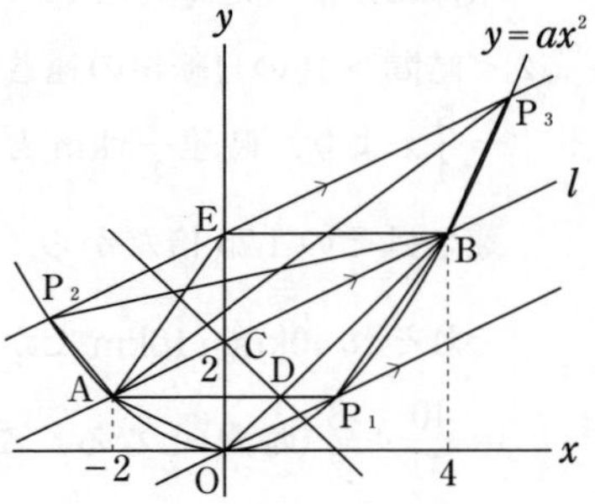

(1)<比例定数>右図で，2点A，Bは放物線$y=ax^2$上にあり，x座標がそれぞれ−2，4なので，$y=a\times(-2)^2=4a$，$y=a\times4^2=16a$より，A(−2，4a)，B(4，16a)となる。よって，直線lの傾きは$\dfrac{16a-4a}{4-(-2)}=2a$と表せる。また，点Cの$y$座標が2だから，直線$l$の式は$y=2ax+2$とおける。点Aを通るので，$4a=2a\times(-2)+2$，$8a=2$，$a=\dfrac{1}{4}$となる。

≪別解≫右図で，A(−2，4a)，B(4，16a)，C(0，2)より，直線ABの傾きは$\dfrac{16a-4a}{4-(-2)}=2a$，直線BCの傾きは$\dfrac{16a-2}{4-0}=4a-\dfrac{1}{2}$と表せる。3点A，B，Cが直線$l$上の点より，直線ABの傾きと直線BCの傾きは等しいから，$2a$

$=4a-\dfrac{1}{2}$が成り立ち，$a=\dfrac{1}{4}$となる。

(2)＜座標＞前ページの図で，OC＝2を底辺と見ると，△OAC，△OBCの高さはそれぞれ2，4だから，△OAC＝$\dfrac{1}{2}\times2\times2=2$，△OBC＝$\dfrac{1}{2}\times2\times4=4$より，△OAB＝△OAC＋△OBC＝2＋4＝6となる。よって，△BCD＝$\dfrac{1}{2}$△OAB＝$\dfrac{1}{2}\times6=3$となり，△OCD＝△OBC－△BCD＝4－3＝1である。辺OCを底辺と見たときの△OCDの高さをhとすると，$\dfrac{1}{2}\times2\times h=1$が成り立ち，$h=1$となるので，点Dの$x$座標は1である。(1)より，$16a=16\times\dfrac{1}{4}=4$だから，B(4，4)である。これより，直線OBの傾きは$\dfrac{4}{4}=1$だから，その式は$y=x$である。点Dは直線$y=x$上の点だから，$y=1$となり，D(1，1)である。

(3)＜x座標―等積変形＞前ページの図のように，△OAB＝△PABとなる点Pは，P_1，P_2，P_3の3個ある。△OAB＝△P_1ABより，AB∥OP_1である。(1)より，直線lの傾きは$2a=2\times\dfrac{1}{4}=\dfrac{1}{2}$なので，直線$OP_1$の傾きも$\dfrac{1}{2}$となり，直線$OP_1$の式は$y=\dfrac{1}{2}x$となる。また，放物線の式は$y=\dfrac{1}{4}x^2$だから，点$P_1$は放物線$y=\dfrac{1}{4}x^2$と直線$y=\dfrac{1}{2}x$の交点である。$\dfrac{1}{4}x^2=\dfrac{1}{2}x$より，$x^2-2x=0$，$x(x-2)=0$　$\therefore x=0$，2　よって，点P_1のx座標は2である。次に，y軸上の点Cより上の部分に，△EAB＝△OAB＝6となる点Eをとり，E(0，t)とする。△P_2AB＝△P_3AB＝△OABより，△EAB＝△P_2AB＝△P_3ABとなるから，3点P_2，E，P_3は一直線上にあり，AB∥P_2P_3である。また，EC＝$t-2$だから，△EAB＝△EAC＋△EBC＝$\dfrac{1}{2}\times(t-2)\times2+\dfrac{1}{2}\times(t-2)\times4=3t-6$と表せる。よって，$3t-6=6$が成り立つから，$t=4$となり，E(0，4)となる。直線$P_2P_3$は，傾きが$\dfrac{1}{2}$，切片が4だから，直線$P_2P_3$の式は$y=\dfrac{1}{2}x+4$となる。2点$P_2$，$P_3$は放物線$y=\dfrac{1}{4}x^2$と直線$y=\dfrac{1}{2}x+4$の交点だから，$\dfrac{1}{4}x^2=\dfrac{1}{2}x+4$，$x^2-2x-16=0$より，$x=\dfrac{-(-2)\pm\sqrt{(-2)^2-4\times1\times(-16)}}{2\times1}=\dfrac{2\pm\sqrt{68}}{2}=\dfrac{2\pm2\sqrt{17}}{2}=1\pm\sqrt{17}$となる。以上より，点Pの$x$座標は，2，$1\pm\sqrt{17}$である。

4〔方程式―連立方程式の応用〕

(1)＜時間＞水泳の距離は1.5km，Aの水泳の速さは時速2kmだから，Aが水泳にかかった時間は$1.5\div2=\dfrac{3}{4}$(時間)，つまり，$60\times\dfrac{3}{4}=45$(分)である。また，Bの水泳の速さは時速3kmだから，Bが水泳にかかった時間は$1.5\div3=\dfrac{1}{2}$(時間)，つまり，$60\times\dfrac{1}{2}=30$(分)である。

(2)＜時間＞Bの自転車の速さを時速$x$kmとすると，Aの自転車の速さはその1.25倍だから，$x\times1.25=\dfrac{5}{4}x$より，時速$\dfrac{5}{4}x$kmとなる。Aのランニングの速さを時速$y$kmとすると，Bのランニングの速さはその1.25倍だから，$y\times1.25=\dfrac{5}{4}y$より，時速$\dfrac{5}{4}y$kmとなる。自転車，ランニングの距離はそれぞれ40km，10kmだから，Bが自転車とランニングにかかった時間の合計は，$40\div x+10\div\dfrac{5}{4}y=\dfrac{40}{x}+\dfrac{8}{y}$(時間)となる。これが2時間40分であるから，$\dfrac{40}{x}+\dfrac{8}{y}=2+\dfrac{40}{60}$より，$\dfrac{40}{x}+\dfrac{8}{y}=\dfrac{8}{3}$，$\dfrac{5}{x}+\dfrac{1}{y}=\dfrac{1}{3}$……①が成り立つ。また，3種類の種目を終えてゴールするまでにかかった時間は，Aが

$\frac{3}{4}+40\div\frac{5}{4}x+10\div y=\frac{3}{4}+\frac{32}{x}+\frac{10}{y}$(時間)，Bが$\frac{1}{2}+\frac{8}{3}=\frac{19}{6}$(時間)である。BがAより1分早くゴールしているので，$\frac{3}{4}+\frac{32}{x}+\frac{10}{y}-\frac{1}{60}=\frac{19}{6}$より，$\frac{32}{x}+\frac{10}{y}=\frac{73}{30}$……②が成り立つ。ここで，$\frac{1}{x}=X$，$\frac{1}{y}=Y$とおくと，①は$5X+Y=\frac{1}{3}$……③，②は$32X+10Y=\frac{73}{30}$……④となる。③×10−④より，$50X-32X=\frac{10}{3}-\frac{73}{30}$，$18X=\frac{9}{10}$，$X=\frac{1}{20}$となり，これを③に代入して，$\frac{1}{4}+Y=\frac{1}{3}$，$Y=\frac{1}{12}$となるので，$\frac{1}{x}=\frac{1}{20}$より$x=20$，$\frac{1}{y}=\frac{1}{12}$より$y=12$となる。よって，Aの自転車にかかった時間は$\frac{32}{x}=\frac{32}{20}=\frac{8}{5}$(時間)，つまり$60\times\frac{8}{5}=96$(分)である。Bのランニングにかかった時間は$\frac{8}{y}=\frac{8}{12}=\frac{2}{3}$(時間)，つまり$60\times\frac{2}{3}=40$(分)である。

5〔平面図形—正三角形—長さ〕

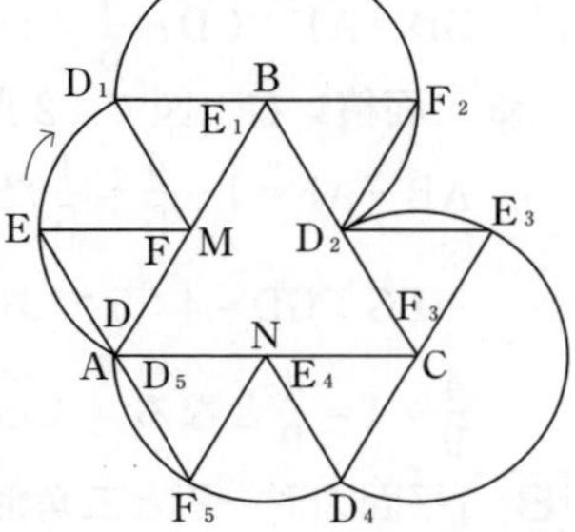

右図で，まず，△DEFは，Fを中心として回転し，$\triangle D_1E_1F$の位置まで動く。このとき，頂点Dは$\overset{\frown}{DD_1}$を描く。$\angle D_1FE_1=60°$より，$\angle DFD_1=180°-60°=120°$だから，$\overset{\frown}{DD_1}=2\pi\times3\times\frac{120°}{360°}=2\pi$となる。次に，点$E_1$を中心として回転し，$\triangle D_2E_1F_2$の位置まで動く。このとき，頂点Dは$\overset{\frown}{D_1D_2}$を描く。$\angle D_1E_1F=\angle ABC=60°$より，おうぎ形$E_1D_1D_2$の中心角は$360°-60°\times2=240°$だから，$\overset{\frown}{D_1D_2}=2\pi\times3\times\frac{240°}{360°}=4\pi$となる。その次は，点$D_2$を中心として回転し，$\triangle D_2E_3F_3$の位置まで動く。このとき，頂点Dは動かない。この後も同様に考えると，△DEFの1辺が線分ANと重なるまで動くとき，△DEFは，$\triangle D_4E_4F_3$，$\triangle D_5E_4F_5$の位置まで動き，頂点Dは$\overset{\frown}{D_2D_4}$，$\overset{\frown}{D_4D_5}$を描く。$\overset{\frown}{D_2D_4}=4\pi$，$\overset{\frown}{D_4D_5}=2\pi$となるから，求める曲線の長さは$2\pi+4\pi+4\pi+2\pi=12\pi$(cm)である。

6〔空間図形—四角錐〕

図1

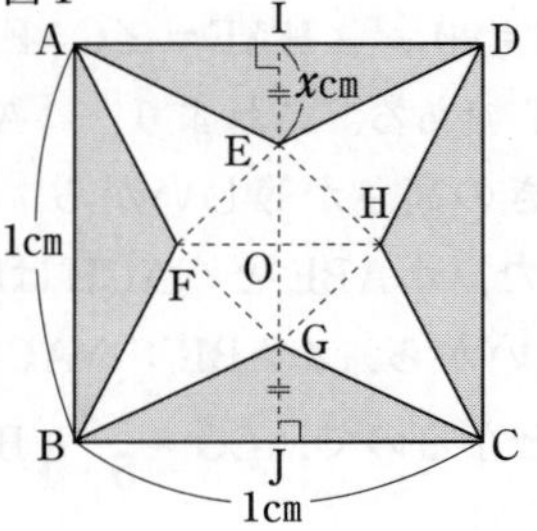

図2

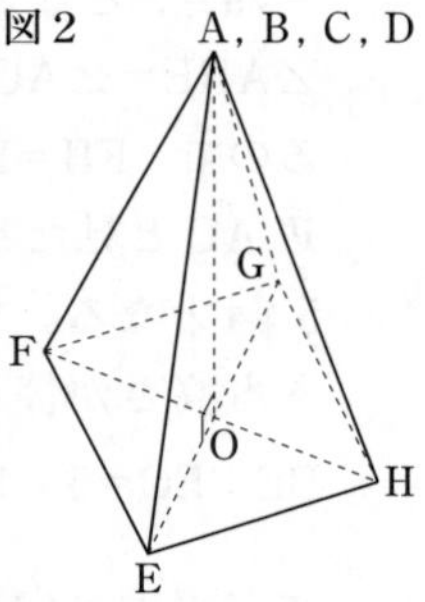

(1)<面積>右図1のように，1辺が1cmの正方形の頂点をA～D，四角錐の底面となる正方形の頂点をE～Hと定め，辺AD，辺BCの中点をそれぞれI，Jとする。切り取る二等辺三角形の高さが$x$cmだから，$EI=GJ=x$である。$IJ=AB=1$より，$EG=IJ-EI-GJ=1-x-x=1-2x$である。同様に，$FH=1-2x$となる。よって，〔正方形EFGH〕$=\frac{1}{2}\times EG\times FH=\frac{1}{2}\times(1-2x)\times(1-2x)=2x^2-2x+\frac{1}{2}$(cm^2)となる。

(2)<長さ—三平方の定理>右上図1で，正方形EFGHの対角線EG，FHの交点をOとする。できる四角錐は右上図2のようになり，四角錐A-EFGHの高さはAOの長さとなる。図1で，$AI=\frac{1}{2}AD=\frac{1}{2}\times1=\frac{1}{2}$，$EI=x$だから，△AEIで三平方の定理より，$AE^2=AI^2+EI^2=\left(\frac{1}{2}\right)^2+x^2=\frac{1}{4}+x^2$となる。また，$OE=\frac{1}{2}EG=\frac{1}{2}(1-2x)=\frac{1}{2}-x$だから，図2の△AOEで三平方の定理より，$AO=\sqrt{AE^2-OE^2}=\sqrt{\left(\frac{1}{4}+x^2\right)-\left(\frac{1}{2}-x\right)^2}=\sqrt{x}$(cm)である。

7〔平面図形—長方形〕

(1)＜長さ—相似，三平方の定理＞右図の△EBAと△ABCで，∠EBA＝∠ABC＝90°である。また，△EBAで，∠AEB＝180°－∠EBA－∠EAB＝180°－90°－∠EAB＝90°－∠EABであり，∠CAE＝90°より，∠CAB＝∠CAE－∠EAB＝90°－∠EABだから，∠AEB＝∠CABとなる。よって，△EBA∽△ABCだから，EB：AB＝AB：CBより，EB：1＝1：2が成り立ち，EB×2＝1×1，EB＝$\frac{1}{2}$となる。△EBAで三平方の定理より，AE＝$\sqrt{\mathrm{EB}^2+\mathrm{AB}^2}=\sqrt{\left(\frac{1}{2}\right)^2+1^2}=\sqrt{\frac{5}{4}}=\frac{\sqrt{5}}{2}$(cm)である。

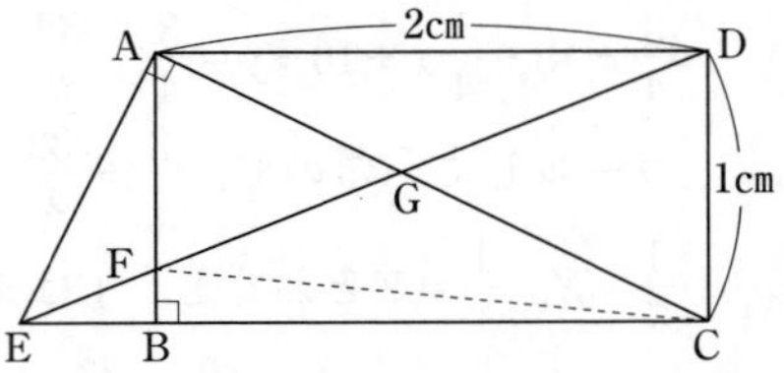

(2)＜長さの比—相似＞右上図で，(1)より，EB＝$\frac{1}{2}$であり，∠AFD＝∠BFE，∠FAD＝∠FBEより，△AFD∽△BFEだから，AF：BF＝DA：EB＝2：$\frac{1}{2}$＝4：1となる。これより，AF＝$\frac{4}{4+1}$AB＝$\frac{4}{5}\times1=\frac{4}{5}$となる。また，∠AGF＝∠CGD，∠GAF＝∠GCDより，△AFG∽△CDGだから，FG：GD＝AF：CD＝$\frac{4}{5}$：1＝4：5である。

(3)＜面積＞右上図で，2点F，Cを結ぶと，〔四角形FBCG〕＝△FBC＋△FGCである。(2)より，FB＝AB－AF＝$1-\frac{4}{5}=\frac{1}{5}$だから，△FBC＝$\frac{1}{2}$×BC×FB＝$\frac{1}{2}\times2\times\frac{1}{5}=\frac{1}{5}$である。また，△FGC：△GDC＝FG：GD＝4：5であり，△FCD＝$\frac{1}{2}$×CD×AD＝$\frac{1}{2}\times1\times2=1$だから，△FGC＝$\frac{4}{4+5}$△FCD＝$\frac{4}{9}\times1=\frac{4}{9}$となる。よって，〔四角形FBCG〕＝$\frac{1}{5}+\frac{4}{9}=\frac{29}{45}$(cm^2)である。

8 〔平面図形—円と三角形〕

≪基本方針の決定≫(3)　△CFB∽△AFCに気づきたい。

(1)＜長さ—三平方の定理＞右図で，線分ABは円Oの直径だから，∠ACB＝90°であり，△ABCで三平方の定理より，BC＝$\sqrt{\mathrm{AB}^2-\mathrm{AC}^2}=\sqrt{5^2-4^2}=\sqrt{9}=3$となる。点Eから直径ABに垂線EHを引くと，AE＝AE，∠AHE＝∠ACE＝90°，∠HAE＝∠CAEより，△AHE≡△ACEとなるので，EH＝ECである。これより，△ABEと△ACEは底辺を辺AB，辺ACと見たときの高さが等しいから，△ABE：△ACE＝AB：AC＝5：4となる。また，△ABEと△ACEは底辺を辺BE，辺ECと見たときも高さが等しいから，△ABE：△ACE＝BE：ECである。よって，BE：EC＝5：4となるので，EC＝$\frac{4}{5+4}$BC＝$\frac{4}{9}\times3=\frac{4}{3}$となり，△ACEで三平方の定理より，AE＝$\sqrt{\mathrm{AC}^2+\mathrm{EC}^2}=\sqrt{4^2+\left(\frac{4}{3}\right)^2}=\sqrt{\frac{160}{9}}=\frac{4\sqrt{10}}{3}$(cm)である。

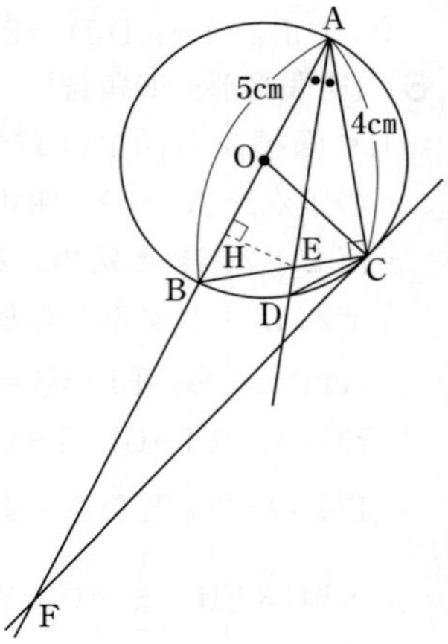

≪別解≫右上図で，∠EHB＝∠ACB＝90°，∠EBH＝∠ABCだから，△EBH∽△ABCである。EH＝EC＝a(cm)とすると，BE＝BC－EC＝3－aだから，BE：BA＝EH：ACより，$(3-a):5=a:4$が成り立ち，$(3-a)\times4=5a$，$9a=12$，$a=\frac{4}{3}$となる。よって，EC＝$\frac{4}{3}$だから，AE＝$\sqrt{\mathrm{AC}^2+\mathrm{EC}^2}=\sqrt{4^2+\left(\frac{4}{3}\right)^2}=\frac{4\sqrt{10}}{3}$(cm)となる。

(2)＜長さ—相似＞右上図で，2点C，Dを結ぶ。$\overset{\frown}{\mathrm{BD}}$に対する円周角より∠BAE＝∠DCE，対頂角よ

り∠AEB＝∠CEDだから，△ABE∽△CDEとなる。よって，BE：DE＝AE：CEである。BE＝BC－CE＝$3-\frac{4}{3}=\frac{5}{3}$，AE＝$\frac{4\sqrt{10}}{3}$，CE＝$\frac{4}{3}$だから，$\frac{5}{3}$：DE＝$\frac{4\sqrt{10}}{3}$：$\frac{4}{3}$が成り立ち，DE×$\frac{4\sqrt{10}}{3}$＝$\frac{5}{3}\times\frac{4}{3}$，DE＝$\frac{\sqrt{10}}{6}$(cm)となる。

(3)＜長さ—相似＞前ページの図で，2点O，Cを結ぶと，∠OCF＝90°なので，∠BCF＝∠OCF－∠OCB＝90°－∠OCBである。また，OA＝OCより，∠OAC＝∠OCAであり，∠OCA＝∠ACB－∠OCB＝90°－∠OCBだから，∠OAC＝90°－∠OCBとなる。よって，∠BCF＝∠OACとなるから，△CFBと△AFCで，∠BCF＝∠CAF，∠CFB＝∠AFCより，△CFB∽△AFCとなる。相似比はCB：AC＝3：4だから，BF＝x(cm)とすると，BF：CF＝3：4より，CF＝$\frac{4}{3}$BF＝$\frac{4}{3}x$となり，CF：AF＝3：4より，AF＝$\frac{4}{3}$CF＝$\frac{4}{3}\times\frac{4}{3}x=\frac{16}{9}x$となる。AF＝AB＋BFだから，$\frac{16}{9}x=5+x$が成り立ち，$\frac{7}{9}x=5$，$x=\frac{45}{7}$(cm)となる。

2020年度／青山学院高等部

国語解答

一 問一　4　問二　2　問三　3
問四　1　問五　4　問六　2
問七　3　問八　心　問九　5
問十　A…4　B…2　C…1
問十一　2，5
問十二　ア　端的　イ　鮮明　ウ　平素
エ　ばんしょう

二 問一　2　問二　2　問三　1
問四　3　問五　4　問六　1
問七　1　問八　4
問九　A…4　B…2　C…5
問十　オ　問十一　3，5
問十二　ア　たか　イ　渦中　ウ　枯渇

三 問一　3　問二　4　問三　2
問四　3　問五　4
問六　物惜しむ心　問七　2
問八　我，山にて〜かくするぞ
問九　(1)…5　(2)…2　問十　4，5

一〔論説文の読解―文化人類学的分野―日本文化〕出典；高階秀爾『日本人にとって美しさとは何か』「日本人の美意識はどこから来るのか」。

問一＜表現＞①－A.「ロボットと人間の関係」を，より幅広く，「機械と人間の関係」といってもよい。　①－B.「ロボットはテクノロジー文明の成果を駆使して生み出されたものであり，そのかぎりでは他の近代文明の所産と同じように国境を越えた」，広く行き渡った存在である。

問二＜文章内容＞あるシンポジウムで，イタリア側の参加者から，ロボットの導入に対する労働者の「心理的抵抗」について，日本はどう対応しているかという質問があった。この「心理的抵抗」とは，「機械が人間の代わりをすることへの嫌悪感，あるいは人間の領域が機械に侵されることに対する反発の感情」のことだった。「日本ではそのような『心理的抵抗』はまったくなかった」ので，日本側の参加者は，その「心理的抵抗」がどのようなものかわからず，戸惑ったのである。

問三＜文章内容＞「日本ではロボットは，当初から，人間と同じような仕事仲間として受け入れられてきた」ので，日本の労働者は，親しみを込めて，ロボットに名前をつけたのである。

問四＜文章内容＞日本人は，昔から，「生命のない日常の道具類」も，人間と同じように心や感覚を持った存在と考えてきたのである。

問五＜語句＞「しかるべき(然るべき)」は，当然そうあるべきである，という意味。

問六＜文章内容＞「百鬼夜行絵巻」に描かれた，「袴が行列に加わろうと身もだえしながらずり落ちて行く姿」や「琴に足が生えてうごめいている様子」を見ると，半ば生き物のようになった道具に，「画家の遊び心」が込められているように思える。そのため，それらの道具類には，「どこかユーモラスな趣き」があると感じられるのである。

問七＜文章内容＞「音楽地獄」とも呼ばれるパネルでは，「楽器は地獄に落ちた罪人たちの責め道具として描かれて」いる。この絵の楽器は，本来の音楽を演奏するための道具とは異なる性質を持っているが，楽器は，「自分の意志で罪人を苦しめているわけでは」なく，「あくまでもただの道具」なのである。その点で，道具が生命を持つものとして描かれている，日本の「百鬼夜行絵巻」とは異なっているのである。

問八＜慣用句＞「心を砕く」は，力を尽くし，苦心する，という意味。「身を砕く」という表現もあるが，これは主に肉体的な苦労を表す。

問九＜文章内容＞日本の文化の特色の一つに，「アニミズム的世界観」が現代も生き続け，「最先端の技術と矛盾なく共存している点」がある。「高水準のテクノロジーの遺産」と「道具や機械も人間の仲間と見るアニミズム的世界観」がうまく結びつき，一つに溶け合った結果として，「今日の日本のロボットの世界が築かれている」のである。

問十＜接続語＞A．一六世紀末頃，「西洋の時計を手本とした精巧な時計も日本で」生まれ，そのうえ，「日本で用いられていた不定時法にもとづく世界でも類のない和時計まで」生み出されたのである。　B．「からくり人形」の例として，「茶運び人形」が挙げられている。　C．主人と客の間で茶碗を運ぶ「茶運び人形」は，すなわち，「自動制御のメカニズムを内蔵した愛らしいロボットと言ってよい」のである。

問十一＜要旨＞「実際にロボットを創り出すため」には，「高度に優れた技術が必要である」が，日本には，「江戸時代以来蓄積されて来た技術の遺産があった」のである（5…◯）。「ヴォーカンソンの『笛吹き人形』が鋼鉄のゼンマイや歯車を利用しているのに対し，日本のからくり人形は，ゼンマイには鯨の髭，歯車やその他の部品には木や竹など，もっぱら自然の素材を用いている点に日本的特色が見られる」のである（2…◯）。

問十二＜漢字＞ア．遠回しな言い方をせずに，核心にふれるさま。　イ．はっきりしているさま。明確なさま。　ウ．ふだんのこと。　エ．「森羅万象」は，宇宙に存在する，あらゆるもののこと。

二〔論説文の読解―哲学的分野―哲学〕出典；鷲田清一『濃霧の中の方向感覚』。

≪本文の概要≫世紀をまたいだ頃から，「国民総幸福度」という指標が知られるようになった。それを測るためには，「幸福とは何か」を明らかにする必要があるが，その答えは，人によって違う。人は，幸福なときは，幸福を意識せず，それを失って初めて幸福だったことを知る。幸福とは，移行の感覚であり，幸福になれば，もはや幸福とは考えないのである。古代ギリシャより近代まで，幸福は，道徳論の最も基礎的な主題だった。しかし，二十世紀になると，幸福論は，ほぼ姿を消してしまう。この世紀に，「人間性」というものが再起不能なまでのダメージを受けたことも，その一因だろう。それなのに，二十世紀末になって，再び幸福論のようなもののインフレーションが起こっているのはなぜだろうか。現在の幸福論を，藤田省三は，「『安楽』への全体主義」と呼んだ。彼は，「安らぎを失った安楽」という逆説を目の当たりにして，紆余曲折の克服から生まれる「喜び」の消失を憂えた。「幸福とは何か」という問いは，失ったものの大きさに比例して深まってゆくのである。

問一＜慣用句＞「人口に膾炙する」は，広く人々が口にするようになり，もてはやされる，という意味。

問二＜語句＞「自足」は，それ自体で十分であり，他のものを必要としないこと。すなわち，それ自体が完成されたものとして存在している，ということである。

問三＜語句＞「切に」は，差し迫って，痛切に，という意味。

問四＜ことわざ＞「禍福は糾える縄の如し」は，災難と幸運は，より合わさった縄のように入れかわりながら変転する，という意味。「人間万事塞翁が馬」は，人生の幸不幸は，常に変転し，予測がつかないものだ，という意味。「画竜点睛を欠く」は，最後の大切な仕上げをしなかったために，全体が完璧なものにならない，という意味。「二兎を追うものは一兎をも得ず」は，同時に二つのことをしようとする者は，結局，両方とも失敗してしまう，という意味。「虎穴に入らずんば虎子を得ず」は，危険を冒さなければ，成功できない，という意味。

問五＜文章内容＞どのように道徳的に生きれば幸福になれるかを議論する《幸福主義》とは逆に，道徳的に生きることで幸福になるわけではなく，「ひとが幸福になれるかどうかはみずからの裁量の内には」ないと主張したので，カントの考え方は，《反幸福主義》と呼ばれたのである。

問六＜文章内容＞人間は基本的に道徳的なものであるという前提があって，そのような人間が幸福になるためにはどうすればいいのかという考えから，「幸福は道徳論のもっとも基礎的な主題」として論じられてきた。ところが，二十世紀になって，二度にわたる世界大戦を通じて“殲滅”が繰り返された結果，人間は，本来，道徳的なものだという前提が，崩れ去ってしまったのである。

問七＜表現＞二十世紀末になって，もてはやされるようになってきた，「国民総幸福度」や「幸福経済学」は，「一見幸福論と見えるもの」，つまり，幸福論によく似ているが，実際には幸福論とはいえないものである。本物によく似ていて紛らわしいさまを，「擬〔疑〕似的」という。

問八＜文章内容＞現代人が求める「安楽」とは，「不快のない状態」のことであり，「安楽」を求める人々は，「安楽の喪失に怯えながらその源の消去の作業」に「神経質に合流して」ゆき，結果的に，安らぎを失ってしまう。何よりも安楽を求めていたのに，安らぎを失ってしまうことが，「逆説」なのである。

問九．Ａ＜接続語＞「国民総幸福度(GNH)」という指標は，「社会のほんとうの豊かさは，経済の規模や成長度では測れないというところから，GDP に象徴されるような豊かさのイメージに対抗するものとして提唱された」のであり，ついでにいえば，「政財界の人たちがひたすら注視してきた『経済成長率』といえば，このGDP の伸び率のこと」である。　Ｂ＜表現＞「人間の行為はみな幸福をめざしているという点について」は，たぶん，「異論」はないだろう。　Ｃ＜接続語＞幸福には，「だれもが幸福でありたいと願う」のに，「幸福と思っていたものを手に入れたとたんに幸福でなくなる」，または，「幸福でいつづけることはできない」という逆説がまとわりついている。

問十＜文脈＞「幸福は不幸に，不幸は幸福にたやすく裏返る」のである。また，「一人の満足が別の人の不満の上に成り立っているという社会的事実を無視すること」もできない。「その意味でも，幸福を個人の満足度に求めるのは虚構」である。

問十一＜要旨＞「人間の行為はみな幸福をめざしているという点については，おそらく異論は」なかろう(５…○)。「『幸福とは何か』という問いは，得たものの大きさではなく，失ったものの大きさに比例して深まってゆく」のである(３…○)。

問十二＜漢字＞ア．多いか少ないか，ということ。　イ．事態が混乱している，真っ最中のこと。ウ．ものが尽きて，なくなること。

三 〔古文の読解―説話〕出典；『宇治拾遺物語』巻第六ノ三。

≪現代語訳≫今となっては昔のこと，インドに，留志長者といってとても裕福な金持ちがいた。だいたい蔵も数えきれないほど持ち，裕福だったが，心は大したことはなく，妻子にも，まして家来にも物を食わせたり，服を着せたりすることはなかった。自分が物が欲しかったので，人にも見せずに，隠して食べていたところ，物を飽きることなくたくさん欲しかったので，妻に，飯，酒，果物などを，たくさんくれ。私に取りついて物を惜しませる慳貪の神を祭ろうと言ったので，(妻は，長者が)物を惜しむ心をなくそうとしているのだな，これはよいことだと喜んで，いろいろと調理して，(長者に)たくさんやったので，(長者は)受け取って，人も見ていないであろう所に行って十分に食べようと思って，器に入れ，瓶子に酒を入れたりして，持って出ていった。／この木の下には烏《からす》がいる，あそこには雀がいるなどと(場所を)選んで，人里離れた山の中の木の陰の，鳥も獣もいない場所で(長者は)一人で食べていた。心の楽しさは，他に比べようもなかったので，口ずさむには，今曠野中，食飯飲酒大安楽，猶過毗沙門天，〈勝〉天帝釈と。その意味は，今日人がいない所に一人でいて，物を食べ，酒を飲む。安楽なることは，毗沙門，帝釈にもまさるということであり，(それを)帝釈はしっかりとご覧になっていた。／(帝釈は)憎らしいとお思いになったのだろうか，留志長者の姿にお化けになって，その家にいらっしゃって，「私は，山で，物を惜しむ神を祭ったご利益があったのか，その神が離れて，物が惜しくなくなったので，こうするぞ」と言って，蔵を開けさせて，妻子をはじめとして，家来たち，無関係なよその人々や，修行者，鉢を持ち，食の施しを受けて回る仏僧に至るまで，宝物を取り出して配ったので，誰もが喜んで分かち合い受け取っていたところへ，本物の長者が帰ってきた。／蔵を全部開けて，このように宝を全部人が取り合っていたのを見て，(長者は)驚き，悲しかったことは，言葉に言い表せないほどだった。どうしてこんなことをするのかと騒いだが，自分と全く同じ姿の人が出てきてこのようにするので，不思議なことは際限がなかった。あれは自分に化けたものだ。私が本物だと言ったが，聞き入れる人はいなかった。帝に訴え申し上げると，母上にきけとおっしゃったので，母に尋ねたところ，〈人に物をあげる人が我が子でございましょう〉と申したので，(長者は)どうすることもできなかった。(長者が，私の)腰の辺りにほくろというものの跡がございます。それを目印にご覧くださいと言ったので，(衣服を)開いて見たが，帝釈がそれをまねなさらないなどということがあるだろうか，いや，そんなことはなかった。二人とも同じようにものの跡があったので，どうにもならずに，仏のもとへ二人一緒に参上したところ，そのとき，帝釈が，もとの姿になって(仏の)前にいらっしゃったので，(長者は)言い争いをする術もないと思っているうちに，仏のお力で，すぐに初めて煩悩《ぼんのう》を脱しえた境地に達したので，悪い心が離れて，〈物惜しむ心〉もなくなった。／このように帝釈が人をお導きになることは際限がない。何の考えもなく長者の財産を失わせようなどとどうしてお思いになるだろうか，いや，そんなことはありえない。慳貪の業によって地獄へ落ちるに違いないのをお哀れみになるお志によって，このようにお取り計らいになったことこそありがたいことである。

問一＜古典の知識＞「天竺」は，今のインドのこと。

問二＜漢文の内容理解＞「猶過毗沙門天，勝天帝釈」は，「毗沙門，天帝釈にもまさりたり」，つまり，毗沙門天をも超え，帝釈天にもまさっている，という意味である。

問三＜現代語訳＞「其」は，留志長者のこと。長者は，私こそ本物の留志長者だと言ったのである。

問四＜古文の内容理解＞帝が，どちらが本物の留志長者かは母に尋ねよと命じたので，長者が母に尋ねたところ，母は，人に物をあげているのが我が子ですと言ったのである。

問五＜現代語訳＞「やは」は，語尾について反語であることを表す。帝釈がそれをまねなさらないなどということがあるだろうか，いや，決してそんなことはない，という意味。

問六＜古文の内容理解＞留志長者は，仏の力で欲望に乱される心を脱することができたので，貪欲で，けちな心が離れ，物に執着し，惜しいと思う気持ちもなくなったのである。

問七＜古語＞「構ふ」は，企てる，たくらむ，という意味。

問八＜古文の内容理解＞帝釈は，留志長者の姿に変身して，私は，山で，物を惜しむ神を祭ったご利益があったのか，その神が離れて，物が惜しくなくなったので，こうするぞと言ったのである。

問九＜古文の内容理解＞(1)妻は，留志長者が，慳貪の神に食べ物や飲み物をささげて，満足してもらい，物を惜しむ心をなくしてもらおうとしているのだろうと判断した。　(2)留志長者は，そもそも慳貪の神を祭ろうなどと思っておらず，人目のない所で，心ゆくまで食べたり飲んだりしたかっただけだったのである。

問十＜古文の内容理解＞留志長者は，帝釈に出会う前から，自分には慳貪の神がついていて，物を惜しませるのだと言っており，長者が，慳貪の神を信じていたかどうかは疑わしいが，自分が物に執着していることは自覚していた(4…○)。帝釈は，このままでは地獄に落ちてしまう留志長者を哀れんで，彼の財産を皆に分け与えて，長者が欲望に乱される心を脱するきっかけを与えてやろうとしたのである(5…○)。

2019年度 青山学院高等部

【英　語】（50分）〈満点：100点〉

リスニングテストは試験開始約10分後に開始します。それまでは別の問題を解いていてください。

■放送問題の音声は，当社ホームページ（http://www.koenokyoikusha.co.jp）で聴くことができます。（当社による録音です）

Ⅰ　これから放送される英語を聞き，それに関する質問の答えとして最も適切なものをA－Dの中から選び，記号で答えなさい。英語は一回しか放送されません。

PART ONE

1．How did the boy hear about John's party ?

A．A friend called him.　　B．He read about it on a website.

C．John sent him an invitation.　　D．Someone sent him an email.

2．How are they going to get to the cafe ?

A．They will go by bicycle.　　B．They will go by car.

C．They will go on foot.　　D．They will take a train.

3．Why did the man choose the Hampton Hotel ?

A．It has an outdoor pool.　　B．It's near the station.

C．The price was good.　　D．He heard about it from a friend.

4．What exercise does James often do now ?

A．He goes swimming.　　B．He goes to the gym.

C．He plays soccer.　　D．He goes running.

5．What will the man give his son for a birthday present ?

A．A DVD.　　B．A video game.

C．A board game.　　D．A space rocket toy.

6．When and where are the people going to meet ?

A．Friday afternoon at the cinema.　　B．Friday afternoon at Alan's house.

C．Friday evening at the cinema.　　D．Friday evening at Alan's house.

7．What is the problem with the man's hotel room ?

A．The shower is broken.　　B．The lights don't work.

C．It's too small.　　D．It's too cold.

PART TWO

8．Why is tonight's event special ?

A．It's the last day of the course.　　B．It is someone's birthday.

C．Tickets are cheaper than usual.　　D．It starts earlier than usual.

9．Where should the students be at 9 am tomorrow ?

A．In their classrooms.　　B．In their rooms.

C．In the car park.　　D．In the sports hall.

10．The festival is from ＿＿＿＿＿.

A．the 12th to the 15th　　B．the 12th to the 23rd

C．the 20th to the 23rd　　D．the 20th to the 21st

11．People at the festival will be able to buy ＿＿＿＿＿.
A．CDs　　B．sandwiches and soft drinks
C．wine and chocolate　　D．musical instruments

12．What can people win in the competition ?
A．Money.　　B．A CD.
C．Tickets to a performance.　　D．A trip to a radio station.

13．What do people need to do to enter the competition ?
A．Send an email.　　B．Visit a website.
C．Make a phone call.　　D．Write a letter.

14．If you want to join the international camp, you must ＿＿＿＿＿.
A．be 21 years old or older　　B．speak more than one language
C．be a student　　D．pay by March 31st

15．When you come to the camp, you should bring ＿＿＿＿＿.
A．your own food　　B．your own tent
C．some photos　　D．a musical instrument

※＜リスニングテスト放送原稿＞は英語の問題の終わりに付けてあります。

II　１．下の英文は，筆者が引っ越し先のボリビアの首都ラパスでの出来事について，友人に宛てた手紙の一部である。空所に最もふさわしい語を次の選択肢より選び，必要であれば適切な形に直して，一語で答えなさい。ただし，同じ語は一度しか使えない。

give	come	tire	excite	wait	begin	get	worry

Hi, Sam !

I'm sorry for not writing to you for a while.　My life in Bolivia is becoming like a real adventure.　It's getting more and more [1] every day.　I love it !

I suppose I should [2] with a story about my favorite driver, Juan.

On Christmas Eve, I was away from La Paz.　Then, I got news that my flight back to La Paz would be late, and I started to feel nervous and [3] because Juan was supposed to meet me at the airport. "Oh, no !　Tonight is Christmas Eve, I don't want him to work too much.　I will feel bad for his family." However, I didn't have his phone number, and there was no way to let him know about my late arrival. So, when I got back to the airport, I was sorry to see that he was [4] there for me.　He was there for more than 5 hours !　Surprisingly, he was not angry at all and said, "I am so glad that you came back to La Paz safely !　Have a Merry Christmas !"　I was really, truly sorry for him.　His kindness was the best present I was [5] this Christmas.　My heart was filled with thanks and happiness.

２．それぞれの[　]内の語を最も適切な語順に並べ替え，その中で３番目・６番目に来る語を答えなさい。ただし，文頭に来るものも小文字になっている。

1．［lights / those / in / are / sky / the / what］？ Is it a UFO ?!

2．We ［her / to / the / visited / restaurant / celebrate / birthday / new］. She was really happy about it.

3．I［to / to / her / know / after / didn't / what / say］she lost the match.

4．［be / in / books / this / found / can / many］library, so researchers often come here.

5．The work was difficult, but［everything / herself / by / tried / to / she / do］.

Ⅲ 次の英文を読み，下の問いに答えなさい。

Traffic lights are all around us, but how much do you actually know about them ? The world's first traffic light was used on one of London's busy roads in ___ア___. This traffic light was a lantern that used gas to make green and red lights. However, the light exploded and hurt a police officer, so it wasn't used for a long time after that. Many years later, around 1913, the Ford Motor Company began making a large number of cars. This caused many traffic problems for cities in the USA, so a police officer started to stand at each busy *crossroad. One day, while William Potts was working at one of these crossroads in Detroit, he had an idea. He made a simple electric traffic light with red, yellow, and green lights. In 1920, it was used on the corner of Woodward Street and Michigan Street in Detroit. By the end of the year, the city had 14 more lights like this one.

___イ___, traffic lights are used all around the world. London now has over 3,500 across the city, and it is believed that there are over 300,000 across the USA. Bhutan is the only country in the world that doesn't have any. Actually, the capital city, Thimphu, did have one traffic light, but it was unpopular with drivers, so it was quickly taken away.

All over the world traffic lights use the colors red, yellow and green. Some people, however, have said the colors should change, because the colors red and green are difficult to see for colorblind people. Actually, in some countries, colorblind people are not allowed to drive. To help colorblind people, a Korean company has designed a new traffic light which uses a s___ウ___ for each color : triangle for red, circle for yellow, square for green. It may be used in the future.

Tipperary Hill, a town in the USA, has the only "upside down" traffic light in the world. Many Irish people lived in Tipperary Hill when it started to use its first traffic light, and they were not happy that the green light, the traditional color of Ireland, was at the bottom. After some time the town decided to change the lights, and even now a traffic light in Tipperary Hill has the green light at the top and red at the bottom.

Of course, traffic lights are very useful, but there are also some エ<u>drawbacks</u>. First, they can be expensive. Modern traffic lights cost about $80,000～$100,000, plus electricity. Another problem is that traffic lights can make traffic slow, so some drivers try to use roads that don't have traffic lights. For example, they may use roads in areas people live. Finally, although putting a new traffic light on a busy crossroad helps to stop serious accidents, smaller accidents increase. For example, cars sometimes crash into the car in front of them.

The next time you are in a car and you stop at a red light, why not tell your friends and family everything you now know about traffic lights ?

*crossroad 交差点

1．第一段落の主題として最も適切なものを選び，記号で答えなさい。

A．Why traffic lights are important　　B．The history of traffic lights

C．How we use traffic lights　　D．Which countries use traffic lights

2．下線部アにあてはまる最も適切なものを選び，記号で答えなさい。

A．1868　B．1912　C．1920　D．1934

3．次の(　)にあてはまる最も適切なものを選び，記号で答えなさい。

William Potts was probably (　　).

A．an engineer　　B．a car company worker

C．a government worker　　D．a police officer

4．以下の質問の答えとして最も適切なものを選び，記号で答えなさい。

How many traffic lights were in Detroit at the end of 1920 ?

A．13　B．14　C．15　D．16

5．下線部イにあてはまる最も適切なものを選び，記号で答えなさい。

A．Today　B．So　C．Also　D．For example

6．下線部ウにあてはまるｓから始まる英単語１語を書きなさい。

7．本文の内容と合っていないものを一つ選び，記号で答えなさい。

A．For some people, the colors of traffic lights are not easy to see.

B．Bhutan does not have any traffic lights across the country now.

C．Traffic lights in Ireland have the green light at the top.

D．Some drivers want to save time, so they try to use roads with no traffic lights.

8．下線部エと最も近い意味をもつものを選び，記号で答えなさい。

A．worries about money　　B．things that are useful

C．answers to a problem　　D．negative points

9．本文の内容と合っているものを二つ選び，記号で答えなさい。

A．William Potts invented the first electric traffic light because he was hurt by a lantern traffic light.

B．Traffic lights sometimes increase small accidents.

C．The Ford Motor Company paid a lot of money to build traffic lights.

D．The lantern traffic light didn't have a yellow light.

E．Drivers in Bhutan didn't understand the rules of traffic lights.

F．Modern traffic lights use a lot of electricity, so they are expensive.

IV　次の英文を読み，下の問いに答えとして最も適切なものをＡ－Ｄの中から選び，記号で答えなさい。

"I will never do that again."　In September of 1998, a French swimmer arrived in France after swimming 6,000 kilometers in 73 days from Massachusetts in the USA, and those were his first words. Ben Lecomte became the first person to swim across the Atlantic Ocean, and his goal was to collect money for cancer research.　He swam for eight hours every day, and he was helped by a team of three people on a sailboat.　It was a specially made sailboat that stopped sharks from coming near so that Lecomte could swim safely.

②______, in June of 2018, Lecomte started swimming again.　This time he started from Tokyo, and he started swimming for eight hours a day towards San Francisco, on the US west coast.　Lecomte was 51 years old when he started the swim, and he was trying to become the first person to swim across the Pacific Ocean.　This time he wanted to make people think about the environment.

Some of the dangers he faces every day are sharks, storms, jellyfish, and very low water temperatures. Actually, because of typhoons, he had to stop swimming for 20 days in September after he completed 800 kilometers, and this means that he will probably ③__________. A team of scientists are following him and doing research during the 9,000 kilometer swim. They are learning new things about the ocean, studying plastic garbage, the effects of hard exercise on the human heart, and the effects of *nuclear disasters on the ocean.

Lecomte started preparing by swimming several hours in the ocean every day. He also practiced mental exercises every day. "The mental part is much more important than the physical, and you have to make sure you always think about something positive," he said.

"I will do it next time." In 2013, five years before Lecomte started his second swim, an American woman swam for different reasons. In September, Diana Nyad ⑤__________ swimming from Havana, Cuba, to Florida, USA, a distance of 180 kilometers. She reached a beach in Florida 53 hours after she started her swim.

When Nyad was 12 years old, she swam six hours a day, and later set several world records, including one for swimming around Manhattan in less than eight hours in 1975. However, swimming from Cuba to the USA was always her dream.

One reason for her swim in 2013 was that Nyad wanted to show people they can do anything if they work hard. This was actually the fifth time that she **attempted** it. Before this, every time she failed she told herself, "I will do it next time." On this fifth attempt, she finally did it. On her first attempt, in 1978, at age 28, and the next four, all after the age of 60, Nyad experienced jellyfish bites that almost killed her, strong waves that pushed her back, very cold water, a burning feeling because of the saltwater, and she always faced the danger of shark attacks.

Nyad had another reason for her swim. She wanted people to know that age is not a reason to stop trying something. She was 64 years old at the time of her swim, and she thinks that her age actually helped her in her challenge. "I think this is the best age to try a difficult challenge. When you're older, you still have a strong body, but now your mind is even better," Nyad told reporters before her swim.

Six weeks after her successful swim, Nyad swam for 48 hours without resting in a pool in Manhattan to raise more than $100,000 for charity.

Nyad started training for her final Cuba to USA swim in January, 2013, with 12 hours of non-stop swimming, and slowly moved up to 24 hours. She said that while she swims she remembers books she liked, sings, and counts numbers. She also feels the mental part of swimming for a long time is harder than the physical part.

What will these swimmers do next? Nyad once said that it's better to have a big dream and fail than to never try; Lecomte said that most people never push themselves enough in life. What will they try? We don't know, but we can expect it will be something great.

*nuclear disasters　核災害

1. Which of the following is true about Lecomte's 1998 swim?

A. He wanted to help sharks and other ocean animals.

B. He wanted to teach people about the environment.

C. He wanted to raise some money to help sick people.

D. He wanted to be the first person to swim to France.

2. Which of the following is the best choice to complete the missing ②______?

A. However　B. Also　C. At first　D. That's why

3. Which of the following is the best choice to complete the missing ③________?

A. not be the first person to reach the USA

B. try to swim 800 more kilometers

C. finish later than he planned

D. need to stop swimming 20 more days

4. Which of the following is the team of scientists **NOT** doing?

A. They are researching the effect of nuclear accidents.

B. They are learning why sharks may attack people.

C. They are learning more about plastic garbage.

D. They are researching more about the ocean.

5. Which of the following is the best choice to complete the missing ⑤________?

A. gave up　B. returned from　C. failed in　D. succeeded in

6. In the text, what is the meaning of **attempted**?

A. continued doing something　B. tried something

C. supported something　D. stopped doing something

7. Which of the following is said about Diana Nyad?

A. She stopped swimming after her swim to Florida.

B. She wanted to try to swim for a longer time than Lecomte.

C. She started exercising when she was 28 years old.

D. She wants people to know that age is not important.

8. Which of the following is said about both swimmers?

A. They both trained for their swims for 24 hours at one time.

B. They both faced the danger of sharks and jellyfish.

C. They both told themselves they would do it the next time.

D. They both faced the danger of storms.

9. Which is the correct order of events?

A. Ben Lecomte arrived in France → Diana Nyad swam to raise money for charity → Diana Nyad arrived in Florida → Ben Lecomte started swimming to San Francisco

B. Ben Lecomte arrived in France → Diana Nyad arrived in Florida → Ben Lecomte started swimming to San Francisco → Diana Nyad swam to raise money for charity

C. Ben Lecomte arrived in France → Diana Nyad arrived in Florida → Diana Nyad swam to raise money for charity → Ben Lecomte started swimming to San Francisco

D. Ben Lecomte arrived in France → Ben Lecomte started swimming to San Francisco → Diana Nyad arrived in Florida → Diana Nyad swam to raise money for charity

10. Which sentence best fits the information in the text?

A. Both swimmers experienced many physical dangers. However, they both feel that the mental side is more important in a long swim.

B. It was not easy, but by swimming for a long time from one country to another country, both swimmers could raise money for charity.

C. It was not easy, but by swimming for a long time between countries, both swimmers thought more about problems in the ocean.

D. Both swimmers experienced many failures, but by being mentally strong, they were able to finish their long swims in cold water.

＜リスニングテスト放送原稿＞

PART ONE

Question 1

Male : Are you going to John's birthday party next weekend ?

Female : I didn't know he was having a party !

Male : I didn't know either, but my friend sent me an email last night asking what time it started !

Female : Wow. I'm surprised he didn't invite us.

Male : Me, too. I think I'll give him a call to check.

Question 2

Male : Shall we go to the cafe near the train station for lunch ?

Female : I like that place, but it's a little far to walk, isn't it ? Shall we cycle there ?

Male : If we cycle, we have to walk all the way home first to get our bicycles. It's not so far to walk there if we go through the park.

Female : OK, then. But let's get a taxi home afterwards.

Question 3

Female : Where are you going to stay ?

Male : At the Hampton Hotel near the station. Do you know it ?

Female : Yeah, it's the one with the outdoor pool, right ?

Male : Oh, I didn't know that. Great. My friend told me it was a good hotel, so I chose it. It's a little bit expensive, but it's just for two nights.

Question 4

Female : Hi James. How is the soccer team this year ?

Male : Not so good. I haven't played this year, because I got injured. I can't even run !

Female : Oh no. Can you do any exercise ?

Male : Well, I go to the pool two or three times a week, and hopefully soon I'll be able to start going to the gym.

Question 5

Male : Excuse me, I'm thinking about buying this one for my son. Is it good ?

Female : Oh yes, the animation is amazing. The characters look so real. But, wait, how old is your son ?

Male : He's going to be 10.

Female : Oh, then it's not a good choice. There's a lot of fighting, so it's not so good for children. How about this one ? It's very popular, and it's not so difficult to play.

Male : That looks perfect. He loves things about space.

Question 6

Female : Hi Alan, it's Claire. I just wanted to check. We're meeting on Friday outside the cinema, right ?

Male　: No.　We're meeting at my house first, then we're going to the cinema together.
Female : Oh, right.　What time ?
Male　: 3 pm.
Female : OK.　Thanks.　See you there.

Question 7

Female : Hello, sir.　Can I help you ?
Male　: Yes, I was having a shower, but suddenly the water became cold.
Female : Oh dear.　I'm sorry, sir.　Maybe there is an electrical problem.
Male　: No, I don't think so.　All the lights are OK.
Female : We will check the problem, but it might take a long time, so we will change your room to a bigger room on the 10th floor.

PART TWO

Questions 8 and 9

We've had a great six weeks, and I really hope you all had a great time, made some good friends and of course improved your English skills !　But, today is the last day, and to celebrate we will have a special party tonight here in the sports hall.　It starts at 7, but it will finish a little earlier than usual at 9:30.　Tomorrow, the buses will leave from the carpark at 9:15, so I'd like everyone to meet back here in the hall at 9 am.　OK, now you have some time to go back to your rooms to get your bags ready, or go back to your classrooms to take some photos.

Questions 10 and 11

Next week, the town of Chapeltown will hold its 15th summer music festival in High Green Park. The event starts next Thursday on the 20th with performances from local band The Wild Boys and famous rock guitarist Eddie Jones, and it will continue until Sunday night.　We will have performances from all kinds of musicians, rock, folk, country, classical, hip hop, and more !　The event is free entry, but please note that it is not possible to bring your own food.　Snacks, sandwiches, and drinks can be bought in the park, but this is a family-friendly event, so no alcohol can be drunk in the park.

Questions 12 and 13

Next I'm going to tell you about this month's competition.　We just played a new song from Alan Cosby, and now you can win two tickets for his concert next week at Shayfield Arena.　These are the best seats in the Arena, so you will really be able to enjoy all the songs from his new CD.　All you need to do is write us an email with your address, and we will choose a lucky winner.　You can get more information on our website.　Thank you for listening to Classical Beat FM.　The city's best classical music radio station.

Questions 14 and 15

I'm here today to give you some information about the international camp.　It's an exciting chance to meet lots of young people from different countries.　The camp is for any young people under 21 years old.　You don't need to be a student.　However, you must be able to communicate in more than one language.　You can practice your language skills while camping together, cooking food together, and playing music.　It's a good idea to bring some photos of your friends and family, so you have something to talk about with your new friends.　It's free to join the camp, but if you are interested, please write your name on the sheet by March 31st.

【数　学】（50分）〈満点：100点〉

◎π，$\sqrt{\ }$ はそのままでよい。

1　次の問に答えよ。

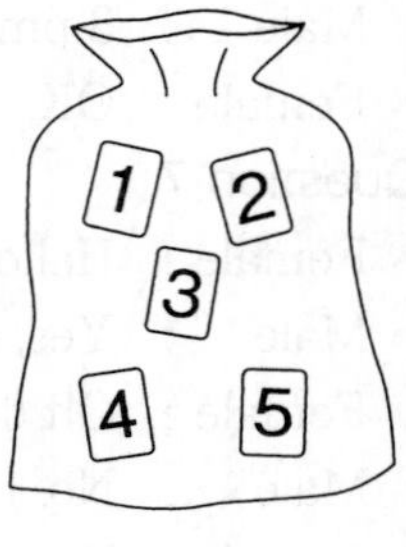

(1)　$a=65$，$b=35$ のとき，次の式の値を求めよ。

$2a^2-4a^2b-(4b^4-8a^2b^3)\div 2b^2$

(2)　図のように，1，2，3，4，5の数字を1つずつ書いた5枚のカードが袋の中に入っている。このカードを1枚ずつ2回続けて取り出し，取り出した順に十の位，一の位と並べて2桁の整数を作る。このとき，その整数が素数となる確率を求めよ。ただし，取り出したカードはもとに戻さない。

2　y 軸上の正の部分に点Cをとる。点Cを中心とし，原点Oを通る半径1の円と，関数 $y=ax^2$ $(a>0)$ のグラフとの交点のうち，x 座標が正である点をAとする。このとき，$\angle\mathrm{OCA}=60°$ となった。

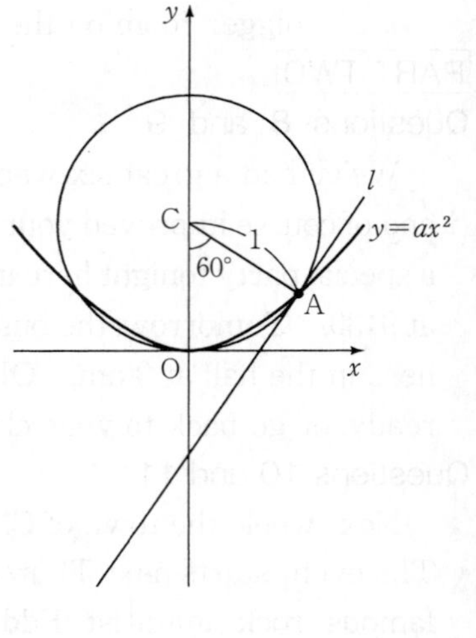

(1)　点Aの座標を求めよ。

(2)　a の値を求めよ。

(3)　点Aにおいて円と接する直線 l の式を求めよ。

(4)　直線 l と y 軸との交点をBとおく。△CBAを，点Cを中心としてこの平面上で反時計まわりに一周させる。このとき，線分ABが通過する部分の面積を求めよ。

3　関数 $y=\dfrac{1}{3}x^2$ のグラフ C と直線 $y=2x$ が原点Oと点Bで交わっており，y 軸に関して点Bと対称な点をAとする。また，点Pがグラフ C 上を点Aから点Bまで動いている。点Pを通り y 軸に平行な直線を引き，線分ABとの交点をQとする。

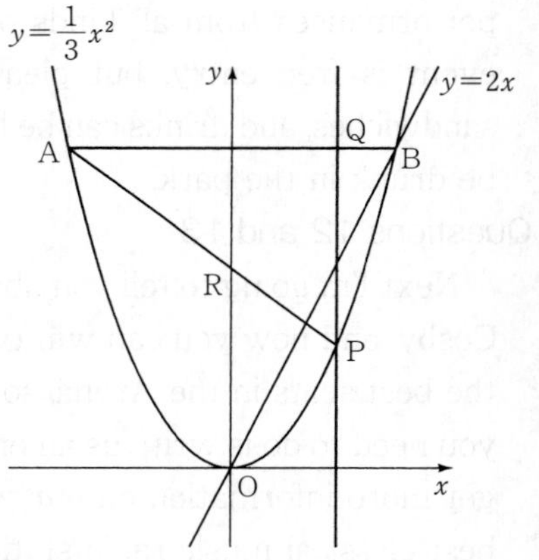

(1)　点Aの座標を求めよ。

(2)　AQ＝PQであるとき，点Pの座標と，線分APと y 軸との交点Rの座標を求めよ。

(3)　(2)のとき，△PQRと△PBAの面積比を最も簡単な整数の比で表せ。

(4)　(2)のとき，線分OB上に点Sをとったところ，△BQSと△PQRの面積が等しくなった。点Sの座標を求めよ。

4　A，B 2つの容器に，それぞれ a％の食塩水900gと，b％の食塩水500gが入っている。最初にAから100gの食塩水を取り出しBに加えた。

(1)　このとき，Bの容器に含まれる食塩は何gか。a，b を用いて表せ。

(2)　その後，Bから100gの食塩水を取り出してAに加えたところ，Aの濃度は8.50%，Bの濃度は2.50%になった。a，b の値を求めよ。

5　半径 9 cm の円Oがある。弦 AB の長さを 12cm とし，直径 BC 上に点Dを BD：DC＝1：2 となるようにとる。また，線分 AD を点Dの方へ延長した半直線と円Oとの交点をEとする。

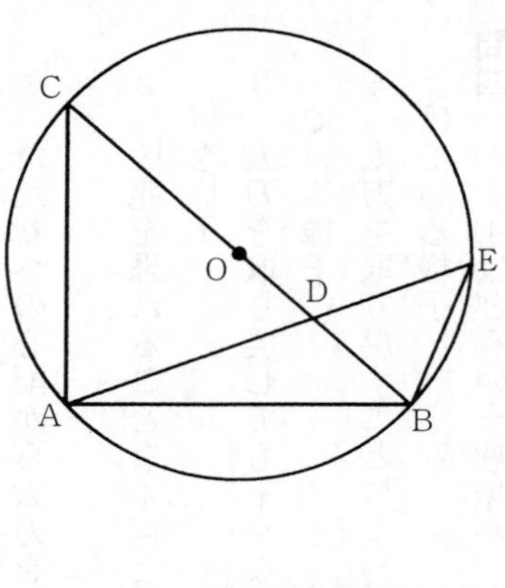

(1)　点Dから線分 AB に垂線を引き，線分 AB との交点をHとする。線分 DH の長さを求めよ。

(2)　線分 AE の長さを求めよ。

(3)　△ABC と △BED の面積比を最も簡単な整数の比で表せ。

6　図の △ABC において，∠A の二等分線と辺 BC との交点をD，∠C の二等分線と辺 AB との交点をE，線分 AD と線分 CE との交点をFとする。また，∠ABC＝∠BCE，AC＝5 cm，CD＝3 cm とする。

(1)　AF：FD を最も簡単な整数の比で表せ。

(2)　線分 BD の長さを求めよ。

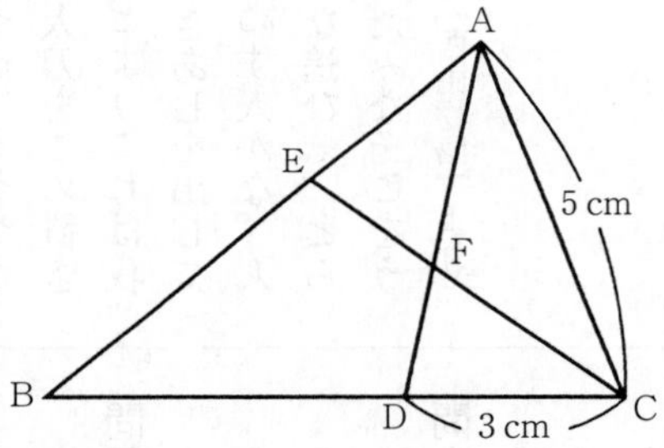

7　底面が 1 辺 $2\sqrt{2}$ cm の正方形 BCDE で，AB＝AC＝AD＝AE＝4 cm の正四角すい A-BCDE がある。2 辺 AC，AE を 2：1 に分ける点をそれぞれ P，Q とし，3 点 B，P，Q を通る平面と辺 AD との交点を R とする。

(1)　線分 AR の長さを求めよ。

(2)　△AQP の面積を求めよ。

(3)　三角すい R-PDQ の体積を求めよ。

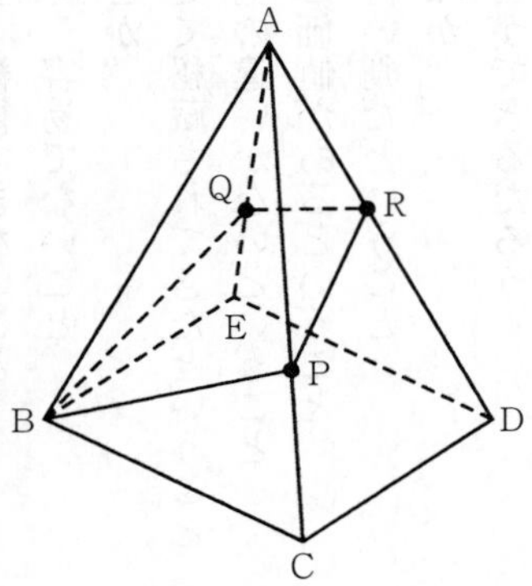

だて、おとがひをたれ、ただみなそこをうちまもりつつ、うつつなく見えけるさまをみるより、七郎つとたちて、彼の太刀をこめ置きたりし金戸をやぶり、袋ながらひき出だして、「もとよりこれは我がエたからなり。今こそ持ちかへるなれ」とて、ときあしを出してにげ出でけるに、あるじ心得がほにて、「こはおほぬす人かな。人やあらざる。⑧よきぬす人まゐりてあるぞ。いたくな追ひそ。とらへてにぎりうたむはほとけのいましめなり」と、ただみなそこをうちまもりて、⑨ほほゑみてなむおはしけるとぞ。（『西山物語』より）

＊楠木正成　南北朝時代の武将
＊いほひら　五百枚
＊わくらばに　たまたま
＊みそひらいそひら　三十枚、五十枚

問一 ――①の意味はどれか。
1 きざし　2 言い伝え　3 いきさつ　4 段取り

問二 ――②とはどういうことか。
1 たくましい風貌を持つ武士の理想像を作り出したということ
2 必要以上の財産を持たず質素な生活を送っていたということ
3 先祖への敬愛の気持ちにあふれた立派な男だったということ
4 武士が身につけるべき諸芸に優れた勇ましい男だったということ

問三 ――③には七郎のどのような様子が表れているか。
1 たたりへの心配から太刀を取り戻すことをためらっている様子
2 凶兆を恐れることなく何としても太刀を取り戻そうとする強気な様子
3 太刀を取り戻しても不幸なことが起こるはずがないと確信している様子
4 太刀を取り戻すことによって引き起こされる怪異から目を背けている様子

問四 ――④はどういう意味か。
1 もっともなこと　2 納得できないこと
3 都合の悪いこと　4 容易でないこと

問五 ――⑤はどういうことか。
1 くさなぎの剣と合わせて秘蔵されてきたということ
2 くさなぎの剣と外見上の違いがないということ
3 くさなぎの剣と同等の価値があるということ
4 くさなぎの剣よりも古い剣だということ

問六 ――⑥はどういう意味か。
1 どうして持ち帰ることができるだろう
2 どのようにして持ち帰るのがよいか
3 どれくらい持ち帰ることができるか
4 どうにかして持ち帰ろう

問七 ――⑦のような行動を七郎が取ったのはなぜか。
1 黄金を太刀と交換してもらうため、住職の欲をあおろうとしたから
2 黄金では太刀を取り返せないことに気づき、黄金が必要なくなったから
3 黄金への未練を捨てて真剣さを伝え、太刀を返してもらおうと考えたから
4 黄金に執着している住職を動揺させ、太刀を取り返しやすくしようとしたから

問八 ――⑧はどういう人か。
1 お人よしの盗人　2 巧みに盗みを働く人
3 仏に救われるべき盗人　4 正義のために盗みを働く人

問九 ――⑨はなぜか。
1 盗人とのかけ引きを楽しむことができたため
2 期待した通りに黄金が手に入ることになったため
3 太刀は取られたが盗人を追い払うことができたため
4 盗人を許すことで仏の教えを守ることになったため

問十 ══ア～エのうち、同じものを指しているのはどれとどれか。

問七 ⑦に入るのはどれか。

1 理想化　2 単純化　3 正当化　4 相対化

問八 本文中の(A)・(B)に入る組み合わせはどれか。

1 A ただし　B いささか
2 A とりわけ　B もともと
3 A しかし　B それでも
4 A というのも　B さらには

問九 次の一文は本文中の《ア》~《エ》のどこに入るか。

本来自分という存在は、人と違うから自分なのであって、人とまったく同じであれば、自分という存在は意味がなくなる。

問十 本文の内容に合うものはどれか。

1 時代とともに変わっていく言葉を受け入れることで、豊かな文化を守っていくべきである。
2 自分自身の心情をしっかりと見つめ、それにふさわしい言葉、表現方法を求めていくべきである。
3 ニュアンスの異なる多くの表現を身につけ、社会的に信頼される人間になるべきである。
4 価値観の異なる人間を大切にし、心を通わせることで、要領よく用件を伝達できるようにするべきである。

問十一 ══ア~オのカタカナを漢字に直せ。

三

次の文章を読み、後の問に答えよ。

◎大森七郎の家は先祖の彦七が手に入れた＊楠木正成の太刀(たち)を家宝としていたが、太刀のため大森家に怪異が起こったので、ある山寺に太刀を奉納した。それ以来、大森家は繁栄することになった。

しかるに今たからほろび、家も貧しくなりぬることの①よしは、この七郎ぞ②もののふのみちをみがきて、今の世のますらをと、人にも称へらるる男にてなむあれば、つらつらおもふに、「わが家のたからとするは、ただ彼の太刀一ふりなり。さるをめめしくかひなく、わづかのことにおそれて、山寺にをさめつるこそくち惜しけれ。たとへ家は貧しくなるとも、また③さがごとの出で来るとも、なでふことかあらむ。その太刀とりかへさではなくさのアたからも我においてはようなし」と、日頃おもひをりしが、こがね＊いほひらとととのへたてて、彼の七代さきの親をさめ置きつる御寺にまうでて、「おのれこそ大森彦七がはつ子にてさむらへ。今こがねいほひらを、この御寺へをさめ奉らむ。さてぞまつり置けりし太刀は、我に返しあたへ給へ」とぞねぎける。

院のあるじ、「さはよきことこそ出で来つれ」と、心にはおもへども、さるけしきもせで、「こは④うべならぬことこそうけたまはれ。つるぎは正成ぬしのはき給へる太刀なり。この人ぞあめが下武士のかがみとは申すならずや。さる人のはかせ給へる物なれば、我が⑤くさなぎの剣にもたぐふべくこのあるじはおもひをれり。こがねは又なぞや。たとへ千ひらにもせよ淵河になげうち捨てよと、ほとけは説き置き給へり。さるけがらへある物を持て来て、とほつおやのをさめ置き給へる物すらあるに、天が下のイたからとかへ持て往なむとは、このあるじをおそきものとや見たまひつる。ほりする心ふかきものとやおとしめたまふ」と、すがすがしきおももちしてころもでをかきあはせ、珠をつまぐりておはしける。

七郎もとより心ときをとこにて、心のうらをのたまふことをいち早く知りぬれば、「こはかしこきことをはばからで申しつることよ。されどこのこがねは御寺に納むとてこそ持て来つれば、⑥いかでか持て帰らむ。今御をしへをうけ給はるに、淵河に捨つべき物これなり。＊わくらばにみまへにいづみこそさむらへ」とて、封じたるこがねをとき、＊みそひらいそひらのかずもいはず、⑦みぎはの山ぶきの散りかかるごとなげうちしかば、あるじたちさわぎて、「こは物ぐるはし。たてくはへたる石にあたらば、ウたからやくだけなむ。あれころころと物にあたる音すなり」と、かしらをかきあしをつまコミュニケーションという言葉は、本来違う価値観を持っていた人間同士が、価値観の違いをまず認識し、それを共有するというところに語源がある。最初から同じ価値観と言葉で用が足りている仲間うちでは、そもそもコミュニケーションという言葉は意味をなさない。

《ア》その違うということをお互いに大切にするには、相槌や共感や符牒だけで済ましているわけには行かなくなるだろう。人と違うことに違和感を抱き、できるだけ同じになろうとするのではなく、人と違うところにこそ、自分という存在の意味があることをもう一度思い出しておきたい。

《イ》ところが、誰でも小さな世界で、常に他人と接触せざるを得ない状況では、いつもいつも他人とのざらざらした違和感のなかにいることにはなかなか耐えられないものだ。《ウ》できれば心やすらかに、あなたと私は同じであるということに、安心をしていたい。《エ》だから言葉の違和感を嫌うのである。ヤバイの意味が本来のマズイ、危険だ、であってもらっては困るし、それが理解できない人間にはできれば自分たちの輪のなかにはいて欲しくない。オハイタ的にならざるを得ない。

仲間うちでしか通用しない言葉に依存していると、そのなかにいる間は心地よく安心していられるが、外の世界へ出ることに恐怖を覚えて消極的になる。気心の知れた、同じ価値観を持つ仲間うちから、外の世界へ出ていくことをためらう。逆に、固定した仲間とだけは心愉しく過ごすことができるが、その安心の輪のなかに、異分子が混入してくることを極端に怖れるようにもなっていく。⑥ここに大きな問題が潜んでいよう。いじめの構造の典型的なパターンである。

青春と呼ばれる若い時期には、何も言わなくても心が通じ合えるような友人を得ることは大切だが、自分とは考え方も感性もまったく違う友人にめぐりあうことは、それに劣らず大切なことである。自分では気づいていなかった自分の別の面を教えてくれるということにおいて大切な存在なのである。友人を通して、自分を ⑦ して見る視線を獲得する。それが若い時代の友人の意味である。

（永田和宏『知の体力』）

問一 ① に入るのはどれか。

1 いたについた　2 もってまわった

3 とっておきの　4 これみよがしの

問二 ——②で筆者はどのようなことを危惧しているか。

1 言葉が種々の誤解を生み出してしまうこと

2 豊かな表現が独自の味わいを失ってしまうこと

3 個々の感情が無意味な言葉に置きかえられてしまうこと

4 論理的思考力が軽視される社会をつくりあげてしまうこと

問三 ——③の歌について次の(1)・(2)に入る語を記せ。

「足乳根の」は(1)にかかる(2)であり、普通現代語訳されることはないが、イメージの上で深い結びつきを持っていたことをうかがわせる。

問四 ——④はなぜか。次の(　)に入ることばを本文中のこれより後の部分から八字で抜き出せ。

作者が(　　　　)をかかえているから

問五 ⑤-1 ⑤-2 に共通して入る語をこれより前の本文中から四字で抜き出せ。

問六 ——⑥はどういうことが「問題」なのか。

1 居心地のよさを求めるあまり、仲間以外の者を極度に拒絶しようとすること

2 友人をえり好みするうちに、誰とも気持ちが通じなくなってしまうこと

3 仲間との平穏な関係を求め過ぎて、彼らに対して消極的になってしまうこと

4 自分の立場が脅かされるのを恐れて、心を許した友人まで遠ざけようとすること

ある。
　斎藤茂吉は島木赤彦と同時期に「アララギ」を率いた近代短歌のエキョショウであるが、彼に、母の死を詠んだ一連がある。歌集『赤光』中の「死にたまふ母」一連である。

死に近き母に添寝《そいね》のしんしんと遠田《とおだ》のかはづ天《てん》に聞《きこ》ゆる

③のど赤き玄鳥《つばくらめ》ふたつ屋梁《はり》にゐて足乳根《たらちね》の母は死にたまふなり

　誰もが知っている歌であろう。一首目は「死に近き母」をはるばる陸奥《みちのく》の実家に見舞い、添い寝をしている場面である。④普段は気にもならない蛙の声が天にも届くかと思われるほどに聞こえてくる。決して騒がしい声ではなく、しんしんと天にも地にも沁みいるような声である。一首が言っているのはそれだけのこと、まことに単純な事実だけを詠《うた》っている。二首目も、母がもう死のうとしている枕元、ふと見上げると喉の赤い燕が二羽、梁《はり》に留まっていた。ただそれだけである。
　ここには「悲しい」とか「寂しい」とか、そのような茂吉の心情を表わす言葉は何一つ使われていないことに注意して欲しい。にもかかわらず、私たちはそのような形容詞で表わされる以上の、茂吉の深い内面の悲しみを感受することができる。考えてみれば不思議な精神作用である。文章の上では何も言われていない作者の感情を、読者はほとんど何の無理もなく感受することができているのである。
　もしこれらの歌のなかに、茂吉の感情として「悲し」「寂し」などの形容詞が入っていたとするならば、一般的な感情としては理解できるが、それだけではけっしてその時の茂吉の悲しさ、寂しさを表現したものにはならないだろう。悲しい、寂しいという最大公約数的な感情の表現でしかないからである。「決して甲の特殊な悲しみをも、乙の特殊な悲しみをも現しません」と赤彦の言う通りである。
　短歌では、作者のもっとも言いたいことは敢えて言わないで、その言いたいことをこそ読者に感じ取ってもらう。単純化して言えば、短詩型文学の本質がここにあると私は思っている。
　これはかなり高度な感情の伝達に関する例であるが、私たちは自分の思い、感じたこと、思想などを表現するのに、できるだけ〈⑤-1の言葉〉を使わずに、自分の言葉によって、自分の思いを、人に伝える。この大切さをもう一度確認しておきたいものだと思う。
　ヤバイ、カワイイだけで通用していた社会は、すぐに卒業ということになり、いよいよ実社会へ出ることになる。就職という課題が目の前にちらつきだすと、途端に言葉遣いが変わってくる。「オンシャは」などと言い慣れない言葉が飛び出すようになるのを見ているのは痛々しいことだ。
　これもマニュアルなのだろうが、もし私が会社側の面接官だったら、「オンシャ」などという⑤-2のマニュアル通りの言葉を使うような若者は、イの一番に刎《は》ねてしまうだろうと思うのだが、どうだろう。すでにできてしまっている言葉の世界で、みんなが使う言葉でしか自分を表現できない若者に、いったい独創性とか個性とかを期待できるものなのだろうか。一企業を主体的に担うに足る人材とは、そんなものではないはずである。
　もう一つ驚くのは、若者たちのメールを打つ早さ。打てば響くようにケータイでメールを返しているさまは驚嘆に値する。
　実際は、彼らといえども返事をすべて打っているわけではないらしい。「あ」と打てば「ありがとう」と、「ま」と打てば「また今度」と変換されるらしい。これを予測変換機能と言う。
　この機能はすこぶる便利で早いが、これだけでメールをやり取りしていたのでは、用を足すだけで、会話にはならない。いわば鸚鵡《おうむ》返しの対話が、ケータイのショートメールを介したコミュニケーションの大部分を占めているらしい。

【二】 次の文章を読み、後の問に答えよ。

何を今ごろと言われそうだが、いわゆる若者言葉で、ヤバイという言葉の意味を聞いたときは正直驚いた。私たちが使ってきたニュアンスとはまったく逆。「あの試験どうもヤバイなあ」と言えば、落っこちそうだということだったはず。いつの間にか「このコーヒー、めっちゃヤバイ」が、すごく旨《うま》いというニュアンスになっていた。

言葉が時代とともに変わっていくのはやむをえないことであり、とどめようもないところがある。いまとなっては「ら抜き言葉」の是非を云々《うんぬん》すること自体、どこか間が抜けていると感じるほどに、わずか20年ほどのあいだに「ら抜き言葉」が一般化してしまった。

私自身はいまもはかない抵抗を続けていて、どうしても「見れる」とか「食べれる」などの「ら抜き言葉」は使えないし、使うつもりもないが、若者たちの「ヤバイ」にはそれとは違った違和感と危惧を抱いている。「ヤバイ」が「旨い」「おもしろい」「かっこいい」「素敵だ」「気持ちいい」など、ほんらいかなりニュアンスの違った感覚、感情をすべてひっくるめて一語で代弁してしまうというところにまず引っかかる。

ある感動を表現するとき、たとえば「good!」一語で済ませてしまうのではなく、そこにニュアンスの異なったさまざまな表現があること自体が、文化なのである。「旨い」にしても、「おいしい」「まろやかだ」「コクがある」「とろけるようだ」などなど、どのように「旨い」かを表わすために、私たちの先人はさまざまに表現を工夫してきた。それが文化であり、民族の豊かさである。

いつも、［　①　］高級な表現を使えというのではまったくないが、必要に応じて、自分自身が持ったはずの〈感じ〉を自分自身の言葉で表現する、そんな機会は、人生において必ず訪れるはずである。そんなときのために、私たちは普段は使わなくともさまざまな語彙を用意しているのである。語彙は自然に増えるものではなく、読書をはじめとするさまざまな経験のなかでア ツチカわれていくものである。すでに大野晋氏の言葉を紹介したように、ひょっとしたら一生に一度しか使わないかもしれないけれど、それを覚悟で一つの語彙を自分のなかに溜《た》め込んでおくことが、生活の豊かさでもあるはずなのだ。

すべてが「ヤバイ」という符牒《ふちょう》で済んでしまう世界は、便利で効率がいいかもしれないが、その便利さに慣れていってしまうことは、②実はきわめて薄い文化的土壌のうえに種々の種を蒔《ま》くことに等しいのであるかもしれない。

「ヤバイ」は多くの形容詞の凝縮体であると考えることができる。「ヤバイ」一語で済ませるのではなく、それを自分の側からもっと細かいニュアンスを含めた表現によって深めたいという話をしてきた。

（Ａ）、先にあげたさまざまの状態や感情を表わす言葉は、（Ｂ）一般的な、最大公約数的な意味を担った形容詞なのである。必ずしも、その人独自の表現というわけではなく、誰にも通用する表現法であることからは、「ヤバイ」とそんなに違ったものではないという反論も可能である。

話が飛躍するようだが、近代の歌人に島木赤彦がいる。彼はアララギ派の歌人であり、アララギは「写生」をその作歌理念に掲げていた。なぜ写生が必要なのか。赤彦は『歌道小見』という入門書の中で、「悲しいと言えば甲にも通じ乙にも通じます。しかし、決して甲の特殊な悲しみをも、乙の特殊な悲しみをも現しません。歌に写生の必要なのは、ここから生じて来ます」と述べる。

短歌は、自分がどのように感じたのかを表現する詩形式である。歌を作りはじめたばかりの人の歌には、悲しい、嬉しいと形容詞で、自分の気持ちを表わそうとするものがイ アットウ的に多い。作者は「悲しい」と言うことで、自分の感情を表現できたように思うのであるが、これでは作者が「どのように」悲しい、うれしいと思ったのかがウ イッコウに伝わってこない。赤彦の言う作者の「特殊な」悲しみが伝わることがない。形容詞も一種の出来合いの符牒なので

おり、信頼できる場面が多く見られるから

問三 ——③はなぜか。

1 自分の生活を成り立たせるために、何よりも働くことを優先しようとするから
2 大きな組織に属することによって、自分で考えたり判断したりしなくてよくなるから
3 いったん自由を失うものの、権力を得れば再び自由を行使できるようになるから
4 束縛されることに慣れすぎると、いつしか自由の価値がわからなくなってしまうから

問四 〔編集部注…問題に不備があったため、受験者全員を正解とする措置がとられました。〕

問五 ——⑤とあるが、一般に「ジレンマ」を表すことわざはどれか。

1 能ある鷹は爪を隠す
2 二兎《と》を追うものは一兎をも得ず
3 井の中の蛙大海を知らず
4 ふぐは食いたし命は惜しし

問六 本文でいうところの、近代人の「不自由さ」にあてはまるものはどれか。

1 翌日の話題の中心になりたいので、特に興味のないテレビ番組を視る。
2 時間に追われる毎日のせいで、一人になってゆっくりと自分を見直す時間が取れない。
3 昔から守られてきた校則を、状況が変わってもそのまま変えずに用い続けている。
4 美しい自然を保つためには、人工的に手を入れ続けなければならない。

問七 [A]・[B]に入る語はそれぞれどれか。

A 1 真価 2 効用 3 確立 4 限界
B 1 抑圧 2 分断 3 搾取 4 批判

問八 〰〰a・bの語の意味はどれか。

a 甘受
1 喜んで受け入れること
2 知らずに受け入れること
3 とりあえず受け入れること
4 仕方なく受け入れること

b 迎合
1 自分の考えと相手の考えの妥協点を見つけること
2 納得したように見せかけて相手に譲歩を促すこと
3 相手からの申し出をありがたく受けること
4 自分の意見を抑え相手の気に入るようにすること

問九 [i]～[iii]に入る語はどれか。

1 しかも 2 しかし 3 たとえば
4 つまり 5 もちろん

問十 本文の内容に合うものはどれか。

1 近代人も前近代人も、低賃金労働の前には同じように「精神の奴隷」といえる。
2 近代思想家の論争の焦点は、人々が自由を求めているか否かというところにあった。
3 平穏な市民であろうとする意識は、近代人が自由な精神を持つことを妨げている。
4 労働者とは、どのような状況におかれても様々な自衛手段を講じるものである。
5 秩序ある近代国家は、国民が自由な政治思想を持つ権利を保証してきた。

問十一 ‖‖ア～オのカタカナを漢字に直せ。

ラスキが述べたように、日常の生活に追われる個人は、自由を考える勇気さえ手放すことがある。

そしてもっと困ったことには、自由について真剣に考えている人でさえ、何ものにもとらわれない精神を働かせて自由を語っているのか、それともその時代の精神の習慣が生みだした、つくられた自由の観念にしばられて、それを自由だと思いこんでいるだけなのかが、はっきりしないのである。

この最後の問題ほど、近代形成期の思想家たちを悩ましたものはなかった。ドイツの思想家、マックス・シュティルナーがいらだっていたものも、このことのなかにあった。シュティルナーは、十八世紀中葉に書かれた『唯一者とその所有』のなかで、「全世界が自由を求めており、万人が自由の王国をあこがれている」と書いた。そして、次のように問いかけた。「君は一体何から自由になりたいのか」。君たちが求めている自由は、「自己決定からの、自己自身からの自由」にすぎないのではないかと。

平穏な市民であろうとする人間にとっては、自由な精神をもちつづけるのは、恐ろしいことでもある。自由に考え、自由に判断することは、社会常識のなかで孤立することかもしれない。その結果、精神的な迫害にもあうかもしれない。その可能性を無意識のうちに感じるとき、人々はその結果もたらされるであろう恐ろしさから、意識せずに逃れようとする。ここに、自由の主体である個人の弱さがある。とすると近代的な個人とは、自由な［　④　］を、求めているだけなのかもしれない。

だからシュティルナーは、「君は自由の衣に包まれた不自由人である」と述べた。彼によれば、近代社会は、人間を「神聖化」されたものにする。その神聖化された個人が、「自由の市民」であり、「国家の公民」、「自由あるいは真の人間」と呼ばれている。それらはすべて、近代社会によってつくられた人間像である。そして、このつくられた人間像に自分を合わせていくのが、近代的個人の生き方になっていると彼は述べた。

この⑤ジレンマから、人間は自由にならなければならない。そういう気持ちをこめて、シュティルナーは、「あらゆる自由は本質的に——自己解放である」と書いた。

近代的個人は、つくられた自由にb迎合することによって、精神の「奴隷」になっている。それは、自分自身のために利得を求める者が、「利得の奴隷」になるようなものである。こうしてシュティルナーは、つくられた人間像から自分を解放する必要性を説いた。

人間は「その時代の固着観念」に支配されている。ところが、そのことに気付かずに、「その時代の固着観念」にしたがって、自由を語っているだけなのかもしれない。こうして生まれたものが「自由の市民」だとするなら、近代人たちは、精神の「従順な下僕」にすぎない。そしてこのような近代人たちの秩序が、近代国家だったのではないかと彼は書いた。

このようなシュティルナーの気持ちは、近代初期の多くの思想家たちに共通するものでもあった。そしてそれは、彼らのジレンマでもあったのである。

（内山　節『自由論―自然と人間のゆらぎの中で』）

問一　——①とはどのようなことか。

1　自然を守っていくための知恵や心構え
2　自然を生活に活かすための技術や指針
3　自然の中で生きるための構想や図式
4　自然とうまく関わるための工夫や姿勢

問二　——②のようにいうのはなぜか。

1　多数決という手法は民主主義の基本ともいうべき考え方なので、安易に変更するわけにはいかないから
2　社会の多くの人に信じられていることは、たとえ誤っていてもそのまま受け入れられてしまうものだから
3　多数派というものは本来不見識なものであり、流れが変わると簡単に意見を変えてしまう傾向にあるから
4　少数派のほうが多数派よりも自身の考えに強い信念を抱いて

条件下で、長時間、低賃金労働に従事してはいたが、つねに自分たちで労働の仕方をコントロールし、疲れないように、けっして全力で働くことはなかった。それればかりか、ときに生産物の半分ものものを、ひそかに工場の外にもちだし、売り払って山分けしてしまうことなどは、当たり前のことであった。条件が悪ければ、労働者もまたその条件下で知恵を働かせていたのである。

労働者は一方において、そのような消極的自衛策を講じ、他方では労働者同士が助け合う協同社会をつくることによって、積極的な自衛手段を打ち立てていた。しかし、だからといって、近代初期の賃労働が自由だということにはならない。だが彼らの不自由感は、必ずしも、低賃金や長時間労働というレベルでのみ、当時から語られていたのではなかったのである。

最大の不満は、自分の労働が働きがいを失っていくことにあった。それまでもっていた職人的な誇りを手放し、命ぜられるがままに働かなければならなくなったことは苦痛だった。だから彼らは賃労働を、近代的な奴隷労働と呼んだ。

そしてこのことは、なぜこのような労働がおこなわれるかを彼らに考えさせた。そのとき、個人と貨幣という問題が浮かびあがってきた。

たとえばそのことを、ドイツの思想家、モーゼス・ヘスにしたがって考えていってみよう。「われわれは……個人としての生存をたえず買いとっては自由を失っていく」。一八四四年に書いた論文のなかで、ヘスはこのように述べた。労働者は、生きるためには働かなければならない。そしてこの社会で働くことは、たえず自由を失うことであると。

ここでヘスが問題にしていたのは、資本主義社会は、「自由意志で自分を売らなければならない」社会だということであった。強制的に働かされ、自由を失うのではない。ここでは③自らすすんで自由を失っていくのであり、ここにこそ、近代における自由の喪失の本当の意味がある、とヘスは述べたのである。

彼によれば近代社会は、古代奴隷制の社会よりも、不自由な社会であった。なぜなら古代奴隷制のもとでは、奴隷たちは、強制されて反発しながら奴隷の境遇をa甘受しているけれど、近代社会では、人間が自発的に自由を失うのであり、しかもそれを不自由と感じないほどに、精神の自由を失っているからである。

なぜそうなってしまったのか。まずヘスは近代人が個人であることに、その原因を求める。人間たちがおたがいに結ばれ、協力しあいながら働き暮らしていくことができなくなって、近代人は孤立した個人になった。「孤立せる個人……ただそれだけの人間が真の人間とされ、……分離と個別化が生活と自由の本質」とみなされるようになった。「個は目的に引き上げられ」、すべてのものが個人の欲求のための手段になった。

そのとき、貨幣が「権力」になっていったのである。ヘスによれば、「オフヘン的ながらくた」にすぎないはずの貨幣の前に、人々は個人を守るために膝まずき、貨幣のために自らすすんで自由を失うようになったのだと。

ここに近代初期の労働者たちが問題にした、賃労働のもとでの人間性の喪失があった。

近代社会がつくりだした自由という思想は、今日私たちが思っているほど完全なものではなかった。誰もが自由をのぞみながら、思想家たちは、近代的自由の不完全さを認めざるをえなかったのである。

その原因は、近代的な自由が、個人を主体にしているところにあった。[i]、誰も個人の自由を否定してはいなかった。[ii]自由の主体を個人に置くとき、その個人は頼りなく、いかにも脆《もろ》いものにみえたのである。

個人の自由は、つねに個人の利己主義に転ずる可能性をもっていた。そればかりか、自分の生活を守るために、しばしば個人は自由を犠牲にするという弱さをもっている。自由は何よりも尊いものだと述べながら、自分を守るためには自由な発言を慎む。[iii]、

二〇一九年度
青山学院高等部

【国　語】（五〇分）〈満点：一〇〇点〉

◎選択肢のある設問は、最も適当なものを選んでその番号を記すこと。
◎字数指定のある設問は、句読点や記号も一字とする。

一　次の文章を読み、後の問に答えよ。

　つい最近まで、人々は、自然を征服していくことのなかに、自然に対する人間の自由の［　A　］をみいだしてきた。自然に制約されることは、人間にとって不自由なことだと考えてきたのである。それは、この地球には、人間にとって都合のよい自然だけがあればよいと思っているのと同じであった。
　この発想が幻想にすぎなかったと気づいたのは、ごく最近のことである。いまでは誰もが、人間にとって都合のよい面も悪い面もふくめて、自然は相互の関連性のなかに成り立っており、都合の悪い自然を消し去ろうとすれば、必然的に自然のア ハカイがすすむことを知っている。それに、自然を征服しようとした人間たちは、いつの間にか、人間がもっていたはずの自然性をも喪失し、①自然と共存する腕や「作法」をも失っていたことに、私たちは大きな衝撃を受けなければならなかった。
　自然を征服し、自然のもたらす不便さを解消していくことが、人間の自由の発展ではなかった。むしろ、自然のもたらす不便さをも包みこみながら、人間と自然が共存していく知恵を働かせていくなかに、人間らしい文化も、自然と人間との自由なつきあいも生まれるのだということに、ようやく私たちは気づいたのである。
　ところで、ここで注意しておかなければならないのは、次のようなことであろう。それは、自然の征服が自然に対する人間の自由への道であるという確信は、決して少数の人々の意見ではなく、つい最近までは、大多数の人々の合意だったという歴史的事実である。その点では、近代から現代への歴史をリードした自由主義者も、社会主義者も区別はなかった。実際、思想史上に、この面での例外者を探しだすのは、容易なことではない。とすると、誰もが、自然の征服を自由だと感じる幻想にとらわれていた、ということなのであろうか。
　いうまでもなく、何を自由と感じるかには、人間の精神が介在する。つまり自由とは、客観的な事実ではなく、人間が生きていくうえで必要だと感じられるもの、それを［　B　］されるわけにはいかないと感じるものなのである。だから自由は、誰もがそれが自由だと感じているだけで、視点が変われば、自由という幻想にすぎなかったと思うようになる可能性は、つねに生じうると思わなければならない。
　それは、自由について考えるときの、困難さのひとつでもあった。一体、何が本物の自由であり、何が自由の幻想なのか。しかも自然についての例がそうであったように、ここでは②多数派の意見はあてにならない。
　一般に近代的な自由は、その影の部分に賃労働の問題を伴っていたといわれる。確かに近代初期の賃労働は、低賃金、長時間労働、監視された労働、非衛生的な工場、低年齢児童の就労といった、さまざまな問題を発生させていた。そして労働者は、市民的な自由を得るために、劣悪な条件で自分の労働力を売り渡し、仕事の自由をイ ホウキしなければならなかった。多数の人々にとっては、近代的な個人の自由は、このような賃労働に従事しなければ、手に入らないものだったのである。
　もっとも、ただ暗くえがいただけでは、当時の労働者の姿を正確にみることはできないだろう。なぜなら労働者もまた、さまざまな自衛手段を講じながら、日々の生活をつくりだしていたからである。たとえば、マルクスに空想的社会主義者と批判され、自分自身は綿ウ ボウセキの工場経営者でもあったロバート・オーエンは、『自叙伝』のなかで、次のようにエ ソビョウしている。労働者は劣悪な

英語解答

Ⅰ Part1 1…D 2…C 3…D
4…A 5…B 6…B
7…A
Part2 8…A 9…D 10…C
11…B 12…C 13…A
14…B 15…C

Ⅱ 1 1 exciting 2 begin
3 worried 4 waiting
5 given
2 1 3番目…those 6番目…the
2 3番目…new
6番目…celebrate
3 3番目…what 6番目…to
4 3番目…can 6番目…in
5 3番目…to 6番目…by

Ⅲ 1 B 2 A 3 D 4 C
5 A 6 shape〔symbol〕
7 C 8 D 9 B，D

Ⅳ 1 C 2 A 3 C 4 B
5 D 6 B 7 D 8 B
9 C 10 A

Ⅰ〔放送問題〕解説省略

Ⅱ〔総合問題〕

1＜長文読解─適語選択・語形変化─手紙＞≪全訳≫こんにちは，サム！❶しばらくの間手紙を書かなくてごめんなさい。ボリビアでの私の暮らしは本物の冒険のようになってきています。毎日どんどんおもしろくなっています。とても気に入っています！❷私の大好きな運転手のホアンの話からしましょう。❸クリスマスイブに，私はラパスを離れていました。そのとき，ラパスに戻る私の飛行機が遅れるという知らせがあり，不安を感じて心配しました。なぜならホアンが空港で私を迎えてくれることになっていたからです。「ああ，どうしよう。今日はクリスマスイブだから，ホアンをあまり働かせたくない。彼の家族に悪いわ」 でも，私は彼の電話番号を知らないし，私が遅れて着くことを彼に知らせる方法は他にありません。だから私が空港に戻ってきたとき，彼がそこで私を待っていたのを見て申し訳ないと思いました。彼はそこに5時間以上もいたのです！ 驚いたことに，彼は全く怒っておらず，こう言いました。「あなたがラパスに無事に帰ってきてとてもうれしいです！ メリークリスマス！」 私は本当に，心の底から彼に申し訳ないと思いました。彼の親切さは私がこのクリスマスに受け取った最高のプレゼントでした。私の心は感謝と喜びであふれました。

＜解説＞1．文の主語 It は My life in Bolivia を受けている。前後に like a real adventure, I love it とあるのでボリビアでの生活がどんどんおもしろくなっていると判断できる。'get＋形容詞'「～(の状態)になる」の形。exciting「(人にとって)興奮させる(ような)」と excited「(人が)興奮して」の違いを明確にしておくこと。 more and more「ますます」 2．手紙の主要部分がホアンの話から始まるので，begin with ～「～で始める」とする。 3．nervous「不安な」と並列されているので同様の意味の形容詞 worried「心配している」とする。 4．次の文にホアンが空港に5時間以上もいたとあるから，筆者のことを(was) waiting「待っていた」のである。wait for ～「～を待つ」の間に副詞 there「そこで」が割り込んだ形。 5．ホアンの優しさは，筆者に「与えられた」最高のプレゼントだったのである。 give－gave－given

2＜整序結合＞

1．疑問文なので，文頭に疑問詞としてWhatを置く。動詞areがあるので‘be動詞＋主語’の語順を考え，主語をthose lightsとすると，残りは前置詞句のin the skyとまとまる。 What are those lights in the sky? Is it a UFO?!「空のあの光は何だろう。UFOかな」

2．2文目が過去形なので，主語Weに続く動詞にも過去形のvisitedを置くと，その目的語となる場所はthe new restaurantが考えられる。残りの語句はto celebrate her birthdayとまとまる(‘目的’を表すto不定詞の副詞的用法)。 We visited the new restaurant to celebrate her birthday. She was really happy about it.「私たちは彼女の誕生日を祝うためにその新しいレストランを訪れた。彼女はそれをとても喜んでいた」

3．主語Iに続く動詞に否定形のdidn't knowを置いてみる。ここでknowの目的語に‘疑問詞＋to不定詞’のwhat to ～の形が浮かべば，‘～’の部分に動詞sayを入れて「言うべきこと」となる。残りはto her「彼女に」とまとめ，その後にafterを置くと「彼女が試合に負けた後」となって文が成立する。 I didn't know what to say to her after she lost the match.「彼女がその試合に負けた後，私は彼女に何と言うべきかわからなかった」

4．まず文の動詞がcan be foundとまとめられる。「見つけられる」のは「本」だと考えられるので，主語をmany booksとすると，残りはin this libraryとまとまる。 Many books can be found in this library, so researchers often come here.「この図書館には多くの本があるので，研究者たちがしばしばここに来る」

5．主語にsheを置き，動詞をtry to ～「～しようとする」の形でtried to doとまとめ，その目的語にeverythingを置く。残りはby herself「1人で」とまとまる。 The work was difficult, but she tried to do everything by herself.「その仕事は難しかったが，彼女は全てを1人でやろうとした」

Ⅲ〔長文読解総合―説明文〕

≪全訳≫❶交通信号は私たちの周囲の至る所にあるが，あなたは信号について実際にどのくらい知っているだろうか。世界初の交通信号はロンドンの交通量の多い道路の1つで1868年に使われた。この信号はガスを使って緑と赤の光をつくり出すランタンだった。しかし，その信号は爆発して1人の警官を負傷させたので，その後長い間使われなかった。その後何年もたってから，1913年頃に自動車メーカーのフォード・モーターが大量の車を製造するようになった。これがアメリカの都市で交通問題を多く引き起こしたので，警察官が交通量の多い各交差点に立つようになった。ある日，ウィリアム・ポッツがデトロイトにあるこうした交差点の1つで働いている間に，あるアイデアを思いついた。彼は赤，黄色，緑の光がある単純な電気で動く交通信号をつくった。1920年，それはデトロイトのウッドワード通りとミシガン通りの曲り角で使われた。その年の終わりまでに，デトロイトにはそのような信号がさらに14個できた。❷今日，交通信号は世界中で使われている。ロンドンでは街全体で現在3500以上あり，アメリカ全体では30万以上あるとされている。ブータンは信号が全くない世界で唯一の国だ。実は首都のティンプーには交通信号が1つあったが，ドライバーたちに不評ですぐに撤去された。❸世界中で交通信号は赤，黄色，緑という色を使っている。だが，色覚多様性のある人々にとって赤と緑という色は見づらいため，色を変えるべきだという人たちもいる。実は色覚多様性のある人々が運転を許可されていない国がある。色覚多様性のある人々の役に立とうと，韓国のある会社がそれぞれの色の代わりに形を使った信号をデザインした。赤は三角，黄色は丸，緑は四角だ。将来はそれが使われるかもしれない。

❹ティペラリーヒルというアメリカの町には，世界で唯一の「逆さま」信号がある。最初の信号を使い始めたときには多くのアイルランド人がティペラリーヒルに住んでおり，彼らはアイルランドの伝統色である緑の光が一番下にあるのを快く思わなかった。しばらくして町は信号を変えると決め，今でもティペラリーヒルの交通信号は緑の光が一番上で赤が一番下だ。❺交通信号はもちろん役に立つが，いくつか欠点もある。まず，高価な場合がある。現代の交通信号は８万ドルから10万ドルし，さらに電気代もかかる。また，交通信号は交通の流れを遅くすることがあるので，交通信号のない道を使おうとするドライバーがいるという問題もある。例えば，彼らは人々が暮らしている地域の道路を使うことがある。最後に，新しい交通信号を交通量の多い交差点に設置することは重大な事故を防止するとはいえ，小さな事故は増える。例えば，車が前の車にぶつかってしまうときがある。❻次に車に乗って赤信号で止まったら，あなたが信号について知っている全てのことを友人や家族に話してはどうだろうか。

１＜主題＞第１段落では初めての交通信号がロンドンにつくられたことや，デトロイトに交通信号が普及していく経緯が書かれているので，B.「交通信号の歴史」が適切。

２＜適語選択＞３文後に Many years later「何年もたって」とあり，ロンドンで信号が使われなくなってから1913年までは長かったとわかる。

３＜要旨把握＞「ウィリアム・ポッツはおそらく(　　)だった」―D.「警察官」　第１段落最後から４文目参照。ウィリアム・ポッツはデトロイトの交差点で仕事をしており，その前文から，それは交通整理をする警官の仕事だったことがわかる。

４＜英問英答＞「1920年の終わりに，デトロイトには交通信号がいくつあったか」―C.「15」　第１段落最後の３文参照。ポッツがつくった１つに加えて，14 more lights「さらに14個」が設置されたとある。‘数詞＋more ～’は「さらに…(個)の～」。（例）two more weeks「もう２週間」

５＜適語選択＞この段落ではロンドンやアメリカなどの信号の現在の状況について述べているので，Today「今日では」が適切。

６＜適語補充＞コロン(:)以降の具体例では，信号の色ごとに三角，丸，四角といったshape「形」がついている。また，これらの形は「記号」でもあるのでsymbolとしても可。

７＜内容真偽＞A.「一部の人々にとって，交通信号の色は見づらい」…○　第３段落第２文後半参照。　B.「ブータンは現在，国全体で交通信号が１つもない」…○　第２段落第３文参照。　C.「アイルランドの交通信号は一番上に緑がある」…×　第４段落第１文参照。アイルランドではなくアメリカのある町の話である。　D.「時間を節約したいドライバーたちは，信号のない道路を使おうとする」…○　第５段落第４文後半参照。

８＜語句解釈＞drawbackは「欠点」という意味。これと同様の意味は，D. negative point「負の面」。この意味を知らなくても，この後に続く具体例(費用の高さ，危険な道路選択の誘発，小さな事故の増加)から推測できる。

９＜内容真偽＞A.「ウィリアム・ポッツが最初の電気で動く交通信号を発明したのは，彼がランタンの交通信号でけがをしたからだ」…×　第１段落第４文参照。けがをしたのはロンドンの警官。　B.「交通信号は小さな交通事故を増やすことがある」…○　第５段落最後の２文参照。　C.「フォード・モーターは交通信号を設置するために多額の金を払った」…×　そのような記述はない。　D.「ランタンの交通信号には黄色の光がなかった」…○　第１段落第３文参照。　E.「ブータンのドライバーたちは交通信号の規則を理解していなかった」…×　そのような記述はない。　F.「現代の交通信号は大量の電気を使うので，高価である」…×　第5段落第2，3文参照。大量の電気を使うからではない。

Ⅳ〔長文読解総合―説明文〕

≪全訳≫❶「あんなことはもう2度としないよ」　1998年9月，フランス人のスイマーがアメリカのマサチューセッツから73日かけて6000キロを泳いだ後，フランスにたどり着いた。そしてそれが彼の最初の言葉だった。ベン・ルコントは泳いで大西洋を横断した最初の人間となった。彼の目標はがん研究のための資金を集めることだった。彼は毎日8時間泳ぎ，1そうのボートに乗った3人のチームの助力を得た。それはルコントが安全に泳げるように，サメが近寄るのを防ぐように特別につくられたボートだった。❷しかし，2018年6月，ルコントは再び泳ぎ始めた。今回彼は東京から出発し，アメリカ西海岸のサンフランシスコに向かって毎日8時間泳ぎ始めた。ルコントはその泳ぎを始めたとき51歳だったが，太平洋を泳いで横断する最初の人間になろうとした。今回，彼は人々に環境について考えてほしかったのだ。❸彼が毎日直面する危険の中には，サメ，嵐，クラゲ，そして非常に低い海水温があった。実際，台風のせいで，彼は800キロを泳ぎ切った後の9月の20日間，泳ぐのを控えなくてはならなかった。そしてこれはおそらく彼が完泳するのが計画していたより遅くなることを意味していた。科学者のチームが彼についていき，その9000キロの泳ぎの間に研究を行っている。彼らはプラスチックごみ，人間の心臓に対する激しい運動の影響，海に対する核災害の影響を調べ，海に関して新しい知見を得ている。❹ルコントは海で毎日数時間泳いで準備をした。彼はまた，精神力を鍛える練習を毎日行った。「精神面は肉体面よりずっと重要で，いつも何かポジティブなことを考えるようにしなくてはならない」と彼は言った。❺「私はまたやるわ」　2013年，ルコントが彼の2度目の泳ぎを始める5年前，1人のアメリカ人女性が違った理由で泳いだ。ダイアナ・ナイアドが9月にキューバのハバナからアメリカのフロリダまで，距離にして180キロを泳ぐことに成功した。彼女は泳ぎ始めて53時間後，フロリダの海岸に着いた。❻ナイアドは12歳だった頃1日6時間泳ぎ，その後1975年にマンハッタンの周囲を8時間以内で泳いだことなど，いくつかの世界記録を打ち立てた。しかし，キューバからアメリカまで泳ぐことは常に彼女の夢だった。❼2013年にナイアドが泳いだ理由の1つは，一生懸命がんばれば何でもできるということを人々に示したかったことだ。実は彼女がそれに挑戦するのはこれで5度目だった。それ以前に彼女が失敗するたびに，「次もやってみよう」と自分に言い聞かせていた。5度目の挑戦で，彼女はとうとうやってのけた。1978年の最初の挑戦では28歳だったが，次の4つは全て60歳を過ぎてからで，ナイアドはクラゲに刺されてもう少しで死にそうになったり，背中にぶつかってくる強い波，非常に冷たい海水，海水によるやけどのような感触などを経験したりしたうえ，サメが襲撃してくる危険にもいつも直面していた。❽ナイアドが泳いだのには別の理由もあった。彼女は人々に，年齢は何かに挑戦することをやめる理由とはならないことを知ってほしかったのだ。彼女はその泳ぎのときには64歳だったが，実は彼女の年齢が彼女を助けたと考えている。「私はこれが難しい挑戦をするには最もいい年齢だと考えています。年をとってもまだ体は強いし，心はさらに良くなっているから」と，ナイアドは泳ぐ前にレポーターたちに語った。❾その泳ぎに成功してから6週間後，ナイアドは慈善事業のために10万ドル以上を集める目的でマンハッタンのプールで48時間休まずに泳いだ。❿ナイアドはキューバからアメリカへの最後の泳ぎのための訓練を2013年1月に始め，最初は12時間休まずに泳いでいたものを徐々に24時間にまで引き上げていった。泳いでいる間には好きな本を思い出したり，歌ったり，数を数えたりすると彼女は言った。彼女はまた，長い間泳ぐうえで精神的な面の方が肉体的な面より大変だとも感じている。**11**これらのスイマーたちは次に何をするのだろう。ナイアドはかつて，大きな夢を抱いて失敗する方が，何もしないよりましだと語った。ルコントは，ほとんどの人たちが人生において自分を十分に駆り立てていないと言った。彼らは何に挑戦するのだろう。私たちにはわからないが，それは何か偉大なことだろうと思えるのだ。

1＜英問英答＞「ルコントの1998年の泳ぎについて正しいものは次のうちどれか」―C．「彼は病気の人々を助けるために資金を集めたかった」　第1段落第3文後半参照。　cancer「がん」

2＜適語(句)選択＞「空所②に入る最も適切な選択肢は次のうちどれか」―A．「しかし」　ルコントは遠泳をもうやらないと言った(第1段落第1文)にもかかわらず，再び始めたのである。

3＜適語句選択＞「空所③に入る最も適切な選択肢は次のうちどれか」―C．「完泳するのが計画していたより遅くなる」　文の前半に行程の途中で20日の中断を強いられたとあるので，その分スケジュールが遅れると考えられる。

4＜英問英答＞「次のうち科学者のチームがやっていないことは何か」―B．「彼らはなぜサメが人々を襲うことがあるのかを知る」　第3段落最終文参照。

5＜適語句選択＞「空所⑤に入る最も適切な選択肢は次のうちどれか」―D．「に成功した」　ナイアドの目的地はフロリダであり(同じ文)，実際にフロリダの海岸に着いている(次の文)。　succeed in ～ing「～することに成功した」

6＜語句解釈＞「この文章でattemptedの意味は何か」―B．「何かに挑戦した」　直後のitはキューバからアメリカまで泳ぐこと(前段落最終文)を指し，これ(＝2013年の泳ぎ)がそれに対する5回目の挑戦だったと解釈できる。

7＜英問英答＞「ダイアナ・ナイアドについて述べられているのは次のうちどれか」―D．「彼女は人々に年齢は重要ではないと知ってほしいと思っている」　第8段落第2文参照。

8＜英問英答＞「どちらのスイマーについても述べられているのは次のうちどれか」―B．「彼らはどちらもサメとクラゲの危険に直面した」　ルコントは第3段落第1文，ナイアドは第7段落最終文参照。

9＜要旨把握＞「出来事の正しい順序はどれか」―C．「ベン・ルコントがフランスに着いた→ダイアナ・ナイアドがフロリダに着いた→ダイアナ・ナイアドが慈善活動の資金を集めるために泳いだ→ベン・ルコントがサンフランシスコへ向かって泳ぎ始めた」　順に1998年(第1段落第2文)，2013年9月(第5段落)，2013年9月から6週間後(第9段落)，2018年6月(第2段落第1，2文)。

10＜内容真偽＞「文章の内容に最も合っているのはどの文か」　A．「どちらのスイマーも多くの肉体的な危険を経験した。しかし，どちらも遠泳には精神面がより重要だと感じている」…○　肉体的な危険は第3段落第1文および第7段落最終文，精神面の重要性は第4段落最終文と第10段落最終文にある。　B．「簡単ではなかったが，1つの国から別の国へ長い時間泳ぐことで，どちらのスイマーも慈善事業に資金を集めることができた」…×　第9段落参照。ナイアドが資金集めに泳いだのは遠泳ではない。　C．「簡単ではなかったが，国々の間を長い時間泳ぐことで，どちらのスイマーも海の問題についてさらに考えた」…×　そのような記述はない。　D．「どちらのスイマーも多くの失敗を経験したが，精神的に強くあることで，冷たい海水の中の遠泳を終えることができた」…×　ナイアドは遠泳に4度失敗したが(第7段落第2，3文)，ルコントが失敗したという記述はない。

数学解答

1 (1) 6000　(2) $\dfrac{3}{10}$

2 (1) $\left(\dfrac{\sqrt{3}}{2},\ \dfrac{1}{2}\right)$　(2) $\dfrac{2}{3}$

(3) $y=\sqrt{3}x-1$　(4) 3π

3 (1) $(-6,\ 12)$

(2) P(3, 3), R(0, 6)

(3) 1 : 4　(4) $\left(\dfrac{3}{2},\ 3\right)$

4 (1) $a+5b$ g　(2) $a=9.25$, $b=1.15$

5 (1) $2\sqrt{5}$ cm　(2) $\dfrac{26\sqrt{21}}{7}$ cm

(3) 7 : 2

6 (1) 5 : 3　(2) $\dfrac{24}{5}$ cm

7 (1) 2cm　(2) $\dfrac{16\sqrt{3}}{9}\text{cm}^2$

(3) $\dfrac{16\sqrt{3}}{27}\text{cm}^3$

1 〔独立小問集合題〕

(1)＜式の値＞与式 $=2a^2-4a^2b-(4b^4-8a^2b^3)\times\dfrac{1}{2b^2}=2a^2-4a^2b-2b^2+4a^2b=2a^2-2b^2=2(a^2-b^2)=2(a+b)(a-b)=2\times(65+35)\times(65-35)=2\times100\times30=6000$

(2)＜確率—数字のカード＞1枚目は，1，2，3，4，5の5枚のカードから1枚を取り出すので5通りの取り出し方があり，2枚目は，残りの4枚のカードの中から1枚を取り出すので4通りの取り出し方がある。よって，カードの取り出し方は全部で $5\times4=20$(通り)だから，2けたの整数も20通りできる。このうち，素数は13，23，31，41，43，53の6通りだから，求める確率は $\dfrac{6}{20}=\dfrac{3}{10}$ である。

2 〔関数—関数 $y=ax^2$ と直線〕

≪基本方針の決定≫(1)　△OACに着目する。　(4)　線分AB上で，点Cからの距離が最も短い点，最も長い点に着目する。

(1)＜座標—特別な直角三角形＞右図1で，点Oと点Aを結ぶ。CO＝CA＝1，∠OCA＝60°より，△OACは1辺が1の正三角形だから，点Aから y 軸に垂線AHを引くと，△OAHは3辺の比が $1:2:\sqrt{3}$ の直角三角形となる。よって，$\text{OH}=\dfrac{1}{2}\text{OA}=\dfrac{1}{2}\times1=\dfrac{1}{2}$，$\text{AH}=\sqrt{3}\,\text{OH}=\sqrt{3}\times\dfrac{1}{2}=\dfrac{\sqrt{3}}{2}$ であり，$\text{A}\left(\dfrac{\sqrt{3}}{2},\ \dfrac{1}{2}\right)$ となる。

図1

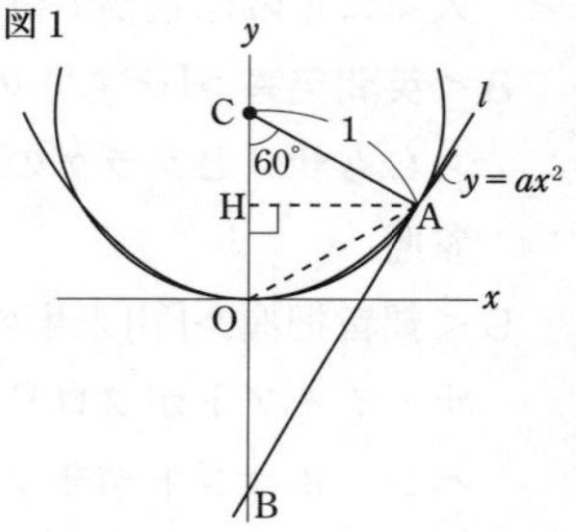

(2)＜比例定数＞右図1で，関数 $y=ax^2$ のグラフ上に $\text{A}\left(\dfrac{\sqrt{3}}{2},\ \dfrac{1}{2}\right)$ があるので，$\dfrac{1}{2}=a\times\left(\dfrac{\sqrt{3}}{2}\right)^2$ より，$a=\dfrac{2}{3}$ となる。

(3)＜直線の式＞右上図1で，直線 l は点Aで円Cに接するので，直線 l と y 軸の交点をBとすると，∠BAC＝90°となる。∠OCA＝60°だから，△CBAで，∠HBA＝180°－∠BAC－∠OCA＝180°－90°－60°＝30°となり，△HBAは3辺の比が $1:2:\sqrt{3}$ の直角三角形である。よって，$\text{AH}:\text{BH}=1:\sqrt{3}$ だから，直線 l の傾きは $\dfrac{\text{BH}}{\text{AH}}=\dfrac{\sqrt{3}}{1}=\sqrt{3}$ となる。また，$\text{BH}=\sqrt{3}\,\text{AH}=\sqrt{3}\times\dfrac{\sqrt{3}}{2}=\dfrac{3}{2}$ より，点Bの y 座標は $\dfrac{1}{2}-\dfrac{3}{2}=-1$ となる。したがって，直線 l の式は $y=\sqrt{3}x-1$ である。

図2

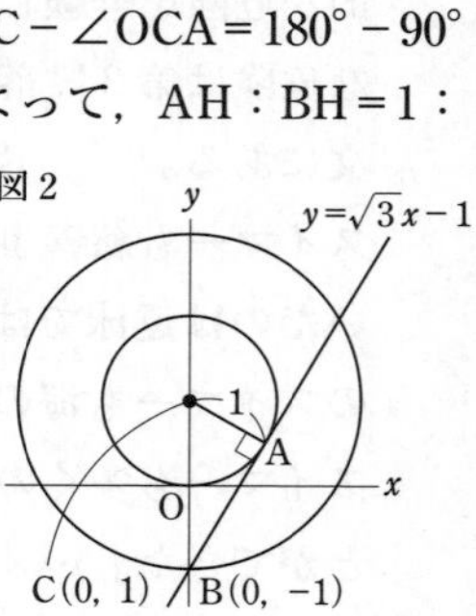

(4)＜面積—回転移動＞右図2で，∠BAC＝90°だから，点Aが線分AB上の点で点Cからの距離が最も短い点となる。また，点Bが線分AB上の点で点Cからの距離が最も長い点となる。よって，△CBAを点Cを中心と

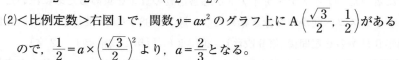

して1周させるとき，線分ABが通過する部分は，線分CBを半径とする円から線分CAを半径とする円を除いた部分となる。$CB=1-(-1)=2$，$CA=1$だから，求める面積は，$\pi\times CB^2-\pi\times CA^2=\pi\times2^2-\pi\times1^2=3\pi$である。

3〔関数―関数 $y=ax^2$ と直線〕

≪基本方針の決定≫(2)　点Pのx座標を文字でおき，線分AQ，線分PQの長さをその文字を使って表す。

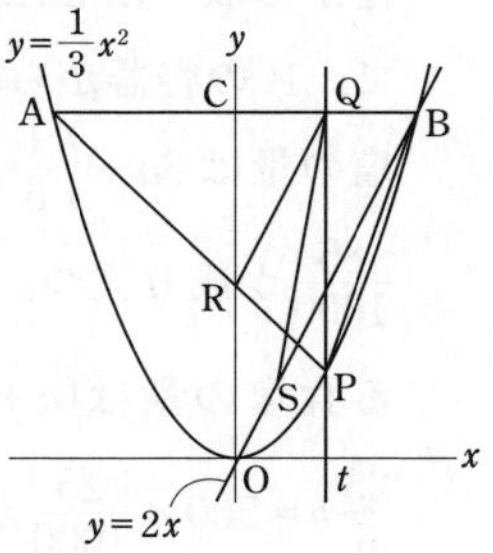

(1)＜座標＞右図で，点Bは関数$y=\dfrac{1}{3}x^2$のグラフと直線$y=2x$の交点だから，$\dfrac{1}{3}x^2=2x$より，$x^2-6x=0$，$x(x-6)=0$　$\therefore x=0$，6　よって，点Bのx座標は6で，$y=2\times6=12$だから，B(6，12)である。点Aは点Bとy軸に関して対称な点だから，A(−6，12)となる。

(2)＜座標＞右図で，点Pのx座標をtとすると，点Pは関数$y=\dfrac{1}{3}x^2$のグラフ上にあるから，$\mathrm{P}\left(t,\ \dfrac{1}{3}t^2\right)$となる。直線PQは$y$軸に平行，直線ABは$x$軸に平行だから，Q($t$，12)となる。よって，$AQ=t-(-6)=t+6$，$PQ=12-\dfrac{1}{3}t^2$と表せ，$AQ=PQ$だから，$t+6=12-\dfrac{1}{3}t^2$が成り立つ。これを解くと，$t^2+3t-18=0$より，$(t+6)(t-3)=0$　$\therefore t=-6$，3　(1)より，$-6<t<6$だから，$t=3$であり，$y=\dfrac{1}{3}\times3^2=3$より，P(3，3)である。また，直線APの傾きは$-\dfrac{PQ}{AQ}=-1$だから，その式は$y=-x+b$とおける。これが点Aを通るから，$12=-(-6)+b$，$b=6$となり，R(0，6)である。

≪別解≫右上図で，線分ABとy軸の交点をCとする。$AQ=PQ$，$AB\perp PQ$より，△APQは直角二等辺三角形であり，RC∥PQだから，△ARCも直角二等辺三角形となる。よって，$RC=AC=6$である。点Cのy座標は12なので，点Rのy座標は$12-6=6$であり，R(0，6)である。また，$AQ=PQ$より，直線APの傾きは−1だから，直線APの式は$y=-x+6$となる。点Pは関数$y=\dfrac{1}{3}x^2$のグラフと直線$y=-x+6$の交点だから，$\dfrac{1}{3}x^2=-x+6$より，$x^2+3x-18=0$，$(x+6)(x-3)=0$　$\therefore x=-6$，3　よって，点Pのx座標は3であり，$y=\dfrac{1}{3}\times3^2=3$だから，P(3，3)となる。

(3)＜面積比＞右上図で，P(3，3)，Q(3，12)より，$PQ=12-3=9$であり，辺PQを底辺と見ると，△PQRの高さは3だから，$\triangle PQR=\dfrac{1}{2}\times9\times3=\dfrac{27}{2}$となる。また，2点A，Bの$x$座標がそれぞれ−6，6より，$AB=6-(-6)=12$であり，辺ABを底辺と見ると，△PBAの高さは$PQ=9$だから，$\triangle PBA=\dfrac{1}{2}\times12\times9=54$となる。よって，$\triangle PQR:\triangle PBA=\dfrac{27}{2}:54=1:4$である。

(4)＜座標＞右上図で，(3)より，$\triangle BQS=\triangle PQR=\dfrac{27}{2}$となる。$QB=6-3=3$だから，辺QBを底辺と見たときの△BQSの高さを$h$とすると，$\dfrac{1}{2}\times3\times h=\dfrac{27}{2}$が成り立ち，$h=9$となる。よって，点Sの$y$座標は$12-9=3$である。点Sは直線$y=2x$上にあるから，$3=2x$より，$x=\dfrac{3}{2}$となり，$\mathrm{S}\left(\dfrac{3}{2},\ 3\right)$である。

4〔方程式―連立方程式の応用〕

(1)＜食塩の量―文字式の利用＞Bの容器にはb%の食塩水が500g入っていて，ここに，Aの容器から

取り出した a%の食塩水100gを加えるので，Bの容器の食塩水に含まれる食塩の量は $100\times\frac{a}{100}+500\times\frac{b}{100}=a+5b$(g)となる。

(2)＜濃度—連立方程式の応用＞100gの食塩水を取り出した後のAの容器の食塩水に含まれる食塩の量は $(900-100)\times\frac{a}{100}=8a$(g)である。Bの容器の食塩水の量は $500+100=600$(g)だから，Bの容器から取り出した100gの食塩水に含まれる食塩の量は $(a+5b)\times\frac{100}{600}=\frac{1}{6}a+\frac{5}{6}b$(g)である。よって，Bの容器から取り出した食塩水をAの容器に加えると，Aの容器の食塩水900gに含まれる食塩の量は $8a+\left(\frac{1}{6}a+\frac{5}{6}b\right)=\frac{49}{6}a+\frac{5}{6}b$(g)となり，濃度が8.50%になったので，$\frac{49}{6}a+\frac{5}{6}b=900\times\frac{85}{1000}$ が成り立つ。これより，$49a+5b=459$……①となる。一方，Bの容器の食塩水500gに含まれる食塩の量は $(a+5b)-\left(\frac{1}{6}a+\frac{5}{6}b\right)=\frac{5}{6}a+\frac{25}{6}b$(g)となり，濃度が2.50%になったので，$\frac{5}{6}a+\frac{25}{6}b=500\times\frac{25}{1000}$ が成り立つ。これより，$a+5b=15$……②となる。①，②の連立方程式を解くと，$a=9.25$(%)，$b=1.15$(%)となる。

5〔平面図形—円〕

≪基本方針の決定≫(2)　△ACDと△BEDに着目する。　(3)　△ABDの面積を基準にして，△ABC，△BEDの面積を考える。

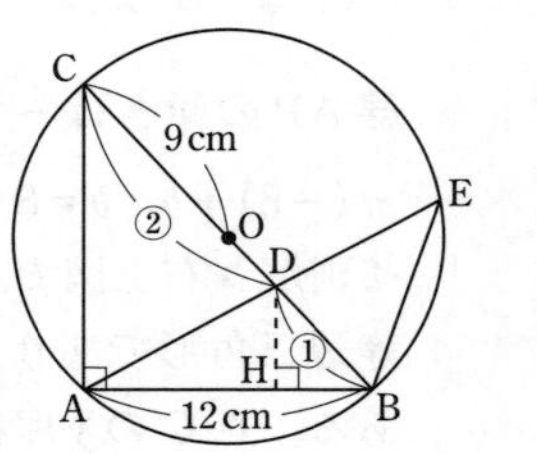

(1)＜長さ—三平方の定理＞右図で，$BC=2OC=2\times9=18$ だから，BD：DC＝1：2より，$BD=\frac{1}{1+2}BC=\frac{1}{3}\times18=6$ である。また，線分BCは円Oの直径だから，∠CAB＝90°であり，DH∥CAとなる。これより，BH：HA＝BD：DC＝1：2だから，$BH=\frac{1}{1+2}AB=\frac{1}{3}\times12=4$ となる。よって，△BDHで三平方の定理より，$DH=\sqrt{BD^2-BH^2}=\sqrt{6^2-4^2}=\sqrt{20}=2\sqrt{5}$(cm)となる。

(2)＜長さ—相似＞右上図で，$\overset{\frown}{AB}$ に対する円周角より，∠ACD＝∠BEDであり，∠ADC＝∠BDEだから，△ACD∽△BEDである。よって，DC：DE＝AD：BDとなる。△ADHで三平方の定理より，$AD=\sqrt{AH^2+DH^2}=\sqrt{(12-4)^2+(2\sqrt{5})^2}=\sqrt{84}=2\sqrt{21}$ だから，$(18-6):DE=2\sqrt{21}:6$ が成り立ち，$DE\times2\sqrt{21}=12\times6$ より，$DE=\frac{12\sqrt{21}}{7}$ となる。したがって，$AE=AD+DE=2\sqrt{21}+\frac{12\sqrt{21}}{7}=\frac{26\sqrt{21}}{7}$(cm)である。

(3)＜面積比＞右上図で，△ABD，△ABCは，底辺をそれぞれ辺BD，辺BCと見ると，高さが等しいから，△ABD：△ABC＝BD：BC＝1：(1＋2)＝1：3となる。よって，△ABC＝3△ABDである。同様にして，(2)より，$\triangle ABD:\triangle BED=AD:DE=2\sqrt{21}:\frac{12\sqrt{21}}{7}=7:6$ となるから，$\triangle BED=\frac{6}{7}\triangle ABD$ である。したがって，$\triangle ABC:\triangle BED=3\triangle ABD:\frac{6}{7}\triangle ABD=7:2$ となる。

6〔平面図形—三角形〕

≪基本方針の決定≫(2)　△ABDと△ACFに着目する。

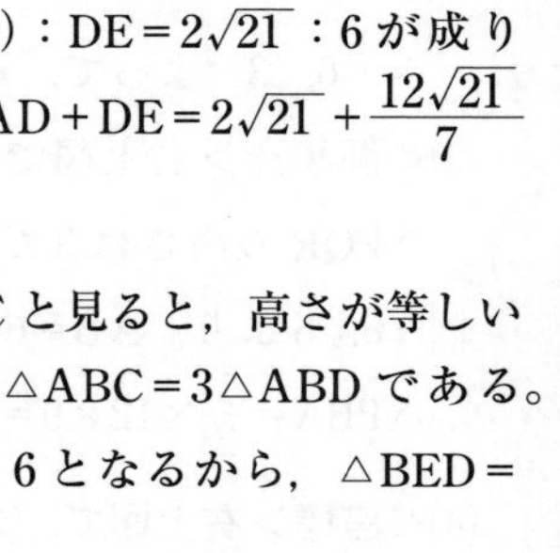

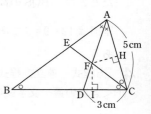

(1)＜長さの比＞右図で，△ACF，△DCFの底辺を辺AF，辺FDと見ると高さは等しいから，△ACF：△DCF＝AF：FDである。また，点Fから2辺AC，BCに垂線FH，FIを引くと，△CFH≡△CFIとなるから，FH

＝FIである。これより，△ACF：△DCF＝$\frac{1}{2}$×AC×FH：$\frac{1}{2}$×DC×FI＝AC：DCとなる。よって，AF：FD＝AC：DC＝5：3である。

(2)＜長さ―相似＞前ページの図で，ADが∠BACの二等分線であることより，(1)と同様にして，BD：DC＝AB：ACである。∠BAD＝∠CAFであり，∠ABD＝∠BCE，∠ACF＝∠BCEより，∠ABD＝∠ACFだから，△ABD∽△ACFとなる。これより，AB：AC＝AD：AF＝(5＋3)：5＝8：5である。よって，BD：3＝8：5が成り立ち，5BD＝3×8より，BD＝$\frac{24}{5}$(cm)となる。

7〔空間図形―正四角錐〕

≪基本方針の決定≫(2)　△AQPと△AECは相似である。

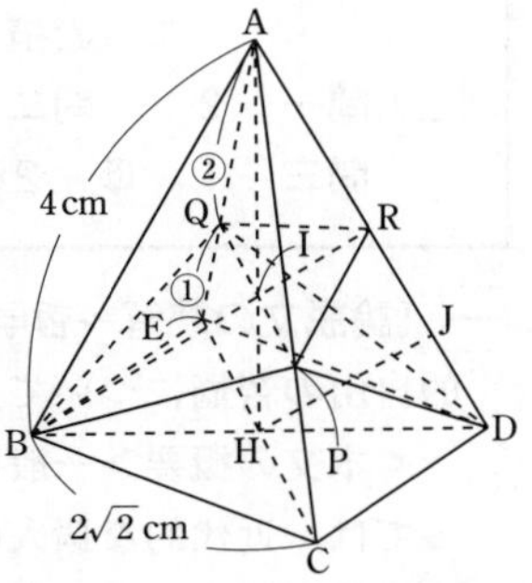

(1)＜長さ＞右図で，正方形BCDEの対角線BD，CEの交点をHとし，線分AHと線分BRの交点をIとする。AP：PC＝AQ：QE＝2：1より，PQ∥CEだから，AI：IH＝AP：PC＝2：1となる。次に，点Hを通り線分BRに平行な直線と辺ADの交点をJとすると，BR∥HJより，AR：RJ＝AI：IH＝2：1となり，AR＝2RJである。また，BH＝HDだから，RJ＝JDとなり，RD＝2RJである。よって，AR＝RD＝$\frac{1}{2}$AD＝$\frac{1}{2}$×4＝2(cm)となる。

(2)＜面積―相似，特別な直角三角形＞右図で，AP：PC＝AQ：QE＝2：1より，AP：AC＝AQ：AE＝2：(2＋1)＝2：3であり，∠PAQ＝∠CAEだから，△AQP∽△AECである。相似比は2：3だから，△AQP：△AEC＝2^2：3^2＝4：9となり，△AQP＝$\frac{4}{9}$△AECである。△BCEは直角二等辺三角形だから，EC＝$\sqrt{2}$BC＝$\sqrt{2}$×$2\sqrt{2}$＝4であり，AC＝AE＝ECだから，△AECは正三角形となる。点Hは線分ECの中点だから，△ACHは3辺の比が1：2：$\sqrt{3}$の直角三角形であり，AH＝$\frac{\sqrt{3}}{2}$AC＝$\frac{\sqrt{3}}{2}$×4＝$2\sqrt{3}$である。よって，△AEC＝$\frac{1}{2}$×EC×AH＝$\frac{1}{2}$×4×$2\sqrt{3}$＝$4\sqrt{3}$となるから，△AQP＝$\frac{4}{9}$×$4\sqrt{3}$＝$\frac{16\sqrt{3}}{9}$(cm^2)である。

(3)＜体積＞右上図で，三角錐A-PDQ，三角錐R-PDQを，それぞれ△APD，△RPDを底面とする三角錐と見ると，高さが等しいので，体積の比は底面積の比と等しくなり，〔三角錐A-PDQ〕：〔三角錐R-PDQ〕＝△APD：△RPDとなる。(1)より，点Rは辺ADの中点だから，△APD：△RPD＝AD：RD＝2：1であり，〔三角錐A-PDQ〕：〔三角錐R-PDQ〕＝2：1となる。よって，〔三角錐R-PDQ〕＝$\frac{1}{2}$〔三角錐A-PDQ〕である。∠AHD＝90°，∠CHD＝90°より，DH⊥〔面AEC〕だから，三角錐A-PDQは，底面を△AQPとすると，高さは線分DHとなる。(2)より，△AQP＝$\frac{16\sqrt{3}}{9}$であり，DH＝CH＝$\frac{1}{2}$EC＝$\frac{1}{2}$×4＝2だから，〔三角錐A-PDQ〕＝$\frac{1}{3}$×△AQP×DH＝$\frac{1}{3}$×$\frac{16\sqrt{3}}{9}$×2＝$\frac{32\sqrt{3}}{27}$となり，〔三角錐R-PDQ〕＝$\frac{1}{2}$×$\frac{32\sqrt{3}}{27}$＝$\frac{16\sqrt{3}}{27}$(cm^3)である。

═読者へのメッセージ═

2では，座標平面上に円がありました。この円を表す式は$x^2+(y-1)^2=1$となります。一般的には，中心が$(a,\ b)$，半径がrの円を表す式は，$(x-a)^2+(y-b)^2=r^2$となります。高校で詳しく学習します。

国語解答

一 問一　4　問二　2　問三　1

問四　問題削除　問五　4

問六　1　問七　A…3　B…1

問八　a…4　b…4

問九　ⅰ…5　ⅱ…2　ⅲ…1

問十　3

問十一　ア　破壊　イ　放棄　ウ　紡績

エ　素描　オ　普遍

二 問一　2　問二　2

問三　1　母　2　枕詞

問四　深い内面の悲しみ

問五　出来合い　問六　1

問七　4　問八　3　問九　ア

問十　2

問十一　ア　培　イ　圧倒　ウ　一向

エ　巨匠　オ　排他

三 問一　3　問二　4　問三　2

問四　2　問五　3　問六　1

問七　4　問八　2　問九　2

問十　イ[と]エ

一〔論説文の読解―哲学的分野―哲学〕出典；内山節『自由論――自然と人間のゆらぎの中で』「近代的自由の苦悩について」。

≪本文の概要≫一般に，近代的な自由は，賃労働の問題を伴っていたといわれる。多数の人々にとっては，近代的な個人の自由は，劣悪な条件での賃労働に従事しなければ得られないもので，近代初期の賃労働は，近代的な奴隷労働と呼ばれた。このことから，個人と貨幣という問題が浮かび上がってきた。ドイツの思想家のモーゼス・ヘスによれば，資本主義社会では，強制的に働かされて自由を失うのではなく，人々が自ら進んで自由を失っていくのであり，ここに近代における自由の喪失の本当の意味がある，とのことである。彼は，人々が精神の自由を失った近代社会は，古代奴隷制の社会よりも不自由な社会であったという。そして，彼は，精神の自由の喪失の原因は，近代人が孤立した個人になったことにあり，個人は，貨幣のために自ら進んで自由を失うようになったと考えた。近代的自由は不完全で，その原因は，もろい個人を主体としているところにあった。ドイツの思想家のマックス・シュティルナーは，近代社会によってつくられた人間像に自分を合わせていくのが，近代的個人の生き方になっていると述べ，つくられた人間像から自分を解放する必要性を説いた。つくられた観念に気づかずにしばられているのではないかという気持ちは，近代初期の多くの思想家たちにも共通していた。

問一＜文章内容＞人間は，自然を「征服」しようとしていたときには，自然を支配したり破壊したりして，人間にとって都合のよい状態にすることばかりを考えていた。そこには，自然と関わりながら生きていく技術を持たず，自然と関わりながらともに生きていこうとする姿勢もなかった。

問二＜文章内容＞「自然の征服が自然に対する人間の自由への道である」という確信は，つい最近までは「大多数の人々の合意」だった。しかし，今では誰もが，その考えは幻想にすぎなかったと知っている。つまり，多数派の意見だからといって正しいとは限らないのである。

問三＜文章内容＞資本主義社会では，「強制的に働かされ，自由を失う」ということはないが，労働者は「生きるためには働かなければ」ならず，そのため労働者は，「この社会で働くことは，たえず自由を失うことである」とわかっていても，自ら自由を失ってでも働くことを選ぶ。

問四　問題削除

問五＜語句＞「ジレンマ」は，二つの事柄の板挟みになる状態のこと。「ふぐは食いたし命は惜しし」は，やりたいことはあるが，それをすることに伴う危険は避けたい，ということ。

問六＜文章内容＞近代社会では，人間は「自発的に自由を失う」のである。それは，強制的に何かをさせられて自由を失うのとは違うし，自分のしたいことを自分の思うようにすることによって自由を失うのとも違う。近代人は，本当は自分で望んでいるわけではないことでも，自分が社会で不利益を被らないようにするために，行うのである。

問七＜文章内容＞A．人々は，「自然に制約されること」は「人間にとって不自由なこと」で，「自然を征服していくこと」によって「自然に対する人間の自由」はしっかりと定まると考えた。　B．自由とは，「人間が生きていくうえで必要だと感じられるもの」であり，それを無理に抑えつけられるわけにはいかないと感じるものである。

問八＜語句＞a．「甘受」は，逆らわず，いやいやながら受け入れること。　b．「迎合」は，自分の意見を主張するのは控えて，他人の意向に合うようにすること。

問九＜接続語＞ｉ．「誰も個人の自由を否定してはいなかった」のは，言うまでもない。　ⅱ．「誰も個人の自由を否定してはいなかった」けれども，「自由の主体を個人に置くとき，その個人は頼りなく，いかにも脆いものにみえた」のである。　ⅲ．個人は，「自由は何よりも尊いものだと述べながら，自分を守るためには自由な発言を慎む」のに加えて，「日常の生活に追われる個人は，自由を考える勇気さえ手放すことがある」のである。

問十＜要旨＞近代的個人は，「つくられた自由に迎合することによって，精神の『奴隷』になって」いる（1…×）。近代人が「何ものにもとらわれない精神を働かせて自由を語っているのか，それともその時代の精神の習慣が生みだした，つくられた自由の観念にしばられて，それを自由だと思い込んでいるだけなのか」という問題は，近代形成期の思想家たちを悩ませた（2…×）。「平穏な市民であろうとする人間」が，「自由に考え，自由に判断すること」の結果もたらされるであろう恐ろしさから，「意識せずに逃れようとする」ことを考えると，近代的な個人は，シュティルナーの言葉でいえば「自由の衣に包まれた不自由人」になっているといえる（3…○）。「近代初期」の労働者は，劣悪な条件のもとでは，さまざまな自衛手段を講じていた（4…×）。シュティルナーによれば，近代国家における政治思想の自由さとは，つくられた「自由の市民」が，「『その時代の固着観念』にしたがって，自由を語っているだけ」にすぎない（5…×）。

問十一＜漢字＞ア．打ち壊すこと。　イ．捨てること。　ウ．糸を紡ぐこと。　エ．大まかに描くこと。　オ．広く行きわたること。

二〔論説文の読解—芸術・文学・言語学的分野—言語〕出典；永田和宏『知の体力』「自分の可能性を自分で摘み取らない」。

問一＜語句＞「ほんらいかなりニュアンスの違った感覚，感情をすべてひっくるめて一語で代弁してしまう」ことには「引っかかる」が，いつも遠回しの高級な表現を使えというのではない。

問二＜文章内容＞「旨い」ということを言う場合，どのように「旨い」かを表すためにさまざまに表現を工夫してきたことが，「文化」であり「民族の豊かさ」である。「すべてが『ヤバイ』という符牒で済んでしまう世界」には，「文化」の厚みや深みがなく，表現は一つの「符牒」に「凝縮」されて，表現の独自の味わいもなくなってしまう。

問三＜短歌の技法＞「足乳根の」は，「母」や「親」にかかる枕詞である。

問四＜文章内容＞「死に近き～」「のど赤き～」の二首では，作者である斎藤茂吉は，「死に近き母」のすぐそばにいて，「深い内面の悲しみ」を抱いている。

問五＜文章内容＞「自分の思い，感じたこと，思想など」は，島木の言葉でいえば，「自分」の「特殊な」感情や思想である。それを表現するためには，「出来合いの言葉」ではなく「自分の言葉」によって人に伝えることが大切である。就職を控えた若者が使う「オンシャ」という言葉も，「マニュアル通り」の「すでにできてしまっている言葉」，「みんなが使う」言葉であって，自分の「特殊な」感情や思想を表現できる言葉ではない。

問六＜文章内容＞「仲間うちでしか通用しない言葉に依存している」場合，「そのなかにいる間は心地よく安心していられるが，外の世界へ出ることに恐怖を覚えて消極的になる」し，逆に「固定した仲間とだけは心愉しく過ごすことができるが，その安心の輪のなかに，異分子が混入してくることを極端に怖れる」ようにもなるのである。それは，「仲間」とは違う存在と関わることを拒み，その存在を拒絶しようとする態度である。

問七＜文章内容＞「自分とは考え方も感性もまったく違う友人にめぐりあう」と，「自分では気づいていなかった自分の別の面を教えてくれる」ことがある。それによって，人間は，自分の視点やものの見方が唯一絶対だと思っていた状態から脱することができる。一つの視点やものの見方を唯一絶対と見なすことをしなくなることを，「相対化」という。

問八＜接続語＞「ヤバイ」は「多くの形容詞の凝縮体」であり，「『ヤバイ』一語で済ませるのではなく，それを自分の側からもっと細かいニュアンスを含めた表現によって深めたい」とは述べたけれども，「先にあげたさまざまの状態や感情を表わす言葉」も，そうであっても「一般的な，最大公約数的な意味を担った形容詞」である。

問九＜文脈＞本来「自分という存在」は，「人と違うから自分」なのであって，「人とまったく同じ」であれば，「自分という存在」の意味はなくなる。その「違うということをお互いに大切にするには，相槌や共感や符牒だけで済ましているわけには行かなくなる」だろう。

問十＜要旨＞「言葉が時代とともに変わっていくのはやむをえないこと」であるが，「ある感動を表現するとき」に「一語で済ませてしまうのではなく，そこにニュアンスの異なったさまざまな表現があること自体が，文化」であるから，「すべてが『ヤバイ』という符牒で済んでしまう世界」になってしまうのでは，「豊か」な文化があるとはいえない（1・3…×）。私たちは，「自分の思い，感じたこと，思想などを表現する」のに，できるだけ「自分の言葉によって，自分の思いを，人に伝える」ことが大切である（2…○）。「最初から同じ価値観と言葉で用が足りている仲間うち」で，「仲間うちでしか通用しない言葉」を使ったやり取りをしているのでは，用件の伝達はできても会話にはならないので，「価値観」の異なる人との巡り合いを大切にし，そういう人を通して自分を異なる視点から見ることができるようにすることが望ましい（4…×）。

問十一＜漢字＞ア．音読みは「栽培」などの「バイ」。　イ．「圧倒的」は，他を大きくしのいでいるさま。　ウ．（下に打ち消しの語を伴って，）少しも，全然，という意味。　エ．その分野・領域で非常に優れた大家のこと。　オ．他の者をしりぞけ排除すること。

三〔古文の読解―読本〕出典；『西山物語』巻之上。

≪現代語訳≫それなのに今財産を失い，家も貧しくなってしまったいきさつは，この七郎が武士の道を磨いて，今の世の立派な男と，人からも褒めたたえられる男であるから，よくよく考えると，「我が家の宝とするのは，ただあの太刀一振りである。それをめめしくふがいなく，少しのことを恐れて，山寺に奉納したのは悔しいことだ。たとえ家は貧しくなっても，また凶兆があっても，それが何だろうか。その太刀を取り返さないことには種々の金銀財宝も私にとっては意味のないことだ」と，常日頃思っていたが，（あるとき）黄金五百枚を用意して，あの七代前の先祖が（太刀を）奉納した寺に参って，「私は大森彦七の嫡孫（家を継ぐ孫）です。このたび黄金五百枚を，この寺に奉納しましょう。そこでまつってある太刀は，私にお返しください」と願い出た。／寺の住職は，「これはよいことが持ち上がった」と，心には思ったが，そのような顔もせずに，「これは納得できないことを承ります。あの剣は正成公が身につけなさった太刀です。この人こそ天下の武士の手本と申すのではありませんか。そのような方が身につけなさった物ですから，くさなぎの剣と同等の価値があると私は思っております。黄金とは何事ですか。たとえ千枚でも(不浄な物は)川に投げ捨てよと，我が仏は説き置かれました。そのような汚れた物を持ってきて，ご先祖が奉納なさった物であるうえに，天下の宝(でもある物)と交換して持っていかれようとは，私を俗物とお思いになってのことですか。欲深い心の者と見下しなさってのことか」と，清らかな顔つきをして衣手をかき合わせ，数珠を指先で繰っていらっしゃる。／七郎はもちろん心の賢い男で，(住職が)本心とは反対のことをおっしゃっていることをすばやく悟ったので，「これは恐れ多いことをはばかりなく申しましたよ。しかしこの黄金はこのお寺に奉納しようと思って持ってきましたので，どうして持ち帰ることができましょうか。今お教えを承りますと，川に捨てるべき物とはこれです。たまたまお寺の前に池がございます」と言って，封をしてあった黄金(の包み)を解き，三十枚五十枚という数も数えず，水際の山吹の散りかかるように(池に)投げ込んだので，住職は慌てふためいて，「これは気でも狂われたか。据え立ててある石に当たったら，黄金は砕けてしまうだろう。あれ，かちかちと物に当たる音がするようだ」と，頭をかき足を爪立て，あごを落として，ただ水底を見守りながら，ぼう然としているのを見るなり，七郎はさっと立って，例の太刀を納めてある(蔵の)金戸を破り，袋ごと引き出して，「もともとこの太刀は私の宝だ。今こそ持ち帰るぞ」と言って，足早に逃げ帰ったところ，住職は心得顔で，「これは大盗人よ。誰かいないか。けっこうな盗人が入ったぞ。強く追うな。捕らえて打ち据えるようなことは仏の戒めである」と，ただ水底を見つめて，ほほ笑んでいらっしゃったという。

問一＜古語＞「よし」は，事情，いきさつのこと。

問二＜古文の内容理解＞「もののふのみち」は，武士の道，武士として身につけておくべきさまざまな事柄のこと。「ますらを」は，たくましく勇ましい，立派な男のこと。

問三＜古文の内容理解＞「さが」は，物事の前兆のこと。ここでは，太刀のたたりなど悪いことの前兆。「なでふことかあらむ」は，どんなことがあろうか，何の差し支えもない，という意味。七郎は，悪いことが起こりそうでも臆せず，なんとしても太刀を取り返そうとしているのである。

問四＜現代語訳＞「うべ」は，もっともなこと。「うべならぬ」で，納得できない，という意味。

問五＜古文の内容理解＞「くさなぎ」は，神剣と言われた草薙《くさなぎ》の剣のこと。「たぐふ」は，比類する，並ぶ，という意味。住職は，正成の太刀を草薙の剣に並ぶべき同等の価値がある物と思っていると言った。

問六＜現代語訳＞「いかで」は，どうして，どのようにして，という意味。「か」は，反語を表す。どうして持ち帰ることができるだろうか，いや持ち帰ることなどできない，という意味になる。

問七＜古文の内容理解＞七郎は，黄金を奉納して太刀を取り返そうとしたが，住職は，黄金のような汚れた物で価値ある太刀を取り返すとは何事か，と言った。住職が実は黄金に執着していると見抜いた七郎は，黄金を池に投げ捨て，住職が動揺した隙に太刀を持って逃げようと考えた。

問八＜古文の内容理解＞「よき盗人」は「能き盗人」で，巧みに盗みをはたらく人のこと。「能し」という形容詞は，能力が優れている，という意味。

問九＜古文の内容理解＞七郎は，黄金は寺の前の池に投げ捨てていったが，太刀は持ち去った。住職は，その黄金を見てほほ笑んでいる。黄金が手に入ったと思って喜んでいるのである。

問十＜古文の内容理解＞「ななくさのたから」の「たから」は，一般の金銀財宝のこと。「天が下のたから」と「もとよりこれは我がたからなり」の「たから」は，大森家の先祖が寺に奉納した正成の太刀を指す。「たからやくだけなむ」の「たから」は，七郎が池に投げ込んだ黄金を指す。

2018年度 青山学院高等部

【英　語】（50分）〈満点：100点〉

リスニングテストは試験開始約10分後に開始します。それまでは別の問題を解いていてください。

■放送問題の音声は，当社ホームページ（http://www.koenokyoikusha.co.jp）で聴くことができます。（当社による録音です）

Ⅰ　これから放送される英語を聞き，それに関する質問の答えとして最も適切なものをA－Dの中から選び，記号で答えなさい。英語は一回しか放送されません。

PART ONE

1．Where will the bicycle race finish？
A．In the park.　B．Near the shopping center.
C．By the river.　D．Near the station.

2．What will David do tomorrow night？
A．Watch a movie.　B．Play soccer.
C．Do homework.　D．Go shopping.

3．What should soccer club members do this afternoon？
A．Go home.　B．Go to the ground.
C．Go to the sports gym.　D．Go to classroom 210.

4．What did they forget to bring？
A．Their passports.　B．Their tickets.
C．Their camera.　D．Their mobile phone.

5．How will the man probably travel to the airport？
A．By bus.　B．By train.　C．By plane.　D．By car.

6．Why is the man calling Mrs. Clarke？
A．To ask for her address.　B．To give information about her order.
C．To try to sell her a book.　D．To tell her the store will be closed.

7．Why are they moving the chairs？
A．The chairs are broken.　B．The room will be painted.
C．They are too big for the garden.　D．They have paint on them.

PART TWO

8．What is NOT true about the movie？
A．It is an American movie.　B．The movie is about older people.
C．It is a comedy movie.　D．Many people like the movie.

9．When will the movie start to be shown in the UK？
A．Today.　B．Tomorrow.　C．Friday.　D．Sunday.

10．Where will the students eat lunch？
A．At the beach.　B．On the main street.
C．In a café.　D．On the bus.

11．What time will they arrive at the museum？

A．1 pm.　B．1:30 pm.　C．2:30 pm.　D．4 pm.

12．What job did the man want to do when he was at school？
　A．Actor.　B．Sports coach.　C．Banker.　D．Doctor.

13．What does he like about his job？
　A．He can communicate with young children.
　B．The working hours are good.
　C．He can get a lot of money.
　D．He can work outside a lot.

14．Who is the speaker probably talking to？
　A．Parents.　B．Students.
　C．School teachers.　D．Website designers.

15．How much does the study plan service usually cost？
　A．It's free.　B．$4.99 a month.
　C．$15 a month.　D．$50 a month.

※**＜リスニングテスト放送原稿＞**は英語の問題の終わりに付けてあります。

Ⅱ　次の英文を読み，下の問いに答えなさい。

In many big cities around the world—Tokyo, New York, Paris, Bangkok—there are a lot of cars, trucks, and buses on the streets. This causes terrible *traffic jams that [　あ　] the air. In Singapore, (　1　), there are almost no traffic jams and the air is very clean. In London and Amsterdam, you will [　い　] that traffic goes more smoothly than in the past.

This better situation is (　2　) unplanned. Governments have tried very hard (　3　) stop air pollution and traffic jams. For example, in Singapore, it is expensive to [　う　] cars. In London, drivers going into the center of the city must [　え　] some money. The city of London has public train services (　4　) subways and light railway, and they are very popular. In some areas, people can use them 24 hours a day.

In Amsterdam, having a car is inconvenient. There are (　5　) parking spaces, and the speed limit in city areas is only 50 kilometers an hour. Bicycles and trams (electric trains that run on the street) are much (　6　) convenient, so many people who live in the city don't (　7　) have a car. In France, there are two highways to go to a popular sightseeing place from Paris. The first one is about 280 kilometers long and (　8　) is about 360 kilometers. If you take the longer highway, it takes more time, but it is (　9　) expensive than the shorter one. In these ways, the governments try to stop traffic jams.

Many believe these systems work, but ア[may / people / they / feel / some / won't]. Cars have become (　10　) common in our lives that people feel they have a right to use them. There might be other problems. Does the public transportation system work (　11　)? In Los Angeles, USA, the answer might be "no", because the system is very limited, and driving a car to go to work is easier and faster.

What is a good way to stop the traffic jams and air pollution？ Some people think that finding the answers to the problems is very difficult because people love their cars so much. Some others say we need to do things step by step because people don't like changes. Other people believe that there are ways to [お] the problems if we use new technology, for example using electric cars. Have you イ[the city / thought / traffic problems / ever / you / about / in] live in? We should do anything we can to fight pollution and traffic problems.

＊traffic jams : traffic moving very slowly because there are too many cars

1．[あ]－[お]に入れるのに最も適切な語を選び，記号で答えなさい。どの語も１度しか使えない。不要な選択肢も含まれているので注意すること。

A．fix　B．cause　C．pollute　D．pay

E．find　F．take　G．own　H．help

2．(1)－(11)に入れるのに最も適切な語句を選び，記号で答えなさい。どの語句も１度しか使えない。不要な選択肢も含まれているので注意すること。

A．so　B．the other　C．in order to　D．other

E．well　F．such as　G．more　H．however

I．not　J．less　K．few　L．even

3．アとイ，それぞれの[　]内の語(句)を文脈に合う最も適切な語順に並べ替え，３番目と５番目に来る語(句)を答えなさい。

III　次の英文を読み，下の問いに答えなさい。

Camels are large animals that have humps on their backs. They are in the family which also includes alpacas and llamas. Camels and humans have a long history. ア[for / have / camels / humans / of / used / thousands] years to travel long distances and to carry heavy things. Because of this, camels have been called "ships of the desert."

There are two types of camel : the Arabian camel and the Bactrian camel. The Arabian camel has just one hump on its back though the Bactrian camel has two humps. Arabian camels live in the desert areas of Asia and North Africa. They have longer legs than Bactrian camels, so they are especially good for riding. They have soft hair, and this hair gets darker as they get older. On the other hand, Bactrian camels live in Central Asia, between China and Iran, and in some parts of Mongolia. They live in colder areas and have thicker, longer hair that they イshed when it gets warmer. Some people in Mongolia use this hair to make tents and clothes.

Camels can run up to 65km an hour. In fact, in some countries, camel racing is as popular as horse racing. However, camels move differently from horses. Camels move both right legs together, and then both left legs together. Camels can also swim, but they don't do it very often.

Many people think that a camel's hump is filled with water, but this is a common ウmisconception. In fact, the humps have fat in them. Camels use this fat to make water and energy. This is how camels can travel for long distances and live without drinking any water. When camels do drink water, however, they can drink more than 100 liters in 10 minutes.

[エ]. Although most people probably think camels are African or Asian animals, the earliest members of the camel family were actually from North America. Scientists say these camels used to be the size of rabbits, although they died out millions of years ago. Camel DNA was even found in northern Canada, so some scientists believe that camels originally lived in very cold areas, not in hot places.

Nowadays, there are around 14 million camels living in different areas around the world. オThe majority of these are Arabian camels living in Africa, the Middle East, and South Asia, and around 10% are Bactrian camels. There are also around 300,000 Arabian camels living in Australia. カ[brought / in / these / Australia / were / to / camels] the 19th century to help with heavy work. Later, when motorized vehicles such as cars and trains started to be used, these camels were not needed any more, and they were set free. The number of camels grew and grew, and now they are causing several problems in Australia. The camels drink large amounts of water, eat plants, and break fences. Some farmers are so worried that they [キ]. Other farmers catch the camels and sell them to Middle Eastern countries like Saudi Arabia.

1．アとカ，それぞれの[ ]内の語を文脈に合う最も適切な語順に並べ替え，3番目と6番目に来る語を答えなさい。それぞれ，文頭に来るものも小文字になっている。

2．下線部イの単語と最も近い意味を持つものを選び，記号で答えなさい。

A．lose　B．sell　C．make stronger　D．make brighter

3．本文の内容と合っていないものを一つ選び，記号で答えなさい。

A．Arabian camels live in hotter areas than Bactrian camels do.

B．Arabian camels' hair is longer than Bactrian camels' hair.

C．Bactrian camels' legs are shorter than the Arabian camels' legs.

D．Bactrian camels have more humps than Arabian camels do.

4．下線部ウの単語と最も近い意味を持つものを選び，記号で答えなさい。

A．a well-known fact　B．a small problem

C．interesting information　D．an idea that is wrong

5．[エ]に当てはまる最も適切なものを選び，記号で答えなさい。

A．Camels have been used in a variety of ways

B．Also, many camels are used all over the world

C．However, it is true that camels don't just drink water

D．Another surprising fact is about where camels are originally from

6．下線部オと最も近い意味を持つものを選び，記号で答えなさい。

A．Less than half ; the smallest number

B．More than half ; the biggest number

C．In recent times ; nowadays

D．In the past ; a long time ago

7．[キ]に当てはまる最も適切なものを選び，記号で答えなさい。

A．give food to the camels　B．stop using camels

C．shoot the camels　D．bring more camels

8．本文の内容と合っているものを二つ選び，記号で答えなさい。

A．In the desert, camels sometimes swim when they get hot.

B．Bactrian camels do not only live in Africa, but also in Asia.

C．Arabian camels can be found in Asian deserts.

D．Some camels can run faster than horses.

E．Many farmers buy camels from Saudi Arabia.

F．In North America, camels were probably much smaller than now.

IV　次の英文を読み，下の問いの答えとして最も適切なものをA－Dの中から選び，記号で答えなさい。

Facebook is a very well-known SNS site, and there are more than 2 billion Facebook users in the world today. Mark Zuckerberg started Facebook in 2004 from his college dormitory room with two friends, and in the past 14 years, Facebook has grown a lot. In 2015, Zuckerberg said he plans to give away 99% of his Facebook *shares during his lifetime. The move was not surprising to many people, since Zuckerberg signed The Giving Pledge five years earlier.

The Giving Pledge was started in 2010. Microsoft's Bill Gates, together with his wife Melinda, helped to start The Giving Pledge. Its goal is to get the richest people in the world to give most of their money away to others. Its first members were all from the USA, but now people from around the world are part of it. There are two requirements for people who want to become part of The Giving Pledge: members must have more than a billion dollars, and they must promise to give more than half of their money to others before they die or soon after they die. By 2016, 158 billionaires and half of the world's 10 richest people were part of The Giving Pledge.

Although Zuckerberg was already part of The Giving Pledge, he felt he needed to do even more, so he and his wife, Priscilla Chan, created the Chan Zuckerberg Initiative in December, 2015. At first, the main goal of the Chan Zuckerberg Initiative was education. For example, it supported a company in India that helped students to learn math and science, and after that a company in Nigeria that trained software developers to work in poorer areas. Soon after this, however, they decided on a new goal: to stop all deadly *diseases such as heart disease and cancer.

A few days after they started the Initiative, Zuckerberg wrote in a public letter to his two-month-old baby daughter, Max, that he was giving away his Facebook shares. In the letter, he wrote:

> *Your mother and I want to spend our lives doing our small part to help solve these problems. I will continue to lead Facebook for many years to come, but these problems are too important to wait until we are older. By starting at a young age, we hope to see benefits throughout our lives. We will give 99% of our Facebook shares—about $45 billion—during our lives. This is a small amount, but we want to do anything that we can, working together with many others.*

The Chan Zuckerberg Initiative is now building a research center in California called the Biohub. The Biohub is going to invite 47 researchers and scientists who will work hard to try and stop different types of diseases. **These individuals** were chosen from a group of 700, and they will each receive $300,000 a year for five years to keep working in their special research areas. Although there are already other researchers working on these problems, the Biohub researchers and the Chan Zuckerberg Initiative will try to find different and original ways to cure the diseases.

Another unique thing is that the Biohub will ask the researchers to work closely with each other. Actually, most researchers in the world do not usually work this way, but usually work alone. "Working together is at the heart of everything we do. We are bringing together, for the first time ever, three of the world's leading medical research universities in California," Zuckerberg said.

When they first started the Chan Zuckerberg Initiative, Chan talked about her work as a children's doctor, and she cried several times when she remembered the many sick children in the world. "We hope to build a future for all of our children to live long and healthier lives. People will still get sick, __________."

Zuckerberg and Chan know that this will be difficult, and that many people might think their goal is not possible. "It's a big goal," Zuckerberg said, but he also said that he and Chan spent two years talking to Nobel Prize-winning scientists and researchers about their plans, and these experts believed it was possible. "Can we all together work to control deadly diseases in our children's lifetime? We think it's possible, and so do scientists." Bill and Melinda Gates are also hopeful. As well as helping to start The Giving Pledge, they also started The Bill and Melinda Gates Foundation in the year 2000 to improve health and education in the world. Gates said, "We strongly believe that the Initiative will make great progress on these diseases, save millions of lives, and make the world a better place."

*shares：株　*disease(s)：病気

1. Which of the following is mentioned in the text?
   A. Half of the world's billionaires are members of The Giving Pledge.
   B. All of the members of the Giving Pledge are very rich.
   C. The 158 members gave their money when they joined.
   D. The world's ten richest people are members of The Giving Pledge.
2. In the text, which of the following is said about Mark Zuckerberg?
   A. He left The Giving Pledge to start the Chan Zuckerberg Initiative.
   B. He feels he is giving away a lot of money to help others.
   C. He is giving away almost all of his Facebook shares.
   D. He does not want to work at Facebook for a long time.
3. In the text, what is the meaning of **These individuals**?
   A. Wealthy people　　B. Californian teachers
   C. Nobel Prize doctors　　D. Research scientists
4. Which of the following is the best choice to complete the missing ____?
   A. but our children and their children will get sick a lot more
   B. and we should be happy about that
   C. and we should be sad about that
   D. but our children and their children will get sick a lot less
5. According to the text, what is true about most researchers in the world?
   A. They try hard to cooperate with other researchers.
   B. They are very busy trying to fix the world's problems.
   C. They usually don't work with other researchers.
   D. They don't have enough money for their research.
6. Which of the following is mentioned in the text?
   A. Experts think that Chan and Zuckerberg's goals are possible.
   B. The Biohub researchers will research sicknesses that others don't want to research.
   C. 47 people wanted to become Biohub researchers to receive $300,000 a year for their work.
   D. Chan and Zuckerberg both used to work as children's doctors.
7. In the text, which of the following is said about Bill Gates?
   A. He has more money than other members of The Giving Pledge.
   B. He is helping to find researchers for the Biohub.
   C. He does not think that the goals of the Biohub are possible.

D. He was one of the first members of The Giving Pledge.

8. Which is the correct order of events ?

A. Zuckerberg created Facebook. → Max was born. → Zuckerberg said he's giving away 99% of his Facebook shares. → The Bill and Melinda Gates Foundation was started.

B. The Bill and Melinda Gates Foundation was started. → Zuckerberg created Facebook. → The Giving Pledge was started. → Max was born.

C. Zuckerberg created Facebook. → The Chan Zuckerberg Initiative focused on education. → Zuckerberg said he's giving away 99% of his Facebook shares. → The Bill and Melinda Gates Foundation was started.

D. The Bill and Melinda Gates Foundation was started. → Max was born. → Zuckerberg created Facebook. → Zuckerberg said he's giving away 99% of his Facebook shares.

9. According to the text, which one of the following is **NOT** a goal of the Chan Zuckerberg Initiative ?

A. They hope to create a brighter future for the world.

B. They hope to stop every kind of disease.

C. They hope to use different ways to cure sicknesses.

D. They hope to stop deadly diseases.

10. Which sentence best describes one of the main ideas of the text ?

A. Mark Zuckerberg wants to do more than give away his money to make the world better.

B. Mark Zuckerberg wants more people to become members of The Giving Pledge.

C. Mark Zuckerberg wants the Chan Zuckerberg Initiative to focus more on math and education.

D. Mark Zuckerberg wants his daughter to help at the Chan Zuckerberg Initiative.

＜リスニングテスト放送原稿＞

PART ONE

1.

Male : There's a bicycle race on Sunday. Shall we go and watch it ?

Female : Sure. Where is it ?

Male : It starts near the shopping center, and it ends near the train station. But the best place to see it near here is by the river.

Female : Sounds good. Maybe we can take a walk after in the park.

2.

Female : Hi David. Would you like to go to the cinema with me tomorrow night ?

Male : Sounds great, but I'm playing soccer tomorrow afternoon, and then after that I have to do my homework.

Female : Come on ! You can do that on Sunday.

Male : Yeah, OK, then. I'd love to come with you. What shall we see ?

3. This message is for all sports clubs using the sports ground. Because of the weather, all outdoor activities have been cancelled. Sports club activities will be held in the sports gym. Tennis and badminton from 11 to 1, and soccer and rugby from 1 to 4. Today's activities for the running club have all been cancelled, but there will be a short meeting from 1:30 in classroom 210.

4.

Female : Let's check we have everything. You have our passports, right ?

Male　:　Of course!　They're in my bag with our tickets.　You brought the camera, right?
Female :　I thought you brought it!
Male　:　I guess we left it at home.　Well maybe it's not so bad; we can use my new phone to take pictures.

5.

Male　:　Excuse me, what's the best way to get to Manchester airport?
Female :　Well, the easiest ways are by bus or by train.
Male　:　Which do you recommend?
Female :　Well, what time is your flight?
Male　:　The plane leaves at 11am.
Female :　Well, the bus is a little cheaper, but there will be a lot of cars on the road, so you might not arrive on time.　The train is only a little bit more expensive.
Male　:　OK, that sounds good.　Thanks for your great advice.

6.

Male　:　Hello, this is Karl calling from Whiteheart Bookstore.　Could I speak to Mrs. Clarke, please?
Female :　Yes, I'm Mrs. Clarke.
Male　:　Ah.　Good morning, Mrs. Clarke.　The book you ordered last month arrived at our store this morning.　You can come and collect it any day this week, but not Sunday because we will be closed.　Or if you like, we can send it to your home address.
Female :　That's great news.　I'll come and pick it up tomorrow.

7.

Male　:　Can you help me move these chairs outside?
Female :　Sure.　Where do you want to put them?
Male　:　Just into the garden.　I don't want the paint to go on them when we paint the walls.
Female :　Ah, I see.　How about the table?
Male　:　That's too big to go outside, so I will cover it with newspaper.

PART TWO

8. and 9.

And next on the movie show, we are going to talk about the American movie, "The Godmothers." This is a documentary about real-life American grandmothers who are also businesswomen.　This movie is interesting and shocking, and it was very popular in America last year.　Here in the UK, it will be at cinemas next weekend, starting on Sunday at 7 pm, and the last day is on Friday at 7. Tickets are on sale from tomorrow at cinemas, or today from our website.

10. and 11.

Good morning everyone.　I'm going to tell you a little bit about today's schedule.　This morning, we will visit the Castle.　It is the most famous building in this area.　We will have a couple of hours looking around, then we will walk to the beach, and we will have lunch there.　There is a store on the main street, so if you forgot to bring your own lunch, you can buy something there.　There is a cafe in the castle, but it only sells drinks.　After lunch, we will meet back on the bus at around 1 pm, and we will drive to the museum.　Please don't be late.　It will take around thirty minutes to drive there.　We will have about two hours to look around the museum, then we will drive back to the center to meet your host family at 4:30.

12. and 13.

I've been a sports coach for young children for 15 years. When I was in junior high school, I wanted to be a famous athlete or an actor, but after university, I started to work in a bank. The money was good, but I realized I really wanted to be a sports coach. Of course, it's not an easy job. Sometimes it's difficult for me to communicate with young children, and the working hours are sometimes very long. But I can work outside every day, and I get to teach the thing I love most in the world, sports!

14. and 15.

Hello, and thank you for being here today. I'd like to talk about my website studymart.com. This website will give you all the information you need about the schools in your area. This will help you to make the right choice for your child. The site will also give you information about the different tests that each school uses. We also have a special study plan service. For example, we can give homework designed to help your child enter the school they want to go to. This plan usually costs $15 a month, but if you sign up today, your first month will cost just $4.99. Find out more information at my site studymart.com.

【数　学】（50分）〈満点：100点〉

◎$\sqrt{\ }$，πはそのままでよい。

1　次の問に答えよ。

(1)　$(\sqrt{3}-\sqrt{2})^2+\sqrt{12}(\sqrt{27}-\sqrt{8})$を計算せよ。

(2)　図のように，点Oを中心とする半径2cmの円Oと，AOを直径とする円O′があり，２つの円の交点をBとする。

線分ABを半径とする円の面積が，円Oの面積の８倍となるとき，円O′の直径AOの長さを求めよ。

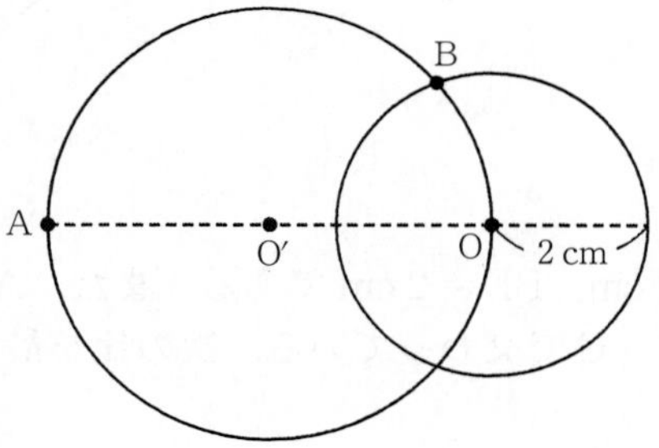

2　大小２個のさいころを同時に投げる。大きいさいころの目をa，小さいさいころの目をbとして，２次方程式$x^2-ax+b=0$…① をつくる。

(1)　２次方程式①が，$x=1$を解に持つ確率を求めよ。

(2)　２次方程式①の解がすべて整数となる確率を求めよ。

3　下の表はある電話会社の月額の料金プランである。１か月の通話時間をx分，その月の電話料金をy円として，次の問に答えよ。

ただし，１分未満の通話時間は切り上げるものとし，xは整数とする。また，電話料金は基本料金と通話料金の合計とする。

料金プラン	基本料金	通話料金		
		60分までの時間※	60分を超えて120分までの時間※	120分を超えた時間※
A	500円	1分あたり30円		
B	2000円	0円	60分を超えた分につき，1分あたり20円	
C		0円		120分を超えた分につき，1分あたり10円

※１か月合計の通話時間

(1)　Aプランについて，yをxの式で表せ。

(2)　AプランとBプランの月額の料金が同額となるときの，xの値を求めよ。

(3)　(2)で求めた通話時間x分からしばらくは，Bプランの料金が最も安く，x分から90分後に，BプランとCプランの料金は同額になる。Cプランの月額の基本料金は何円か。

(4)　１年間の電話料金をA，B両プランで比べてみる。

月々の通話時間を，長い月は75分，それ以外を45分とするとき，A，B両プランの１年間の電話料金が同額になるのは，75分の月が何回のときか。

4 図のように，関数 $y=\frac{1}{2}x^2$ のグラフと直線 $y=-x+b$ $(b>0)$ があり，その交点をA，B，直線と y 軸との交点をCとする。ただし，点Aの x 座標は -4 である。

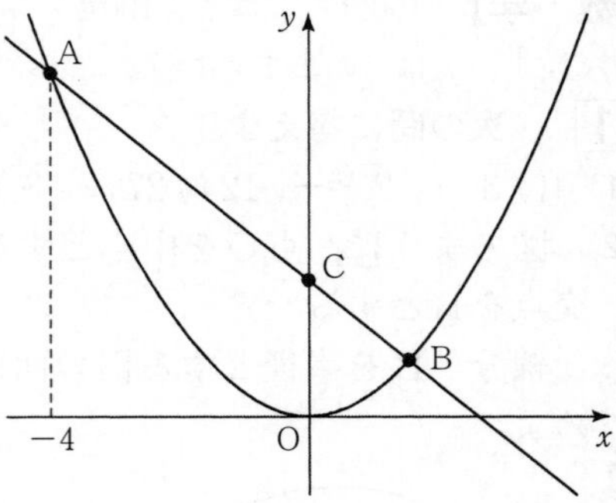

(1) b の値を求めよ。

(2) 点Bの座標を求めよ。

ここで，線分AB上に点Pをとり，点Pを通り，y 軸に平行な直線と関数 $y=\frac{1}{2}x^2$ のグラフとの交点をQとする。

(3) $PQ=\frac{9}{2}$ になるときの点Pの座標を求めよ。

5 図の△ABCにおいて，AB＝6 cm，BC＝8 cm，CA＝7 cm，BD＝2 cmである。また，ADと平行な直線が，直線AB，辺AC，辺BCとそれぞれE，F，Gで交わっている。次の比を最も簡単な整数の比で表せ。

(1) AE：DG

(2) AF：DG

(3) AE：AF

(4) DG＝3 cmのとき，△CFG：△AEF

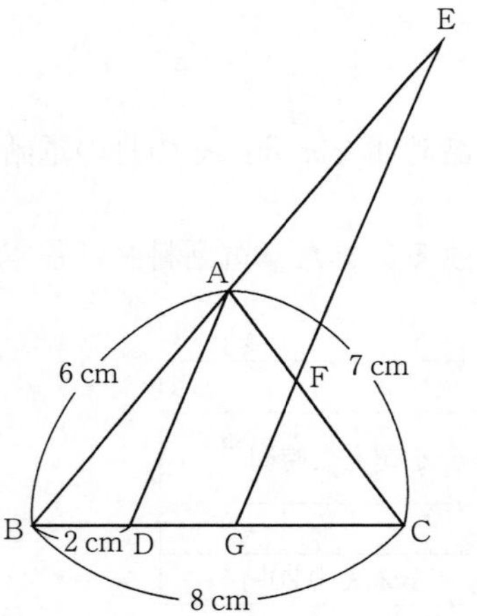

6 $AB=AC=\sqrt{3}$ cm，BC＝2 cmとなる△ABCがある。図のように，頂点Bから辺ACに垂線BHを引く。

(1) $\frac{AH}{AB}$ の値を求めよ。

(2) 線分BHの長さを求めよ。

(3) BH上にBP＝CPとなる点Pをとるとき，線分BPの長さを求めよ。

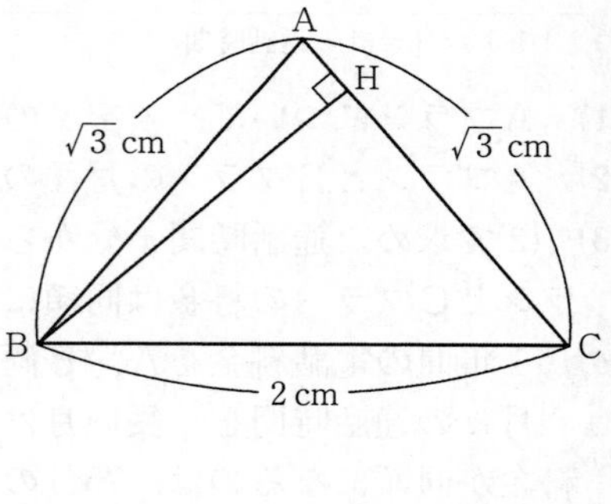

7　図1は1辺の長さが6 cm の立方体から，底面の円の半径が $\sqrt{2}$ cm の円柱をくり抜いた立体であり，図2は図1の立体の投影図である。

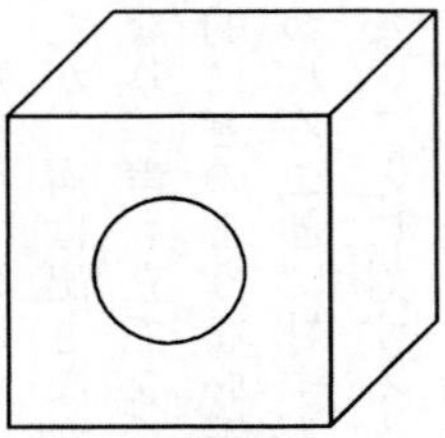

図1

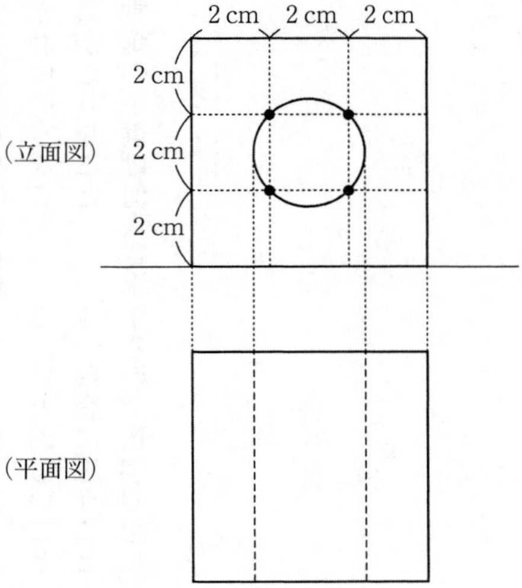

図2

(1)　図1の立体の体積を求めよ。

また，図3は図1の立体から，2 cm，2 cm，6 cm の直方体の一部をくり抜いた立体であり，図4は図3の立体の投影図である。

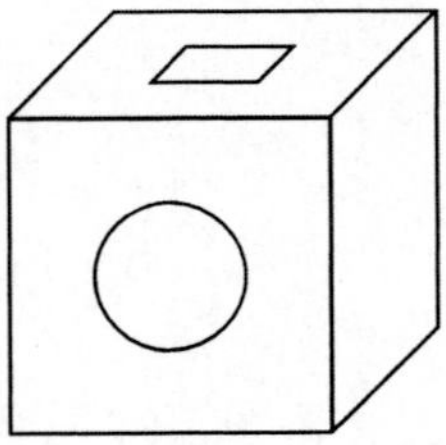

図3

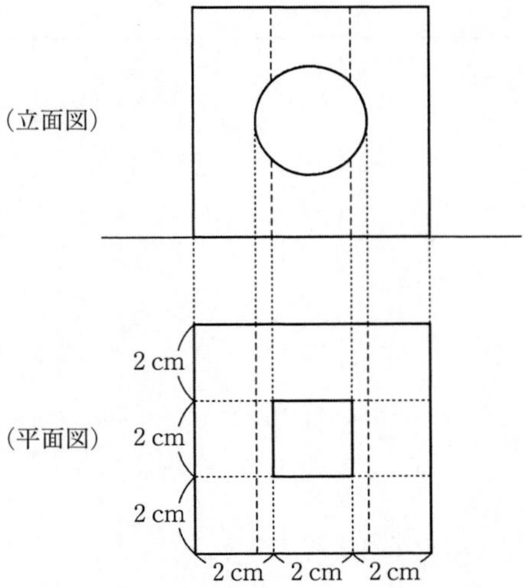

図4

(2)　図3の立体の体積を求めよ。

2　涙は流しても、声を出すのはわずかだったということ
3　涙は流していたが、声は出さなかったということ
4　涙は流さなくなり、声も立てなくなったということ

問八　――⑧は具体的にどのような心情か。
1　子供の命が奪われることに対する心配
2　六つ子を抱けないことに対するもどかしさ
3　夫が亡くなってしまったことに対する悲しみ
4　自分が衰弱していくことに対する恐怖

問九　――⑨の意味はどれか。
1　かわいそうなこと　　2　いとおしいこと
3　気がかりなこと　　4　残念に思うこと

問十　常葉の子供は何人登場するか。数字で記せ。

問十一 ═══ア～ウの漢字は読みをひらがなで記し、カタカナは漢字に直せ。

三 次の文章は、夫源義朝（左馬頭）を討ち取られた妻常葉《ときわ》（常盤）が、幼い子供達を連れて避難する場面の一節である。読んで、後の問に答えよ。

ころは①二月十日の曙なれば、余寒、なほ尽きせず、音羽川の流れも氷りつつ、嶺の嵐もいとはげし。道のつららもとけぬが上に、又かきくもり雪ふれば、行くべき方もみえざりけり。子供、しばしは母にすすめられてあゆめども、後には足はれ血出でて、ある時はたふれふし、ある時は雪のうへにゐて、「さむやつめたや、こはいかがせん」と泣き悲しむ。②母ひとり、これを見けん心の中、いふばかりなし。子供泣く声のたかき時は、敵や聞くらんと、きもをけし、行きあふ人の、「こはいかに」とあはれみとむらふも、うき心ありてやとふらんと、③魂をまどはす。母、あまりの悲しさに、子供が手を引きて、人の家の門の下にしばらく休み、人目のしげからぬ時は、八つ子が耳にささやきていふやう、「など、おのれらは、ことわりをば知らぬぞ。ここは敵のあたり、六波羅といふ所ぞかし。泣けば人にもあやしまれ、左馬頭が子供とてとらはれ、頸《くび》ばし切らるな。命おしくは、④な泣きそ。腹のうちにある時も、はかばかしき人の子は、母のいふ事をばきくとこそ聞け。⑤ おのれらは、七つ八つに成るぞかし。などかこれほどの事を、聞きしらざるべき」とくどき泣けば、八つ子は今すこし⑥おとなしければ、母のいさめ言を聞きて後は、⑦涙は同じなみだにて、声たつばかりは泣かざりけり。六つ子はもとの心に倒れふし、「さむやつめたや」と泣き悲しむ。常葉、注二歳のみどり子を懐にいだきたれば、六つ子をいだくべきやうなし。手をとりて歩み行く。左馬頭うたれぬと聞きし後は、湯水をだにも見ざりければ、影のごとくおとろへて、心まどひのみしけるが、⑧このなげきをうちそへて、消え入るばかり思へども、子供が事の⑨かなしさに、足にまかせて歩みけり。まだ夜をこめて清水寺をいで、春の日のながきにあゆめども、子供が行きやらぬをとかくせし程に、日は暮れて、入相《いりあひ》の鐘きくころぞ、伏見の里に着きにける。

（『平治物語』より）

注 二歳のみどり子…後の源義経。

問一 ──①はこの文章ではどれにあたるか。
1 春の夜明け前　2 春の明け方
3 冬の夜明け前　4 冬の明け方

問二 ──②の「心の中」とはどのような気持ちか。
1 自分達親子がふがいない
2 子供達がかわいそうだ
3 敵の仕打ちが腹立たしい
4 味方がいないのがくやしい

問三 ──③からうかがえる常葉の心情はどれか。
1 人の優しさに驚く心
2 人のさげすみを恥じる心
3 人の冷たさにあきれる心
4 人の情けを疑う心

問四 ──④の意味はどれか。
1 泣いてはいけない　2 泣くしかない
3 泣くのも仕方ない　4 泣くこともできない

問五 ⑤に入るのはどれか。
1 また　2 されど
3 まして　4 すなはち

問六 ──⑥はどのような様子か。
1 気が弱い様子　2 派手でない様子
3 物音を立てない様子　4 成熟している様子

問七 ──⑦はどのようなことを表しているか。
1 涙は流さずに、声を立てるだけになったということ

いろの感動が、自分のはずむ息によってちりぢりになる。それもいいのだが、静かなウ憩いのうちに、風景が幻のように変わり出したり、⑦ゆっくりと流れる雲の独り言も聞いてみたい。私の生涯を、常に最も美しく飾るものとして、それを慎重に採集したい。

特に明るく晴れた五月の日には、落葉松《からまつ》の今年の若さが、やわらかな風にのっていた野辺山の原を歩いた日、野鶲《のびたき》の鳴くその向こうに、八ケ岳の岩肌が淡く赤く鎮まっていた。私は太古の中へ引き戻されていたような気もしたし、私の生命が終わる次の日から、なお遠く、幾千の歳月をかぞえた日へ連れて行かれたようにも思った。

その野辺山《わら》の、桜草《さくらそう》や錨草《いかりそう》が咲き出していた原で、⑧私は自分の感傷を嘲笑わなかった。

それからまた別の日に、⑨霧ケ峰を下る時、たった一匹の深山斑猫《みやまはんみょう》を記念に持っているだけで、それが実に寂しくもあったが、泉の湧き出している近くの、苔《こけ》の敷物から咲き出た一輪の延齢草《えんれいそう》を見つけて、それで安心したように林の中で眠った。

そこのあたりには、厳しいものはなく、かたむく陽射《ひざ》しが薄く赤く、また淡く紫に遊んでいた。そして私の眠りをさましたのは、多分筒鳥《つつどり》の声だった。清純な、というよりは洗うような愛の証明が夢の中で行われたような気もする。

そしてまた、黒耀石《こくようせき》がちかちか光っていた和田峠、風があって、笛が思うようには吹けなかったその峠では、生まれたばかりの春の黄鳳蝶《きあげは》が二匹で私の侵入を怒っていた。北に浅間山を見あきれば、南に木曽駒があり、背のびしてみれば八ケ岳の峰々が見えた。私はその峠で、自分の芸術をもっと力のある、もっと寓話《ぐうわ》に富んだものとするために、誰もいない峠に来ていることも忘れて、あれこれの想いを追っていたような気がする。

思えばどれもこれも五月のことだ。そして私自身を秘《ひそ》かに飾る収穫は、みんな五月の、散歩ふうの旅からである。私の思索もその時はとげとげしいものを失い、少しけだるく憩っているようである。

（串田孫一『若き日の山』）

問一　―①から「私」のどのような様子が読み取れるか。
1　講演を口実にして山に行くことを後ろめたく思っている様子
2　山に行くか講演に出るかいまだに心を決めかねている様子
3　講演を忘れるほど山に行くことで頭がいっぱいになっている様子
4　山に行く姿のままで講演に出ることをためらっている様子

問二　―②の（　）に入る語を漢字一字で記せ。

問三　③に入るのはどれか。
1　よそよそしい顔　2　ほっとした顔
3　いぶかしげな顔　4　かしこまった顔

問四　④に入るのはどれか。
1　ぼう然とする　2　小さくなる
3　心洗われる　4　得意になる

問五　―⑤の「芝居」とほぼ同じ意味の語はどれか。
1　比喩　2　偏見　3　感傷　4　誇張

問六　―⑥はどのような「旅」か。
1　人目を忍ぶ旅　2　仕事を兼ねた旅
3　画家としての旅　4　人と触れ合う旅

問七　―⑦で用いられている修辞法を漢字三字で記せ。

問八　―⑧はなぜか。
1　孤独に身を置くことで自己を見つめ直すことができるから
2　空想にふけることで現実生活の苦しみから解放されるから
3　感動に浸ることで自分の人生や芸術が豊かなものになるから
4　常識に縛られないことで純粋に自然の美しさを味わえるから

問九　―⑨が直接かかるのはどこか。
1　持っている　2　咲き出た
3　見つけて　4　眠った

問十　本文の題名として最も適切なものはどれか。
1　思索の散歩道　2　季節の風物詩
3　旅の風景画　4　生命の贈り物

2　あふれる情報の中から真実を見極めることが困難になったから
3　関心のあり方が各人で異なるため、情報の共有が難しくなったから
4　情報の価値を熟考する必要を感じない人が増えたから

問九　この文章における「知識人」とはどのような人間か。
1　現実を見つめ、自己の正義感に従って生きようとする人間
2　社会の変化の中で中立性を保ち、その安定に貢献する人間
3　民衆の要望を尊重し、率先して行動することができる人間
4　社会の状況を把握し、求められるものを自覚している人間

問十　[A]・[B]に入るのはそれぞれどれか。
1　もっぱら　2　はたして　3　よもや
4　もっとも　5　なまじ　6　いわんや

問十一　═══ア～キの漢字は読みをひらがなで記し、カタカナは漢字に直せ。

二

次の文章を読み、後の問に答えよ。

借り物や親しかった人の形見としてもらったものではあるが、一度失った山の道具がまたぽつぽつ身辺に置かれるようになったこの頃、自分で心組む旅と言えば、つぎだらけの古いズボンに山靴、その荷物は何となく油の匂いがぷんとするような、自ら緊張や忍苦を求める種類のものではあるが、そう思うようには仕事を放って抜け出すことも出来ない。

しかし地方から講演の依頼をうけると、これは何と言っても立派な口実にすることが出来るせいか、堂々とした気持ちで旅に出られる。だが、それだからと言って、リュックザックをかついだ汚らしい姿で出かける勇気はない。

①仕方がないので、このごろ、やっと普段はくことはやめるようになった兵隊靴をはいて行く。そうして講演の時には必ず机が置いてあるわけだから、それでかくれることを考えて、ズボンはよごしても惜しくないものをはき、上半身だけは、私などの話をきいて下さる方々に失礼にならない程度の服装で出かける。これはお洒落《しゃれ》をする以上に②（　　）が折れる。そしてわずかばかりの荷物は油絵の箱の中身を出してそれに入れる。油絵の道具を、水彩のパレットと、一冊のスケッチ・ブックに代えれば、洗面道具や薄い本の二、三冊は楽に入るし、愛用の竹笛もそこに納まる。

私を講演者として東京から呼んだその会のアシュサイ者は、大概の場合下車駅に出迎えてくれるのだが、私がそんな風に絵具箱をかついで、兵隊靴で改札口を出てもすぐに分かってくれることはまずない。「失礼ですが、僕を迎えに来て下さった方ではありませんか」と、こちらから声をかけるのだが、そうして一瞬、必ずと言ってよいような[　③　]をするのだが、これがもし私に充分な勇気があって、山行きの格好でそこに現われたら、どんなことになるだろう。

私はこうして出かけた時、自分の頼まれた話を終えると、宿を用意してあるとすすめられても、そこへ泊まることは遠慮し、時間が許す限り、山の方へ、辺鄙《へんぴ》なところを選んで別れて来る。私のこの頃の旅はこうしてその機会を与えられたことが多い。

画家を装って山麓の村人たちの眼をあざむくことは、想《おも》えばずいぶんつらいのだが、宿屋に泊まるにしても、上等な部屋に通される心配はない。だが時々、帳場から出て来る主人が、色紙や画帳を私の前にひろげた時、イソボクな人の、心からあふれる光栄のうちに包まれて、私は[　④　]。名もない絵かきですが、せっかくですから描かせて頂きます。そう言ってパレットをひろげ、汽車の窓から写生した山々などを、⑤多少芝居もまぜ、また多少その絵の中に、田舎の宿の主人の好みも入れて描く。

⑥こうした旅は、もちろん私をどこまでも山奥へ誘うことはない。その限度はある。私にとって、山へ登るという行為は、そろそろそれが苦しいものとなって来たが、それだけにまたその行為の中では、思索は貧しいものとなる。貧しいというよりは、そこで受けるいろ

とができる。望めば、今これを執筆しているわたしについても、その細かな経歴までを知ることができる。だがそれはどこまでも責任を欠いたキトクメイの声の差し出す情報にすぎず、それが真実であるという保証は誰もしてくれない。獲得されたものはどこまでもその場かぎりの情報であって、普遍的な次元で適用可能な知識などではない。さらに深刻なのは、多くの人が情報を手にした瞬間それに安心しきってしまい、それを吟味するどころか信憑《ぴょう》性を確認することすら放棄してしまっているという事実である。彼らは知りたいのではない。ただ知らないことがあるという不安に耐えかね、闇雲に情報を掻《か》き集めているだけなのだ。その結果、データベースの管理が自分の思考の表現であると取り違えてしまう。

⑦の悲しみという主題が、またしてもここで浮上してくる。といってもそれは、禁じられた知識を一人で抱え込んでしまうことに由来する悲しみではない。知識がもし他者にむかって無償で与えられ、他者とともに無条件に共有すべき何物かであるとするならば、⑧それを賦与すべき先の相手の姿が見えなくなってしまったことから来る悲しみというものが、われわれの周囲を襲いつつあるのではないか。わたしがもしあるお茶の席でトーマス・マンの名前を出したとして、居合わせた誰もが『魔の山』や『ファウスト博士』を読んでいなかったとすれば、わたしの発言にはどんな意味があるのだろうか。いや、それ以上に、この二冊の長編小説を読んだことでわたしが獲得した知識は、先に行きどころを見失ってしまい、情報量のない無価値なものとして蔑《ないがし》ろにされてしまうだけだろう。では、だからといって、知識を持つことが憂鬱の始まりなのだという老子の言葉に回帰するだけでいいのだろうか。わたしはかつて、たとえば江戸の漢詩人たちの間に存在していた、知識をめぐる小さな共同体の復活を求めてやまない。だがそれに昨今のインターネットがどのように関わってくるのかを、正確に見通すことができないでいる。】

（四方田犬彦『人、中年に到る』）

注　傷痍軍人…戦争で負傷した軍人。

問一　――①はなぜか。
1　知識人と対等に論じ合える大衆の心意気を見せてくれたから
2　絶えず抑圧される弱者としての大衆を勇気づけてくれたから
3　常に無難に生きようとする大衆の立場を守ってくれたから
4　大衆を敵視する知識人を一言で打ち負かしてくれたから

問二　――②の「鉄の部屋」はどのような空間だと考えられるか。
1　固い結束によって成り立つ、他者が入り込むことのできない不透明な空間
2　脱出できない状況に陥っていることに誰も気づいていない絶望的な空間
3　厳しい掟《おきて》が与えられ、誰もが抵抗をあきらめてしまった不自由な空間
4　互いに関心を持たず干渉しない人々が集まって生じた無機的な空間

問三　③に入るのはどれか。
1　運悪く　2　罰として
3　意外にも　4　いち早く

問四　――④を象徴的に表している行為を、「～こと」に続くように本文中から十字で抜き出せ。

問五　――⑤の（a）・（b）に入る組み合わせはどれか。
1　a―努力家　b―夢想家
2　a―創造者　b―破壊者
3　a―理論家　b―実践家
4　a―先導者　b―追随者

問六　――⑥のように言う理由をわかりやすく述べている一文を≪　≫の中から抜き出し、初めの五字を記せ。

問七　⑦に入ることばを【　】の中から七字で抜き出せ。

問八　――⑧はなぜか。
1　十分な量の情報を収集し、活用できる人が減少したから

主も、レストランの料理人も、魚と頭髪と肉の焼き方について豊かな経験と知識をもっているから知識人になってしまう。そうではなく、知識人とは、自分の専門の領域以外の知識を所有していて、それを社会のために行使する人間のことである。その意味でもっとも知識人になることが難しいのは、大学で社会科学や哲学といった人文系学問を教えることを職業としている人間だろう。彼らはそれを専門的知識として蓄積し、教育という労働行為の資本として活用することはできても、それを大学の塀を越えて現実に活用することがまずできないからだ。[A]覚えた学問という枠組みが彼らをそうした行動からウ阻んでしまうのである。彼らの発言は専門の知識に庇《ひ》護されることはあっても、その知識の背後にある秩序を相対化することがほとんどない。だから大学教授が知識人となるためには、駱駝《らくだ》が針の目をくぐる以上の努力を重ねなければならない。

もう少し知識人について考えてみると、⑤彼は完璧な（　a　）でもなければ、完璧な（　b　）でもない。むしろその中間にあって、相対立するこの二つの作業を結合させ媒介する存在である。モノを書くことと行動することの両方を、どちらに重点を置くこともなく曖昧に行なうことが大切とされる。具体的にいうならば、これまで自分に似つかわしくないと考えられたことを、面倒臭さを省みず引き受け、自分の利益にも業績にもならないことを買って出ることがエカンジンだということである。何もわざわざあんなことまでしなくても……と人に陰口をたたかれることこそ、知識人の条件であるかもしれない。アマチュアであることが知識人の第一条件であると、かつてエドワード・サイードは語ったことがあった。専門的な知識は知識の順列と秩序を確認させるだけで、[B]人を抑圧する。そうした構造に風穴を開け、アンデルセンの童話の子供のように、王様は裸だと宣言するためには、人はあえて素人《しろうと》の立場に身を置かねばならないのだ。

知識人はある瞬間にあって、自分の信じえたある正義のために抗議をする。犠牲者について語り、彼らがオ被った不正義について人々に呼びかける。だがそれは、先にいったように、永続的なものではない。どこまでも瞬間的なものだ。それで充分であるし、人間には結局のところ、それしかできない。いつまでも正義を唱え続ける者は、必然的に党派の争いに巻き込まれてしまうだろう。党派は権力への意志であり、硬化した正義はもはや正義ではない。ソヴィエトにせよ、アフリカの新興国家にせよ、あらゆる革命や解放闘争がその後どのような悲惨や抑圧的体制を生み出したかを想起してみれば、このことは明らかである。

いつまでも自分が知識人であると名乗り続けることは滑稽であるし、「知識人として」といった前置きで演壇に立つことは、⑥それ以上に愚かに思える。知識人は誰かによって自分が聖人化されそうになったとき、ただちに警戒して撤退すべきだろう。というのもそれは誰かによって、ありえぬ権威として利用されるだけのことだからだ。鉄の部屋で目醒めてしまった人間は、ただ一声、大声を出すだけで充分であった。王様は裸だと叫んだ子供は、その無垢《むく》にして勇気のある発言だけで充分であった。知識人であるとは事件であり、事件については誰も予期することができない。ましてそれを理論化したり、職業にすることなどできない。

知識人についてのわたしの考えはここまでである。というより、はたしてこれ以上くだくだしく述べたところで、わたしには意味がないように思われる。知識人から知識一般のあり方について、話題を戻すことにしよう。

【わたしは先に、現下にある知識の階層や秩序に対してアマチュアとして異議を唱えることを提唱したのだが、今日では人が知識を求め合い、互いの知識を確認し合う共同体自体がその存続を危ぶまれているように思われる。これはカタンテキにいって、コンピューターによる安易な情報検索が一般化したことと密接に関連している。人は確かに情報を得ることは以前と比べてはるかに容易となった。インターネットを通して、同時代に世界で生起しているさまざまな事件についても、明日の天候についてと同様に簡単に情報を得るこ

二〇一八年度
青山学院高等部

【国語】（五〇分）〈満点：一〇〇点〉

◎選択肢のある設問は、最も適当なものを選んでその番号を記すこと。
◎字数指定のある設問は、句読点や記号も一字とする。

一 次の文章を読み、後の問に答えよ。

「知識人」という言葉がある。「誰それは最後の知識人であった」といったぐあいに、現代では「最後の文士」や「最後の注傷痍《い》軍人」といった言葉とほぼ同じように、新聞の死亡欄に登場する言葉かもしれない。だがこの言葉について、われわれは正確に検討することを長らくア怠ってきた。

十九世紀の終わりにパリでユダヤ人ドレフュス将軍の冤《えん》罪事件が問題となり、エミール・ゾラを初めとする少なからぬ作家や批評家、ジャーナリストたちが彼を弁護する論陣を張った。このとき「知識人」という言葉が考案された。もっともそれはゾラたちがみずからを呼んだのではなく、敵対する反ユダヤ勢力側が彼らを貶《おとし》めるために用いた呼称であり、きわめて強い軽蔑的なニュアンスをもっていた。雰囲気を再現してより正確に翻訳するならば、「知識野郎」とか「インテリ気取り」といった日本語の方がいいかもしれない。要するに最初から知識人は、人に馬鹿にされる少数派として出発したのである。

≪大衆はつねに多数派であり、表立って個人として意見を口にしない。彼らはただ知識人が勇気をもって発言するとき、それを安全地帯から冷笑し、足を引っ張ることしかしない。その態度は、『男はつらいよ』という国民的喜劇映画のなかで主人公の寅《とら》さんがいう科白《せりふ》に典型的に現れている。彼は対話の際、自分の理解を超えた言葉を相手が口にしようものなら、「てめえ、さしずめインテリだな」とすかさず半畳を入れ、対話の腰を折ってしまう。自分の無知を開き直って居並ぶ者たちを味方につけてしまい、対話相手にむかって罵倒を浴びせかけるのだ。そしてこの粗暴な戦略ゆえに、①『男はつらいよ』シリーズはつねに大衆的人気を獲得し、渥美清は国民的俳優となった。

誰も好き好んで知識人になろうとする者はいない。ただ②やむにやまれぬ鉄の部屋といった状況のなかで、たまたま人よりも先に目が醒《さ》めてしまった者に、思いがけずも知識人という役割が振り当てられてしまうだけである。あえていうならば、「③　　」という形容を付けてもいい。知識人になるためには特別な才能が要求されるわけではない。それは職業でもなければ、いわんやカーストでも公式的な資格でもない。ある一人の平凡な人間を知識人たらしめるのは、ひとえに④緊迫した状況とほんのわずかの勇気だけである。

人はいつでも知識人になることができ、いつでもそれをやめることができる。生きているかぎり永遠に知識人であり続けるということは、不可能なことだろう。というのも彼を知識人として必要としていた社会とは、刻一刻変化してゆくものであり、ある状況下にあっては知識人であった人でも、次の状況ではそうあり続けることが無意味となることがあるからである。わたしにはサルトルのような哲学者の過ちは、ここにあったように思われる。彼は世界中のあらゆる問題に対し、いつ何時でも知識人として振る舞うのが自分の責務であると信じ、誠意をこめてそれをイマットうしようとした。強靱《じん》な意志がないとできない決意だとは思う。彼はアメリカのヴェトナム侵略に反対して街頭でビラを配り、ヴェトナムが勝利を収めると今度は過去の敵対者と組んで、ボートピープルを救えというビラを配った。だがいかにサルトルが偉大な存在であったとしても、知識人とは実のところ一時的な存在なのだ。彼はひとたび役割を終えてしまうと、無名の人々の群れのなかに静かに戻ってゆくべき人間の状態ではないかと、わたしは考えている。≫

知識人とは単に知識を持っている人間を意味しているわけではない。もしそうであるならば、魚河岸《うおがし》で働いている作業員も、理髪店

2018年度／青山学院高等部

英語解答

Ⅰ Part 1　1…D　2…A　3…C
4…C　5…B　6…B
7…B
Part 2　8…C　9…D　10…A
11…B　12…A　13…D
14…A　15…C

Ⅱ 1　あ…C　い…E　う…G　え…D
お…A
2　1…H　2…I　3…C　4…F
5…K　6…G　7…L　8…B
9…J　10…A　11…E
3　ア　3番目…may　5番目…they
イ　3番目…about　5番目…in

Ⅲ 1　ア　3番目…used
6番目…thousands
カ　3番目…were
6番目…Australia
2　A　3　B　4　D　5　D
6　B　7　C　8　C，F

Ⅳ 1　B　2　C　3　D　4　D
5　C　6　A　7　D　8　B
9　B　10　A

Ⅰ〔放送問題〕解説省略

Ⅱ〔長文読解総合―説明文〕

≪全訳≫❶東京，ニューヨーク，パリ，バンコクなど世界の多くの大都市では，数多くの車，トラック，バスが通りを走っている。これは大気を汚染するひどい交通渋滞を引き起こす。だがシンガポールでは，交通渋滞はほとんどなく空気は非常にきれいだ。ロンドンとアムステルダムでは，交通はかつてよりも順調に流れているのがわかるだろう。❷この以前より良くなった状況は計画なしではありえない。政府は大気汚染と交通渋滞を止めるために大変な努力をしてきた。例えばシンガポールでは，車を所有するのは高い金がかかる。ロンドンでは，市内の中心部に入るドライバーは金をいくらか払わなくてはならない。ロンドン市には地下鉄や軽量軌道鉄道といった公共列車サービスがあり，とてもよく使われている。一部の地域ではそれらを1日中利用できる。❸アムステルダムでは，車を持っていると不便だ。駐車スペースはほとんどなく，市街地の制限速度はわずか時速50キロだ。自転車と路面電車(通りを走る電車)の方がはるかに便利なので，都市に住む多くの人々が車を持つことさえしない。フランスでは，パリからある人気の観光地に向かう高速道路が2つある。最初のものは約280キロの長さで，もう1つは約360キロだ。長い方の高速道路を使うとより多くの時間がかかるが，短い方ほどお金はかからない。このようにして政府は渋滞を防ごうとしている。❹これらの仕組みが機能していると思っている人は多いが，ア一部の人々は，それらは機能しないだろうと感じているかもしれない。私たちの生活の中で車はとても普及しているので，人々はそれらを使用する権利があると感じている。他にも問題があるかもしれない。公共交通システムはうまく機能するだろうか。アメリカのロサンゼルスでは，答えはおそらく「いいえ」だろう。なぜならそのシステムはとても限定されたもので，仕事に行くのに車を運転する方がより簡単でより速いからだ。❺交通渋滞や大気汚染を防ぐ良い方法は何だろうか。人々は車がとても好きなのでその問題に対する答えを見つけることはとても難しいと考える人もいる。人々は変化を好まないから段階的に物事を進める必要があると考える人もいる。電気自動車の使用といった新しい技術を使えば，問題を解決する方法があると考える人もいる。あなたはイあなたが住んでいる町の交通問題について考えたことはあるだろうか。汚染や交通問題に対処するために，できることは何でもするべきだ。

1＜適語選択＞あ．交通渋滞は大気を pollute「汚染する」。　い．‘find(＋that)＋主語＋動詞…’で「～とわかる」を表せる。　う．シンガポールに渋滞がないのは，車を own「所有する」ことに多額のお金がかかるから。　え．ロンドンの渋滞が改善されたのは，中心部に車が集まるのを防ぐために入ってくるドライバーに金を pay「払う」義務を課したから。　お．動詞 fix には「(問題など)を解決する」という意味がある。

2＜適語(句)選択＞1．空所1を含む文はシンガポールには交通問題はほとんどないという内容で，大都市の交通問題にふれた前文の内容と逆なので however「しかし」が適切。　2．直後の unplanned は「計画〔意図〕されていない」という意味。次の文以降で交通問題の改善は政府の計画的な政策であることがわかるので，「計画されていないものではない」となる not が適切。
3．政府が努力したのは大気汚染と交通渋滞を食いとめるため。 in order to ～「～するために」
4．直後の「地下鉄や軽量軌道鉄道」は直前の「公共列車サービス」の具体例。 ‘*A* such as *B*’「*B*というような*A*」　5．アムステルダムで車が不便であること(前文)の具体例なので，few「ほとんどない」を入れ，駐車場が少ないことを示す。　6．アムステルダムでは不便な車に対して，自転車や路面電車の方が more convenient「より便利だ」という比較の文にするのが適切。空所の前の much は「ずっと，はるかに」の意味で比較級を強調する用法。　7．車より自転車や路面電車が便利なので，アムステルダム市民は車を(運転するどころか)持つことさえしないのである。　8．話題に上がっている高速道路は2つある(前文)。最初の1つは長さ約 280 キロで，約 360 キロの方は the other「(2つのうちの)もう1つ」。　9．空所9を含む文中の接続詞 but に注目。時間はかかるがお金はかからないという文脈。 ‘less＋形容詞〔副詞〕＋than ～’「～ほど…でない」　10．‘so ～ that …’「とても～なので…」の構文。　11．次の文ではロサンゼルスで公共交通がうまく機能していない様子を述べている。よって no という答えは，公共交通が work well「うまく機能している」かという質問に対するものとわかる。

3＜整序結合＞ア．直前の but「しかし」に着目すれば，文の前半と反対の内容，つまり「一部の人々はシステムが機能しないと感じている」という内容になると推測できる。まず「一部の人々」を some people で表し，次に動詞部分を may feel と続けると，残りは they(＝these systems) won't の形にまとまる(won't の後には work が省略されている)。　… but some people may feel they won't.　イ．Have you で始まっているので，現在完了の ‘Have/Has＋主語＋ever＋過去分詞…?’「今まで～したことがあるか」という疑問文にする。‘過去分詞’の部分は think about ～「～について考える」の形を使い(think－thought－thought)，その目的語に traffic problems を置く。この後，場所を表す形容詞句として in the city とまとめると，残りは city を修飾する関係詞節の you live in となる(目的格の関係代名詞が省略された形)。　Have you ever thought about traffic problems in the city you live in?

Ⅲ〔長文読解総合―説明文〕

≪全訳≫❶ラクダは背中にこぶがある大きな動物だ。それはアルパカとラマも含まれる科に属している。ラクダと人間には長い歴史がある。長い距離を移動して重い荷物を運ぶために，ア人間はラクダを何千年もの間利用してきた。このため，ラクダは「砂漠の船」と呼ばれてきた。❷ラクダには，アラビアラクダとバクトリアラクダの２種類がある。バクトリアラクダには２つのこぶがあるが，アラビアラクダには背中にこぶが１つしかない。アラビアラクダは，アジアと北アフリカの砂漠地帯に暮らしている。彼らはバクトリアラクダよりも長い脚を持つので，乗るのに特に向いている。彼らは柔らかい毛を持ち，この毛は年を取るにつれて色が濃くなる。一方，バクトリアラクダは中央アジア，中国とイランの間，そしてモンゴルの数か所に住む。彼らはより寒い地域に住み，より厚くてより長い毛を持つが，その毛は気候が暖かくなると抜け落ちる。モンゴルにはこの毛を使ってテントや服をつくる人々がいる。❸ラクダは最大時速65kmで走れる。実際，一部の国ではラクダレースは競馬と同じくらい人気がある。しかし，ラクダは馬とは違った動きをする。ラクダは両方の右脚を一緒に動かし，その後両方の左脚を一緒に動かす。ラクダは泳ぐこともできるが，頻繁にそうするわけではない。❹多くの人々はラクダのこぶが水で満たされていると思っているが，これはよくある誤解だ。実際には，こぶには脂肪が入っている。ラクダはこの脂肪を，水とエネルギーをつくるために使う。このようにしてラクダは長い距離を移動できたり，水を一切飲まずに生きていられたりするのだ。しかし，ラクダが水を飲むと10分で100リットル以上飲むことができる。❺エもう１つの驚くべき事実は，ラクダの起源はどこにあるのかに関するものだ。ほとんどの人はおそらくラクダはアフリカかアジアの動物だと思っているが，ラクダ科に属する最も初期のものは実は北アメリカにいた。それらは数百万年も前に滅びたが，科学者によれば，これらのラクダはウサギほどの大きさだった。ラクダのDNAはカナダ北部でも発見されているので，一部の科学者たちはラクダがもともと暑い場所ではなく非常に寒い地域に住んでいたと考えている。❻今日では，約1400万頭のラクダが世界中のさまざまな地域に生息している。その大半はアフリカ，中東，南アジアに住むアラビアラクダで，約10％がバクトリアラクダだ。また，オーストラリアには約30万頭のアラビアラクダが生息している。カこれらのラクダは19世紀にオーストラリアに運ばれてきて重労働を手伝った。後に自動車や列車のようなエンジンで動く乗り物が使われ始めると，これらのラクダはもう必要がなくなり(人間の手から)解放された。ラクダの数はどんどん増えて，今ではオーストラリアでいくつかの問題を引き起こしている。ラクダたちは大量の水を飲み，植物を食べ，フェンスを壊す。農民の中には心配するあまり，ラクダを撃ち殺している者もいる。ラクダを捕まえてサウジアラビアのような中東の国に売る農民もいる。

1＜整序結合＞ア．語群から‘have/has＋過去分詞…＋for＋期間の長さ’「(現在まで)～の間…している」の現在完了(‘継続’用法)の文になると考えられる。‘過去分詞’にusedを置くと，その目的語はcamelsが適切なので，文の主語はhumansに決まる。残りの‘期間の長さ’はthousands of ～「何千もの～」とすれば，後に続くyearsにつながる。　Humans have used camels for thousands of years…　　カ．前文のArabian camels living in Australiaを受けるthese camelsを主語に置くと，動詞は受け身形のwere brought「運ばれてきた」とまとまる。運ばれた先を表すto Australiaを続け，最後に残ったinを置けばこの後のthe 19th centuryにつながる。　These camels were brought to Australia in the 19th century…

2＜語句解釈＞ここでのshedは動物が「(毛・皮など)を落とす，脱ぎ替える」という意味。下線部イを含む文の前半から濃くて長い毛は寒さへの対策と推測できる。よって，暑い季節にはそういった毛をlose「失う」と言い換えられる。

3＜内容真偽＞A.「アラビアラクダは，バクトリアラクダよりも暑い地域に住んでいる」…○　第2段落最後から2文目参照。　B.「アラビアラクダの毛はバクトリアラクダの毛よりも長い」…×　第2段落最後から2文目参照。　C.「バクトリアラクダの脚は，アラビアラクダの脚よりも短い」…○　第2段落第4文参照。　D.「バクトリアラクダは，アラビアラクダよりも多くのこぶを持っている」…○　第2段落第2文参照。

4＜語句解釈＞misconception は「誤解」という意味。人々はラクダのこぶに水が入っていると思っているが，それは誤りで実際は脂肪である，という前後の内容から推測できる。

5＜適文選択＞空所エを含む第5段落は，ラクダの起源は一般に信じられているのとは異なり，実は北アメリカにあることを述べているので，ラクダの起源に関する内容のDが適切。

6＜語句解釈＞majority は「大多数」という意味。下線部オを含む文の後半でバクトリアラクダが約10パーセントとあるので，アラビアラクダは残りの90パーセントを占める。

7＜適語句選択＞空所キを含む文は‘so ～ that …’「とても～なので…」の構文。前文でラクダによって引き起こされるさまざまな問題が挙げられており，いずれも農民を不安にさせるものなので，それらを防止する手段となるCが適切。

8＜内容真偽＞A.「砂漠で暑さを感じるとラクダは泳ぐこともある」…×　第3段落最終文に「ラクダは泳ぐ」とあるが，砂漠で暑さを感じたときという記述はない。　B.「バクトリアラクダはアフリカだけでなくアジアにも生息している」…×　第2段落最後から3文目参照。バクトリアラクダが生息しているのはアジアだけである。　C.「アラビアラクダはアジアの砂漠で見つかる」…○　第2段落第3文参照。　D.「馬より速く走れるラクダがいる」…×　そのような記述はない。　E.「多くの農民がサウジアラビアからラクダを購入している」…×　最終段落最終文参照。　F.「北アメリカでは，ラクダはおそらく今よりもはるかに小さかった」…○　第5段落第3文参照。

Ⅳ〔長文読解総合―ノンフィクション〕

≪全訳≫❶フェイスブックはとても有名なSNSサイトであり，現在，フェイスブック利用者は世界に20億人以上いる。マーク・ザッカーバーグが2004年に2人の友人と大学の寮の部屋でフェイスブックを始め，そして過去14年間でフェイスブックは大きく成長してきた。ザッカーバーグは2015年に，彼が保有するフェイスブックの株の99パーセントを生涯の間に寄付する計画であると述べた。この動きは多くの人にとって驚くことではなかった。なぜならザッカーバーグはその5年前にギビング・プレッジに署名していたからだ。❷ギビング・プレッジは2010年に始まった。マイクロソフトのビル・ゲイツは妻のメリンダとともに，ギビング・プレッジの創設に力を貸した。その目的は，世界で最も豊かな人々にその財産の大半を他の人々へ寄付させることだ。その最初のメンバーは全てアメリカからだったが，現在では世界中の人々が参加している。ギビング・プレッジに参加したい人に求められる要件は2つある。メンバーは10億ドル以上持っていなければならない。そして彼らは死ぬ前に，あるいは死んだ後すぐに財産の半分以上を他の人々に寄付すると，約束しなければならない。2016年までに158人の億万長者と世界で最も裕福な10人のうちの半分がギビング・プレッジに加わった。❸ザッカーバーグはすでにギビング・プレッジに参加していたが，彼はもっとするべきことがあると感じたため，彼と妻のプリシラ・チャンは，2015年12月にチャン・ザッカーバーグ・イニシアチブを創設した。当初，チャン・ザッカーバーグ・イニシアチブの主な目的は教育だった。例えば，学生たちが数学と科学を学ぶのを支援したインドの企業を，その後は貧しい地域で働くようにソフトウェア開発者を訓練したナイジェリアの企業を支援した。しかしその後すぐに，彼らは新しい目的を決めた。心臓病やガンといった全ての命に関わる病気を防ぐことだ。❹彼らがイニシアチブを創設してから数日後，ザッカーバーグは生後２か月の赤ちゃんである娘のマックスへ宛てた手紙の中で，彼の保有するフェイスブックの株を寄付すると書いた。その手紙で彼はこう書いている。❺「君のお母さんと私は，これらの問題を解決するために私たちの小さな役割を果たすことに人生を費やしたいのです。私はフェイスブックを指揮することをこれから長年続けていきますが，これらの問題はあまりに重要なので私たちが年を取るまで待てないのです。若いうちから始めることで，私たちの人生を通じてその恩恵を目にすることを望んでいます。私たちが保有するフェイスブック株の99％，約450億ドルを生涯の間に寄付します。これは少ない額ですが，私たちは他の多くの人々と協力して，私たちにできることをしたいと思います」❻チャン・ザッカーバーグ・イニシアチブはカリフォルニアにバイオハブと呼ばれる研究センターを建設中だ。バイオハブはさまざまな種類の病気を防ごうと懸命に働く47人の研究者と科学者を集めようとしている。これらの人々は700人の中から選ばれ，専門の研究分野で仕事を続けるためにそれぞれが５年にわたって１年当たり30万ドルを受け取る。これらの問題に取り組む他の研究者たちがすでに存在するものの，バイオハブの研究者たちとチャン・ザッカーバーグ・イニシアチブはそれらの病気を治療するための他とは異なった独創的な方法を見つけるつもりなのだ。❼もう一つの独特な点は，バイオハブが研究者たちに対し，互いに緊密に連携するよう求めることだ。実は世界のほとんどの研究者は通常そのように仕事をしているというわけではなく，たいてい自分だけで仕事をしているのだ。「ともに働くことは，私たちの全ての行動の中心にあります。これまでで初めてのことですが，私たちはカリフォルニアにある世界の医療研究を先導する大学のうちの３つを引き合わせているところなのです」とザッカーバーグは言った。❽彼らがチャン・ザッカーバーグ・イニシアチブをつくったとき，チャンは小児科医としての彼女の仕事について語り，世界にいる多くの病気の子どもたちのことを思い出して何度か泣いた。「私たちの子どもたち全てが長く健康的な人生を送れるように，未来を築いていくことを望みます。それでも人々は病気になるでしょう。しかし私たちの子どもたちや彼らの子どもたちが病気になることははるかに少なくなるでしょう」❾ザッカーバーグとチャンはこれが難しいこと，そして多くの人々が彼らの目的は実現不可能だと考えているかもしれないことを知っている。ザッカーバーグは「それは大変な目標だ」と述べた。しかし，彼はまた，彼とチャンは２年を費やしてノーベル賞を受賞した科学者たちと自分たちの計画について話し，それらの専門家たちがそれは可能であると考えていたということも話した。「私たちの子どもたちが生きているうちに，私たちは皆でともに努力して死に至る病気をコントロールできるでしょうか？　私たちはそれが可能だと考えていますし，科学者たちもそう考えています」　ビルとメリンダのゲイツ夫妻もまた希望を持っている。ギビング・プレッジの創設に手を貸しただけでなく，彼らはまた世界の健康と教育を改善するために2000年にビル＆メリンダ・ゲイツ財団を創設した。ゲイツは言った。「私たちはチャン・ザッカーバーグ・イニシアチブがそれらの病気に対して大きな進歩をもたらし，何百万という人々を救い，世界をより良い場所にすると固く信じています」

１＜英問英答＞「この文章で述べられているのは次のうちどれか」―B.「ギビング・プレッジのメン

バーは皆とても裕福である」　第２段落最後から２文目参照。10億ドル以上の資産があることがメンバーの要件。

２＜英問英答＞「この文章で，マーク・ザッカーバーグについて述べられているのは次のうちどれか」—C.「彼は彼が保有するほとんど全てのフェイスブックの株を寄付するつもりだ」　第１段落第３文，第５段落最後から２文目参照。

３＜指示語＞「この文章で，These individualsとはどういう意味か」—D.「科学者たち」　individualは「個人」の意味。These「これらの」とあるので，前に出ている複数名詞の中からここに当てはめて意味が通る言葉を探す。この語句を含む文の終わりに「彼らの専門の研究分野での仕事を続ける」とあるので，前文の47人の研究者たちと科学者たちを指すと考えられる。

４＜適文選択＞「次のうちどれが空いている下線部を補うのに最適か」—D.「しかし私たちの子どもたちや彼らの子どもたちが病気になることははるかに少なくなるでしょう」　前文から，世界中の子どもたちが健康な生活を送ることがチャン・ザッカーバーグ・イニシアチブの目標の１つとわかる。

５＜英問英答＞「この文章によれば，世界のほとんどの研究者たちに当てはまることは何か」—C.「彼らはたいていの場合，他の研究者たちと協働することはない」　第７段落第２文参照。'not *A* but *B*'「*A*ではなく*B*」

６＜英問英答＞「この文章で述べられているのは次のうちどれか」—A.「専門家たちは，チャンとザッカーバーグの目的は実現可能だと考えている」　最終段落第２文参照。

７＜英問英答＞「この文章で，ビル・ゲイツについて述べられているのは次のうちどれか」—D.「彼はギビング・プレッジの最初のメンバーの１人だった」　第２段落第２文参照。

８＜要旨把握＞「出来事の正しい順序はどれか」—B.「ビル＆メリンダ・ゲイツ財団が創設された」(2000年，最終段落最後から２文目)→「ザッカーバーグがフェイスブックをつくった」(2004年，第１段落第２文)→「ギビング・プレッジが開始された」(2010年，第２段落第１文)→「マックスが生まれた」　(2015年，第３段落第１文および第４段落第１文)

９＜英問英答＞「この文章によれば，チャン・ザッカーバーグ・イニシアチブの目標でないものは次のうちどれか」—B.「彼らはあらゆる種類の病気を防止することを望んでいる」　第３段落最終文参照。「あらゆる病気」ではなくdeadly「命に関わる」病気。

10＜主題＞「この文章の主題の１つを最も適切に述べているのはどの文か」—A.「マーク・ザッカーバーグは世界をより良くするために自分の金を寄付する以上のことをしたいと思っている」　ザッカーバーグは自分の持つ株を寄付すると表明しているが(第１段落第３文，第５段落最後から２文目)，自らチャン・ザッカーバーグ・イニシアチブを創設し，重大な病気を防ぐための研究施設をつくるなど(第６段落以降)，寄付にとどまらない活動をしている。

数学解答

1 (1)　$23-6\sqrt{6}$　(2)　6cm

2 (1)　$\dfrac{5}{36}$　(2)　$\dfrac{7}{36}$

3 (1)　$y=30x+500$　(2)　50
(3)　3400円　(4)　3回

4 (1)　4　(2)　(2，2)
(3)　(−1，5)

5 (1)　3：1　(2)　7：6　(3)　18：7
(4)　1：4

6 (1)　$\dfrac{1}{3}$　(2)　$\dfrac{2\sqrt{6}}{3}$cm　(3)　$\dfrac{\sqrt{6}}{2}$cm

7 (1)　$216-12\pi\,\mathrm{cm}^3$
(2)　$196-10\pi\,\mathrm{cm}^3$

1〔独立小問集合題〕

(1)＜平方根の計算＞与式$=(3-2\sqrt{6}+2)+2\sqrt{3}(3\sqrt{3}-2\sqrt{2})=5-2\sqrt{6}+6\times(\sqrt{3})^2-4\sqrt{6}=5-2\sqrt{6}+18-4\sqrt{6}=23-6\sqrt{6}$

(2)＜図形―長さ＞右図で，線分ABを半径とする円の面積が円Oの面積の8倍だから，$\pi\times\mathrm{AB}^2=\pi\times2^2\times8$が成り立ち，$\mathrm{AB}^2=32$となる。2点O，Bを結ぶと，線分AOが円O′の直径だから，$\angle\mathrm{ABO}=90°$となる。よって，△ABOで三平方の定理より，$\mathrm{AO}=\sqrt{\mathrm{AB}^2+\mathrm{OB}^2}=\sqrt{32+2^2}=\sqrt{36}=6$(cm)である。

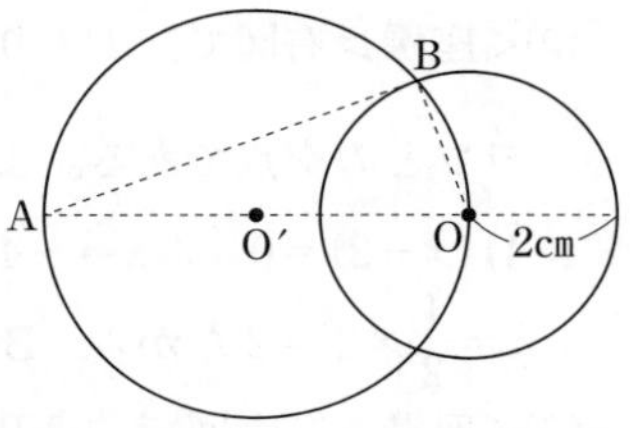

2〔確率―さいころと方程式〕

(1)＜確率＞大小2つのさいころを同時に投げるとき，目の出方は全部で6×6＝36(通り)あるから，a，bの組も36通りある。二次方程式$x^2-ax+b=0$が$x=1$を解に持つとき，$1^2-a\times1+b=0$より，$a-b=1$が成り立つ。これを満たすのは，$(a,\ b)=(2,\ 1)$，$(3,\ 2)$，$(4,\ 3)$，$(5,\ 4)$，$(6,\ 5)$の5通りだから，求める確率は$\dfrac{5}{36}$である。

(2)＜確率＞二次方程式$x^2-ax+b=0$の解が全て整数となるとき，この二次方程式の左辺は因数分解できる。$b=1$のとき，$x^2-ax+1=0$だから，左辺を因数分解した式は$(x-1)(x-1)=0$が考えられる。この左辺を展開すると，$x^2-2x+1=0$となるので，$a=2$の1通りある。$b=2$のとき，$x^2-ax+2=0$だから，$(x-1)(x-2)=0$が考えられ，$x^2-3x+2=0$より，$a=3$の1通りある。以下同様にして，$b=3$のとき，$(x-1)(x-3)=0$が考えられ，$x^2-4x+3=0$より，$a=4$の1通りある。$b=4$のとき，$(x-1)(x-4)=0$，$(x-2)(x-2)=0$が考えられ，$x^2-5x+4=0$，$x^2-4x+4=0$より，$a=5$，4の2通りある。$b=5$のとき，$(x-1)(x-5)=0$が考えられ，$x^2-6x+5=0$より，$a=6$の1通りある。$b=6$のとき，$(x-1)(x-6)=0$，$(x-2)(x-3)=0$が考えられ，$x^2-7x+6=0$，$x^2-5x+6=0$より，$a=7$，5となるが，$a=7$は適さないので，$a=5$の1通りある。以上より，解が全て整数となるのは1＋1＋1＋2＋1＋1＝7(通り)だから，求める確率は$\dfrac{7}{36}$である。

3〔関数―関数の利用〕

(1)＜関係式＞Aプランは，基本料金が500円，1分当たりの通話料金が30円だから，x分通話したときの電話料金は$500+30\times x=30x+500$(円)となり，$y=30x+500$である。

(2)＜xの値＞Bプランは，$0\leqq x\leqq60$のとき，$y=2000$となり，$x>60$のとき，$y=2000+20(x-60)$より，$y=20x+800$となる。よって，$0\leqq x\leqq60$のとき，$30x+500=2000$より，$x=50$となり，これは適する。また，$x>60$のとき，$30x+500=20x+800$が成り立ち，$x=30$となるが，これは適さない。

(3)＜基本料金＞(2)より$x=50$だから，$50+90=140$より，通話時間が140分のとき，Bプランと Cプランの料金は同額になる。このとき，Bプランの電話料金は$y=20\times140+800=3600$(円)である。Cプランは，月額の基本料金をa円とすると，電話料金は$a+10\times(140-120)=a+200$(円)と表せる。よって，$a+200=3600$が成り立ち，$a=3400$(円)となる。

(4)＜一次方程式の応用＞通話時間が75分の月をm回とすると，45分の月は$12-m$回と表せる。また，Aプランの電話料金は，75分の月が$y=30\times75+500=2750$(円)，45分の月が$y=30\times45+500=1850$(円)である。Bプランの電話料金は，75分の月が$y=20\times75+800=2300$(円)，45分の月が$y=2000$(円)である。よって，1年間の電話料金が同額になるので，$2750m+1850(12-m)=2300m+2000(12-m)$が成り立ち，$m=3$(回)となる。

4 〔関数—関数$y=ax^2$と直線〕

(1)＜切片＞右図で，$y=\frac{1}{2}\times(-4)^2=8$より，A$(-4,\ 8)$である。直線$y=-x+b$は点Aを通るから，$8=-(-4)+b$より，$b=4$となる。

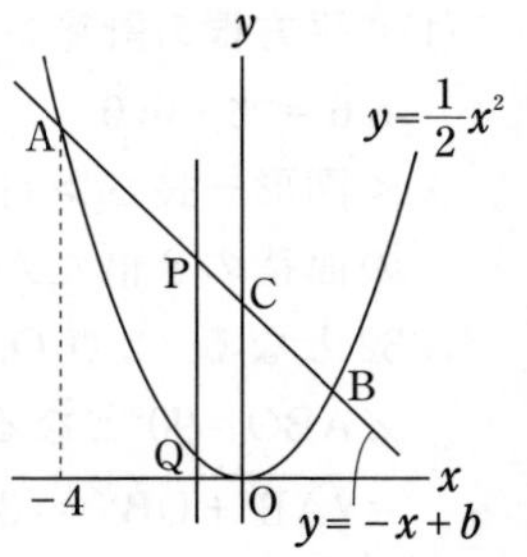

(2)＜座標＞右図で，(1)より，点Bは，直線$y=-x+4$と関数$y=\frac{1}{2}x^2$のグラフとの交点である。よって，$\frac{1}{2}x^2=-x+4$より，$x^2+2x-8=0$，$(x+4)(x-2)=0$　$\therefore x=-4,\ 2$　したがって，点Bのx座標は2，y座標は$y=\frac{1}{2}\times2^2=2$だから，B$(2,\ 2)$である。

(3)＜座標＞右上図で，点Pのx座標をtとおくと，点Pは直線$y=-x+4$上にあるから，P$(t,\ -t+4)$と表せる。直線PQはy軸に平行だから，点Qのx座標もtであり，点Qは関数$y=\frac{1}{2}x^2$のグラフ上にあるから，Q$\left(t,\ \frac{1}{2}t^2\right)$である。よって，PQ$=\frac{9}{2}$より，$(-t+4)-\frac{1}{2}t^2=\frac{9}{2}$が成り立ち，$t^2+2t+1=0$，$(t+1)^2=0$　$\therefore t=-1$　$-t+4=-(-1)+4=5$だから，P$(-1,\ 5)$である。

5 〔平面図形—三角形〕

(1)＜長さの比—相似＞右図で，点Aを通り辺BCに平行な直線と線分EFの交点をHとする。AD∥EGより，四角形ADGHは平行四辺形になるから，AH＝DGである。また，∠EAH＝∠ABD，∠AEH＝∠BADとなるから，△AEH∽△BADである。よって，BA：BD＝6：2＝3：1より，AE：AH＝3：1となり，AE：DG＝3：1である。

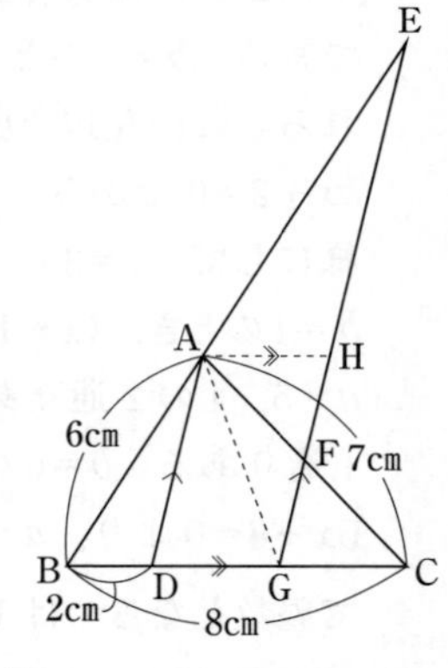

(2)＜長さの比—相似＞右図で，AH＝DGより，AF：DG＝AF：AHである。AD∥EGより∠AFH＝∠CAD，AH∥BCより∠FAH＝∠ACDだから，△FAH∽△ACDである。よって，AF：AH＝CA：CD＝7：(8－2)＝7：6となるから，AF：DG＝7：6である。

(3)＜長さの比＞(1)よりAE：DG＝3：1だから，AE＝3DGと表せ，(2)よりAF：DG＝7：6だから，AF＝$\frac{7}{6}$DGと表せる。よって，AE：AF＝3DG：$\frac{7}{6}$DG＝18：7となる。

(4)＜面積比＞右上図で，2点A，Gを結ぶ。DG＝3より，GC＝BC－BD－DG＝8－2－3＝3だから，DG＝GCである。また，AD∥EGだから，AF＝FCとなり，△AFG＝△CFGである。次に，△CADで中点連結定理より，FG＝$\frac{1}{2}$ADである。さらに，△ABD∽△EBGとなるから，AD：EG＝BD：BG＝2：(2＋3)＝2：5となり，EG＝$\frac{5}{2}$ADである。よって，EF＝EG－FG＝$\frac{5}{2}$AD－$\frac{1}{2}$AD＝2AD

となり，EF：FG＝2AD：$\frac{1}{2}$AD＝4：1となるから，△AEF：△AFG＝4：1である。したがって，△AEF＝4△AFG＝4△CFGより，△CFG：△AEF＝△CFG：4△CFG＝1：4である。

6 〔平面図形─三角形〕

(1)＜長さの比─三平方の定理＞右図で，AH＝x(cm)とすると，HC＝$\sqrt{3}-x$と表せる。BH⊥ACだから，△ABHで三平方の定理より，$BH^2=AB^2-AH^2=(\sqrt{3})^2-x^2=3-x^2$となる。同様に，△BCHで，$BH^2=BC^2-HC^2=2^2-(\sqrt{3}-x)^2=1+2\sqrt{3}x-x^2$となる。よって，$3-x^2=1+2\sqrt{3}x-x^2$が成り立ち，$x=\frac{\sqrt{3}}{3}$となるので，$\frac{AH}{AB}$＝AH÷AB＝$\frac{\sqrt{3}}{3}\div\sqrt{3}=\frac{1}{3}$である。

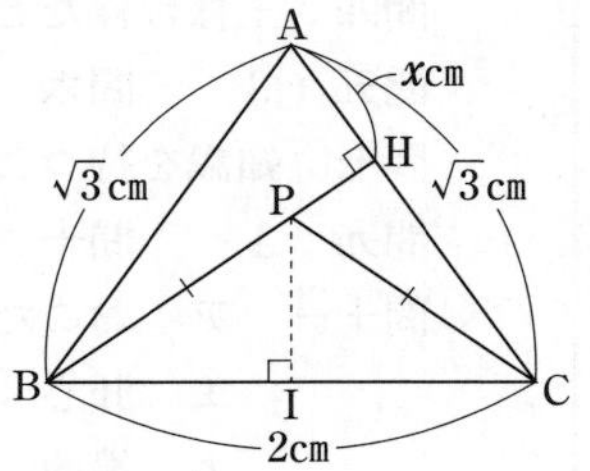

(2)＜長さ─三平方の定理＞(1)より，BH＝$\sqrt{3-x^2}=\sqrt{3-\left(\frac{\sqrt{3}}{3}\right)^2}=\sqrt{\frac{24}{9}}=\frac{2\sqrt{6}}{3}$(cm)である。

(3)＜長さ─相似＞右上図で，△ABC，△PBCはそれぞれAB＝AC，BP＝CPの二等辺三角形だから，∠ABC＝∠ACB，∠PBC＝∠PCBであり，∠ABC−∠PBC＝∠ACB−∠PCBより，∠ABH＝∠PCHとなる。また，∠AHB＝∠PHC＝90°だから，△ABH∽△PCHとなり，BA：CP＝BH：CHである。CH＝$\sqrt{3}-\frac{\sqrt{3}}{3}=\frac{2\sqrt{3}}{3}$だから，$\sqrt{3}$：CP＝$\frac{2\sqrt{6}}{3}$：$\frac{2\sqrt{3}}{3}$が成り立ち，CP×$\frac{2\sqrt{6}}{3}=\sqrt{3}\times\frac{2\sqrt{3}}{3}$より，CP＝$\frac{\sqrt{6}}{2}$となる。したがって，BP＝CP＝$\frac{\sqrt{6}}{2}$(cm)である。

≪別解≫右上図で，点Pから辺BCに垂線PIを引くと，△PBCが二等辺三角形より，点Iは辺BCの中点となるから，BI＝$\frac{1}{2}$BC＝$\frac{1}{2}\times2=1$である。また，∠BIP＝∠BHC＝90°，∠PBI＝∠CBHより，△BPI∽△BCHである。よって，BP：BC＝BI：BHより，BP：2＝1：$\frac{2\sqrt{6}}{3}$が成り立ち，BP×$\frac{2\sqrt{6}}{3}=2\times1$，BP＝$\frac{\sqrt{6}}{2}$(cm)となる。

7 〔空間図形─立方体〕

(1)＜体積＞1辺の長さが6cmの立方体から，底面の円の半径が$\sqrt{2}$cm，高さが6cmの円柱をくり抜いた立体だから，求める体積は，$6^3-\pi\times(\sqrt{2})^2\times6=216-12\pi$(cm^3)である。

(2)＜体積＞問題の図3の立体を，縦の辺を3等分する点を通り手前の面に平行な平面で3つの部分に分けると，真ん中の部分は右図のようになる。6点O，A，B，C，D，Eを定める。問題の図1の立体と比べると，図3の立体は，右図の，$\overset{\frown}{AB}$と線分BC，CD，DAで囲まれた図形を底面とし高さDE＝2の立体2個分少ない。∠AOB＝360°÷4＝90°より，$\overset{\frown}{AB}$と線分BC，CD，DAで囲まれた図形の面積は，〔正方形ABCD〕＋△OAB−〔おうぎ形OAB〕＝$2^2+\frac{1}{2}\times\sqrt{2}\times\sqrt{2}-\pi\times(\sqrt{2})^2\div4=5-\frac{\pi}{2}$だから，この図形を底面とし高さDEの立体の体積は，$\left(5-\frac{\pi}{2}\right)\times2=10-\pi$である。よって，求める体積は，$216-12\pi-(10-\pi)\times2=196-10\pi$(cm^3)となる。

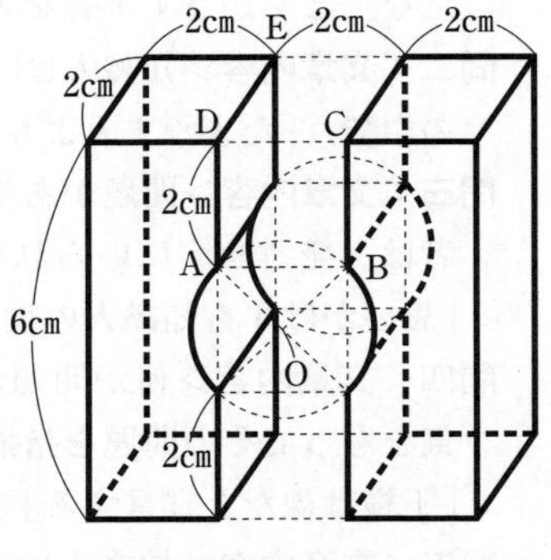

国語解答

一 問一 4 問二 2 問三 1
問四 王様は裸だと宣言する［こと］
問五 3 問六 それは職業
問七 知識を持つこと 問八 4
問九 1 問十 A…5 B…1
問十一 ア おこた イ 全 ウ はば
エ 肝心 オ こうむ
カ 端的 キ 匿名

二 問一 4 問二 骨 問三 3
問四 2 問五 4 問六 2
問七 擬人法 問八 3 問九 3
問十 1
問十一 ア 主催 イ 素朴 ウ いこ

三 問一 2 問二 2 問三 4
問四 1 問五 3 問六 4
問七 3 問八 1 問九 2
問十 三

一〔論説文の読解―哲学的分野―哲学〕出典；四方田犬彦『人，中年に到る』「知識の不幸と知識人について」。

≪本文の概要≫「知識人」とは，もとは人に馬鹿にされる少数派だった。誰も好んで知識人になるわけではなく，ただ社会の緊迫した状況にたまたま気づいたために，勇気ある発言をして，思いがけず知識人となるのである。社会は，刻一刻変化して行くため，知識人であり続けることはない。また，知識人とは，自分の専門外の知識を持ち，それを社会のために行使する人間である。彼は，素人の立場に身を置いて，自分の信じえたある正義のために抗議をする。今日，コンピュータによる安易な情報検索が一般化して，人が知識を求め合い，互いの知識を確認し合う共同体の存続が危ぶまれている。多くの人が，得た情報の吟味も信ぴょう性の確認さえも，放棄している。彼らは，知らないことがあるという不安に耐えかねて，情報をかき集めているだけなのである。そういう状況では，知識を獲得しても，無価値なものとされるだけだろう。私は，知識を巡る小さな共同体の復活を求めてやまないが，それにインターネットがどう関わってくるのかを，見通せずにいる。

問一＜文章内容＞社会で問題が生じているとき，大衆は，個人として意見を口にすることはしないが，知識人は，勇気をもって発言する。その知識人に対して，寅さんは「『てめえ，さしずめインテリだな』とすかさず半畳を入れ，対話の腰を折って」しまい，知識人に「罵倒」を浴びせかける。

問二＜文章内容＞知識人は，問題があるのに大衆が眠ったように誰も声を上げず事態が動かない状況の中で，「たまたま人よりも先に目が醒めてしまった」ことから，勇気をもって発言する。

問三＜文章内容＞問題があるときに，そのことについて「たまたま人よりも先に目が醒めてしまった」者は，発言せずにいられなくなるが，「誰も好き好んで知識人になろうとする者はいない」ので，「思いがけずも知識人の役割が振り当てられてしまう」のは，運が悪いということになる。

問四＜文章内容＞何か問題が生じて「緊迫した状況」になったとき，そのことに気づいた者は，勇気をもってその問題を指摘する。それは，アンデルセンの童話の『裸の王様』に出てくる子どもが「王様は裸だと宣言する」という行為に当たる。

問五＜文章内容＞知識人は，「モノを書くことと行動することの両方を，どちらに重点を置くこともなく曖昧に行なう」人である。

問六＜文章内容＞知識人は，「特別な才能」があるから「知識人」になったのではなく，「たまたま人よりも先に目が醒めてしまった」だけの人である。要するに「知識人」は，「職業でもなければ，いわんやカーストでも公式的な資格でもない」のであり，したがって，「『知識人として』といった前置きで演壇に立つ」ことは，「愚か」なことだといえる。

問七＜文章内容＞何かについて知識を持っていても，それを与えて共有する人がいなければ，その知識は「行きどころを見失ってしまい，情報量のない無価値なものとして，蔑ろにされてしまうだけ」である。「知識を持つこと」は，その意味で悲しいことである。

問八＜文章内容＞今日，多くの人が，「情報を手にした瞬間それに安心しきってしまい，それを吟味するどころか信憑性を確認することすら放棄してしまって」いる。「多くの人」は，情報は得るが，それは「ただ知らないことがあるという不安に耐えかね，闇雲に情報を掻き集めているだけ」なのであり，本当にそれが「知りたい」わけでも知識を共有しようとしているわけでもない。

問九＜文章内容＞知識人とは，「自分の専門の領域以外の知識を所有していて，それを社会のために行使する人間」である。その時々に社会の「緊迫した状況」を見て，その瞬間にあって「自分の信じえたある正義のために抗議をする」人である。

問十＜表現＞A．大学で人文系学問を教える職業の人は，中途半端に覚えた「学問という枠組み」のせいで，自分の知識を「大学の塀を越えて現実に活用する」ことはまずできない。　B．「専門的な知識」は，知識の順列と秩序を確認させるだけで，「人を抑圧する」ばかりである。

問十一＜漢字＞ア．音読みは「怠惰」などの「タイ」。　イ．「全うする」は，完全に成し遂げること。　ウ．音読みは「阻止」などの「ソ」。　エ．大切であること。　オ．音読みは「被害」などの「ヒ」。　カ．わかりやすくはっきりしているさま。　キ．実名を隠していること。

二〔随筆の読解—自伝的分野—生活〕出典；串田孫一『若き日の山』「思索の散歩道」。

問一＜心情＞「私」は，地方から講演の依頼を受けると，「堂々とした気持ちで旅に出られる」が，それでも「リュックザックをかついだ汚らしい姿で出かける勇気」はない。「私」は，山に行くいで立ちで講演をするわけにはいかないと思うのである。

問二＜慣用句＞「骨が折れる」は，苦労を要する，という意味。

問三＜文章内容＞講演会の主催者は，「講演者」を呼んだのに，改札口を出た「私」は「絵具箱をかついで，兵隊靴」を履いているため，「私」が声をかけると，疑っているような顔をする。

問四＜文章内容＞「画家を装って山麓の村人たちの眼」をあざむいている「私」を，宿屋の主人は，本当に画家だと思って色紙や画帳を「私」の前に広げるので，「私」は，恐縮して縮こまってしまう。

問五＜表現＞「芝居」は，現実とは異なるつくりごとのこと。宿屋の主人から絵を描いてほしいと頼まれた「私」は，「汽車の窓から写生した山々」を，少し大げさに表現する。

問六＜文章内容＞山の旅に行きたい「私」は，地方から講演の依頼があると，山に行けると思って喜んで出かけていく。「私」は，仕事を兼ねて旅に出るのである。

問七＜表現技法＞「雲の独り言」は，「雲」を人間にたとえた表現である。

問八＜文章内容＞「私」は，山で見聞きすることを「私の生涯を，常に最も美しく飾るもの」として採集したく，「自分の芸術をもっと力のある，もっと寓話に富んだものとするため」に，行った先で「あれこれの想い」を追いたい。そのため，野辺山に行ったときの「感傷」も，自分の生涯を「最も美しく飾る」もの，自分の芸術を力があって「寓話に富んだもの」にするものと捉えている。

問九＜文の組み立て＞「泉の湧き出している近くの，苔の敷物から咲き出た一輪の延齢草」を，「霧ケ峰を下る時」に「見つけ」たのである。

問十＜主題＞「私」は，山への旅に出ることを好んでいるが，山を散策しながら豊かな「思索」をしたいのである。そんな「私」は，山で受ける「いろいろの感動」を，思い出している。

問十一＜漢字＞ア．「催」の訓読みは「もよお(す)」。　イ．飾りけがなく，自然のままであること，また，純粋であること。　ウ．音読みは「休憩」などの「ケイ」。

三 〔古文の読解―物語〕出典；『平治物語』。

≪現代語訳≫時は二月十日の明け方なので，余寒が，まだなくならず，音羽川の流れもたびたび凍って，峰の嵐もたいそう激しい。道のつららも溶けないところに，また曇って雪が降るので，進む方向も見えなかった。子どもは，しばらくは母に言われて歩くが，後には足が腫れて血が出て，あるときは倒れ伏し，あるときは雪の上に座り込んで，「寒い，冷たい，これはどうしたらよいのか」と泣いて悲しむ。母は一人，これを見ていた心の内は，言いようもない。子どもが泣く声が高いときは，敵が聞いているのではないかと，胆を冷し，すれ違う人が，「これはどうしたことか」とあわれんで声をかけてくるのも，下心があって問うのかと，心配の種は尽きない。母は，あまりに悲しいので，子どもの手を引いて，人家の門の下でしばらく休み，人目が多くないときには，八歳の子の耳にささやいて，「どうして，お前たちは，道理がわからないの。ここは敵の辺りで，六波羅という所ですよ。泣けば人にも怪しまれ，左馬頭の子どもだといって捕らえられ，首を斬られることだよ。命が惜しかったら，泣いてはいけません。おなかの中にいるときも，立派な人の子は，母の言うことを聞くそうです。〈まして〉お前たちは，七歳，八歳になるでしょう。どうしてこれくらいのことを，聞き分けられないのですか」と言って泣くと，八歳の子は他より少し大人になっていたので，母の言葉を聞いてからは，涙は同じように流しながらも，声を上げるほどには泣かなかった。六歳の子はもとどおり言うことを聞かず，倒れ伏して，「寒い，冷たい」と泣いて悲しむ。常葉は，二歳の赤ん坊を懐に抱いていたので，六歳の子を抱くことはできない。(その子の)手を取って歩いていく。左馬頭が討たれたと聞いてからは，湯水すら口にしようとしなかったので，影のようにやせ衰えて，心を取り乱してばかりいたのに，この嘆きがそこに加わって，気が遠くなりそうに思うが，子どもたちのことがいとおしくて，足にまかせて歩いていった。まだ夜のうちに清水寺を出て，春の長い一日を歩いたけれども，子どもたちが先に行かないのをあれこれ面倒をみているうちに，日は暮れて，夕べの鐘が聞こえる頃に，伏見の里に到着した。

問一＜古典の知識＞旧暦では，一・二・三月が春である。「曙」は，夜が明けようとしている頃。

問二＜古文の内容理解＞幼い子どもたちが，足が腫れて血が出て，倒れ伏したり，雪の上に座り込んだりして泣いて悲しんでいる。それを見ている母は，子どもたちがかわいそうでたまらない。

問三＜古文の内容理解＞子どもが泣いているときに，すれ違う人が，どうしたのですかとあわれんで尋ねても，敵地を逃げている母は，何か下心があってそのように声をかけてくるのではないかと，疑わずにいられない。

問四＜現代語訳＞「な～そ」は，～してはいけない，という意味。

問五＜古文の内容理解＞立派な人の子どもは，まだ母のおなかの中にいるうちでも，母の言うことを聞くという。まして，お前たちはもう七，八歳にもなるのだから，この程度のことは聞き分けて当然だろうと，母は言った。

問六＜古語＞「おとなし」は，大人びている，(他と比べて)年かさらしい，という意味。

問七＜古文の内容理解＞母は，この辺りは敵地であり，泣くと怪しまれ，捕らえられて首を斬られてしまいかねないから，泣いてはいけないと，子どもたちを諭した。それを聞いてからは，八歳の子どもは，事情を理解したので，涙は流しても，声を上げて泣くことはしなかった。

問八＜古文の内容理解＞子どもを連れて逃げている母は，子どもたちが泣いたために見つかって捕らえられて，首を斬られるようなことになりはしないかと，とても心配している。

問九＜古文の内容理解＞母は，子どもの命を守りたい一心でひたすら歩いた。母は，子どもがいとおしくてたまらなかったのである。「かなし」は，「愛し」で，いとおしい，という意味。

問十＜古文の内容理解＞子どもは，八歳，六歳，二歳，の三人である。

●要点チェック●　図形編―合同

◎図形の合同

合同……一方の図形を移動させて(ずらしたり《平行移動》，回したり《回転移動》，裏返したり《対称移動》して)，他方の図形に重ね合わせることのできるとき，この２つの図形は合同である。

・合同な図形の性質

１．対応する線分の長さは等しい。

２．対応する角の大きさは等しい。

・三角形の合同条件

２つの三角形は次のどれかが成り立つとき合同である。

１．３組の辺がそれぞれ等しい。

２．２組の辺とそのはさむ角がそれぞれ等しい。

３．１組の辺とその両端の角がそれぞれ等しい。

1.
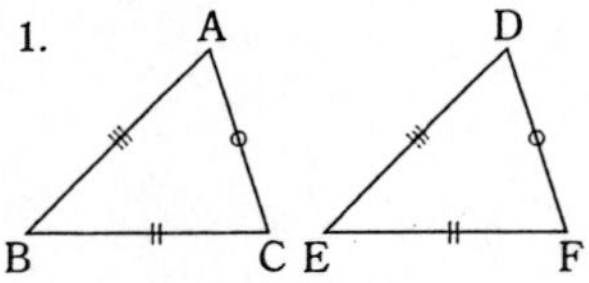

AB＝DE
BC＝EF
AC＝DF

2.
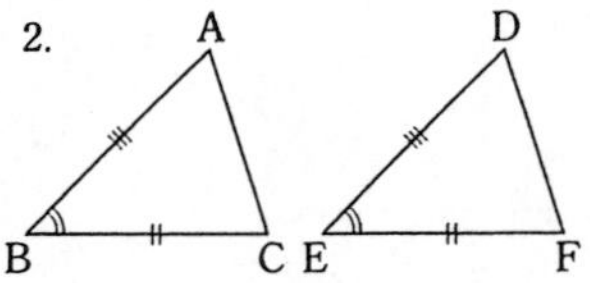

AB＝DE
BC＝EF
∠ABC＝∠DEF

3.
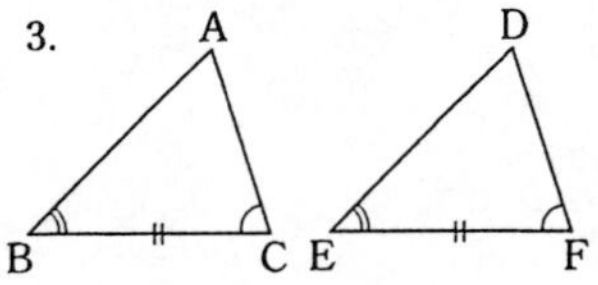

BC＝EF
∠ABC＝∠DEF
∠ACB＝∠DFE

・直角三角形の合同条件

２つの直角三角形は次のどちらかが成り立つとき合同である。

１．斜辺と１鋭角がそれぞれ等しい。

２．斜辺と他の１辺がそれぞれ等しい。

1.
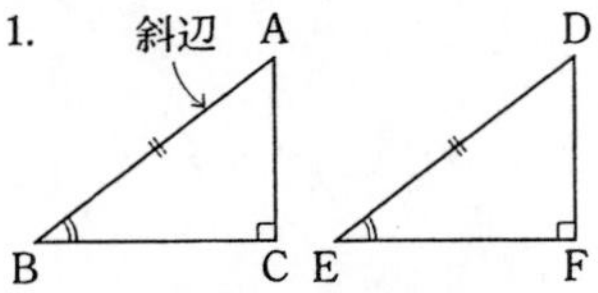

∠ACB＝∠DFE＝90°
AB＝DE
∠ABC＝∠DEF

2.
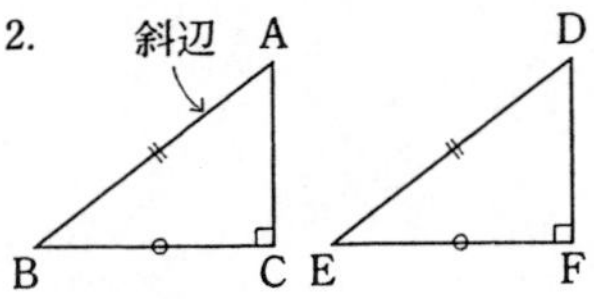

∠ACB＝∠DFE＝90°
AB＝DE
BC＝EF

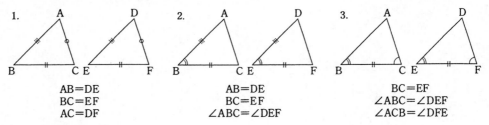

Memo

高校を受験する生徒とご父母のための…

2025 年度用 高校合格資料集

■首都圏有名書店にて今秋発売予定！

内容目次

※表紙は昨年のものです。

1. まず試験日はいつ？ 推薦ワクは？競争率は？
2. この学校のことは どこに行けば分かるの？
3. かけもち受験のテクニックは？
4. 合格するために大事なことが二つ！
5. もしもだよ！ 試験に落ちたらどうしよう？
6. 勉強しても成績があがらない
7. 最後の試験は面接だよ！

定価1430円（税込）

2025年度用
高校スーパー過去問

■編集人　声の教育社・編集部
■発行所　株式会社　声の教育社
〒162-0814 東京都新宿区新小川町8-15
☎03-5261-5061㈹ FAX03-5261-5062
https://www.koenokyoikusha.co.jp

カコを追いかけ
ミライをつかめ
「今の説明、もう一回」を何度でも
web過去問
ストリーミング配信による入試問題の解説動画
声の教育社
詳しくはこちらから

青山学院高等部

別冊解答用紙

丁寧に抜きとって、別冊としてご使用ください。

注意

- ○ 解答用紙は、収録の都合により縮小したものや、小社独自に作成したものもあります。
- ○ 学校配点は学校発表のもの、推定配点は小社で作成したものです。
- ○ 無断転載を禁じます。
- ○ 解答用紙を拡大コピーする場合、表示した拡大率に対応する用紙サイズは以下のとおりです。
  101%～102%＝B5　103%～118%＝A4　119%～144%＝B4　145%～167%＝A3
  （タイトルと配点表は含みません）

2024年度　青山学院高等部

英語解答用紙

1. 記入欄・マーク欄以外には記入しないでください。
2. 鉛筆で、しっかり濃くマークしてください。
3. 間違った場合には、消しゴムで、きれいに消してください。

マーク例	良い例	●	悪い例	✓ ⦿ ◐

フリガナ	
氏名	

受験番号				
⓪	⓪	⓪	⓪	⓪
①	①	①	①	①
②	②	②	②	②
③	③	③	③	③
④	④	④	④	④
⑤	⑤	⑤	⑤	⑤
⑥	⑥	⑥	⑥	⑥
⑦	⑦	⑦	⑦	⑦
⑧	⑧	⑧	⑧	⑧
⑨	⑨	⑨	⑨	⑨

問	解答欄	問	解答欄	問	解答欄	問	解答欄
1	①②③④⑤⑥⑦⑧⑨⓪	26	①②③④⑤⑥⑦⑧⑨⓪	51	①②③④⑤⑥⑦⑧⑨⓪	76	①②③④⑤⑥⑦⑧⑨⓪
2	①②③④⑤⑥⑦⑧⑨⓪	27	①②③④⑤⑥⑦⑧⑨⓪	52	①②③④⑤⑥⑦⑧⑨⓪	77	①②③④⑤⑥⑦⑧⑨⓪
3	①②③④⑤⑥⑦⑧⑨⓪	28	①②③④⑤⑥⑦⑧⑨⓪	53	①②③④⑤⑥⑦⑧⑨⓪	78	①②③④⑤⑥⑦⑧⑨⓪
4	①②③④⑤⑥⑦⑧⑨⓪	29	①②③④⑤⑥⑦⑧⑨⓪	54	①②③④⑤⑥⑦⑧⑨⓪	79	①②③④⑤⑥⑦⑧⑨⓪
5	①②③④⑤⑥⑦⑧⑨⓪	30	①②③④⑤⑥⑦⑧⑨⓪	55	①②③④⑤⑥⑦⑧⑨⓪	80	①②③④⑤⑥⑦⑧⑨⓪
6	①②③④⑤⑥⑦⑧⑨⓪	31	①②③④⑤⑥⑦⑧⑨⓪	56	①②③④⑤⑥⑦⑧⑨⓪	81	①②③④⑤⑥⑦⑧⑨⓪
7	①②③④⑤⑥⑦⑧⑨⓪	32	①②③④⑤⑥⑦⑧⑨⓪	57	①②③④⑤⑥⑦⑧⑨⓪	82	①②③④⑤⑥⑦⑧⑨⓪
8	①②③④⑤⑥⑦⑧⑨⓪	33	①②③④⑤⑥⑦⑧⑨⓪	58	①②③④⑤⑥⑦⑧⑨⓪	83	①②③④⑤⑥⑦⑧⑨⓪
9	①②③④⑤⑥⑦⑧⑨⓪	34	①②③④⑤⑥⑦⑧⑨⓪	59	①②③④⑤⑥⑦⑧⑨⓪	84	①②③④⑤⑥⑦⑧⑨⓪
10	①②③④⑤⑥⑦⑧⑨⓪	35	①②③④⑤⑥⑦⑧⑨⓪	60	①②③④⑤⑥⑦⑧⑨⓪	85	①②③④⑤⑥⑦⑧⑨⓪
11	①②③④⑤⑥⑦⑧⑨⓪	36	①②③④⑤⑥⑦⑧⑨⓪	61	①②③④⑤⑥⑦⑧⑨⓪	86	①②③④⑤⑥⑦⑧⑨⓪
12	①②③④⑤⑥⑦⑧⑨⓪	37	①②③④⑤⑥⑦⑧⑨⓪	62	①②③④⑤⑥⑦⑧⑨⓪	87	①②③④⑤⑥⑦⑧⑨⓪
13	①②③④⑤⑥⑦⑧⑨⓪	38	①②③④⑤⑥⑦⑧⑨⓪	63	①②③④⑤⑥⑦⑧⑨⓪	88	①②③④⑤⑥⑦⑧⑨⓪
14	①②③④⑤⑥⑦⑧⑨⓪	39	①②③④⑤⑥⑦⑧⑨⓪	64	①②③④⑤⑥⑦⑧⑨⓪	89	①②③④⑤⑥⑦⑧⑨⓪
15	①②③④⑤⑥⑦⑧⑨⓪	40	①②③④⑤⑥⑦⑧⑨⓪	65	①②③④⑤⑥⑦⑧⑨⓪	90	①②③④⑤⑥⑦⑧⑨⓪
16	①②③④⑤⑥⑦⑧⑨⓪	41	①②③④⑤⑥⑦⑧⑨⓪	66	①②③④⑤⑥⑦⑧⑨⓪	91	①②③④⑤⑥⑦⑧⑨⓪
17	①②③④⑤⑥⑦⑧⑨⓪	42	①②③④⑤⑥⑦⑧⑨⓪	67	①②③④⑤⑥⑦⑧⑨⓪	92	①②③④⑤⑥⑦⑧⑨⓪
18	①②③④⑤⑥⑦⑧⑨⓪	43	①②③④⑤⑥⑦⑧⑨⓪	68	①②③④⑤⑥⑦⑧⑨⓪	93	①②③④⑤⑥⑦⑧⑨⓪
19	①②③④⑤⑥⑦⑧⑨⓪	44	①②③④⑤⑥⑦⑧⑨⓪	69	①②③④⑤⑥⑦⑧⑨⓪	94	①②③④⑤⑥⑦⑧⑨⓪
20	①②③④⑤⑥⑦⑧⑨⓪	45	①②③④⑤⑥⑦⑧⑨⓪	70	①②③④⑤⑥⑦⑧⑨⓪	95	①②③④⑤⑥⑦⑧⑨⓪
21	①②③④⑤⑥⑦⑧⑨⓪	46	①②③④⑤⑥⑦⑧⑨⓪	71	①②③④⑤⑥⑦⑧⑨⓪	96	①②③④⑤⑥⑦⑧⑨⓪
22	①②③④⑤⑥⑦⑧⑨⓪	47	①②③④⑤⑥⑦⑧⑨⓪	72	①②③④⑤⑥⑦⑧⑨⓪	97	①②③④⑤⑥⑦⑧⑨⓪
23	①②③④⑤⑥⑦⑧⑨⓪	48	①②③④⑤⑥⑦⑧⑨⓪	73	①②③④⑤⑥⑦⑧⑨⓪	98	①②③④⑤⑥⑦⑧⑨⓪
24	①②③④⑤⑥⑦⑧⑨⓪	49	①②③④⑤⑥⑦⑧⑨⓪	74	①②③④⑤⑥⑦⑧⑨⓪	99	①②③④⑤⑥⑦⑧⑨⓪
25	①②③④⑤⑥⑦⑧⑨⓪	50	①②③④⑤⑥⑦⑧⑨⓪	75	①②③④⑤⑥⑦⑧⑨⓪	100	①②③④⑤⑥⑦⑧⑨⓪

評点
/100

推定配点	
Ⅰ～Ⅵ　各2点×50	
100点	計

２０２４年度　青山学院高等部

数学解答用紙

番号		氏名	

評点	／100

1　(1)　　(2) $x=$

2　(1)

ア		イ		ウ		エ	

(2)

3　(1)　　(2)　　番目

4　(1) AE＝　　cm　(2) BE＝　　cm

(3) CD＝　　cm

5　(1) 点Ａの x 座標　　，$k=$

(2) M（　　，　　）

(3) △OCM：△OBA＝　　：

6

ア		イ		ウ	

7　(1)　　m　(2)

(3)　　m　(4) 時速　　km

8

ア		イ		ウ			
エ		オ		カ		キ	
ク		ケ		コ			

（注）この解答用紙は実物を縮小してあります。Ａ３用紙に156％拡大コピーすると、ほぼ実物大で使用できます。（タイトルと配点表は含みません）

推定配点		計
	1　各３点×２ 2　(1)　各３点×２〔ア・イ，ウ・エはそれぞれ完答〕　(2)　４点 3　各３点×２　4　各４点×３ 5　(1)　各３点×２　(2)，(3)　各４点×２ 6　各３点×３　7　各４点×４　8　各３点×９〔ケ・コは完答〕	100点

二〇二四年度　青山学院高等部

国語解答用紙

番号		氏名		評点	/100

一

問一	問二	問三	問四	問五	問六	問七	問八	問九	問十
					A　B		Ⅰ　Ⅱ		

二

問一	問二	問三	問四	問五	問六	問七	問八	問九	問十
		A　B		↓　↓　↓		沙汰			

三

問一	問二	問三	問四	問五	問六	問七	問八	問九	問十
	ア　イ								

四

1	2	3	4	5	6	7	8	9	10
		かな		る	る				める

（注）この解答用紙は実物を縮小してあります。Ｂ４用紙に143％拡大コピーすると、ほぼ実物大で使用できます。（タイトルと配点表は含みません）

推定配点

一 問一～問九　各２点×11　問十　３点

二 問一、問二　各３点×２　問三　各２点×２　問四、問五　各３点×２　問六～問九　各２点×４　問十　３点

三 問一　３点　問二　各２点×２　問三、問四　各３点×２　問五～問七　各２点×３　問八～問十　各３点×３

四 各２点×10

計
100点

２０２３年度　青山学院高等部

英語解答用紙

番号		氏名	

評点	／100

Ⅰ

1		2		3		4		5		6		7		8		9	

Ⅱ

1		2		3	
4		5		6	

Ⅲ

1		2		3		4		5	

Ⅳ

1	［3番目］	［6番目］	2	［3番目］	［6番目］
3	［3番目］	［6番目］	4	［3番目］	［6番目］
5	［3番目］	［6番目］			

Ⅴ

1		2		3		4		5	
6		7		8		9			順不同

Ⅵ

1		2			順不同
3		4		5	
6		7		8	
9		10			

（注）この解答用紙は実物を縮小してあります。Ｂ４用紙に143％拡大コピーすると、ほぼ実物大で使用できます。（タイトルと配点表は含みません）

推定配点		計
	Ⅰ～Ⅴ　各２点×35〔Ⅴ９は各２点×２〕　Ⅵ　各３点×10	100点

2023年度　青山学院高等部

数学解答用紙

番号		氏名		評点	／100

1	(1)		(2)	

2	(1)	個	(2)	個	(3)	個

3	(1)	2023＝	(2)	$(m, n)=($　　,　　$)$

4	(1)	ℓ：		m：
	(2)	D（　　,　　）	(3)	$a=$
	(4)	$x=$		

5	(1)	A		B			
	(2)	①		②		③	
		④		⑤		⑥	

6	(1)	∠BAC＝　　度	(2)	DE＝　　cm
	(3)	DF＝　　cm	(4)	BG＝　　cm

7	(1)	$r=$　　cm	(2)	JK＝　　cm
	(3)		(4)	cm^2

（注）この解答用紙は実物を縮小してあります。B４用紙に143％拡大コピーすると、ほぼ実物大で使用できます。（タイトルと配点表は含みません）

推定配点		計
	1～3　各３点×７　4 (1)　各３点×２　(2)～(4)　各４点×３ 5, 6　各４点×11〔5(1)は完答〕　7 (1)～(3)　各４点×３　(4)　５点	100点

二〇二三年度　青山学院高等部

国語解答用紙

番号　　氏名　　評点 /100

一

問一　問二　問三　問四　問五　問六　問七　問八

問九　ア　イ　ウ

問十　a　b　c（り）

二

問一　問二　問三　問四　問五　問六　問七　問八

問九　a　b　c　d　e

三

問一　問二　問三　問四　問五　問六　問七　問八　問九　問十

四

問一　問二　問三　問四　問五

(注) この解答用紙は実物を縮小してあります。Ｂ４用紙に137%拡大コピーすると、ほぼ実物大で使用できます。(タイトルと配点表は含みません)

推定配点	計
一　問一～問三　各2点×3　問四～問八　各3点×6　問九、問十　各2点×6 二　問一～問三　各2点×3　問四～問七　各3点×4　問八、問九　各2点×6 三　問一～問三　各2点×3　問四、問五　各3点×2　問六、問七　各2点×2　問八　3点　問九、問十　各2点×2 四　問一～問三　各2点×3　問四　3点　問五　2点	100点

２０２２年度　青山学院高等部

英語解答用紙

番号		氏名		評点	／100

Ｉ

1	2	3	4	5	6
7	8	9	10	11	12
13	14	15			

II

1	2	3	4	5

III

1　3番目	6番目	2　3番目	6番目
3　3番目	6番目	4　3番目	6番目
5　3番目	6番目		

IV

1	2	3	4
5	6	7	8
9			

V

1	2	3	4	5
6	7	8	9	10

（注）この解答用紙は実物を縮小してあります。Ｂ４用紙に128％拡大コピーすると、ほぼ実物大で使用できます。（タイトルと配点表は含みません）

推定配点		計
	Ｉ～IV　各２点×35　　V　各３点×10	100点

２０２２年度　青山学院高等部

数学解答用紙

番号		氏名		評点	／100

1				
2	(1)			
	(2)	個	(3)	個
3	(1)	$a=$	(2)	
	(3)	P（　　，　　）	(4)	Q（　　，　　）
4	(1)			
	(2)			
5	(1)	DG＝　　cm　，　DF＝　　cm		
	(2)	FH＝　　cm		
	(3)	△DFH：△BGF＝　　：		
6	(1)	円		
	(2)	$x=$　　，$y=$		
7	(1)	$a_1=$　　，$a_2=$	(2)	$x=$　　，$y=$
	(3)	$u=$　　，$v=$	(4)	$a_{10}=$
8	(1)	$r_1=$　　cm	(2)	$r_2=$　　cm
	(3)	△NPQ＝　　cm^2		

（注）この解答用紙は実物を縮小してあります。Ａ３用紙に154％拡大コピーすると、ほぼ実物大で使用できます。（タイトルと配点表は含みません）

推定配点		計
	1，2　各４点×４　3　(1)，(2)　各４点×２　(3)，(4)　各５点×２ 4　各４点×２　5　(1)，(2)　各４点×３　(3)　５点 6　各４点×２　7　(1)　各３点×２　(2)～(4)　各４点×３ 8　各５点×３	100点

二〇二二年度　青山学院高等部

国語解答用紙

番号		氏名		評点	/100

一

問一　問二　問三　問四　問五　問六　問七　問八　問九　問十

問十一　a　b　c　d

二

問一　問二　問三　問四　問五　問六　問七　問八　問九

問十　C　D　E

問十一　a　b　c　d　e　f

三

問一　問二　問三　問四　問五　問六　問七　問八　問九

（注）この解答用紙は実物を縮小してあります。B４用紙に143%拡大コピーすると、ほぼ実物大で使用できます。（タイトルと配点表は含みません）

推定配点	
	一　問一～問七　各３点×７　問八～問十一　各２点×７
	二　問一、問二　各２点×２　問三～問六　各３点×４　問七　各２点×２
	問八　３点　問九～問十一　各２点×10
	三　問一、問二　各２点×２　問三、問四　各３点×２
	問五～問九　各２点×６
計	100点

2021年度　青山学院高等部

英語解答用紙

番号		氏名	

評点	／100

I

1	2	3	4	5
6	7	8	9	10
11	12	13	14	15

II

1	2	3	4	5

III

1　3番目	6番目	2　3番目	6番目
3　3番目	6番目	4　3番目	6番目
5　3番目	6番目		

IV

1	2	3	4
5	6	7	8
9		順不同	

V

1	2	3	4	5
6	7	8	9	10

（注）この解答用紙は実物を縮小してあります。B4用紙に127%拡大コピーすると、ほぼ実物大で使用できます。（タイトルと配点表は含みません）

推定配点	I〜IV　各２点×35　V　各３点×10	計 100点

２０２１年度　青山学院高等部

数学解答用紙

番号		氏名		評点	／100

1				
2	(1) 個		(2) 個	
3	(1)		(2)	
	(3)			
4	(1) $a=$　　，$b=$		(2) C（　　，　　）	
	(3)			
5	(1)		(2)	
	(3)		(4) $x=$　　，$y=$	
6	(1) cm		(2) cm^2	
	(3) cm^2			
7	(1) cm		(2) cm	
	(3) cm			
8	(1) cm		(2) cm	
	(3) cm			

（注）この解答用紙は実物を縮小してあります。Ａ３用紙に154％拡大コピーすると、ほぼ実物大で使用できます。（タイトルと配点表は含みません）

推定配点		計
	1～3　各４点×６　　4　各５点×３ 5　各４点×４　　6～8　各５点×９	100点

二〇二二年度　青山学院高等部

国語解答用紙

番号		氏名		評点	/100

一

問一　問二　問三　問四　問五　問六　問七　問八　問九

問十　A　B　C

問十一　a　b　c　d　e

二

問一　問二　問三

問四　1　2

問五　問六　問七　問八　問九　問十

問十一　a　b　c　d　e

三

問一

問二　a　b

問三　問四　問五　問六　問七　問八　問九　問十

（注）この解答用紙は実物を縮小してあります。A３用紙に152%拡大コピーすると、ほぼ実物大で使用できます。（タイトルと配点表は含みません）

推定配点	
	□一　問一～問五　各3点×5　問六　2点　問七～問九　各3点×3　問十　各2点×3　問十一　各1点×5 □二　問一～問三　各3点×3　問四　各2点×2　問五、問六　各3点×2　問七　2点　問八～問十　各3点×3　問十一　各1点×5 □三　問一　3点　問二、問三　各2点×3　問四　3点　問五　2点　問六　3点　問七　2点　問八～問十　各3点×3
計	100点

２０２０年度　青山学院高等部

英語解答用紙

番号		氏名		評点	／100

Ⅰ

1	2	3	4	5
6	7	8	9	10
11	12	13	14	15

Ⅱ

1.

1		
2		
3		
4		
5		

2.

1 3番目	5番目	2 3番目	5番目
3 3番目	5番目	4 3番目	5番目
5 3番目	5番目		

Ⅲ

1	2	3	4
5	6	7	8
9		順不同	

Ⅳ

1	2	3	4	5
6	7	8	9	10

（注）この解答用紙は実物を縮小してあります。A３用紙に147％拡大コピーすると、ほぼ実物大で使用できます。（タイトルと配点表は含みません）

推定配点		計
	Ⅰ～Ⅲ　各２点×35　　Ⅳ　各３点×10	100点

2020年度　青山学院高等部

数学解答用紙

番号		氏名	

評点	／100

1						

2	(1)	(ア)		(イ)		(2)	

3	(1)	$a=$	(2)	D（　　　，　　　）
	(3)			

4	(1)	A	分	B	分
	(2)	A	分	B	分

5	cm

6	(1)	cm^2	(2)	cm

7	(1)	cm	(2)	FG：GD＝　　：
	(3)	cm^2		

8	(1)	cm	(2)	cm
	(3)	cm		

（注）この解答用紙は実物を縮小してあります。A３用紙に152％拡大コピーすると，ほぼ実物大で使用できます。（タイトルと配点表は含みません）

推定配点		計
	1　５点　2　(1)　各５点×２　(2)　６点 3　(1)，(2)　各５点×２　(3)　７点　4　(1)　５点　(2)　７点 5　６点　6　各７点×２　7，8　各５点×６	100点

二〇二〇年度　青山学院高等部

国語解答用紙

番号		氏名		評点	/100

一

問一　問二　問三　問四　問五　問六　問七　問八　問九

問十　A　B　C

問十一

問十二　ア　イ　ウ　エ

二

問一　問二　問三　問四　問五　問六　問七　問八

問九　A　B　C

問十

問十一

問十二　ア　イ　ウ

三

問一　問二　問三　問四　問五　問六　問七

問八　初め　終わり

問九　(1)　(2)

問十

(注)　この解答用紙は実物を縮小してあります。A３用紙に152%拡大コピーすると、ほぼ実物大で使用できます。(タイトルと配点表は含みません)

推定配点	
	一　問一～問四　各３点×４　問五　２点　問六、問七　各３点×２ 問八、問九　各２点×２　問十　各１点×３　問十一　各３点×２ 問十二　各１点×４　二　問一～問四　各２点×４　問五～問八　各３点×４ 問九　各１点×３　問十、問十一　各３点×３　問十二　各１点×３ 三　問一　１点　問二、問三　各２点×２　問四～問六　各３点×３ 問七～問九　各２点×４　問十　各３点×２
計	100点

２０１９年度　青山学院高等部

英語解答用紙

番号		氏名		評点	／100

Ⅰ

1		2		3		4		5	
6		7		8		9		10	
11		12		13		14		15	

Ⅱ

1

1		2		3	
4		5			

2

1	3番目 ,	6番目
2	3番目 ,	6番目
3	3番目 ,	6番目
4	3番目 ,	6番目
5	3番目 ,	6番目

Ⅲ

1		2		3		4		5	
6		7		8					
9									

Ⅳ

1		2		3		4		5	
6		7		8		9		10	

推定配点		計
	Ⅰ～Ⅲ　各２点×35　　Ⅳ　各３点×10	100点

（注）この解答用紙は小社で作成いたしました。

２０１９年度　青山学院高等部

数学解答用紙

番号		氏名		評点	／100

［計算欄］

1	(1)	
	(2)	
2	(1)	(　　　,　　　)
	(2)	
	(3)	
	(4)	
3	(1)	(　　　,　　　)
	(2)	P (　　　,　　　) R (　　　,　　　)
	(3)	:
	(4)	(　　　,　　　)
4	(1)	g
	(2)	a =　　　,　b =
5	(1)	cm
	(2)	cm
	(3)	:
6	(1)	:
	(2)	cm
7	(1)	cm
	(2)	cm^2
	(3)	cm^3

（注）この解答用紙は小社で作成いたしました。

推定配点		計
	1～7　各５点×20	100点

二〇一九年度　青山学院高等部
国語解答用紙

番号		氏名		評点	/100

一

問一	問二	問三	問四	問五	問六	問七	問八	問九	問十	問十一
						A　B	a　b	i　ii　iii		ア　イ　ウ　エ　オ

二

問一	問二	問三	問四	問五	問六	問七	問八	問九	問十	問十一
		1　2								ア　イ　ウ　エ　オ

三

問一	問二	問三	問四	問五	問六	問七	問八	問九	問十
									と

（注）この解答用紙は小社で作成いたしました。

推定配点	
一 問一～問三　各3点×3　問四〔問題削除〕　問五～問九　各2点×9 問十　4点　問十一　各2点×5 二 問一～問四　各2点×5　問五～問七　各3点×3 問八、問九　各2点×2　問十　4点　問十一　各2点×5 三 各2点×10	
計	100点

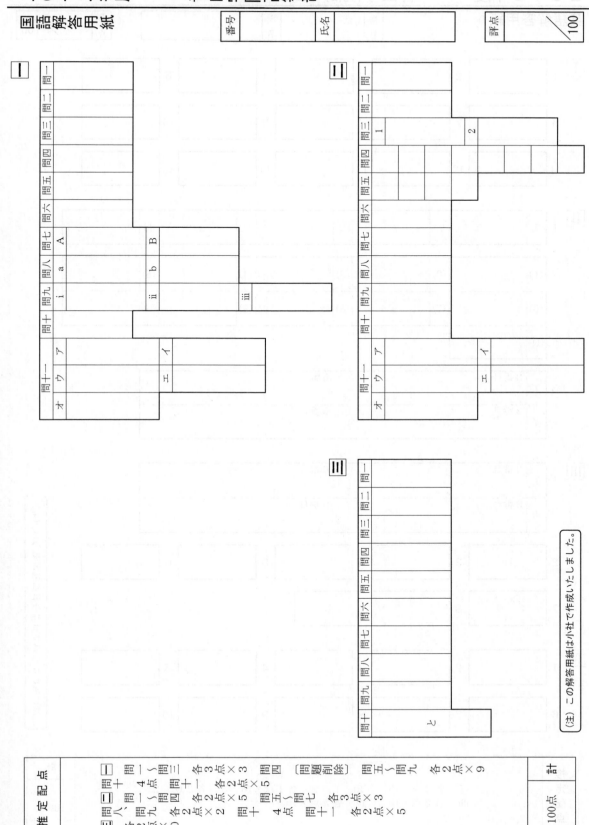

２０１８年度　青山学院高等部

英語解答用紙

番号		氏名		評点	／100

Ⅰ

1　2　3　4　5

6　7　8　9　10

11　12　13　14　15

Ⅱ

1	あ		い		う		え		お	
2	(1)		(2)		(3)		(4)		(5)	
	(6)		(7)		(8)		(9)		(10)	
	(11)									

3	ア	３番目	，５番目
	イ	３番目	，５番目

Ⅲ

1	ア	３番目	，６番目
	カ	３番目	，６番目

2　3　4　5　6

7　8

Ⅳ

1　2　3　4　5

6　7　8　9　10

（注）この解答用紙は小社で作成いたしました。

推定配点		計
	Ⅰ　各２点×15　Ⅱ　1，2　各１点×16　3　各２点×２ Ⅲ　各２点×10　Ⅳ　各３点×10	100点

２０１８年度　青山学院高等部

数学解答用紙

番号		氏名		評点	／100

［計算欄］

1	(1)	
	(2)	cm
2	(1)	
	(2)	
3	(1)	
	(2)	
	(3)	円
	(4)	回
4	(1)	
	(2)	
	(3)	
5	(1)	:
	(2)	:
	(3)	:
	(4)	:
6	(1)	
	(2)	cm
	(3)	cm
7	(1)	cm^3
	(2)	cm^3

（注）この解答用紙は小社で作成いたしました。

推定配点		計
	1～7　各５点×20	100点

二〇一八年度　青山学院高等部

国語解答用紙

番号		氏名		評点	/100

一

問一	問二	問三	問四	問五	問六	問七	問八	問九	問十	問十一
			こと						A　B	ア　イ　ウ　エ　オ　カ　キ

二

問一	問二	問三	問四	問五	問六	問七	問八	問九	問十	問十一
										ア　イ　ウ

三

問一	問二	問三	問四	問五	問六	問七	問八	問九	問十

（注）この解答用紙は小社で作成いたしました。

推定配点		計
	一　問一〜問十　各3点×11　問十一　各2点×7 二　問一、問二　各3点×2　問三、問四　各2点×2　問五〜問八　各3点×4 問九　2点　問十　3点　問十一　各2点×3 三　各2点×10	100点

Memo

Memo